FLORENZ
UND
SEINE KUNST

IM 15. JAHRHUNDERT

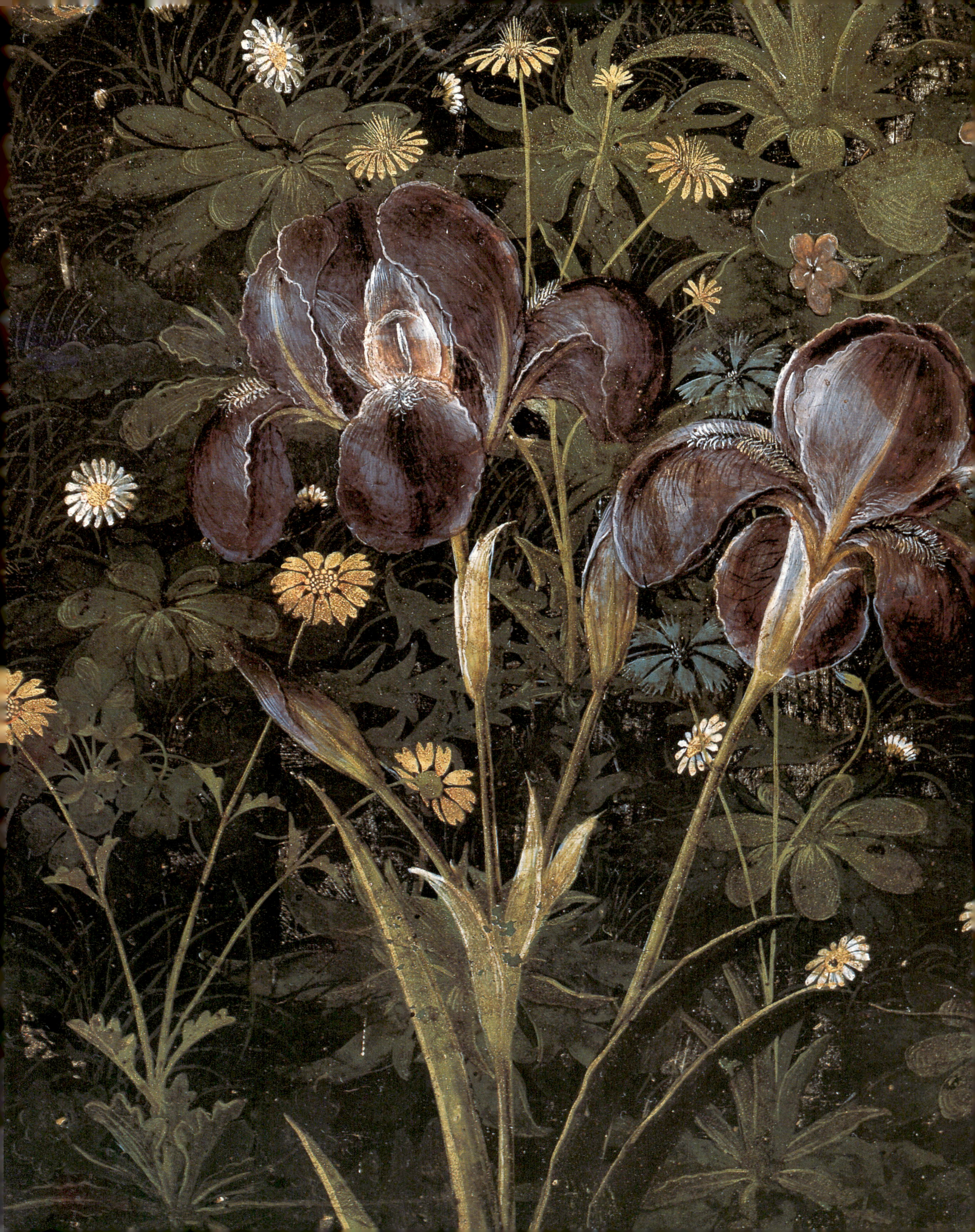

FLORENZ
UND
SEINE KUNST

IM 15. JAHRHUNDERT

TEXT VON ALAIN J. LEMAÎTRE

PHOTOGRAPHIEN VON ERICH LESSING

TERRAIL

Titelseite, Einband

MASOLINO
Der Heilige Petrus heilt einen Siechen, und Auferstehung der Tabitha
(Ausschnitt)

Vorherige Seite

SANDRO BOTTICELLI
Frühling
(Ausschnitt)

Rechte Seite

ANDREA DEL VERROCCHIO
David
(Detail)

Übersetzung aus dem Französischen:
CHRISTINE BRENNER, MATTHIAS STEFFEN LAIER, RAINER PETER
für FD Übersetzungsbüro, Swisttal/Bonn

Verlegerische Leitung: Jean-Claude Dubost und Jean-François Gonthier
Buchgestaltung und Layout: Bernard Girodroux
Satz und Textfilme: PDC Westfalia Druck GmbH, Paderborn
Farblithos: Litho Service T. Zamboni, Verona

Ein Unternehmen der Buchabteilung von Bayard Presse S.A.

ISBN: 2-87939-067-2
Printed in Italy

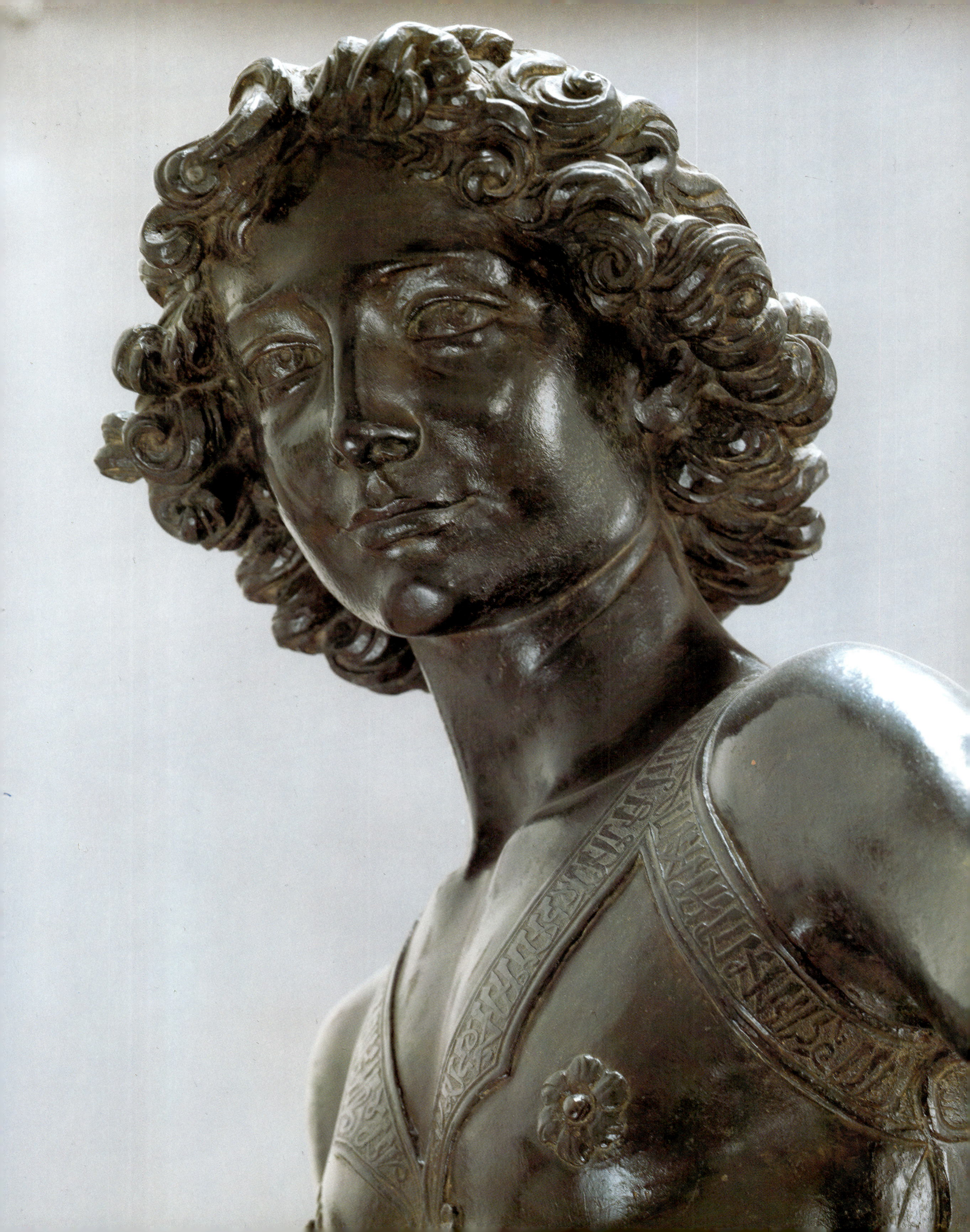

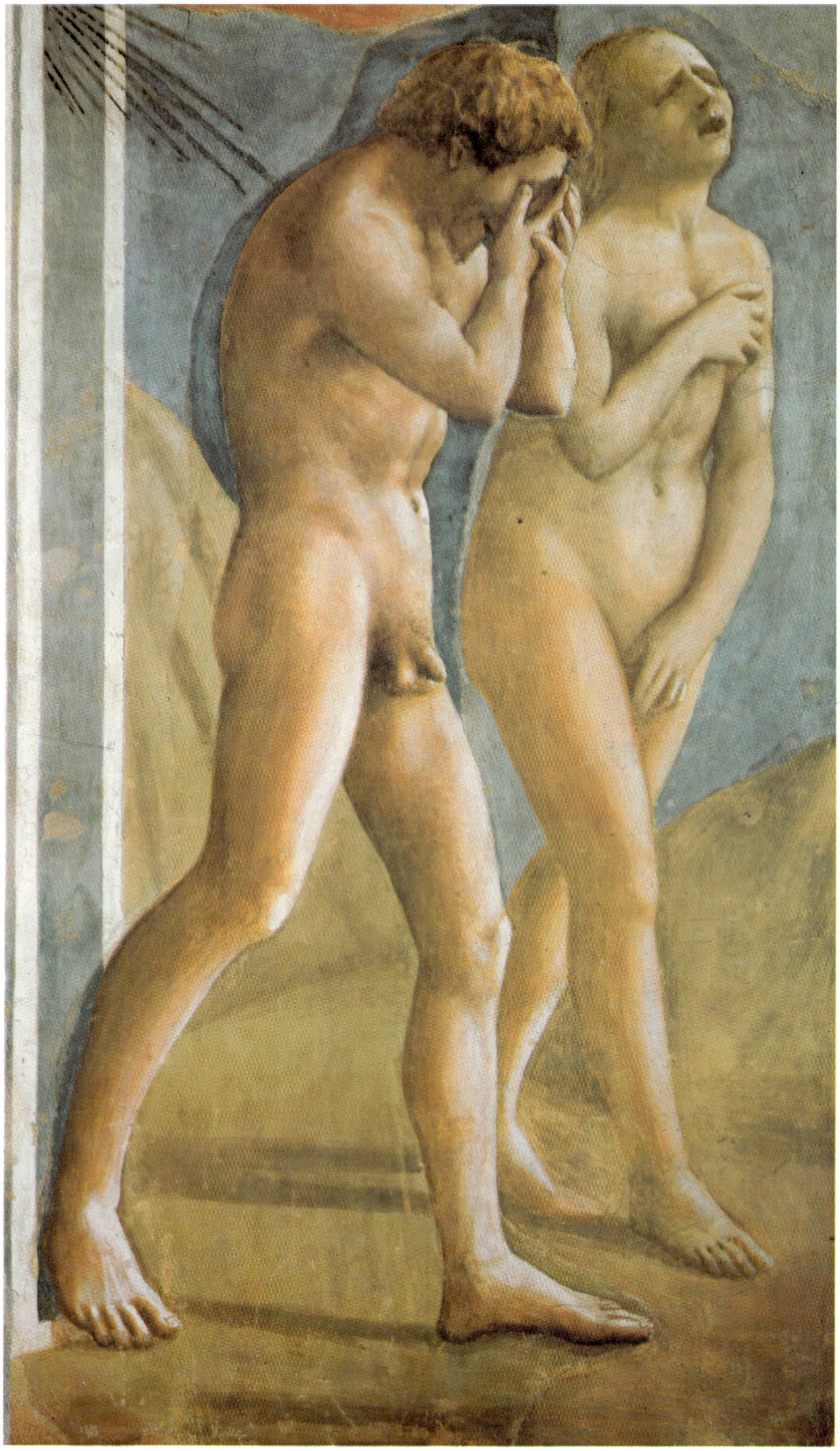

Inhalt

Linke Seite

MASACCIO
Vertreibung aus dem Paradies
(Ausschnitt)
1424 (?), Fresko, 214 x 90 cm.
Brancacci-Kapelle, Santa Maria del Carmine, Florenz.

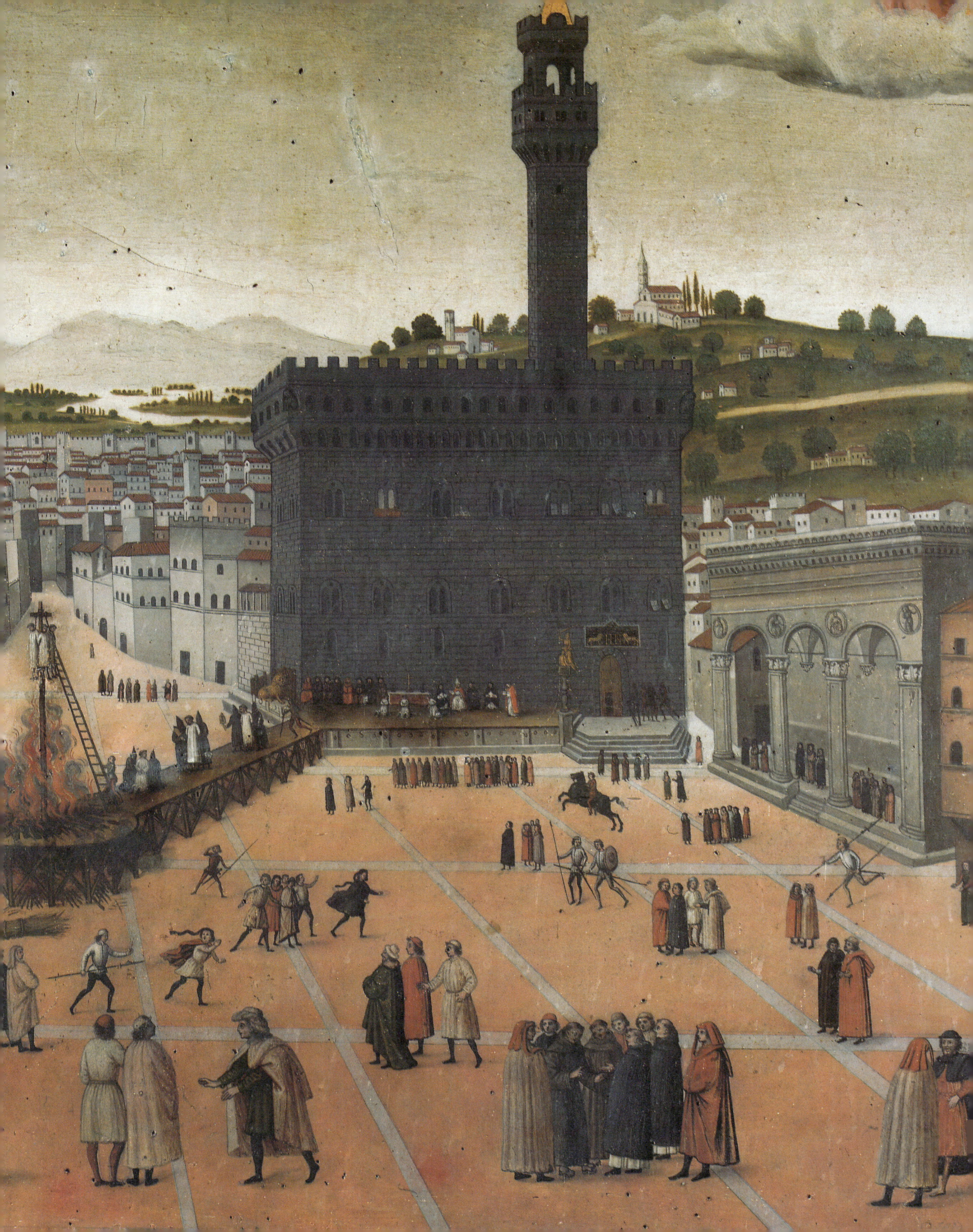

Ein goldenes Jahrhundert

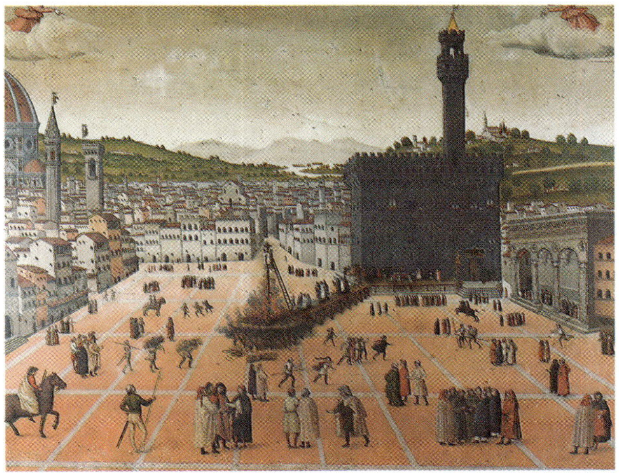

Oben und linke Seite (Ausschnitt)

UNBEKANNTER MALER
Die Hinrichtung Savonarolas auf der Piazza della Signoria
Museo di San Marco, Florenz.

Dieses Bild, das die Hinrichtung Savonarolas im Jahre 1498 darstellt, zeigt die Piazza della Signoria, wo sich die großen Ereignisse des Florentiner Lebens in der Zeit der Renaissance abspielen. Die wichtigsten Bauten der architektonischen Landschaft, der Palazzo Vecchio von Arnolfo di Cambio und die Loggia dei Lanzi von Benci di Cione und Simone Talenti stammen aus dem 14. Jahrhundert.

„Am dekorativsten aber sind die roten Abende. Über den Cascinen ist der letzte, löschende Glanz, und der Ponte Vecchio, an dem die alten Häuser nesterähnlich kleben, flicht sich wie ein schwarzes Band durch sonnengelbe Seide. In versöhnten Tönen von Braun und Grau dehnt sich die Stadt aus, und die Berge von Fiesole tragen schon die Farben der Nacht. San Miniato al Monte allein hat noch immer Sonne in dem schlichten lieben Gesicht, und ich versäume nie, mir sein letztes Lächeln zu holen als eine leise, vollendende Gnade." So erlebt Rainer Maria Rilke allabendlich Florenz, und in einem Liebeslied in seinem Florenzer Tagebuch raunt er Lou Andreas-Salomé seine Impressionen zu, bevor er sich von den Kunstwerken der Stadt mit der Lilie entzücken läßt und ästhetische Betrachtungen anstellt.

Aber „Florenz erschließt sich nicht wie Venedig dem Vorübergehenden ..." so der junge Dichter weiter. Während die Farben der Paläste die Stadt der Dogen beleben und sich im Canale Grande ihr Reichtum spiegelt, bietet sich die Schönheit von Florenz verhaltener dar. In Venedig öffnen sich Patrizierhäuser mit Säulenhallen und Loggias großzügig der Außenwelt. In Florenz gelingt es nur wenigen Fenstern, die Mächtigkeit des Bossenwerks zu durchdringen, und strenge, oft mit Zinnen bewehrte Geisa bedecken die Fassadenspitze.

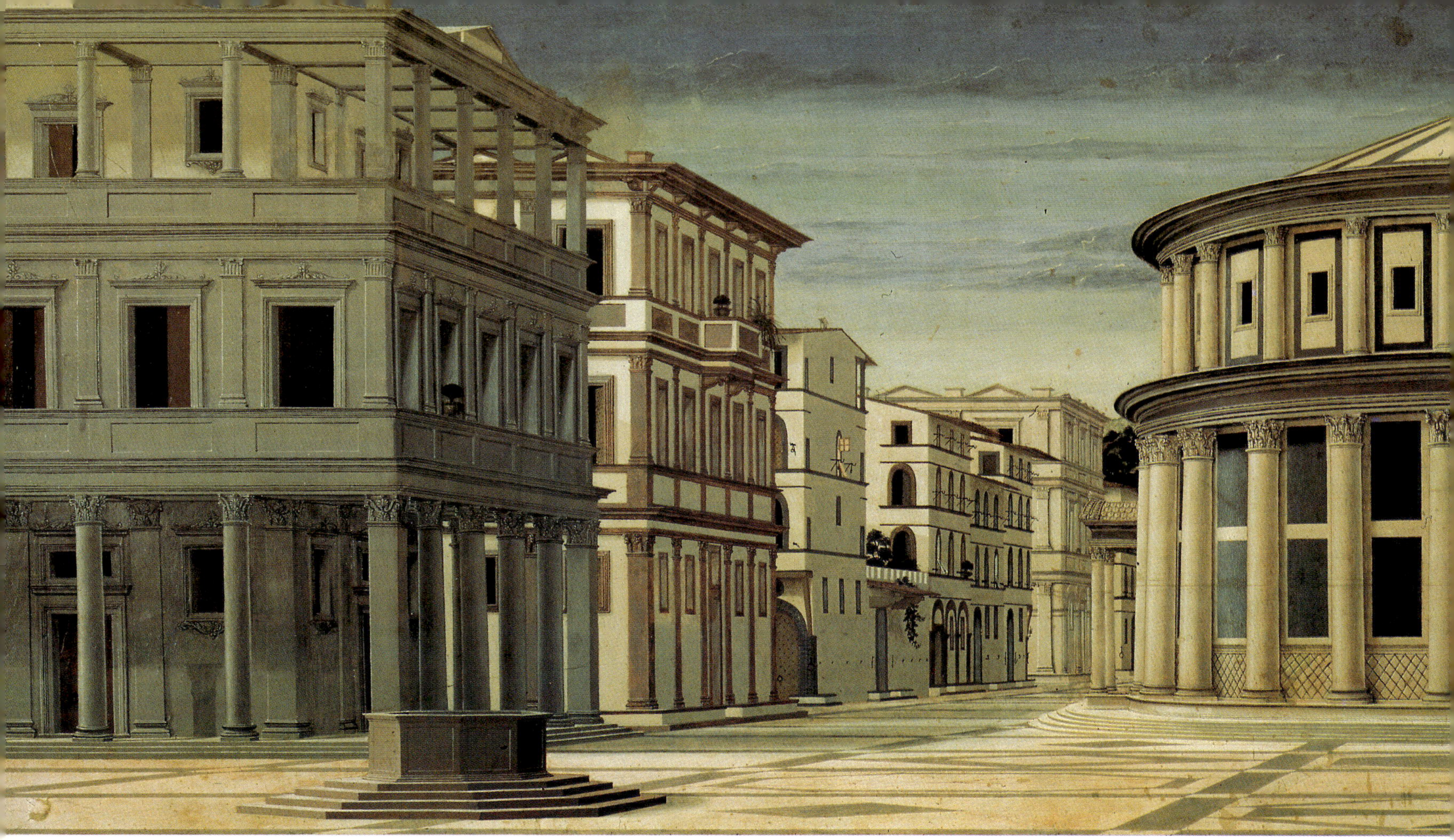

Die Stadt verdankt die wichtigsten Zeugen ihrer Bautenlandschaft dem 14. Jh. – dem Trecento. In ihrem Mauerring mit einhundertfünfzig Bollwerken erlebte sie in dieser Zeit den Bau der zwei Kirchen der Bettelorden, Santa Croce und Santa Maria Novella, des stolzen und schlichten Palazzo Vecchio und des Palazzo del Podestà (Bargello). Im Jahrhundert von Dante und Giotto ist das Stadtbild noch geprägt von der Loggia dei Lanzi, deren mächtige Bögen und bis ins feinste ausgearbeitete Pfeiler die Gotik der Kommune in ihrer Blütezeit kennzeichnen, sowie von Or San Michele, die durch ihre Weiträumigkeit besticht. Der Dom, „die schönste und edelste Kirche der Toskana", mit dessen Bau Arnolfo di Cambio beauftragt ist, erhebt sich bereits über die Dächer der Stadt, wartet jedoch noch auf seine Kuppel. Bald werden die Menschen des Quattrocento dem Stadtbild aus dem 14. Jh. durch herrliche Verzierungen die Strenge nehmen ...

Die Zeit des Mäzenatentums

Zu Beginn des 15. Jh. wird Italien mehr und mehr in die großen politischen Bewegungen des Westens verwickelt. Am Ende des großen Schismas geben die Päpste Avignon zugunsten von Rom auf und fördern mit der

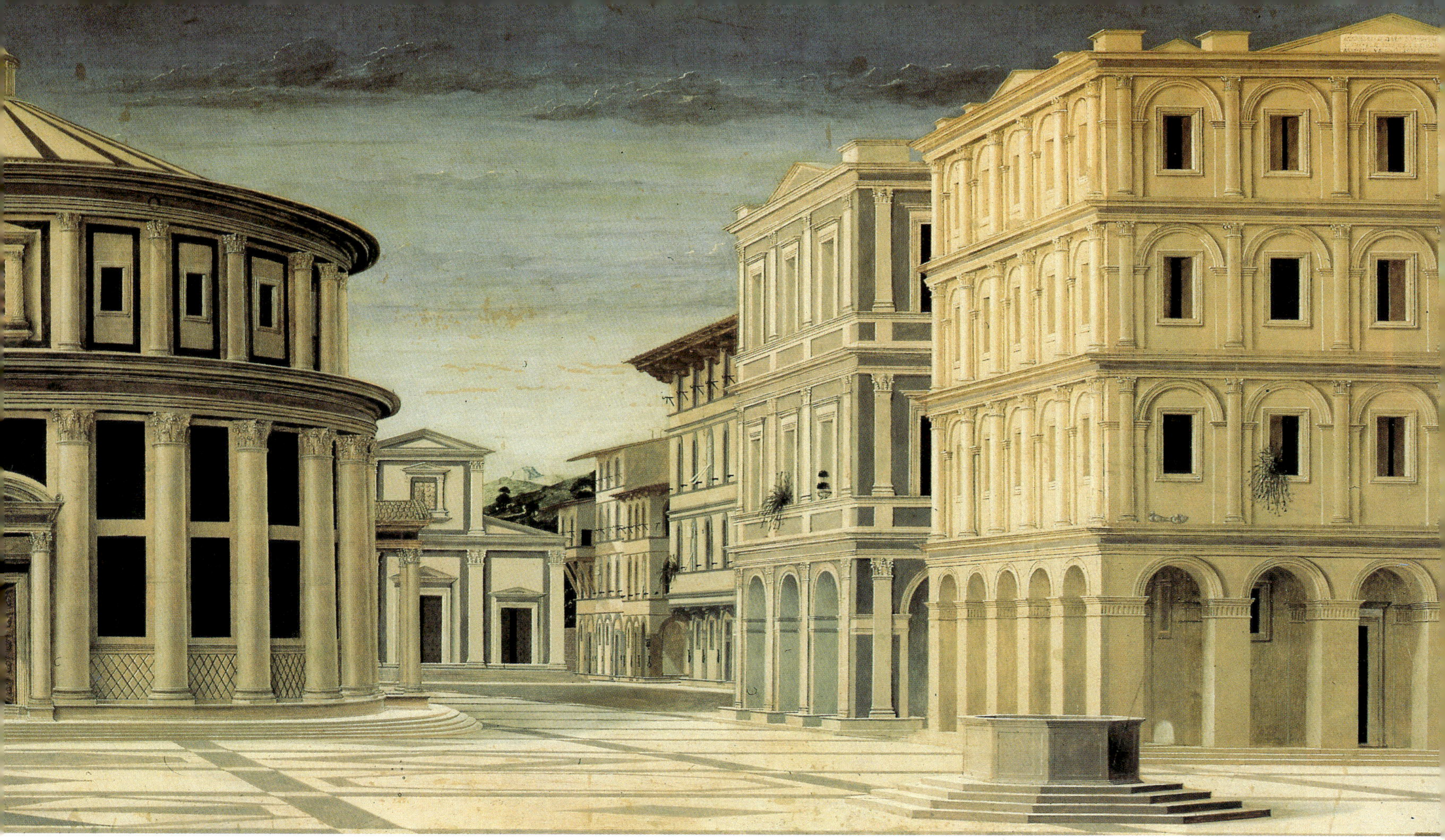

Restauration der Ewigen Stadt die stärksten künstlerischen Impulse des Jahrhunderts. Die Schaffung der Kirchenstaaten führt zu einer Neuverteilung der Macht in Italien und bringt Zentren der Bildenden Kunst hervor. Um sie herum gewinnen im Norden und im Süden die Städte und Republiken an Macht und streben durch Verhandlungen ein Gleichgewicht an. In Mailand vertreibt der Condottiere Francesco Sforza die Visconti aus ihrem Herzogtum. Ferrara bildet um Borso und dann um Lionello d'Este eines der schöpferischsten Zentren des Quattrocento. Neapel erlebt die Ansiedlung des Hauses Aragon, nachdem René d'Anjou vergeblich versucht hatte, die Stadt zurückzuerobern. In dieser Zeit dehnt Venedig sein Reich bis nach Kreta und Zypern aus und tritt das Erbe von Siena an. Schließlich teilen sich die beiden unversöhnlichen Feinde, die Republiken Florenz und Siena, die Mitte Italiens. Beide sind zunächst Handelszentren und Finanzhochburgen, wo sich unter den großen Familien ein Mäzenatentum entwickelt, das der Kultur der Fürstenhöfe fremd ist. Es verbindet den Namen Medici mit der künstlerischen Blütezeit von Florenz. Auf der anderen Seite die Heerführer, die für eine Zeit lang die Macht an sich reißen. Die Geschichte erinnert sich genauso an den Tyrannen Malatesta, Herrscher von Rimini, wie an den gebildeten Fürsten Federico da Montefeltro, der aus

SCHULE DES PIERO DELLA FRANCESCA (LAURANA ODER GIULIANO DA SANGALLO?)
Die ideale Stadt
Um 1460, 60 x 200 cm
Galleria Nazionale delle Marche, Urbino.

Behandelt in der strengen Frontperspektive stellt diese Architektur nicht die Realität dar: Um 1460 sind die italienischen Städte noch nicht modernisiert. Sie spielt eine große Rolle, denn der Maler oder Zeichner kann hier die völlig neuen Methoden der Ausgewogenheit der Liniensysteme anwenden. Die von den Malern regelmäßig in ihren verschiedenen Elementen (Säulen, Bögen usw...) verwendete Antike wird hier zu einer imaginären Städtelandschaft. Die reale Stadt des 16. Jahrhunderts geht aus dieser Art der Sichtbarmachung hervor.

seinem Hof in Urbino ein Forum der feinen Kultur macht. Zwar enden der Aufstand von Volterra und die Unterdrückung der Pazzi blutig, doch die Staatsgeschäfte werden nach den Regeln der Diplomatie geführt.

Ein steter Bezug zur Antike

Rechte Seite

MEISTER DES ADIMARI-CASSONE
Tondo: Civetta-Spiel
15. Jahrhundert,
Malerei auf Holz,
Durchmesser: 57 cm.
Palazzo Davanzati, Florenz.

Jenseits der Rivalitäten zwischen den Staaten, die Dantes Traum von einem geeinten Italien nicht zerstören, findet das intellektuelle und künstlerische Leben im römischen Geist ein einziges humanistisches Ideal. Das Bewußtsein für diese gemeinsame Vergangenheit war bereits bei den Menschen des Trecento lebendig, in deren Augen die Bauten der römischen Antike Symbole eines goldenen Zeitalters waren. Im 15. Jh. erlangt die antike Kunst schließlich besonderen Wert. Künstler und Gelehrte, Dichter und Staatsmänner beginnen, antike Kunstwerke zu sammeln. Der große Kunstliebhaber Niccolo Niccoli unterhält besondere Beziehungen zu den florentinischen Architekten und Bildhauern wie Brunelleschi, Donatello oder Luca della Robbia. Er zählt sogar zu den Beratern von Ghiberti, als dieser geniale Bildhauer die ersten Entwürfe zur Paradiestür für das Baptisterium anfertigt. Der Wissensdurst nach der Antike ist so groß, daß die Gemeinde von Siena Jacopo della Quercia beauftragt, die römische Abstammung der Stadt und ihre Tugenden in den Marmor der *Fonte Gaia* zu meißeln. Vermessung der Monumente, Studien der antiken Formen und epigraphische Arbeiten erhalten nun entscheidende Bedeutung. Von Reisenden mitgebrachte Skizzen und Notizbücher gehen von Atelier zu Atelier, bereichern das Talent der Maler und Bildhauer und wecken das Interesse der Medailleure oder der Verzierungskünstler.

Hier zeichnet sich erstmals die florentinische Originalität ab. Wo nämlich die Höfe von Verona, Mantua und Ferrara sich dem Wunderbaren hinzugeben scheinen, das sie aus den Ritterepen und der höfischen Dichtung schöpfen, was van Eyck von Flandern aus verbreitet hat, setzen Florenz und seine Reformatoren eine streng geordnete Kunst dem höfischen Stil entgegen. Die Renaissance der Kunst geht mit einem Wandel des Wissens einher. Das 15. Jh. ist das goldene Zeitalter der Theoretiker. Leon Battista Alberti schreibt seine Überlegungen in bedeutenden Traktaten über die Malerei, Bildhauerei und schließlich die Architektur nieder; Ghiberti veröffentlicht seine *Commentarii* und Piero della Francesca teilt seine Betrachtungen in einem *Traktat über die Perspektive* mit.

Der Künstler, der auch Kunsttheoretiker ist, erschafft eine neue Disziplin, die mit den alten „Freien Künsten“ konkurriert, indem sie das Beste aus den Lehren der

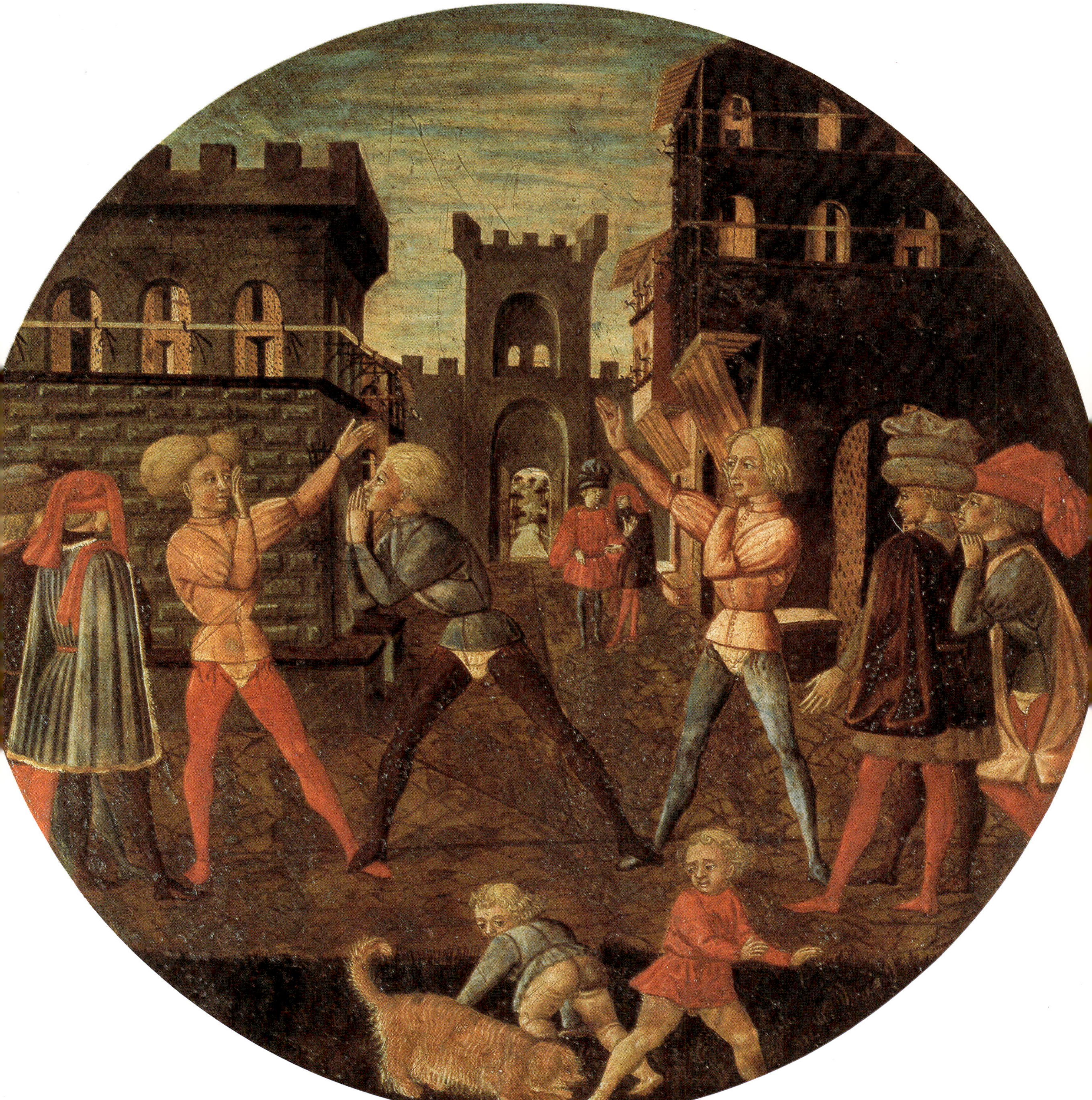

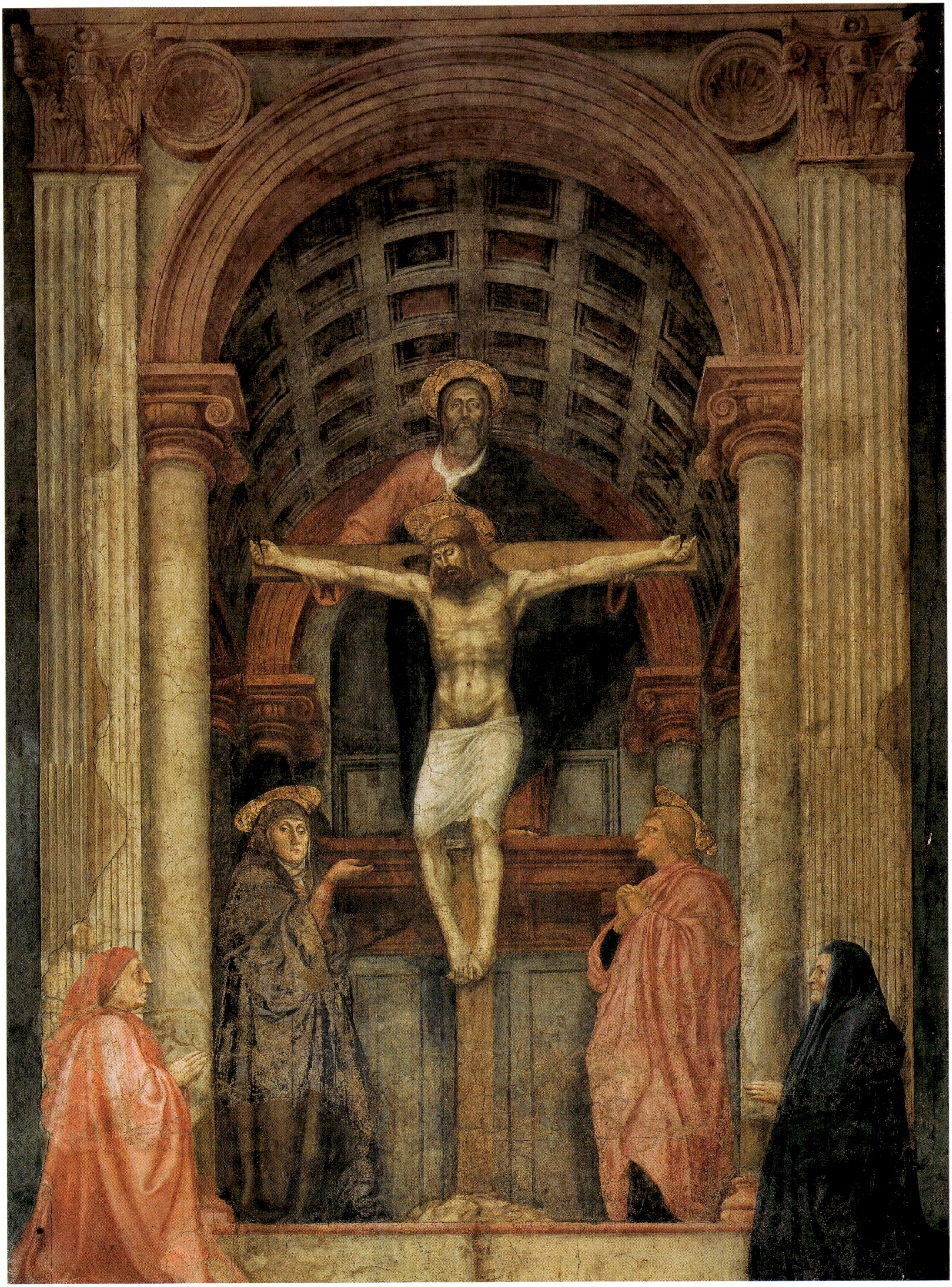

Antike aufnimmt. So wird auch Alberti von seinem Freund Cristoforo Landino gesehen: „Wo ist Alberti einzuordnen und zu welcher Kategorie von Gelehrten zu rechnen? Wahrscheinlich zu den Physikern. Er war sicherlich dazu bestimmt, die Geheimnisse der Natur zu erforschen. Doch hat es irgendeinen Zweig der Mathematik gegeben, den er nicht kannte? Er war Kenner der Geometrie und der Arithmetik, Astronom, Musiker und der seit Jahrhunderten bemerkenswerteste Experte für Perspektive. Seine Brillanz auf all diesen Gebieten zeigt sich deutlich in den neun Büchern über die Architektur, die er in einfach göttlicher Weise verfaßt hat. [...] Er hat über die Malerei geschrieben, er hat auch ein Werk über die Bildhauerei mit dem Titel *De Statua* verfaßt. Er hat sich jedoch nicht damit begnügt, über diese Künste zu schreiben, er hat sie auch mit eigenen Händen ausgeführt; und ich besitze im übrigen die äußerst wertvollen Werke, die er mit Meißel oder Beitel geschaffen hat, sowie die Metallabgüsse." In Florenz gedeiht diese mächtige Bewegung, die Künste und Wissenschaften vereint, am besten. Im Atelier von Andrea del Verrocchio sammelt Leonardo da Vinci seine Kenntnisse, bevor er sie in Mailand bei Bramante, dem Mathematiker Pacioli und den Ingenieuren der Lombardei weiterentwickelt.

Die Verbindung von Kunst und Wissenschaft

Die Männer werden schon sehr jung in dieser Disziplin unterwiesen. In Florenz wie in den großen Städten Italiens erfährt das Kind in den weltlichen Schulen zunächst die Geheimnisse des Lesens und Schreibens und die Grundlagen der Handelskorrespondenz sowie die wichtigsten Formeln des Schriftverkehrs.

Mit elf Jahren eröffnen ihm seine Lehrer die Fabelwelt von Äsop oder die Schriften von Dante, doch vor allem unterrichten sie es in Mathematik und insbesondere im kaufmännischen Rechnen ... Zu einer Zeit, in der die für den Transport der Waren bestimmten Behältnisse nicht einheitlich sind, geht es darum, rasch deren Volumen und Fassungsvermögen zu berechnen. Der Deutsche des 15. Jh. bedient sich dazu vorgefertigter Ellen und Hohlmaße, wodurch solche Berechnungen lediglich Spezialisten vorbehalten sind. Der Italiener des Quattrocento hingegen verfügt nicht über derartige Hilfsmittel: Er greift ständig auf die Geometrie zurück. Somit ist es nicht erstaunlich, daß ein Maler, nämlich Piero della Francesca, in seinem *Geometrietraktat* für die Kaufleute darlegt, wie ein Faß ausgemessen wird und die Berechnungen angestellt werden. Wie viele andere Künstler des Quattrocento, die Mathematikunterricht genommen haben, verfolgt Piero della

Linke Seite

MASACCIO
Heilige Dreifaltigkeit
(Ausschnitt)
1426–1427, Fresko,
489 x 317 cm.
Santa Maria Novella, Florenz.

Um 1426 ist die Heilige Dreifaltigkeit, die Masaccio in der Kirche Santa Maria Novella malt, das erste großartige Kunstwerk, das die Regeln der mathematischen Perspektive von Brunelleschi befolgt. Diese Kühnheit wird noch dadurch verstärkt, daß kräftige Gestalten mit bildhauerischer Schlichtheit an die Stelle der Gestalten mit graziösen und feinen Linien des internationalen Stils, der bis dato herrschte, treten.

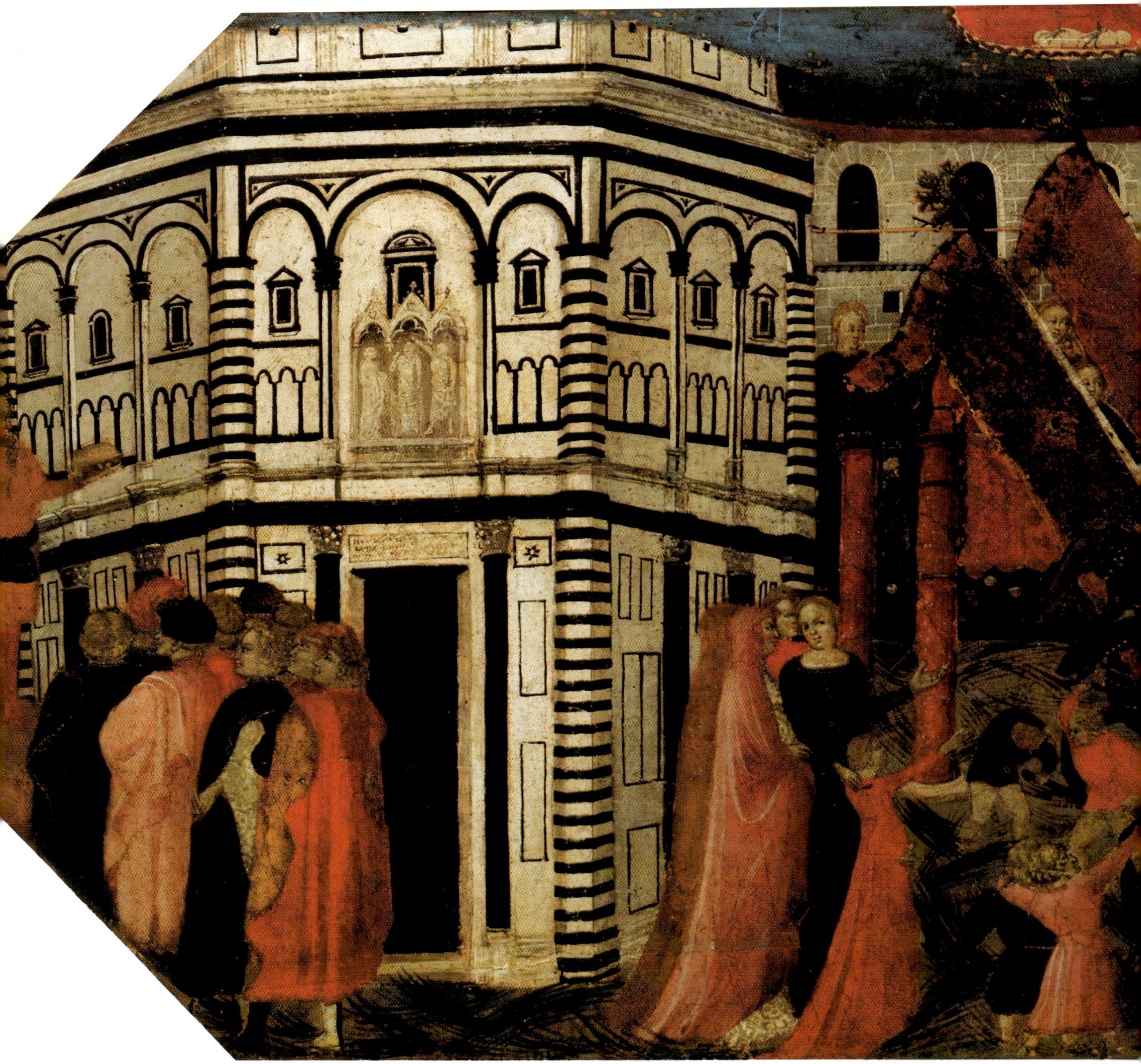

Francesca bei der Analyse der von ihm gemalten Figuren den gleichen Gedankengang wie ein Händler, der das Volumen eines Behältnisses berechnet. Bei der Betrachtung und Entschlüsselung eines Bildes ist auch das Publikum des 15. Jh. für diese Geometrie empfänglich. Der Maler ist sich dessen bewußt, und er reproduziert gerne die Gegenstände des Alltags, die die Schüler an ihrem Auge vorbeiziehen sahen: parallelflache oder runde Becken, Säulen, Ziegeltürme oder Fliesen usw... Ebenso wie der Maler die Komposition einer Gestalt oder eines Dekors auf geometrische Kombinationen reduzieren kann, so kann auch der Händler alles auf geometrische Figuren zurückführen. Piero della Francesca und Paolo Uccello bedienen sich regelmäßig dieser Technik, um die Aufmerksamkeit des Publikums zu gewinnen.

Doch das in Florenz gelehrte kaufmännische Rechnen beschränkt sich nicht auf die Geometrie. Sein zweiter Bereich ist die Arithmetik, die sich vor allem mit Größenverhältnissen befaßt. Mit dem Dreisatz müssen die Menschen der Renaissance die alltäglichen Fragen der Größenverhältnisse lösen. Sie benutzen ihn beim Geldwechsel oder auch für die unterschiedlichen Maß- und Gewichtseinheiten der einzelnen Städte. Der Dreisatz heißt auch Goldene Regel oder Schlüssel des Kaufmanns. Maler und Kaufmann setzen ihn bewußt ein, ersterer für seine Bilder, letzterer für kaufmännische Zwecke. Anders gesagt kann der mit den Größenverhältnissen im Geschäftswesen bewanderte Kaufmann die Proportionen eines Gegenstandes oder eines menschlichen Körpers, mit denen sich der Maler beschäftigt, nachvollziehen. Darüber hinaus können die Menschen des Quattrocento durch die Ausbildung in den Techniken des Messens und somit in der Geometrie Zugang zu den Kunstwerken und insbesondere den Gemälden erhalten, indem sie dem Aufbau der Formen, dem Volumen und der Oberfläche der Körper besondere Aufmerksamkeit schenken. Schließlich veranlaßt der hohe Stellenwert der Mathematik in der Gesellschaft den Maler, seine mathematischen Fähigkeiten in seinen eigenen Gemälden mehr oder weniger offen zu beweisen und die Erwartungen des Betrachters zu erfüllen.

Da sich die Künstler an der kritischen Analyse der traditionellen Darstellung der Welt beteiligen, weicht das von der mittelalterlichen Scholastik geprägte Bild der objektiven Kenntnis, die Ergebnis der Beobachtung und persönlichen Erfahrung ist. Der Sinn für das Natürliche und das Wirkliche, der als ein Mittel zur exakteren Wahrnehmung verstanden wird und bereits in den Miniaturmalereien und Zeichnungen des 14. Jh. zu erkennen ist, wird systematisch weiterentwickelt. Natur und Mensch, in der Antike hervorragend dargestellt, werden wissenschaftlich betrachtet.

Linke Seite

Meister des Adimari-Cassone
Adimari-Cassone (Ausschnitt)
Galleria dell' Accademia,
Florenz.

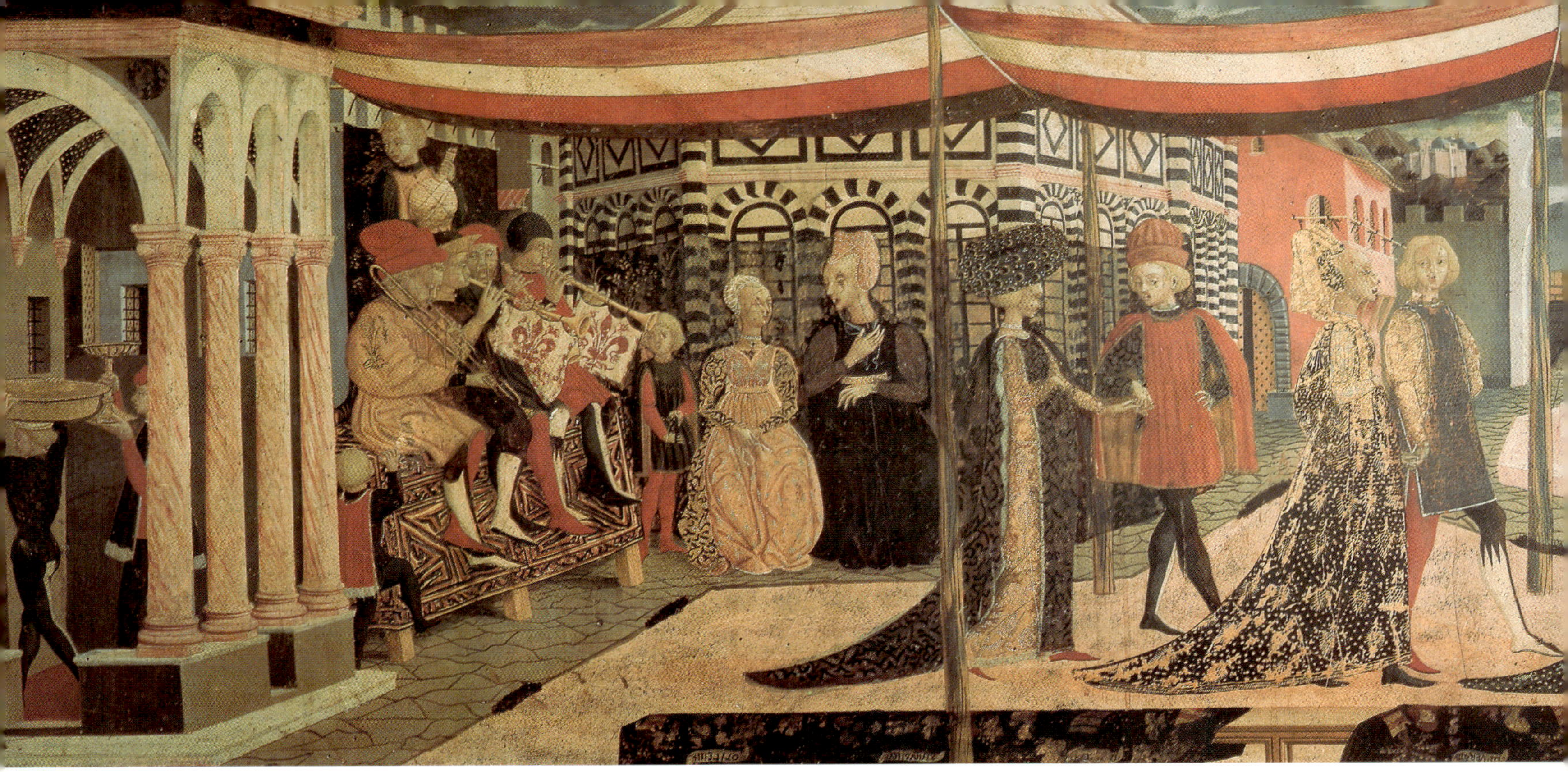

Diese Haltung veranlaßt den Künstler, die frühere Vorstellung von Wissen durch Beobachtung abzuwandeln. Er bringt einen neuen Anspruch zum Ausdruck, indem er seine Umwelt so darstellen will, wie das Auge sie erfaßt. Und er ersinnt dazu die Komposition in Zentralperspektive, die der Kunst der Renaissance eine völlig neue Grundlage verleiht. Nach diesen Regeln folgt die Sehweise Geraden, und die in ein und dieselbe Richtung verlaufenden Parallelen scheinen am Horizont in einem einzigen Punkt zusammenzulaufen. Das Talent des Malers zeigt sich in der Anwendung dieses Grundsatzes, wobei alles Willkürliche und Starre vermieden wird, um den Raum glaubhaft darzustellen und die Wirkung des Trompe-l'œil zu erzeugen. Der Maler suggeriert Tiefe, indem er die Gegenstände je nach Entfernung unterschiedlich groß darstellt, und es gelingt ihm, durch die Einbindung der Gestalten in verschiedene Ebenen die Illusion des realen Raums zu wecken.

Die Schaffensfreude

Das Engagement bei der Entfaltung der Künste und die Lust am Betrachten der Bilder lenken die Schaffensfreude. Denn die großen Werke des Quattrocento - besonders der Malereien – sind Auftragsarbeiten. Ob Gemälde

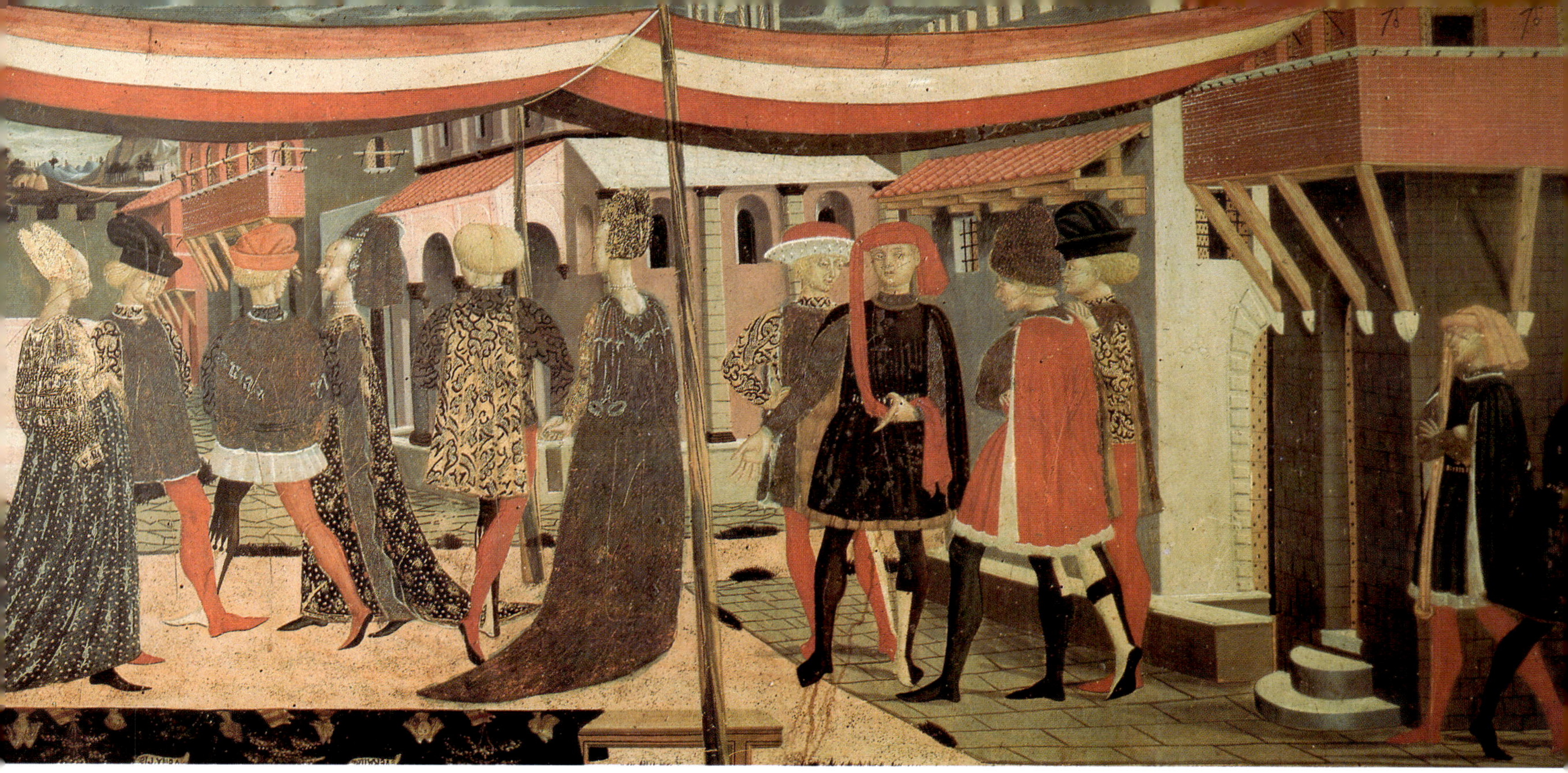

mit religiösen oder weltlichen Motiven, ob von Fürsten oder Kommunen geplante Großvorhaben, ob von der Kirche in Auftrag gegebene ikonographische Programme oder erhöhte Retabeln, um dem Willen ihrer Stifter Folge zu leisten – der Einfluß des Auftraggebers ist immer ausschlaggebend.

Der Florentiner Kaufmann Giovanni Rucellai hat in seinem Palast Kunstwerke, die bei den größten Meistern aus der Toskana und ganz Italien, darunter Filippo Lippi, Verrocchio, Pollaiuolo oder auch Paolo Uccello, in Auftrag gegeben wurden. Doch die Lust am Besitzen ist nicht der einzige Beweggrund des Kaufmanns. Neben seinem Bemühen, seine private Sammlung zu erweitern, gibt Rucellai beträchtliche Summen für den Bau und die Verzierung von Kirchen aus, dies schenkt ihm, wie er sagt, „höchste Befriedigung und größte Freude, denn sie gereichen Gott zum Ruhme, der Stadt zu Ehren und mir zum Gedenken". Der Auftrag für das Retabel in einer Kirche oder das Fresko in einer Kapelle kommt den Beweggründen eines Mäzens entgegen: der Sinn für Bilder, die bürgerliche Tugend, eine gewisse Frömmigkeit sowie der Wunsch nach Unsterblichkeit. Durch seine Mittel und die Bestimmung, die er dem Kunstwerk zuweist, übt der Mäzen einen Einfluß auf das Vorhaben des Malers, Architekten oder Bildhauers aus. Nur die Madonnenbilder und Möbel wie Hochzeitstruhen (*Cassoni*), die serienweise von wenig bekann-

Meister des Adimari-Cassone
Adimari-Cassone
(Tafelausschnitt)
Um 1440.
Galleria dell'Accademia, Florenz.

*Die Hochzeitstruhen (*Cassoni*), die Ende des 14. Jahrhunderts und im 15. Jahrhundert in großer Zahl hergestellt wurden, geben den Künstlern die Möglichkeit, festliche Zeremonien in leuchtenden Farben in einem Dekor zu malen, das von den schönsten florentinischen Bauten inspiriert ist. Hier ist die Hochzeit Adimari-Ricasoli auf der Piazza San Giovanni dargestellt.*

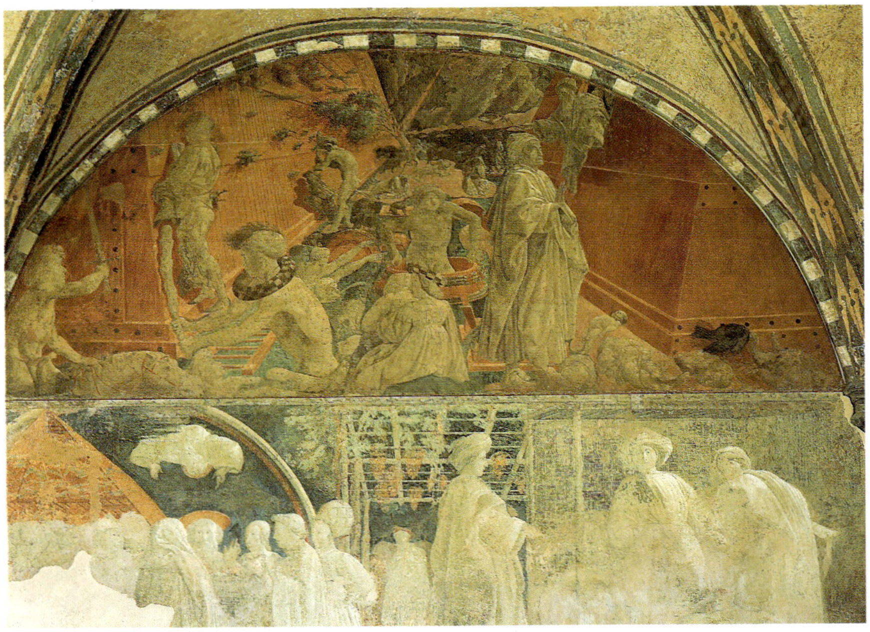

Rechte Seite und oben (Ausschnitt)

PAOLO UCCELLO
Episoden aus dem Leben Noahs – die Sintflut und die Trunkenheit Noahs
(Ausschnitt)
Um 1446–1448,
Tempera-Rehauts, auf Leinwand übertragen, 215 x 510 cm.
Chiostro Verde de Santa Maria Novella, Florenz

Der Mazzocchio ist eine Kopfbedeckung aus Holz oder Weidengeflecht, in Florenz weit verbreitet, der als Stütze für die großen drapierten Hüte und die langen Halstücher diente. Er nimmt eine besondere Stellung unter den Gegenständen ein, die bei Paolo Uccello und anderen toskanischen Meistern wie Piero della Francesca die meisten geometrischen und perspektivischen Untersuchungen hervorgerufen hat. In der Szene der Sintflut *ist er in ungewöhnlicher Form um den Hals einer Gestalt geschlungen und erhält durch die ihm innewohnende Festigkeit symbolischen Wert.*

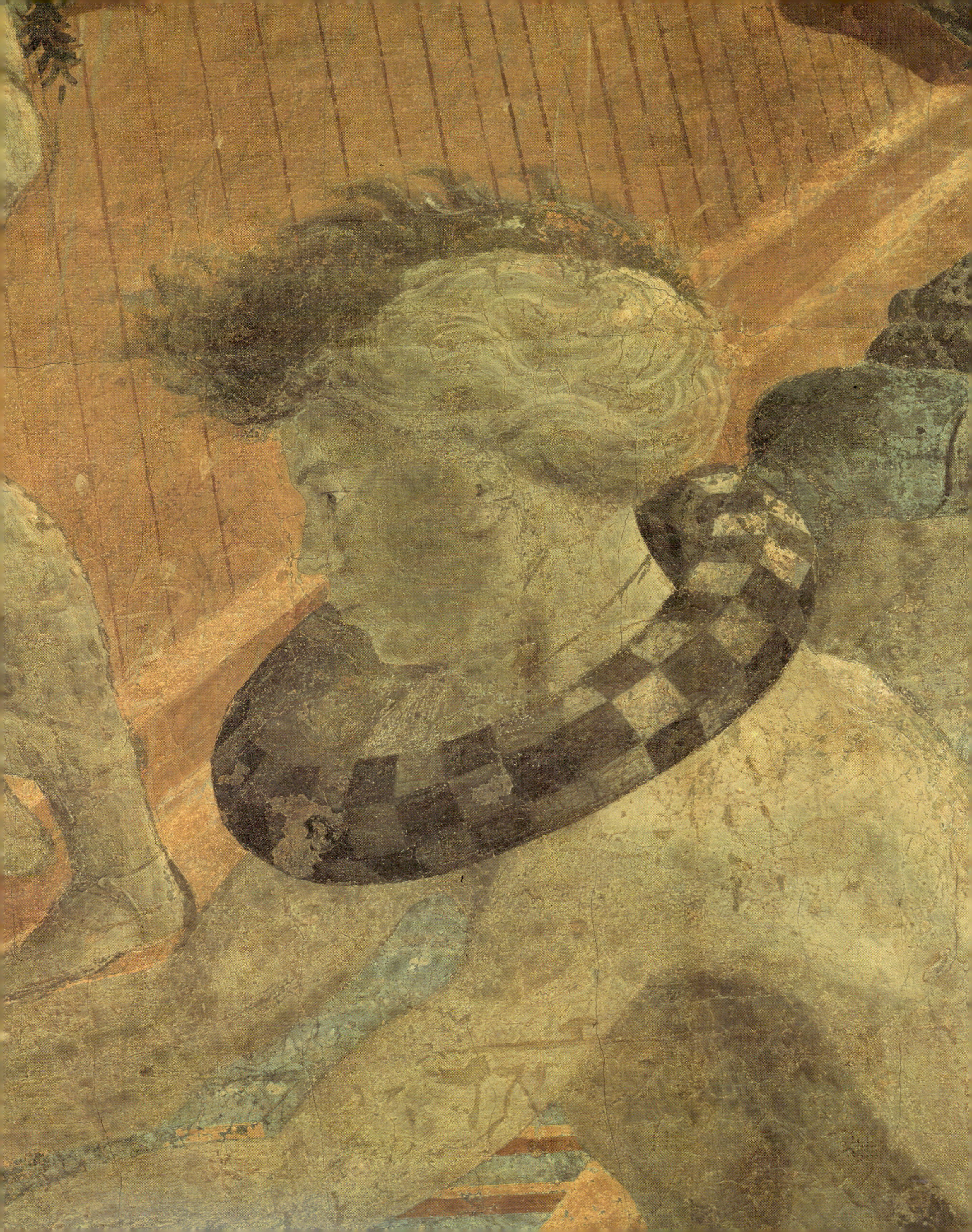

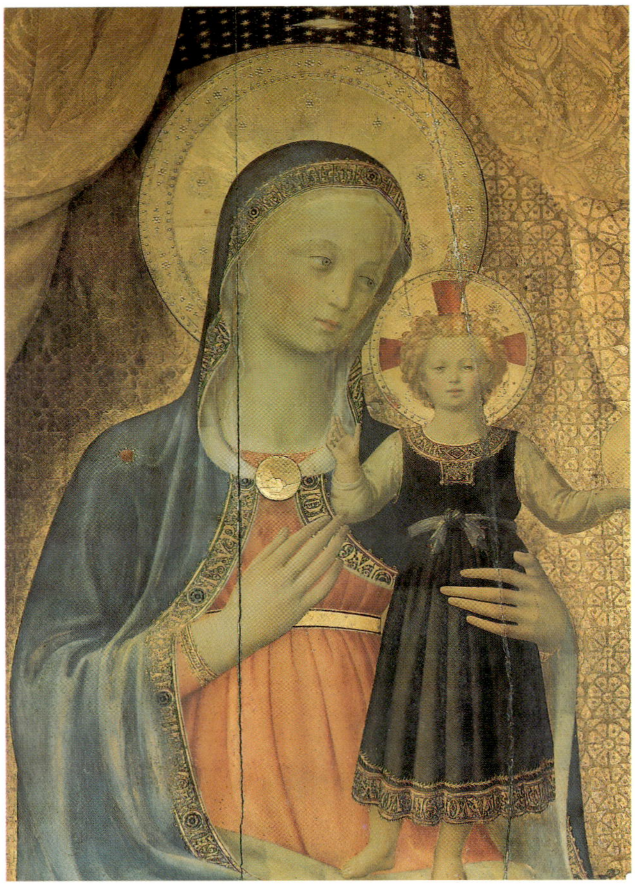

Rechte Seite und oben (Ausschnitt)

Fra Angelico
La Madonna degli Linaiuoli
Um 1433, Öl auf Holz,
260 x 133 cm.
Museo di San Marco, Florenz.

Dieses von der Leinhändlerzunft in Auftrag gegebene Gemälde wird ausgeführt, als Fra Angelico die Kunst von Lorenzo Monaco und von Masaccio in sein Schaffen integriert. Er malt die Jungfrau mit dem Kind umgeben von musizierenden Engeln. Der Marmorrahmen, in dem sich das Werk befindet, wurde von Ghiberti entworfen.

ten Künstlern oder von Ateliers mit schlechter Auftragslage angefertigt wurden, bleiben von diesen Anforderungen verschont. Das Kunstwerk ist somit in erster Linie Gegenstand eines Geschäftsvorgangs und eines Vertrags, der von beiden Parteien unterzeichnet wird und gemäß dem sich der Künstler verpflichtet, sich genauestens an dessen Vorgaben zu halten. Diese können sich auf die Gesamtheit eines ikonographischen Programmes beziehen wie in Florenz für die Paradiestür von Ghiberti oder für das Dekor des Palastes der Medici; sie betreffen auch das Format eines Werkes, die gewählte Thematik, das eingesetzte Material sowie die dem Künstler zugestandene Zeit. Im Jahre 1457 wendet sich Filippo Lippi, als er ein Triptychon für Giovanni di Cosimo de Medici malt, an seinen Auftraggeber mit der Bitte um zusätzliche Geldmittel, damit er sein Werk unter bestmöglichen Bedingungen vollenden kann: „Ich habe Eure Anweisungen für das Gemälde befolgt und mich sorgfältig jedem einzelnen Detail gewidmet. Die Gestalt des Hl. Michael steht nun unmittelbar vor der Vollendung; da seine Rüstung wie auch seine übrige Kleidung aus Silber und Gold sein sollen, habe ich mich zu Bartolomeo Martelli begeben, der mir gesagt hat [...] ich solle mich genauestens an Eure Wünsche halten." Aufgrund der reichen Verzierung bittet Filippo Lippi um weitere sechzig Florin und verpflichtet sich gleichzeitig, das Gemälde innerhalb von vierzig Tagen fertigzustellen.

Der Mäzen hat so eine sehr genaue Vorstellung von dem Werk, das ihm der Künstler liefern soll. Meist bleibt er in direktem Kontakt mit dem Maler oder Bildhauer. Zu Beginn des Quattrocento verpflichten die in Florenz abgeschlossenen Verträge den Maler, hochwertige Farben und insbesondere das beste Ultramarin zu verwenden. Hergestellt mit Lapislazulipulver aus dem Orient, war das Ultramarinblau ein teures Produkt, doch durch seine Intensität und seine Farbechtheit war es dem deutschen Blau (Kupferbicarbonat) überlegen. Das Ultramarinblau wird in den Verträgen oft mit einem bestimmten Preis pro Unze in Florin, folglich mit seinen zahlreichen Nuancen, genau angegeben.

Im Laufe des 15. Jh. verliert der Einsatz kostbarer Werkstoffe wie Gold und Ultramarinblau bei den Florentiner Meistern an Bedeutung. Der seltenere Gebrauch von Gold und teuren Farben kennzeichnet einen Wandel in der Entwicklung der Kunst der Renaissance und eine Abkehr vom prahlerischen Wesen. Doch diese nachlassende Vorliebe für die protzige Üppigkeit des Materials geht einher mit einem steigenden Interesse am technischen Können des Malers. In seinem *Malereitraktat* zögert Leon Battista Alberti nicht, die systematische Verwendung von Gold in den Bildern zu kritisie-

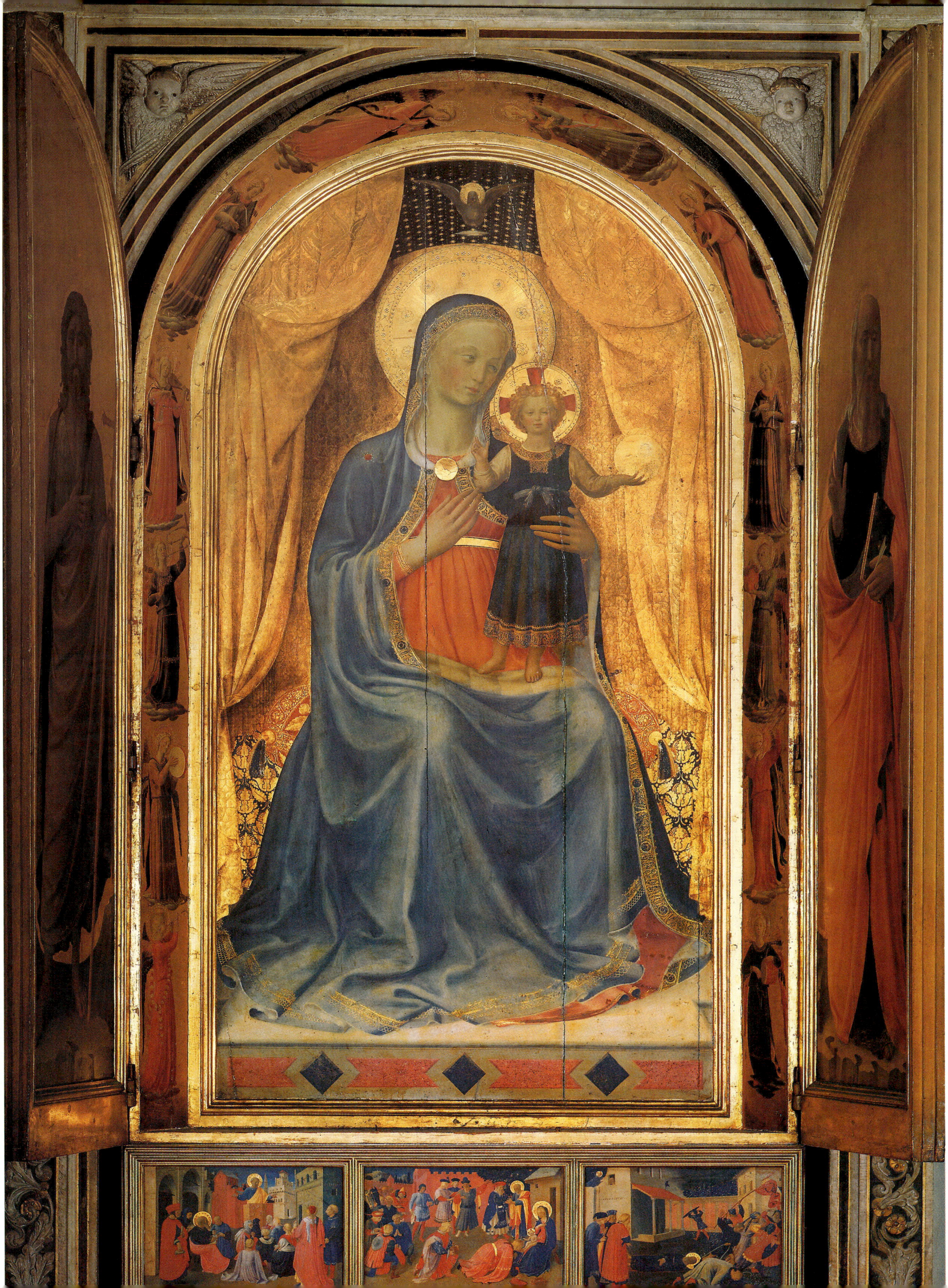

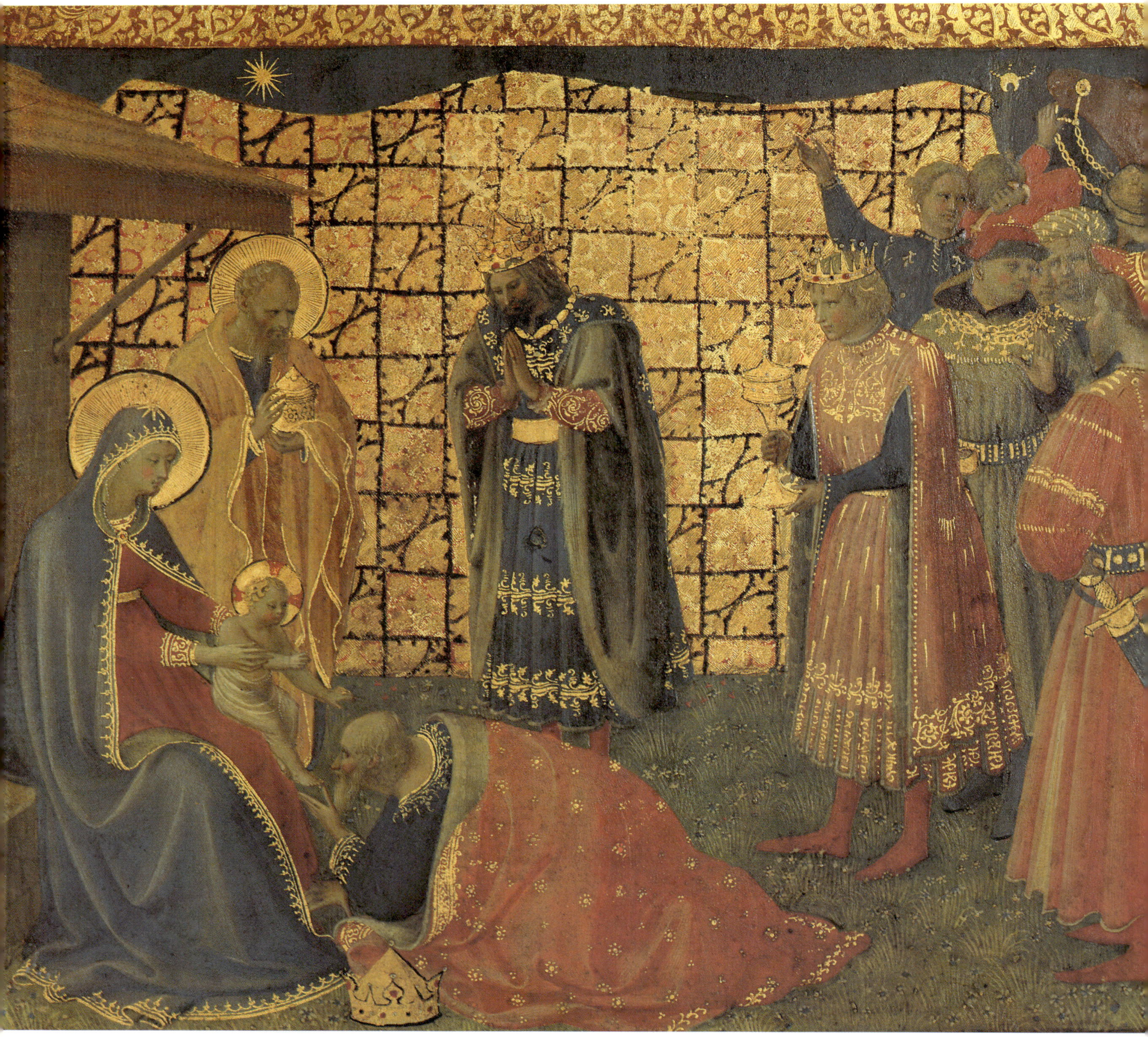

ren, hingegen lobt er den Fachmann, der in der Lage ist, „das Schillern des Goldes durch einfache Farben darzustellen", als er die *Dido* von Vergil malt. Nach und nach ersetzen Landschaften Gold und Ultramarinblau im Hintergrund der Gestalten. Der Mäzen beginnt, Ansprüche an das Geschick des Künstlers zu stellen, Hügel und Ebenen, Schlösser oder Städte, Flüsse und Vögel zu malen. Der Mäzen kauft in erster Linie Können. Ob Fürst oder Kaufmann – der Mensch des Quattrocento stellt seinen Reichtum immer mehr heraus durch den Kauf hochtalentierter Meister und achtet weniger auf Gold oder teure Farben, selbst wenn einige Kritiker oder auch die Künstler selbst die einzigen sind, die die Bedeutung der Maler aus dieser Zeit nach dem Wesen ihrer Werke wirklich ermessen können. Gegen Ende des 15. Jh., als der Herzog von Mailand für die Verzierung der Certosa di Pavia auf der Suche nach Künstlern ist, sendet ihm sein Vertreter in Florenz eine Abhandlung über vier Maler, die damals einen ausgezeichneten Ruf genossen: Botticelli, Filippino Lippi, Perugino und Ghirlandaio. Er rühmt das Können von Sandro Botticelli, der „Tafelmalerei und Wandmalerei beherrscht", und beschreibt dessen hervorragende Methode und den Sinn für Proportionen. Filippino Lippi scheint ihm ein sanfterer Künstler als dessen Meister zu sein, der deswegen jedoch kein größeres Geschick zeigt. Perugino sieht er als „einen außergewöhnlichen Künstler, insbesondere bei der Wandmalerei". Domenico Ghirlandaio, der beim Fresko und beim Bild gleichermaßen hervorragend zu Werke geht, lobt er für seine Fertigkeiten. Alle, so schreibt er, haben für Lorenzo il Magnifico gearbeitet, „und man weiß nicht, wer von ihnen die höchste Auszeichnung verdient". Die Künstler und selbst die großen Meister treten durch die Mäzene miteinander in Wettstreit und erfahren ihre Auszeichnung sowohl für ihr eigenes Können und ihre Fähigkeit, Fresken und Bilder zu malen, als auch für ihr persönliches Temperament.

Die meisten Arbeiten der Architektur oder Malerei des Quattrocento sind religiöse Werke. Viele Kirchen werden nur auf Ersuchen weltlicher Stifter errichtet. So ist Cosimo de Medici der Baumeister von San Lorenzo, San Marco, Badia und des Novizenhauses von Santa Croce. Die Patrizier lassen Oratorien oder bescheidenere Kapellen wie Santa Maria degli Angioli oder die Kapelle der Pazzi errichten. Ähnliche Stiftungen führen zum Bau der Brancacci-Kapelle, deren Fresken Masaccio in Florenz anfertigt, oder zu den Fresken *Kreuzlegende* von Piero della Francesca in Arezzo.

Die Gemälde müssen präzise Aufgaben und die kirchlichen Vorschriften zu Bildern erfüllen: die Menschen lehren, die keinen Zugang zu den Schriften haben; das Bewußtsein prägen, indem den Gläubigen die Geheimnisse der

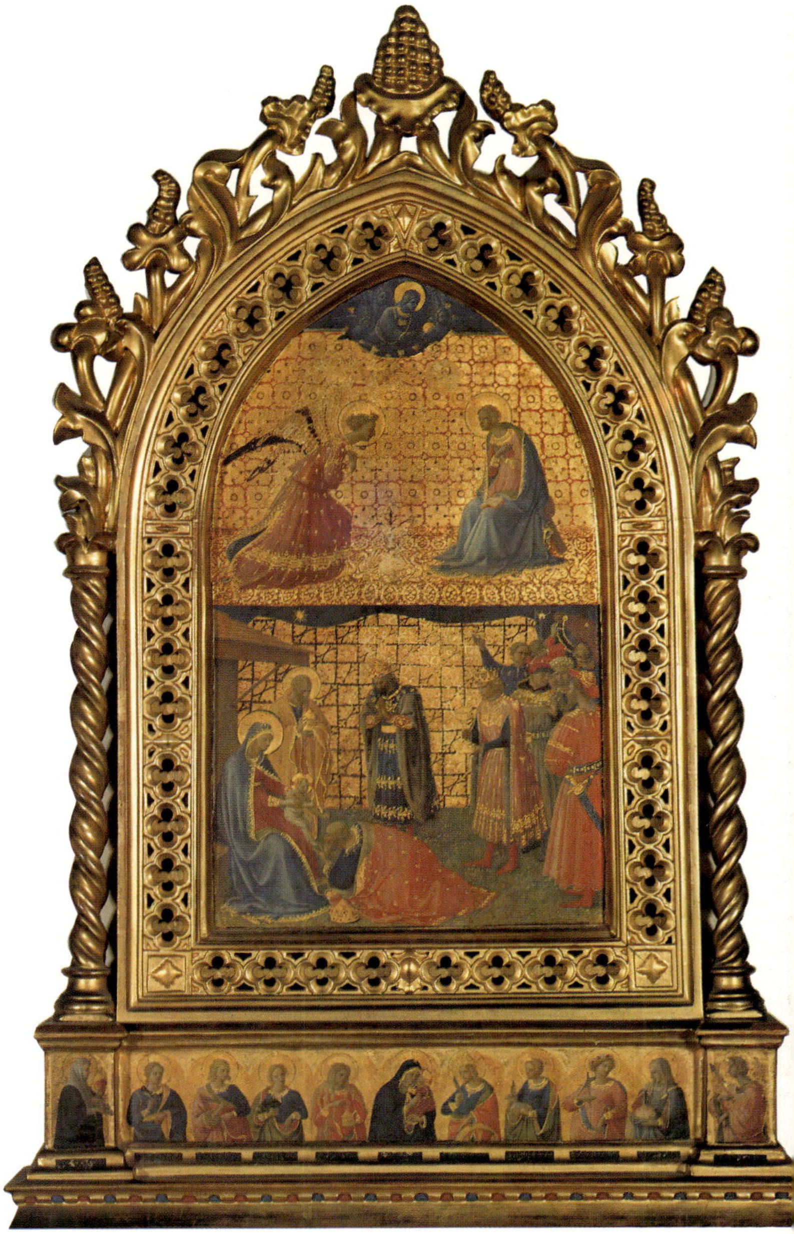

Oben und linke Seite (Ausschnitt)

Fra Angelico
Die Verkündigung, die Anbetung der Könige, die Jungfrau mit dem Kind und zehn Heilige
1434, Tempera-Tafelmalerei, 84 x 50 cm.
Museo di San Marco, Florenz.

Im Quattrocento läßt die Wertschätzung des Goldes und der teuren Farben nach, während das Interesse an der Geschicklichkeit und am Talent des Malers steigt. Das von Angelico noch häufig eingesetzte Gold verschwindet später aus den Gemälden. An seine Stelle treten oft Landschaften.

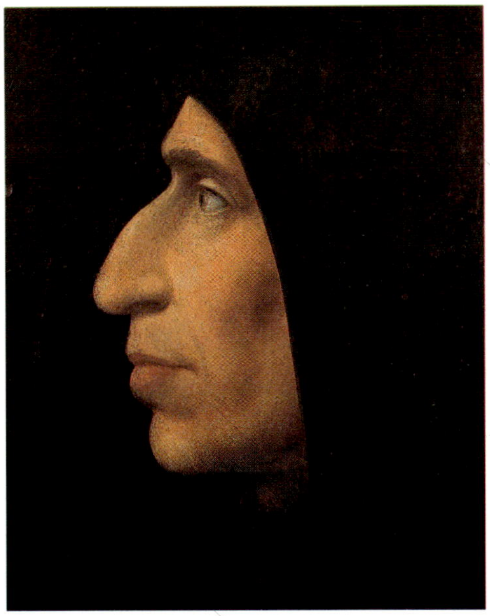

Oben

BARTOLOMEO DELLA PORTA
Savonarola
1497.
Museo di San Marco, Florenz.

Der mit Savonarola eng verbundene Bartolomeo della Porta hinterläßt von ihm ein faszinierendes Profil-Portrait nach dem Geschmack der letzten Jahrzehnte des 15. Jh. Es ist in seiner Schlichtheit anrührend und überzeugt durch seine Ausdruckskraft. Das scharf geschnittene Gesicht des Priors von San Marco ist das eines Mannes, der sich gegen die Philosophie der Humanisten sowie gegen den Luxus und die Korruption der Medici wendet.

Rechte Seite

FILIPPINO LIPPI
Petrus im Disput mit dem Magier Simon und die Kreuzigung des Petrus
(Ausschnitt: Vermutliches Portrait von Botticelli) Um 1484, Fresko, 232 x 588 cm. Brancacci-Kapelle, Santa Maria del Carmine, Florenz

In die Mitte des Fresko, das zwei Episoden am Ende des Lebens von Petrus darstellt, hat Filippino Lippi das vermutliche Portrait seines Meisters in eine Personengruppe eingefügt. Das Quattrocento hat die Bestimmung des Künstlers gefestigt, der sich bewußt ist, daß er der Ursprung der Rinascità ist.

Biblischen Geschichte vor Augen geführt werden, und schließlich beim Betrachter Andacht erwecken. Sicherlich setzt sich die Kirche einem Mißbrauch seitens der Künstler aus. Der Hl. Antonius, der Erzbischof von Florenz, kann noch so sehr Darstellungen wider den Glauben anführen, die Künstler verstoßen gegen die Kirchendoktrin. Gerade hier, im erzbischöflichen Dom, kann der Mensch des Quattrocento die apokryphe Geschichte im Relief der *Gürtelspende an den Heiligen Thomas* an der Porta della Mandorla betrachten. Und Gentile da Fabriano malt 1423 für den Kaufmann Palla Strozzi eine *Anbetung der Könige*, auf der zwischen den Menschen mit prächtigen Gewändern, die der Erzbischof anprangert, Affen und Hunde dargestellt sind, „die doch Träumerei und unnütze Gedanken" hervorrufen. Trotzdem gibt es in der Toskana und in Florenz kaum eine Idolatrie, wie sie in Deutschland anzutreffen ist.

Die Arbeit des Künstlers soll also die verschiedenen Episoden der Biblischen Geschichte sichtbar machen. Er trifft hier auf ein Publikum, das selbst Exerzitien praktiziert hat. Die Predigt bereitet es auf das Betrachten der im Bild dargestellten Episode vor. Daher verfügen die Maler über ein echtes Repertoire, das genauen, bereits vom Prediger geformten Empfindungskategorien folgt. Die Entwicklung der Malerei des Quattrocento vollzog sich meist in diesen Kategorien, auch wenn die Kunst manchmal profan wurde.

Die Künstler des 15. Jh., die sich häufig zu Ateliergemeinschaften zusammenschließen, werden also von der allgemeinen Wertschätzung ihrer Auftraggeber und einem gewissen Standesdünkel getragen. Alle sind sich bewußt, daß sie eine große Epoche des künstlerischen Schaffens erleben, wie es Leon Battista Alberti ausdrückt, als er sein Malereitraktat Brunelleschi widmet: „Dann aber, als ich nach langer Verbannung, in der wir, Alberti, gealtert sind, in unser von allen andern ausgezeichnetes Vaterland zurückgekehrt war, erfuhr ich es, daß in vielen, besonders aber in dir, o Filippo, und in dem uns so eng befreundeten Donato, dem Bildhauer, und in jenen andern Nencio und Luca und Masaccio ein Geist lebt, der zu jeder rühmlichen Sache fähig ist und der durchaus keinem der Alten, wie berühmt er auch in diesen Künsten gewesen sein mag, nachzusetzen ist. Nun aber sah ich stets, daß es nicht minder Sache unseres Fleißes und unserer Sorgfalt als Gabe der Natur und der Zeiten sei, sich in irgendwelchem Dinge den Ruhm der Tüchtigkeit zu erwerben. So bekenne ich dir denn, wenn es jenen Alten bei dem tatsächlichen Reichtum dessen, wovon sie lernen und was sie nachahmen konnten, minder schwer war, zur Kenntnis jener höchsten Künste, deren Ausübung uns heute so mühsam wird, zu gelangen, so muß deshalb unser Ruhm um so größer sein, wenn wir

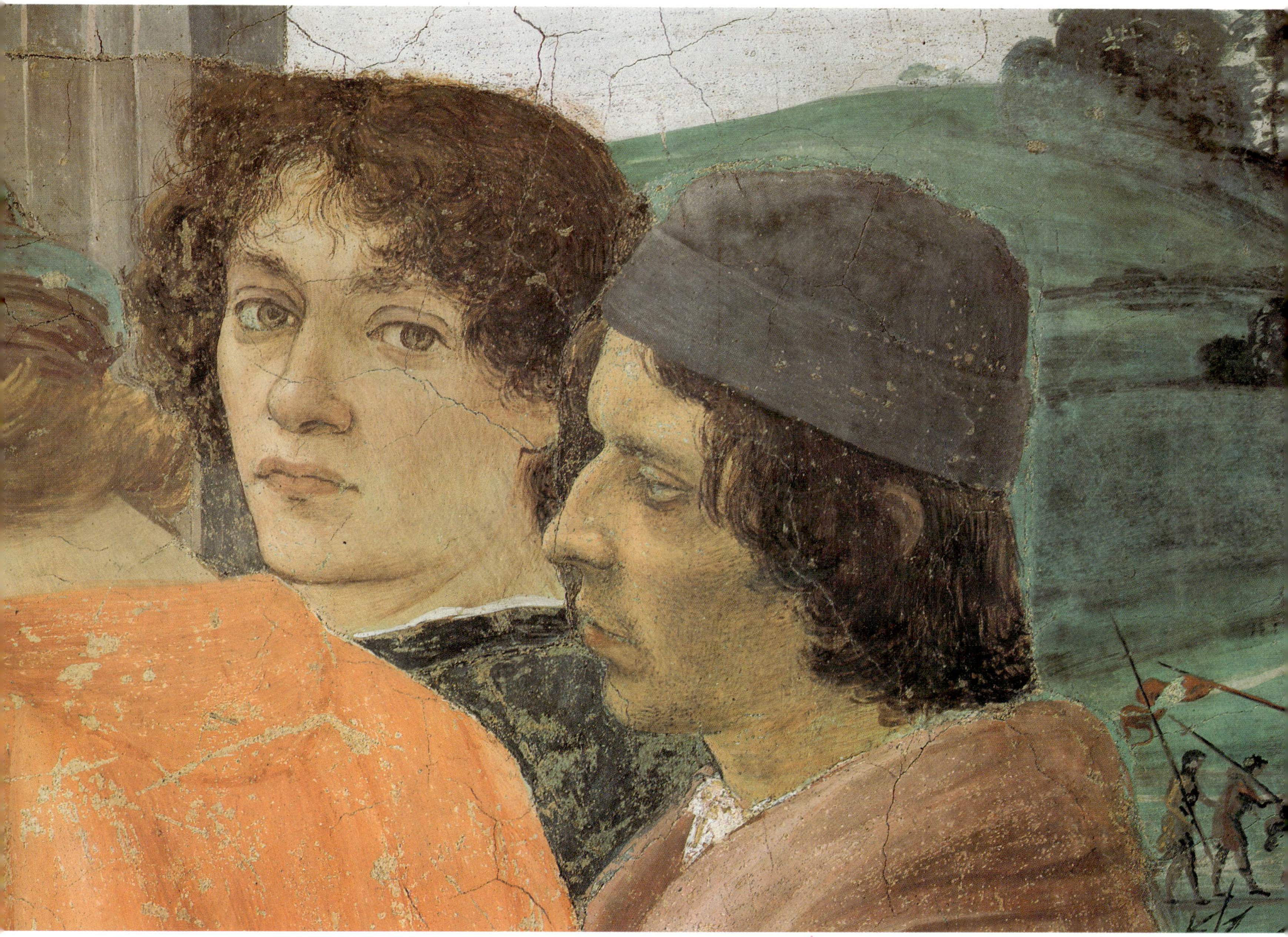

ohne Lehrer und ohne Vorbilder Künste und Wissenschaften, von welchen man früher nichts gesehen und nichts gehört, auffinden."

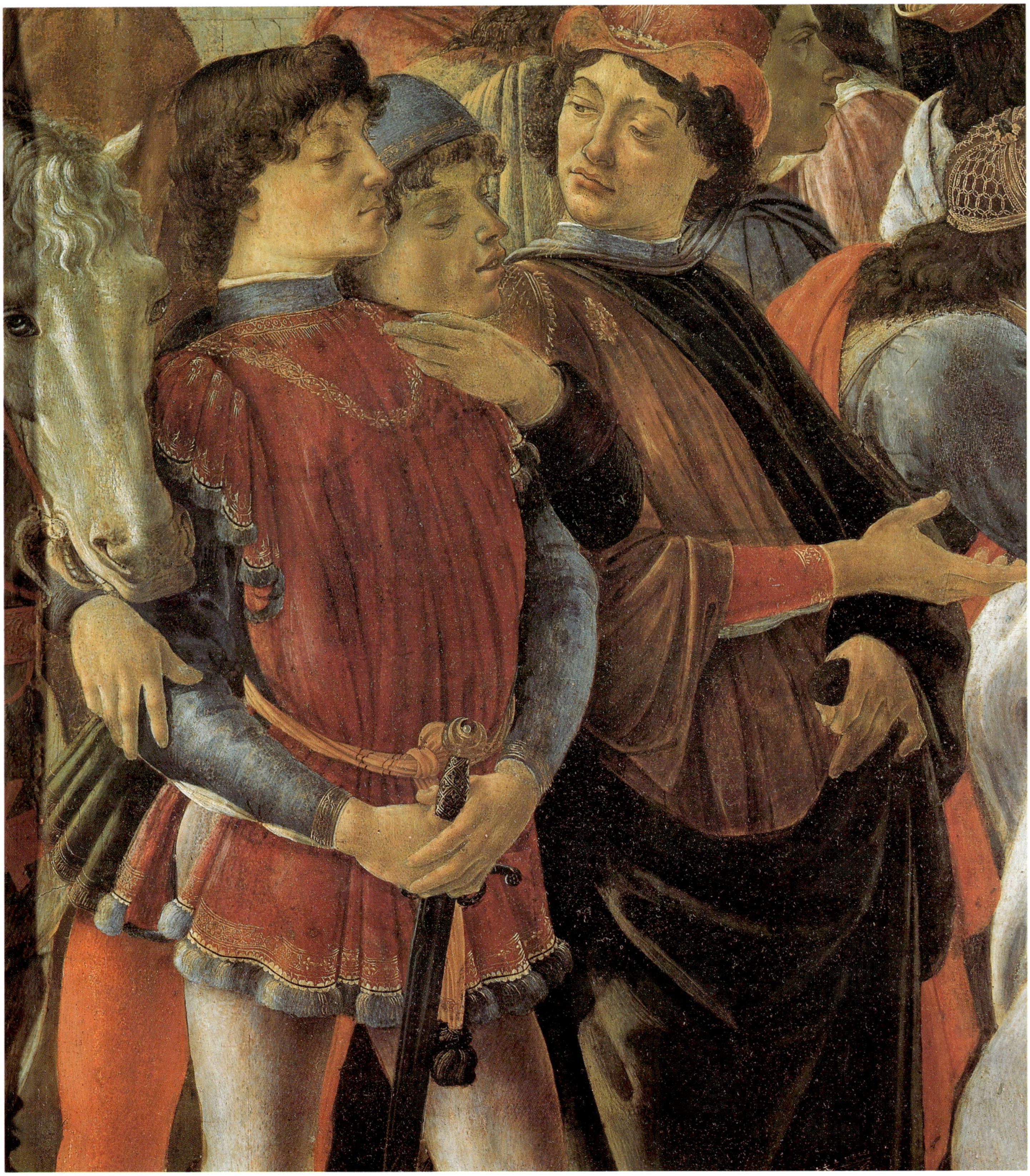

SANDRO BOTTICELLI
Die Anbetung der Könige
(Ausschnitt)
1475, Tempera-Tafelbild,
111 x 134 cm.
Galleria degli Uffizi, Florenz.

In der Malerei des Quattrocento spielt der Mäzen eine wichtige Rolle. Die besten Werke sind alle Auftragsarbeiten. Das Epiphanias-Thema wird von den Auftraggebern bevorzugt, die es lieben, ihre Verehrung für den in Armut geborenen Jesus zu zeigen. 1475 wandelt Botticelli die Anbetung der Könige in eine Huldigung der Medici und ihrer Umgebung um.

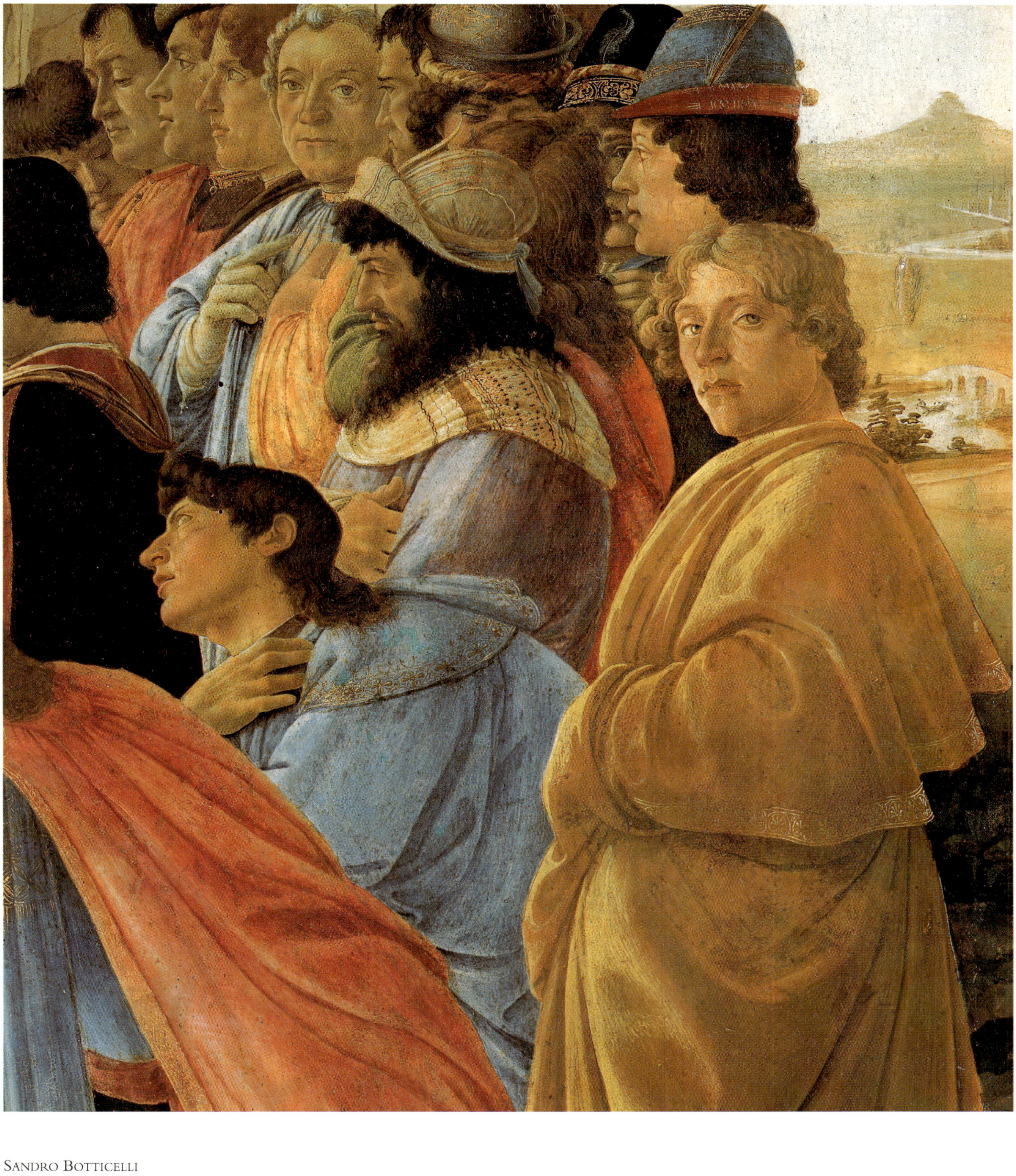

SANDRO BOTTICELLI
Anbetung der Könige
(Ausschnitt: Selbstportrait)

In dieser Szene, die mehr an eine politische Versammlung als ein heiliges Ereignis erinnert, malt Botticelli auch sein Selbstportrait.

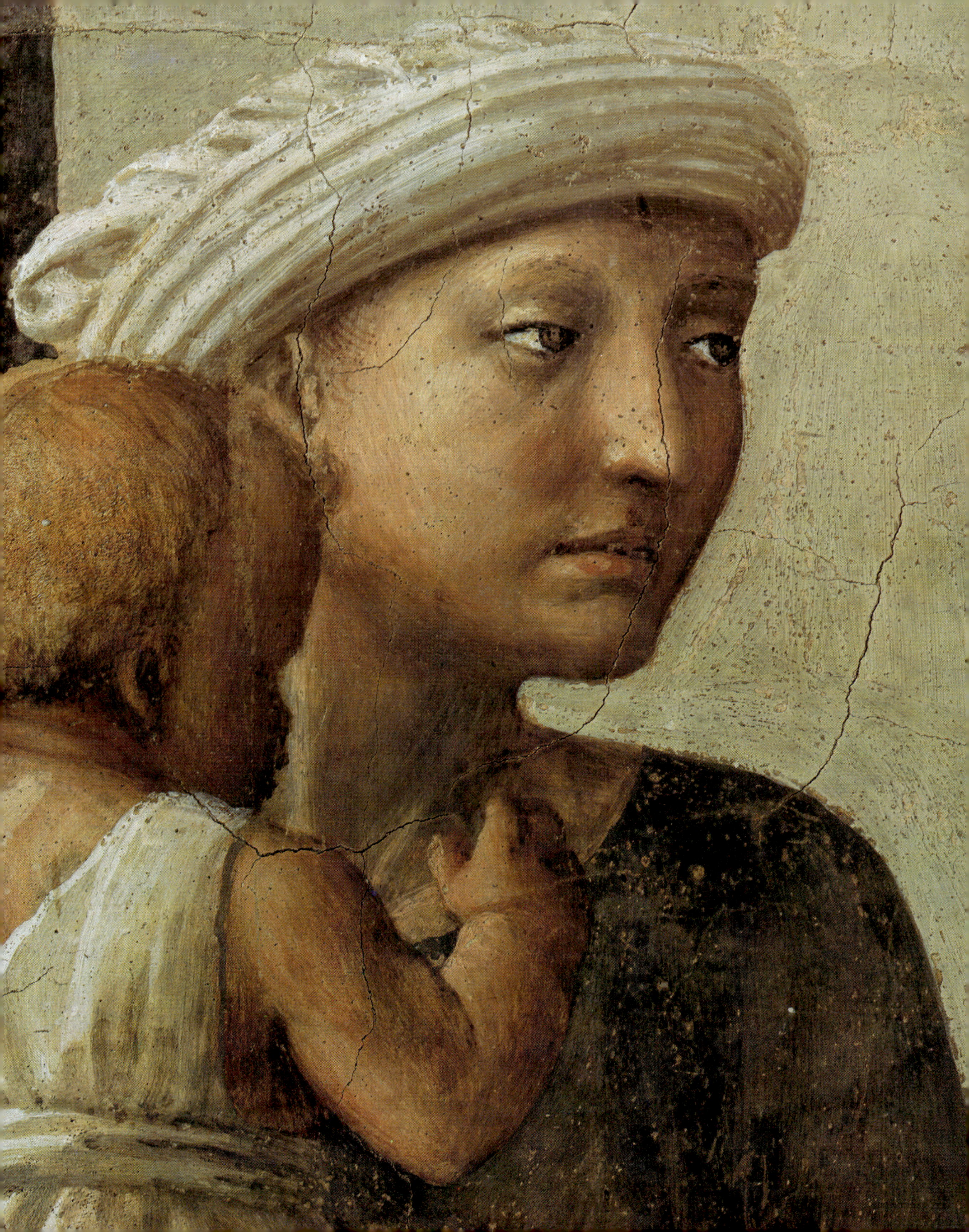

Masaccio, der Begründer der neuen Malerei

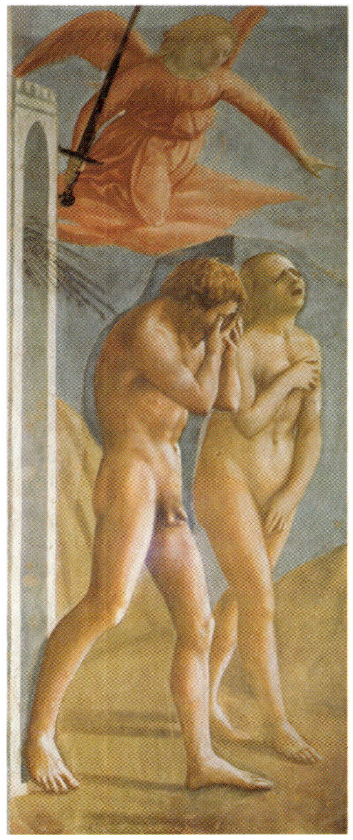

Oben

Masaccio
Vertreibung aus dem Paradies
1424 (?), Fresko, 214 x 90 cm.
Brancacci-Kapelle, Santa Maria del Carmine, Florenz.

Linke Seite

Masaccio
Die Almosenspende und die Bestrafung des Ananias
(Ausschnitt: die junge Frau und das Kind)
1426–1427 (?), Fresko.
232 x 157 cm.
Brancacci-Kapelle, Santa Maria del Carmine, Florenz.

Zu Beginn des 15. Jh. findet die Gotik mit ihren phantasievollen Landschaften, anmutigen Gestalten und Darstellungen auf goldenem oder blumenreichem Grund in Siena das Refugium ihrer Wahl. Maler wie Stefano di Giovanni (Sassetta) bemühen sich, die Preziosität der Gotik hier für die Ewigkeit einzufangen. Florenz hingegen öffnet sich mit Brunelleschi, Ghiberti und Donatello der Renaissance, die Alberti in seinem Werk *Drei Bücher über die Malerei* zu den Mitbegründern dieser Stilrichtung zählt. Dabei erwähnt er ebenfalls den Namen eines Malers – der einzige auf diesem Gebiet – der in weniger als zehn Jahren die Malerei des Quattrocento prägt. Der junge Mann, der sich von der Miniaturmalerei entfernt, um Landschaftsbilder zu malen, der sich abwendet von der glanzvollen Pracht gotischer Prozessionen oder den von Schmerz erfüllten Figuren in fürstlichen Stoffen, ist kein anderer als Masaccio. Er setzt diesen Bildern die Kargheit der Hügel, die Nüchternheit der Prozessionen, die Schlichtheit der Kleidung entgegen. Seine Gesichter reflektieren nicht mehr den mystischen Blick, sondern Realismus.

Die Natur als Modell

1401 kommt Masaccio in Castel San Giovanni in Altura zwischen Florenz und Arezzo zur Welt. Bis

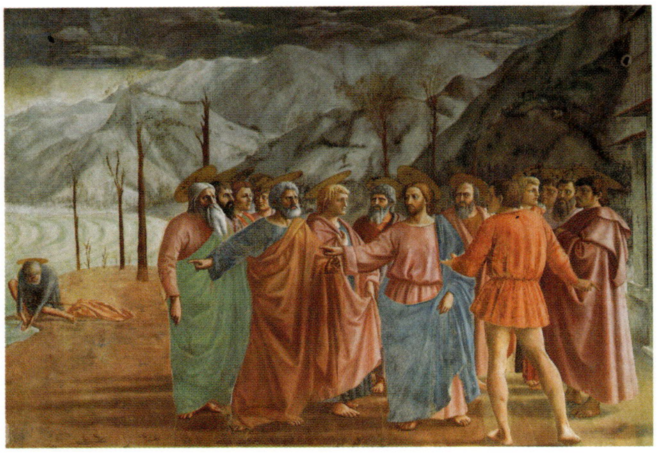

Oben und rechte Seite (Ausschnitt)

MASACCIO
Der Zinsgroschen
(Ausschnitt: Landschaft im Hintergrund hinter den Aposteln)
1425–1427 (?), Fresko,
247 x 597 cm.
Brancacci-Kapelle, Santa Maria del Carmine, Florenz.

Die Hügel und Berge im Gemälde von Masaccio sind mit ihren Hecken, Bäumen und Häusern in einer gestaffelten Perspektive angeordnet, von der sich später Paolo Uccello, Domenico Veneziano und Piero della Francesca inspirieren lassen.

Folgeseiten

MASACCIO
Der Zinsgroschen
(Ausschnitt: Christus an der Seite des Apostels Johannes, an seiner Jugend und seinem blonden Haar leicht erkennbar, und des Apostels Lukas [?])

zu dem Tag im Jahre 1422, als er sich an der Akademie von Florenz für Medizin und Pharmazie einschreibt, ist über seine Kindheit und Ausbildung nichts bekannt. Hatte er überhaupt einen Lehrmeister, der ihn je in der Kunst des neuen Realismus unterrichtet hat? Masolino da Panicale verdankt er lediglich die handwerklichen Fertigkeiten, denn er gibt das gotische Stimmungsbild auf, um sich auf die Spuren der Vergangenheit zu begeben, bis er vor Giottos Werk in Santa Croce stehenbleibt. Hier macht er sich den Sinn plastischer Körperlichkeit sowie Merkmale der perspektivischen Raumerfassung zu eigen. Auf der Grundlage der Arbeiten von Brunelleschi oder auch Donatello über die perspektivische Darstellung befaßt er sich von neuem mit Giotto. Masaccio hat sich sehr schnell aus dem System der Atelierarbeit zurückgezogen, um selbständig zu arbeiten und sich auf den Baustellen von Florenz weiterzubilden, wo er Neuerer dieser Zeit trifft.

Da die Künstler der Renaissance ausgesprochen neue Formen der Arbeitsorganisation anstrebten, um sich den Marktbedingungen anzupassen, schließt sich Masaccio um 1424 zu einer Werkgemeinschaft mit Masolino da Panicale zusammen. Diese Form der Kooperation verbindet eine bestimmte Zeit lang zwei selbständige Künstler, die ihre Aufgaben zweckmäßig aufteilen, um ihren Auftraggebern gerecht zu werden, ohne dabei ihre Persönlichkeit aufzugeben. So arbeiten die beiden Maler in dieser Zeit gemeinsam an den Gemälden *Heilige Anna Selbdritt, Jungfrau Maria, Kind und die Engel* der Uffizien und später, zwischen 1425 und 1431, an den Fresken der Brandakapelle in Rom sowie dem Polyptychon von Santa Maria Maggiore. Wenn man davon ausgeht, daß Masaccio das große Freskogemälde *Heilige Dreifaltigkeit* in Santa Maria Novella alleine erstellte, so verbindet man bei der Freskenfolge in der Brancacci-Kapelle in Santa Maria del Carmine, Florenz, die zwischen 1423 und 1428 – seinem Todesjahr – gemalt wurde, seinen Namen mit Masolino. Als Freund von Brunelleschi und Schützling von Donatello ist Masaccio für sein Gefühl für Tiefenwirkung berühmt sowie für die hervorragende Qualität der Kompositionen und seine Sicherheit bei der perspektivischen Darstellung. Sein Können ist weit höher einzuschätzen als das von Masolino. Wenn sich auch ihre Werke auf den Wänden derselben Kapelle wiederfinden und manchmal ineinanderfließen, so bleiben doch nur die Gemälde von Masaccio ein Vorbild für die Nachwelt. Laut Vasari betrieben alle berühmten Bildhauer und Maler hier ihre Studien. Leonardo da Vinci gesteht später seine Bewunderung ein: „Durch die Perfektion in seinen Gemälden bewies er, daß alle diejenigen, die nicht die Natur als Vorbild nehmen, sich vergebens um die Kunst bemühen.“ Einige Freskengemälde eines

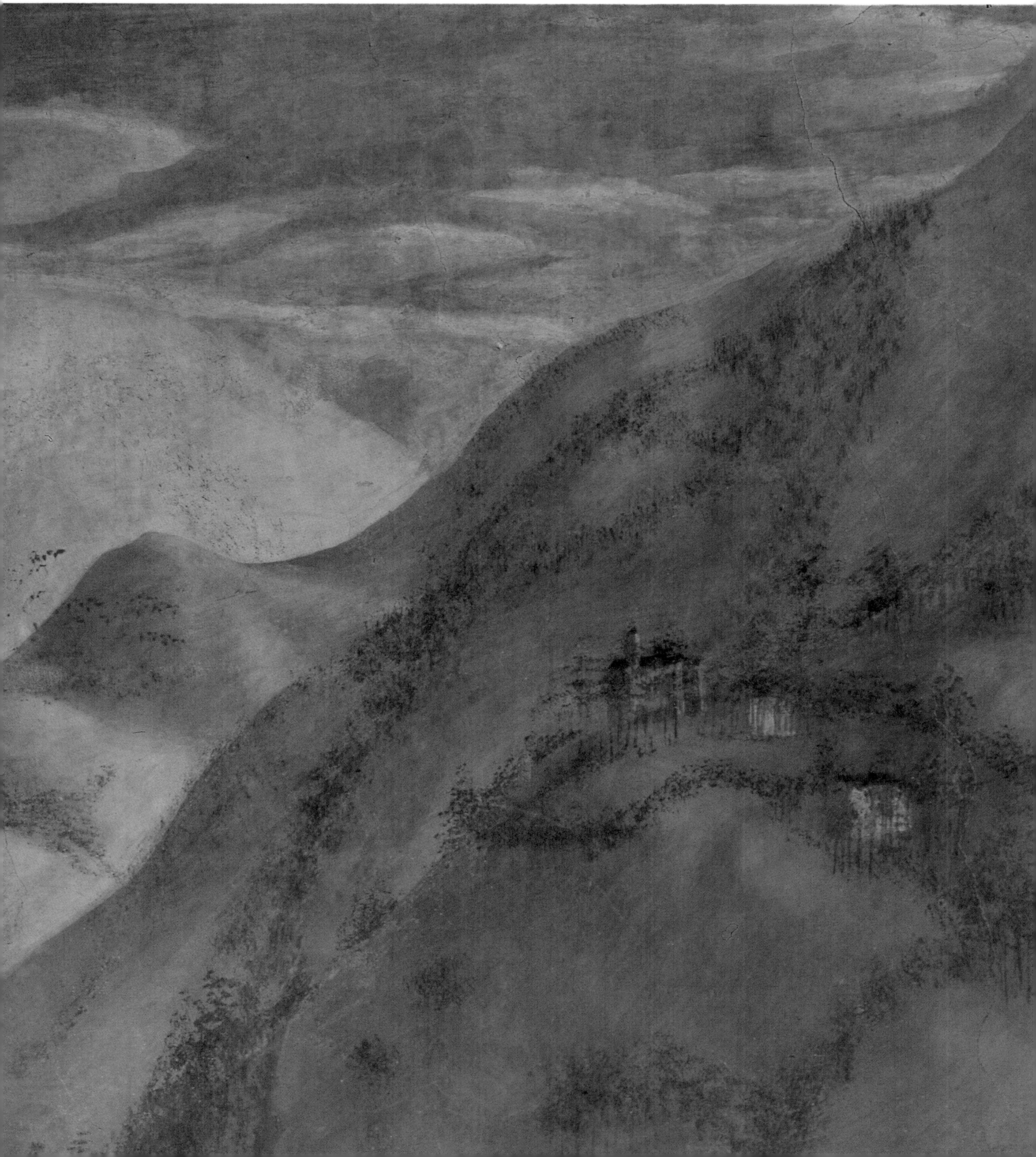

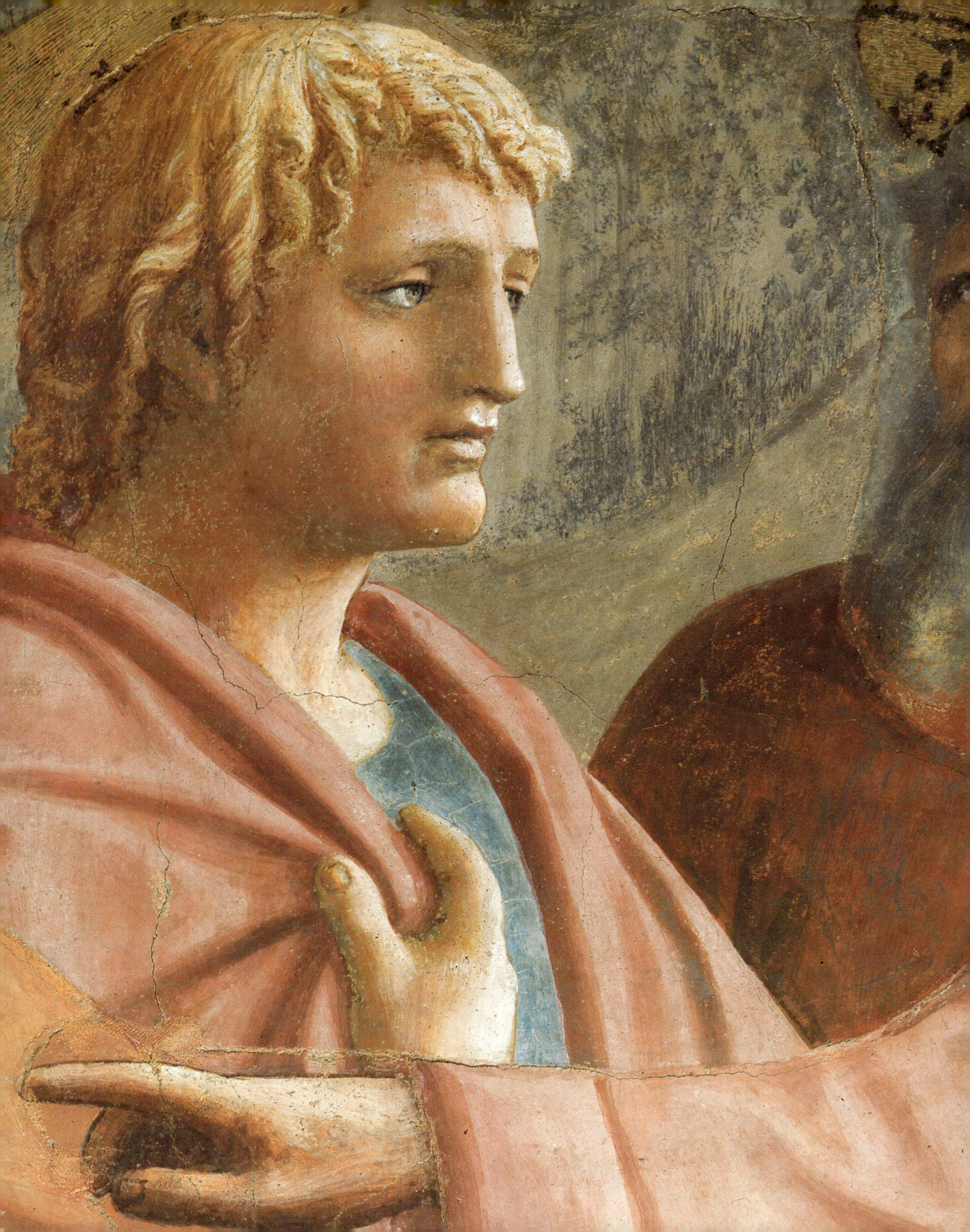

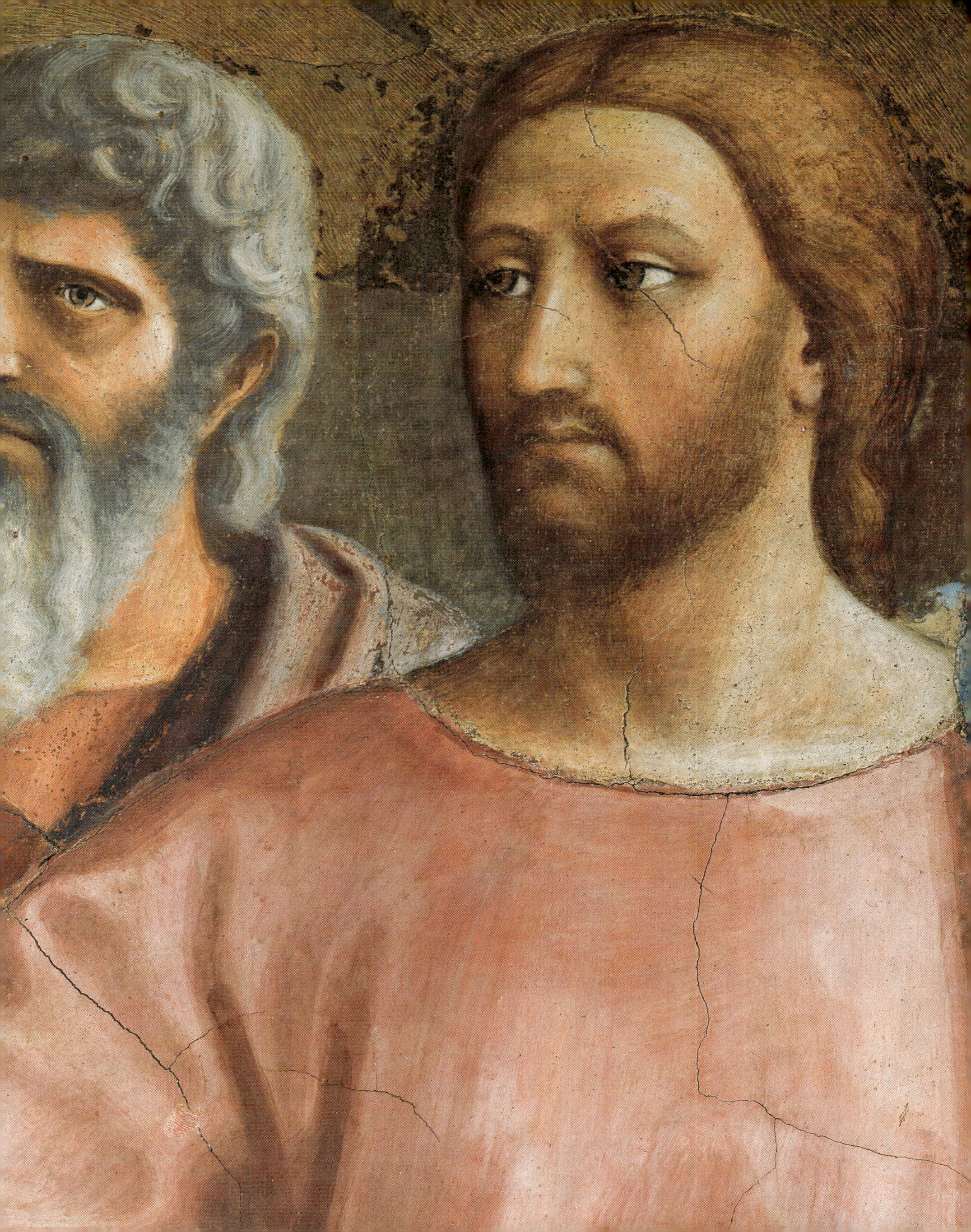

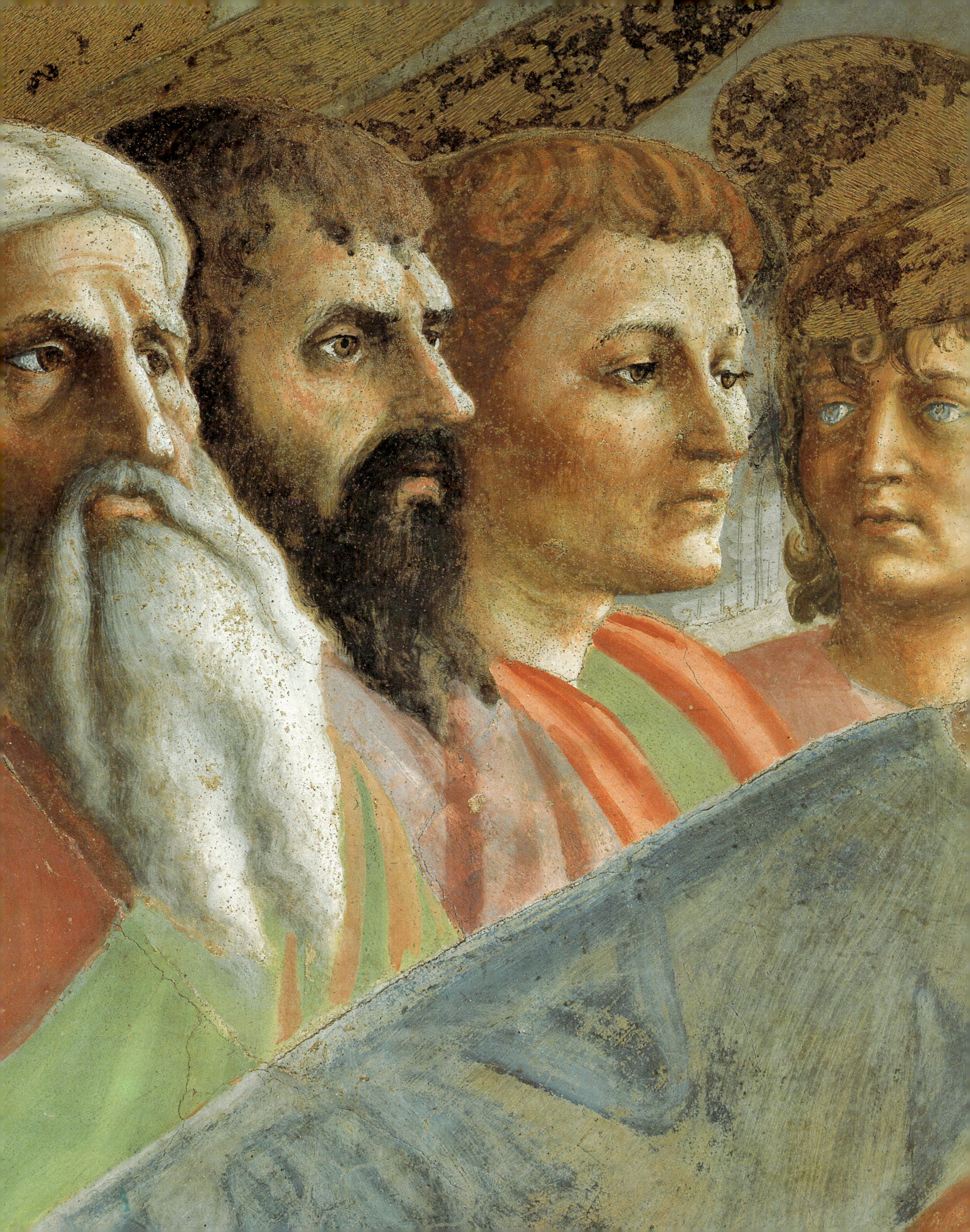

viel zu kurzen Lebens kennzeichnen somit die Geschichte eines Genies: der Bezug auf Donatellos brüderliche Denkart, das Streben nach einer perspektivischen Darstellung, die Brunelleschi stets am Herzen lag, bereichern ein Werk, das seinesgleichen sucht.

Die Brancacci-Kapelle, ein Muß für jeden Künstler

Masaccios Talent wird beim Betreten der Kapelle deutlich, mit deren Ausmalung Masolino um 1424 von Felice Brancacci beauftragt wurde. Bei der Verzierung des Portikus, auf dem er die *Vertreibung aus dem Paradies* malt, befreit er sich bereits von den Zwängen, die sich die Maler nach der Tradition der Miniaturmalerei für die Darstellungen am Eingang auferlegten. Hier ist keine Vergoldung und keine detaillierte Verzierung zu sehen. Der mit äußerster Sorgfalt gemalte Baum und das Laubwerk in *Der Sündenfall* geben den Blick frei auf einen kahlen und ungastlichen Boden. Das Tor zum Paradies, dessen Schwelle Adam als letzter überschreitet, ist nur noch eine mit Zurückhaltung dargestellte Idee. Der Erzengel beherrscht das Bild, aber der Blick wird auf die sündigen Menschen gelenkt, die schweren Schrittes dem Elend dieser Erde entgegengehen. Adam verbirgt seine Tränen mit den Händen: Eva weint vor Verzweiflung. Vereint durch dieselbe Bewegung gehen beide davon, er die Schande in sich tragend, sie ihren Schmerz und ihre Angst in die Welt schreiend. Die antike Kunst ist bei Masaccio gegenwärtig: Für Eva greift er auf die keusche griechisch-römische Venus zurück, und das Brustbildnis von Adam ist vielleicht dem *Apollo* vom Belvedere entlehnt. Das Nackte ist realistisch dargestellt: Zum ersten Mal wirken die Körper in der Malerei der Renaissance lebendig. Im Vergleich zu den ihnen gegenüberstehenden Figuren von Masolino, die der traditionellen Ikonographie nahekommen und eher eine erstarrte Haltung und höfliche Gestik zeigen, verleiht Masaccio seinen Körpern einen neuen dramatischen Ausdruck, indem er abrupt mit der Vergangenheit und der in der Toskana noch geschätzten gotischen Tradition bricht.

Im berühmtesten Fresko der Brancacci-Kapelle, *Der Zinsgroschen*, erreicht die Kunst Masaccios ihren Höhepunkt dadurch, wie er mit Raum, Zeichnung, Relief, Farbe und Licht umgeht. Die drei Phasen des Gleichnisses im Matthäusevangelium (17, 24-27), sind eine einzigartige szenische Darstellung. In die Mitte hat Masaccio die Szene gesetzt, in der zur Zahlung des Zinsgroschens aufgefordert wird, sowie die Antwort von Jesus, die die Apostel mit Spannung erwarten. Links sieht man, wie Petrus der Aufforderung nachkommt und einen Fisch fangen geht, um das Geld zu beschaffen. Auf der

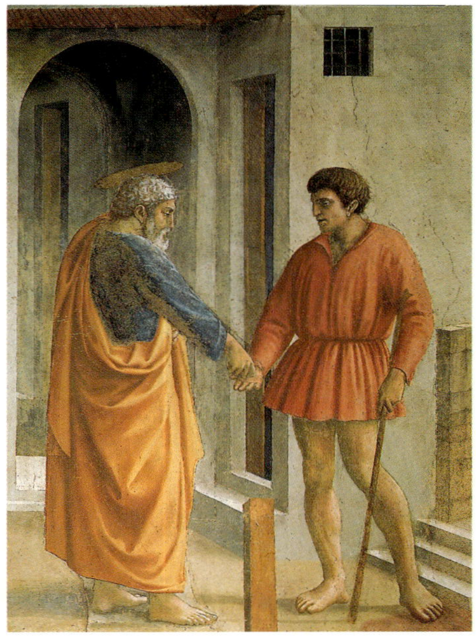

Oben

MASACCIO
Der Zinsgroschen
(Ausschnitt: Petrus übergibt den Zinsgroschen dem Steuereinnehmer vor dem Haus am Ufer des Sees Genezareth)

Linke Seite

MASACCIO
Der Zinsgroschen
(Ausschnitt: die Apostel)

Die Figuren des Zinsgroschens *sind in einer elliptischen Linie nach klassischem Muster angeordnet, das bereits die frühchristlichen Kulturen verwendeten.*

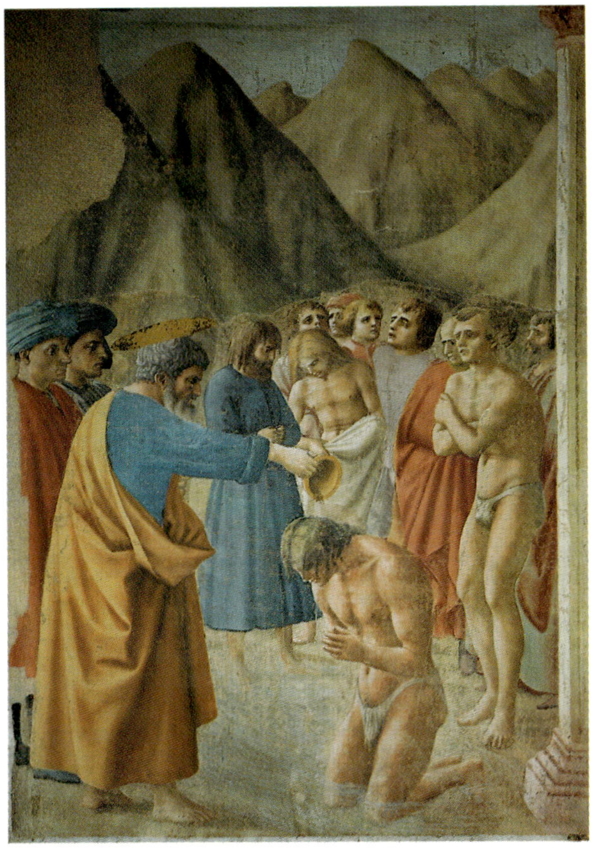

Oben

MASACCIO
Petrus taufend
1426–1427, Fresko,
247 x 172 cm.
Brancacci-Kapelle, Santa Maria del Carmine, Florenz.

Rechte Seite

MASACCIO
Petrus taufend
(Ausschnitt: knieender Neubekehrter)

Masaccio spielt mit schnellen, hell-dunklen Pinselstrichen, um die Form mit einem Gefühl für die Anatomie zu erhalten, die an die Bildhauerkunst der Antike denken läßt. Er entlehnt die Haltung des jungen Täuflings der christlichen Ikonographie, jedoch beruhen der kräftige Rücken und der muskulöse Körperbau auf klassischen Quellen.

rechten Seite händigt er selbst dem Steuereinnehmer den Zins aus. Die Szene spielt sich vor einer Hügellandschaft ab, die je nach Entfernung in ihren Farben variiert und wo der Maler Häuser, Bäume oder Hecken perspektivisch gestaffelt darstellt, eine Technik, die Paolo Uccello später in seinen Gemälden aufgreift. Die Apostel, in einem Kreis um Jesus, bilden eine Gruppe, der bewußt ist, daß sie genau in diesem Augenblick an einem großen Ereignis teilhat. Die Ernsthaftigkeit der griechisch gekleideten Personen, ihre feierliche Haltung, die Ausdruckskraft der Gesichter und Blicke zeugen von dem neuen Klassizismus des Künstlers. Masaccio stellt auch sein Wissen um die Probleme der perspektivischen Darstellung unter Beweis. Der Betrachter kann die Handlung wie eine Fortsetzung des realen Raumes beobachten. Masaccio hat das Bild so angeordnet, daß sich das Haus des Zöllners auf der rechten Seite befindet und den Blick über die schräge Linie seiner Konstruktion führt. Die Abstufung des Bergreliefs, die starke Betonung der Hecken und Wolken verlängern die Landschaft in die Tiefe.

Entsprechende Effekte und Merkmale findet man im Fresko *Petrus taufend*, das einen Ausschnitt aus der Apostelgeschichte (2, 41) darstellt und im szenischen Ablauf in der Brancacci-Kapelle den Anfang zu den weiteren Fresken *Die Almosenspende* und *Die Bestrafung des Ananias* bildet. Wie die Apostel im Gleichnis vom *Zinsgroschen* bilden die Menschen, die die Taufe erwarten, einen Kreis, der sich im Tal zu einer Prozession zu öffnen scheint. Masaccio malt nach den Regeln der christlichen Ikonographie im Vordergrund den knieenden Täufling; der griechisch-römischen Bildhauerkunst jedoch entlehnt er die Stämmigkeit des nackten Körpers und die apollinische Schönheit des jungen Mannes. Sowohl in der *Almosenspende* als auch in der *Schattenheilung* verblaßt die natürliche Umgebung zugunsten des Stadtbildes, das Masaccio minutiös ausarbeitet. Zuletzt malt er florentinische Häuser zwischen einem Palast mit Bossenwerk und einer klassischen Kirchenfassade, die man am Ende einer kleinen Straße erkennt. Masaccio macht sich frei von den Lehrbüchern, Konventionen und typischen Figuren der traditionellen Malkunst, er schöpft seine Originalität aus der Ausdruckskraft der Figuren und verleiht dem Realismus eine neue Dimension: „Von nun an", schreibt Pierre Francastel, „wird der Mensch nicht mehr durch seine Taten und Berichte definiert, die ihn einem geschichtlichen Abschnitt zuordnen, sondern durch eine unmittelbare physische und sinnliche Wahrnehmung, die zur Gegenwartsnähe führt".

Die gesamte Brancacci-Kapelle ist vom Geist des Quattrocento geprägt. Die Fresken von Masaccio und Masolino führen einen Dialog. Um 1481–1482 vollendet Filip-

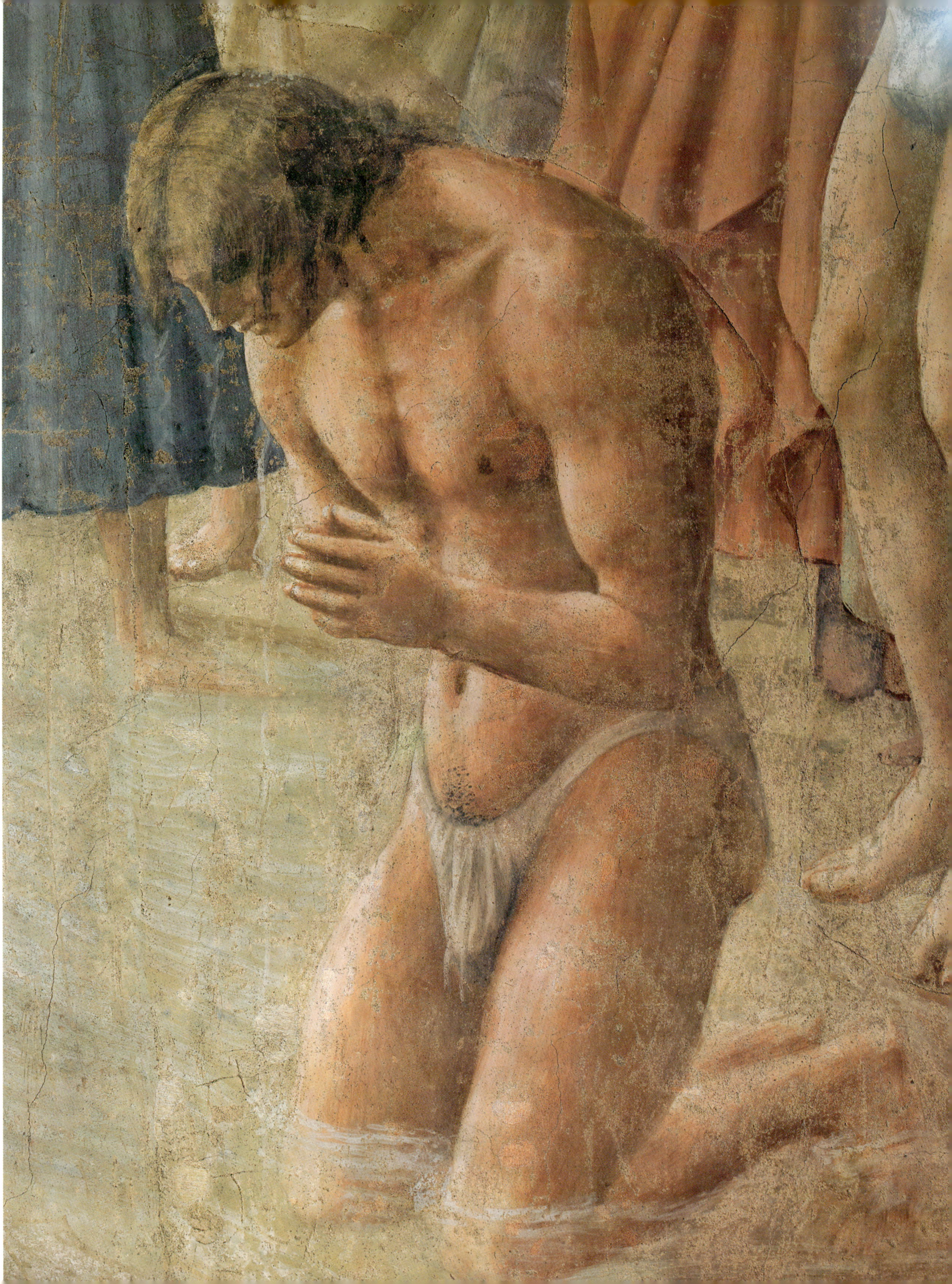

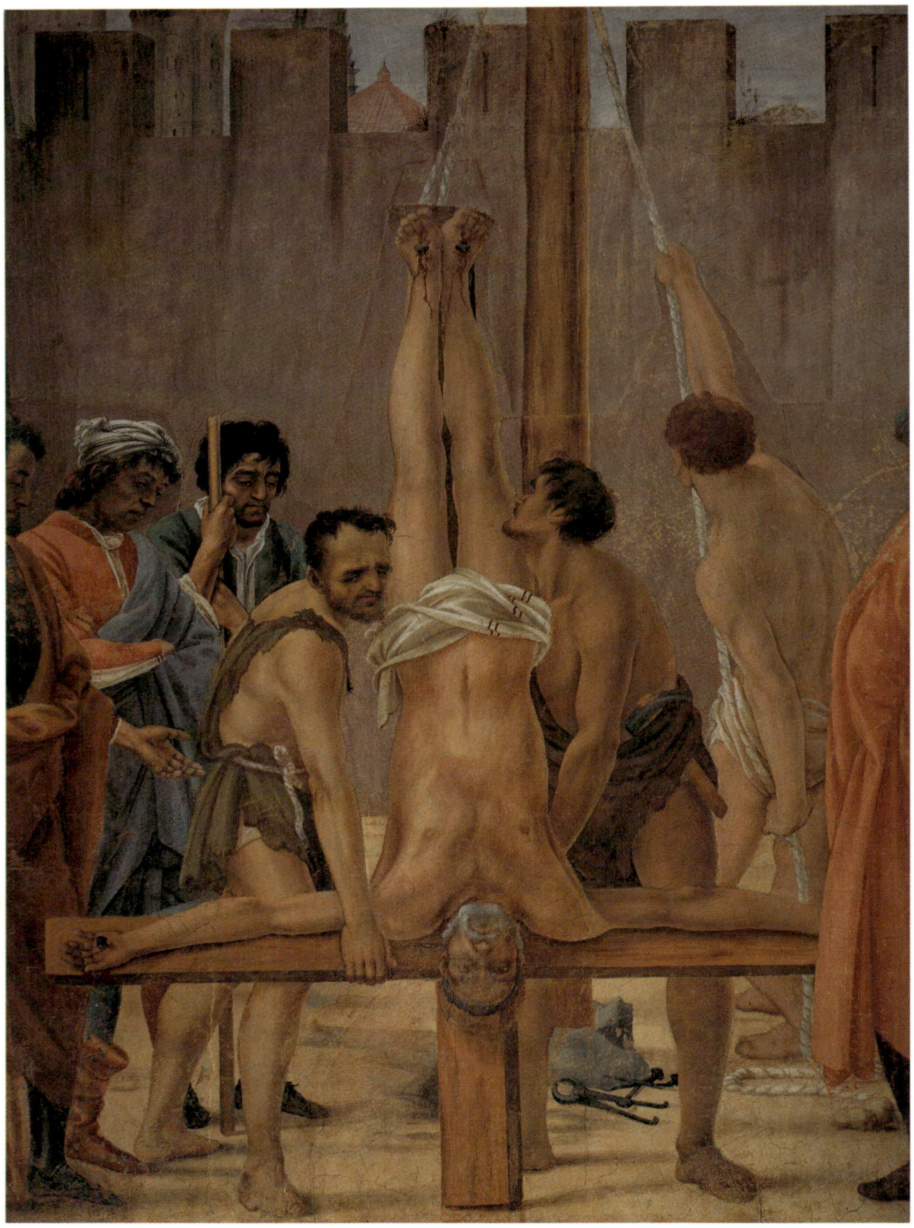

Filippino Lippi
Petrus im Disput mit dem Magier Simon und die Kreuzigung des Petrus
(Ausschnitt: die Kreuzigung)
1484, Fresko, 232 x 588 cm.
Brancacci-Kapelle, Santa Maria del Carmine, Florenz.

Rechte Seite

Masaccio
Die Almosenspende und die Bestrafung des Ananias
1425–1427 (?), Fresko,
232 x 157 cm.
Brancacci-Kapelle, Santa Maria del Carmine, Florenz.

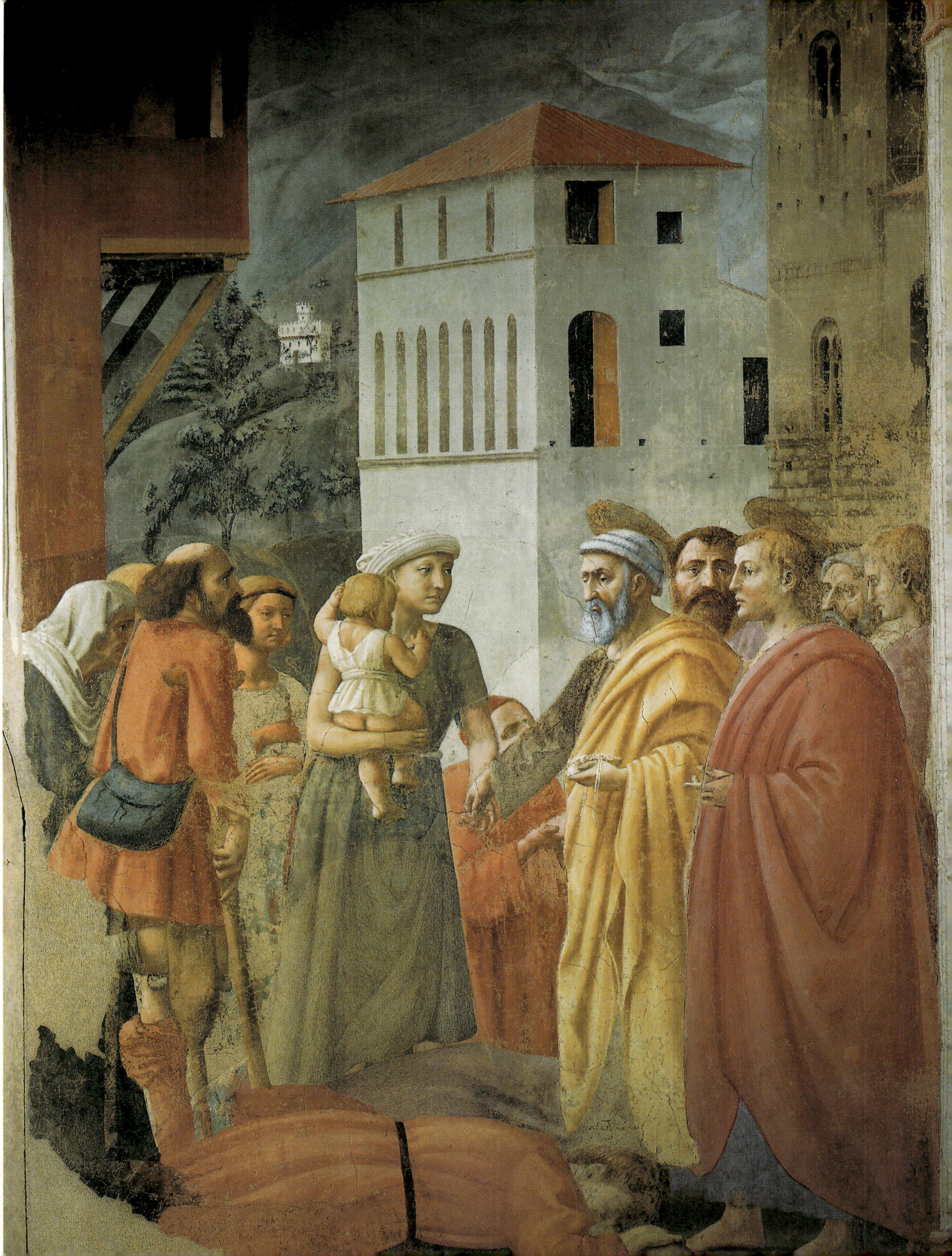

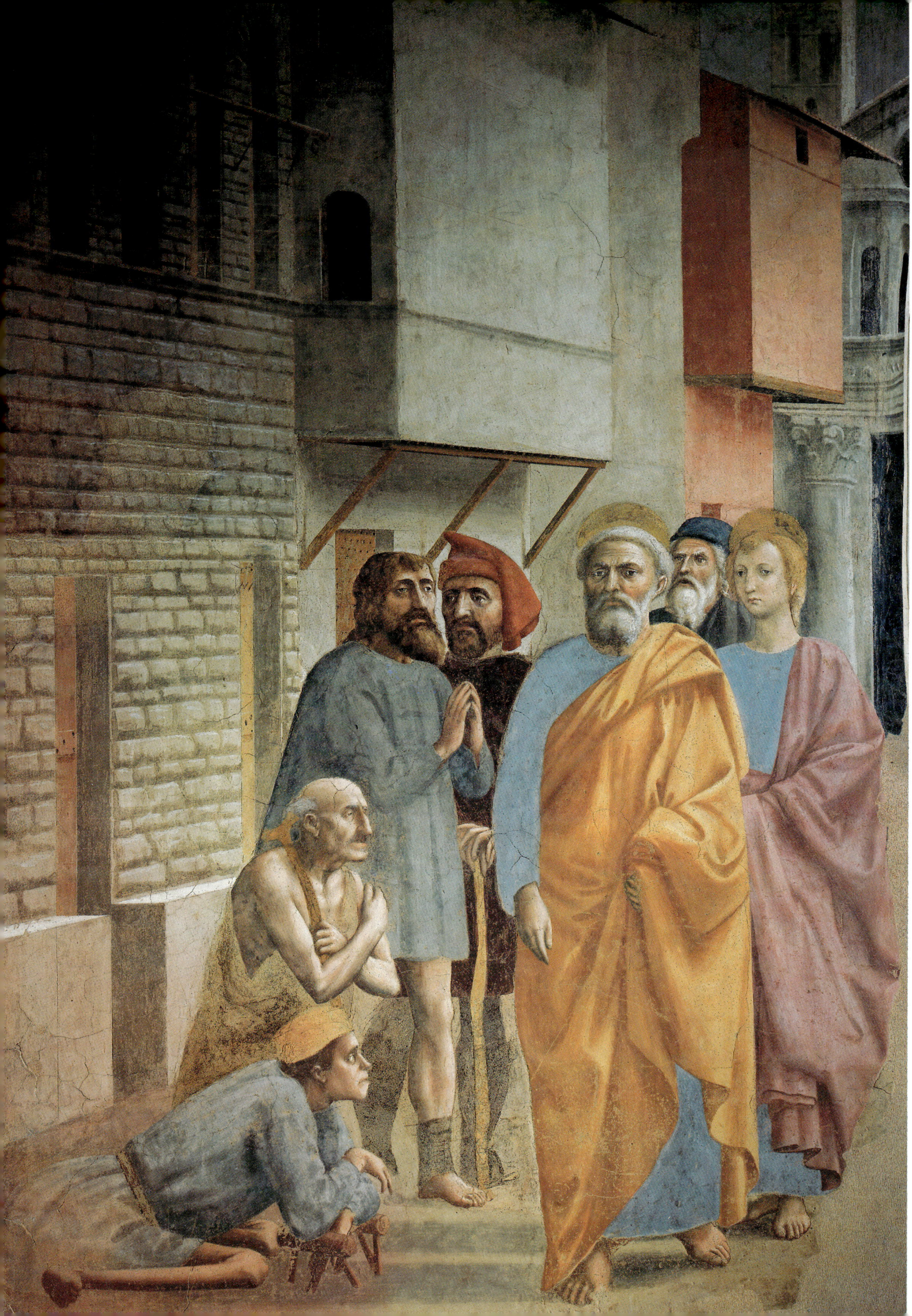

pino Lippi die Ausmalung, die die beiden großen Meister nicht fertigstellen konnten. Es wäre verfehlt, Masolinos und Masaccios Werke auf einen antagonistischen Vergleich zu reduzieren. Die Qualität der ausgewogenen szenischen Verbindungen von einer Wand zu anderen zeigt, daß beide Maler wohl an ein und demselben Projekt gearbeitet haben. Die Szenen gehören zu einem Zyklus, der vor allem die Rolle des Apostels Petrus und der Kirche verherrlicht. Die Einheitlichkeit der Episoden hindert keinen der Künstler, sich in seiner eigenen Sprache auszudrücken, doch die klaren Farben und die Kompositionen tragen zu einer optischen Einheitlichkeit bei. Vor der Ausführung des *Zinsgroschen* und der *Erweckung der Tabitha* haben Masaccio und Masolino gemeinsam die szenische und perspektivische Gestaltung der beiden Fresken durchdacht. Sie unterscheiden sich nur in der Technik. Wo Masaccio mit ausholendem Pinselstrich malt, geht Masolino verhaltener vor, bevorzugt feinere Striche, um den Effekt der Farbübergänge zu verstärken und eine größere Nuancierung zu erreichen. Die Robustheit der Figuren des einen kontrastiert mit der Feinheit der Personen des anderen.

Diesen Realismus nehmen Zeitgenossen von Masaccio auf, bevor er später auf die Kunst von Filippino Lippi trifft. Dieser soll die Ausmalung der Brancacci-Kapelle mit der Darstellung mehrerer Themen aus der *Goldenen Legende* fertigstellen, die dem Hl. Petrus gewidmet sind. Er nimmt Masaccios unvollendete Arbeit, um die *Erweckung des Sohnes des Kaisers Theophilus* und *Petrus in Kathedra* darzustellen, und vollendet die anderen Szenen, ohne die verbindenden Elemente aus den Fresken der beiden Altmeister zu berücksichtigen. Er bemüht sich, Realismus und Rhythmus von Masaccio und Masolino wiederzufinden, doch hinsichtlich der Ausgewogenheit und der perspektivischen Darstellung der Personen kann er sich bei weitem nicht mit ihnen messen.

Als Reaktion auf die leichte Eleganz der Gotik gründet Masaccio sein Werk auf Körperlichkeit, Raum und Licht. Auch wenn die Brancacci-Kapelle für jeden Maler des Quattrocento zu einem Muß wird, so kennt doch die florentinische Malerei die unterschiedlichsten Ausdrucksformen – glanzvolles Zeugnis hiervon ist das Werk von Fra Angelico.

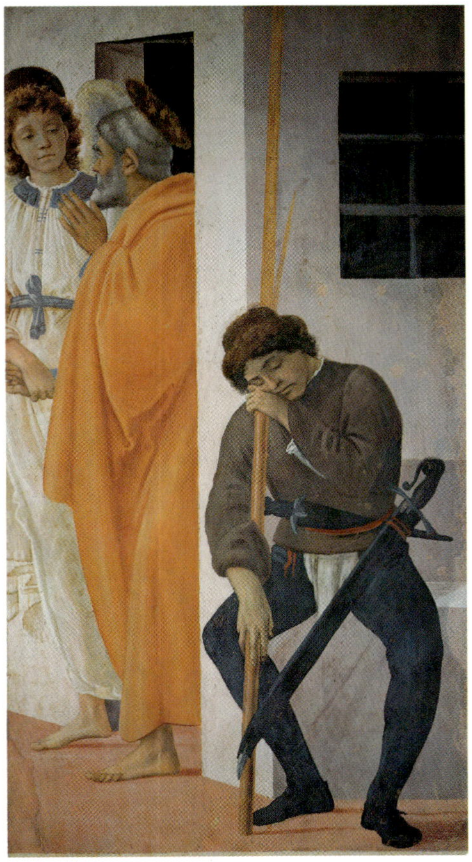

FILIPPINO LIPPI
Befreiung des Petrus aus dem Gefängnis
1484, Fresko, 232 x 89 cm.
Brancacci-Kapelle, Santa Maria del Carmine, Florenz.

Vom Engel aufgeweckt, verläßt Petrus das Gefängnis, während der schlafende Soldat seine Flucht nicht bemerkt.

Linke Seite

MASACCIO
Die Schattenheilung
1425–1427 (?), Fresko,
232 x 162 cm.
Brancacci-Kapelle, Santa Maria del Carmine, Florenz.

Zur Darstellung dieser Passage der Apostelgeschichte verwendet Masaccio als Hintergrund nicht mehr eine armselige Straße, sondern eine große klassische Stadt mit großartigen Bauten. Die perspektivische Darstellung zeigt die Straße begrenzt von florentinischen Häusern sowie einem Palazzo mit Bossenwerk, der an den Palazzo Vecchio oder den Palazzo Pitti erinnert. Sie endet mit einer Kirche mit Glockenturm, deren klassizistische Bauart auf die Arbeiten von Alberti verweist.

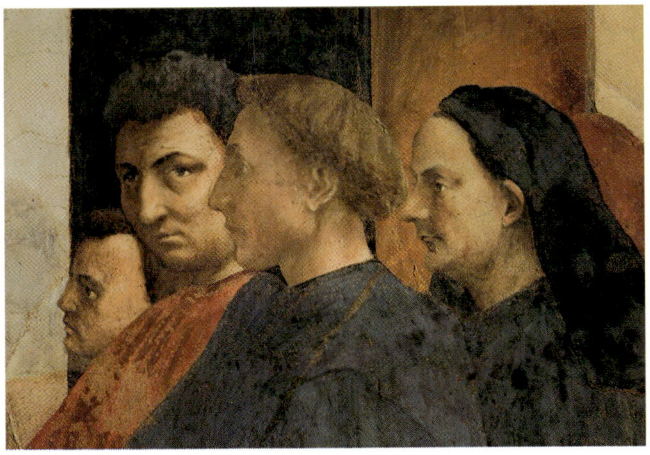

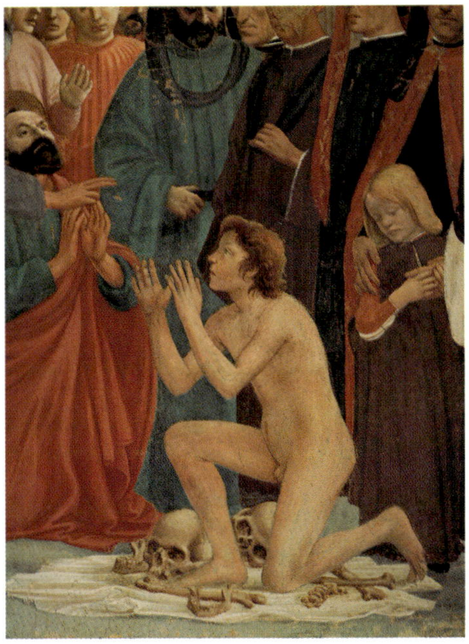

Masaccio und Filippino Lippi
Die Erweckung des Sohnes des Kaisers Theophilus und Petrus in Kathedra
(Ausschnitte)
1428 (?), Fresko, 232 x 597 cm.
Brancacci-Kapelle, Santa Maria del Carmine, Florenz.

Masaccio und Filippino Lippi haben das von Petrus nach seiner Befreiung aus dem Gefängnis vollbrachte Wunder dargestellt, so wie es in der Legenda Aurea wiedergegeben ist. In diese Geschichte hat Masaccio zeitgenössische Personen, die nichts mit den Ereignissen zu tun haben, eingeführt, insbesondere eine Gruppe mit ihm und „den Seinen“: von rechts nach links Brunelleschi mit seiner schwarzen Mütze, Masolino da Panicale, Masaccio selbst und schließlich Leon Battista Alberti. Filippino hat seinerseits den Sohn des Theophilus gemalt.

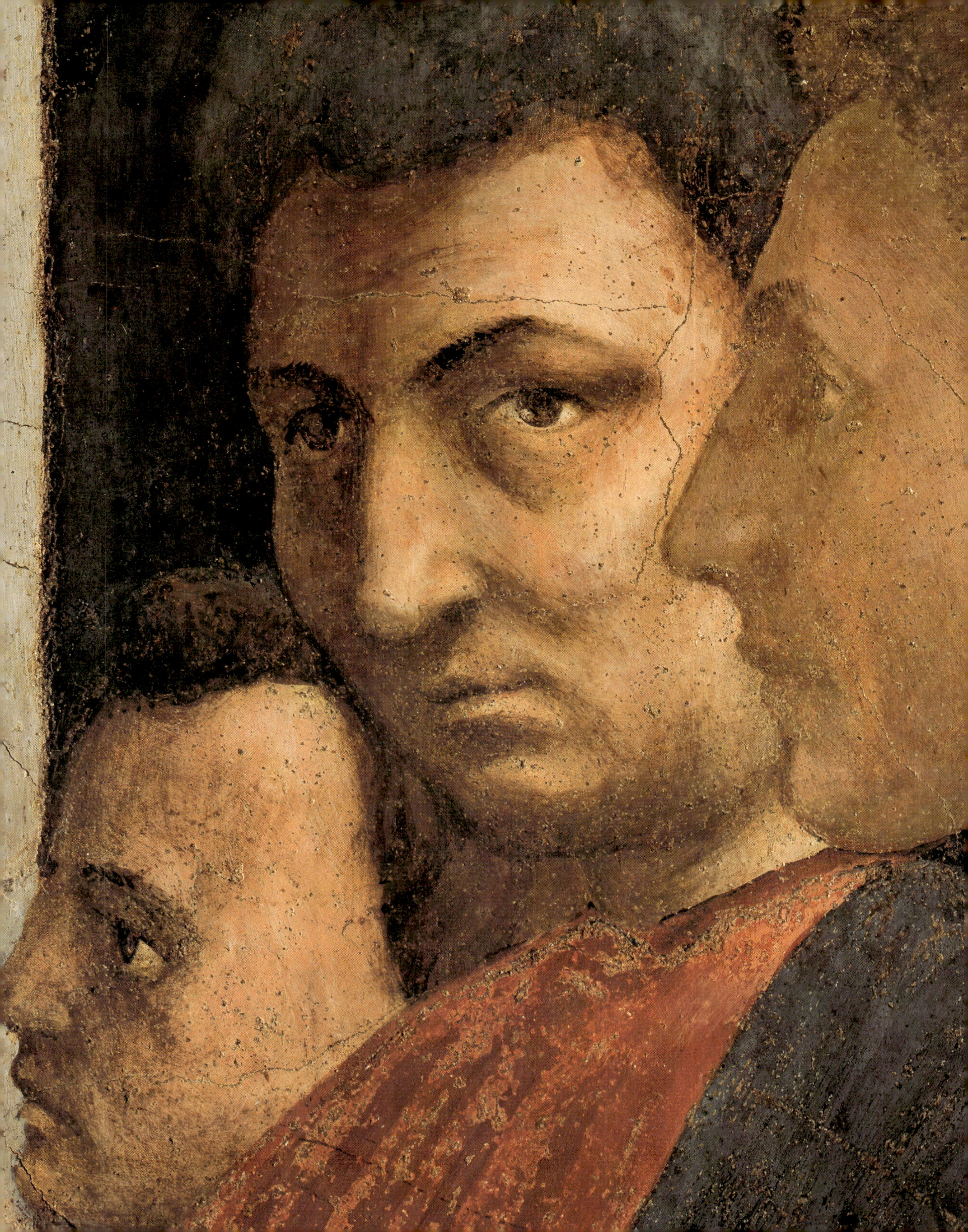

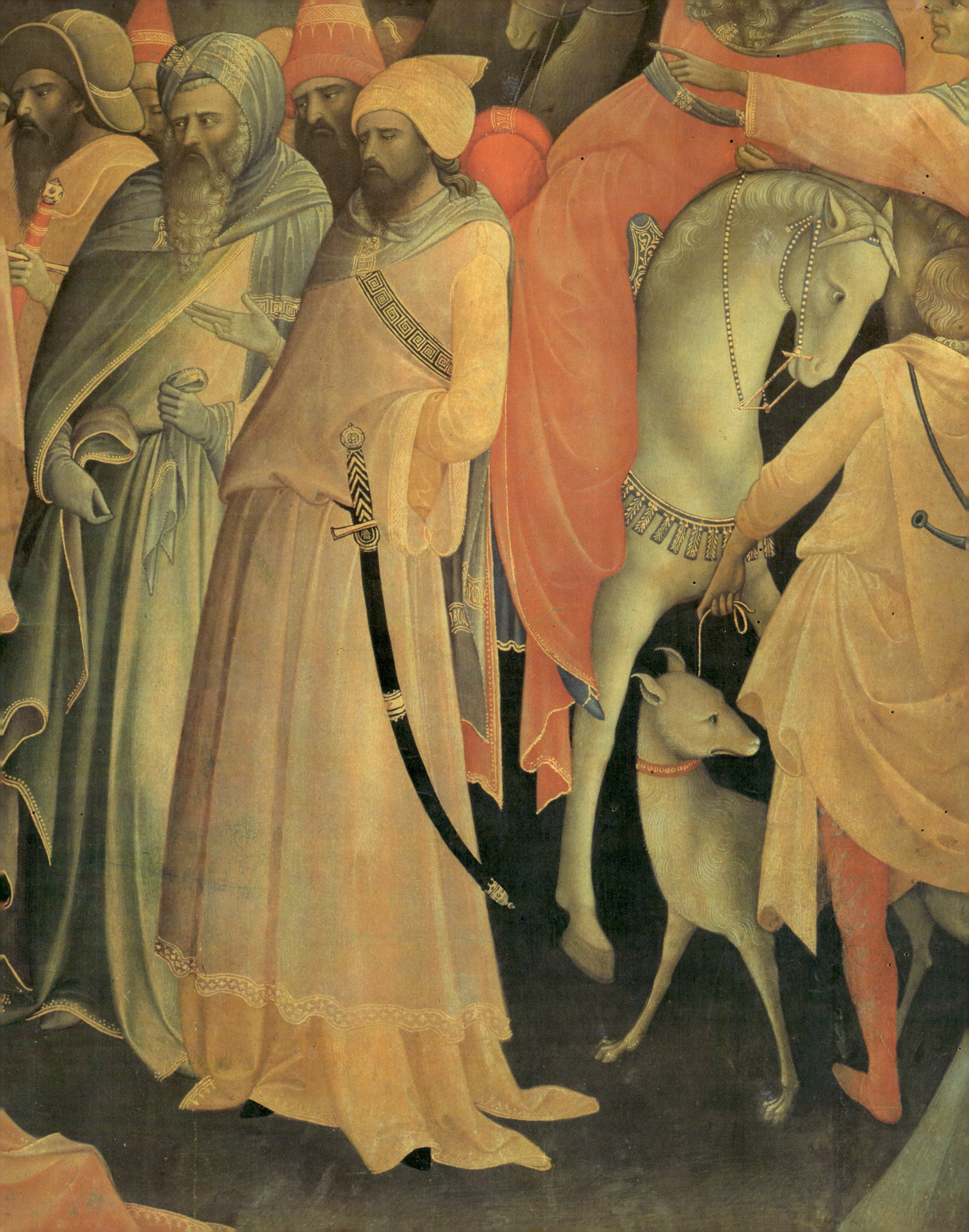

Fra Angelico und das Licht

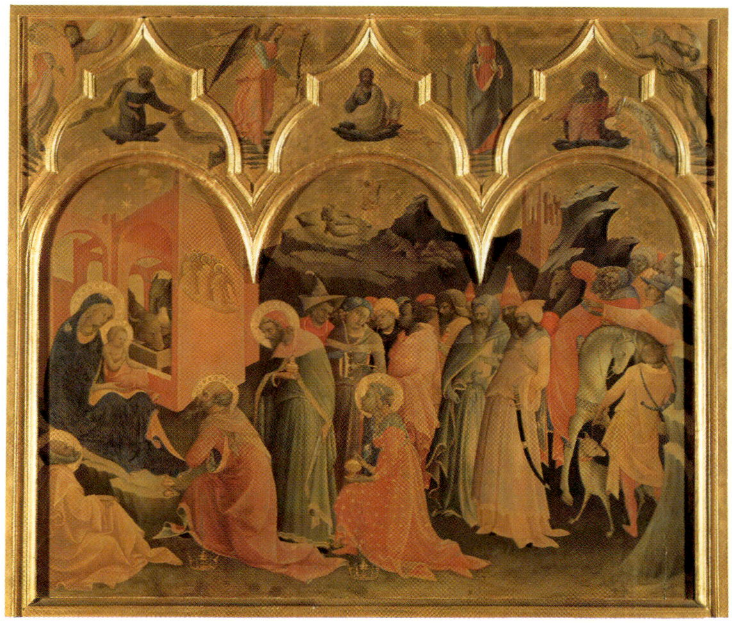

Oben und linke Seite (Ausschnitt)

LORENZO MONACO
Anbetung der Könige
(Ausschnitt: Das Gefolge)
1420–1422, Holzgemälde,
144 x 177 cm.
Galleria degli Uffizi, Florenz.

In der Kunst von Lorenzo Monaco, dem Lehrer von Fra Angelico, findet sich der Einfluß der sienesischen Malerei wieder, die Vorliebe für die Streckung und Neigung der Figuren nach dem internationalen gotischen Stil, der noch in den ersten Jahrzehnten des 15. Jahrhunderts in der Toskana herrscht.

Guido di Pietro wird Anfang des 15. Jh. in einem kleinen Dorf im Mugello nordöstlich von Florenz geboren; er geht schon sehr jung bei einem Florentiner Meister in die Lehre. Bereits 1417 wird er namentlich als Maler im Register der „Gemeinschaft San Nicolas del Carmine" geführt. Anders als die Tradition, die den Mann des Gebets verehrt und ihn hervorhebt, ist es doch der Künstler, der im Leben dem Mönch vorausgeht! In ersterer Eigenschaft erhält er im übrigen 1418 ein Honorar für seine Mitarbeit bei der Gestaltung der Kirche San Stefano al Ponte.

In der Schule des Lorenzo Monaco

Der Bauernsohn tritt in das Dominikanerkloster San Domenico in Fiesole ein. Hier entdeckt er die Strenge des Ordensgründers und den Gedanken des Hl. Thomas von Aquin, auf den sich der Predigerorden beruft. In den Tagen und Stunden, geprägt vom Befolgen der ursprünglichen Einfachheit, kommt der Ausbildung von Fra Giovanni – so jetzt sein Name – das gute Verhältnis zum Hl. Antonius zugute, seinem Prior und späteren Bischof von Florenz. Hier trifft er wohl auch auf einen Kamaldulenser, Piero di Giovanni, der bereits unter dem Namen Lorenzo Monaco bekannt ist und dessen Schüler er wird.

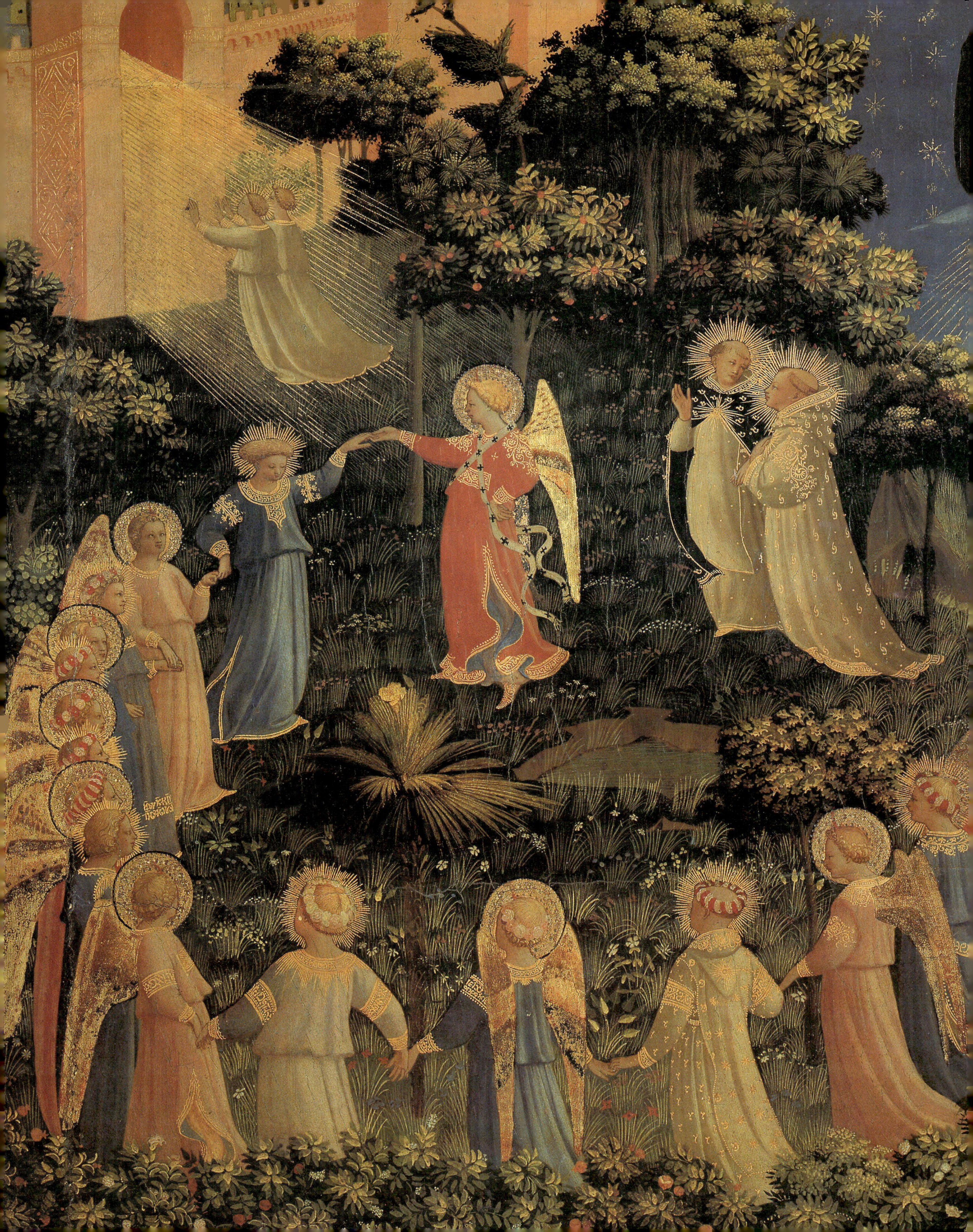

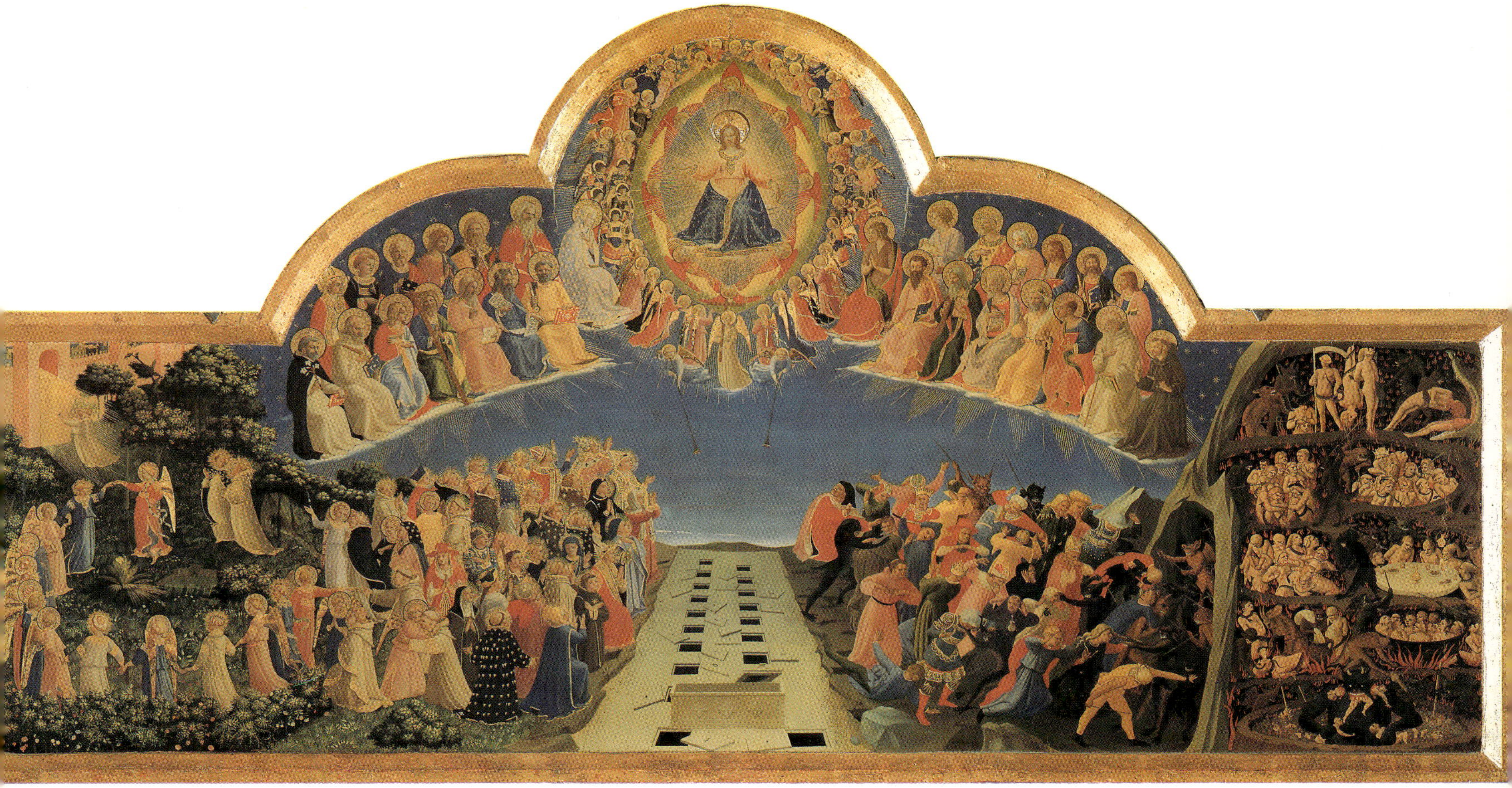

Oben und linke Seite (Ausschnitt)

FRA ANGELICO
Das Jüngste Gericht
(Ausschnitt: Das Paradies)
Um 1430–1433, Tempera auf
Holz, 105 x 210 cm.
Museo di San Marco, Florenz.

Angefertigt für das Kamaldulenserkloster Santa Maria degli Angioli bleibt Das Jüngste Gericht *von Fra Angelico dem Geist und der Art von Lorenzo Monaco treu. Er stellt das Universum der gotischen Anmut ein letztes Mal mit dem Glanz der Farben und mit der Verwendung von Gold dar, was aus dieser Szene ein göttliches Fest macht. Doch hinsichtlich der Aufteilung des Raumes, bei der Fra Angelico die Regeln der Perspektive befolgt, gehört dieses Werk zum Quattrocento.*

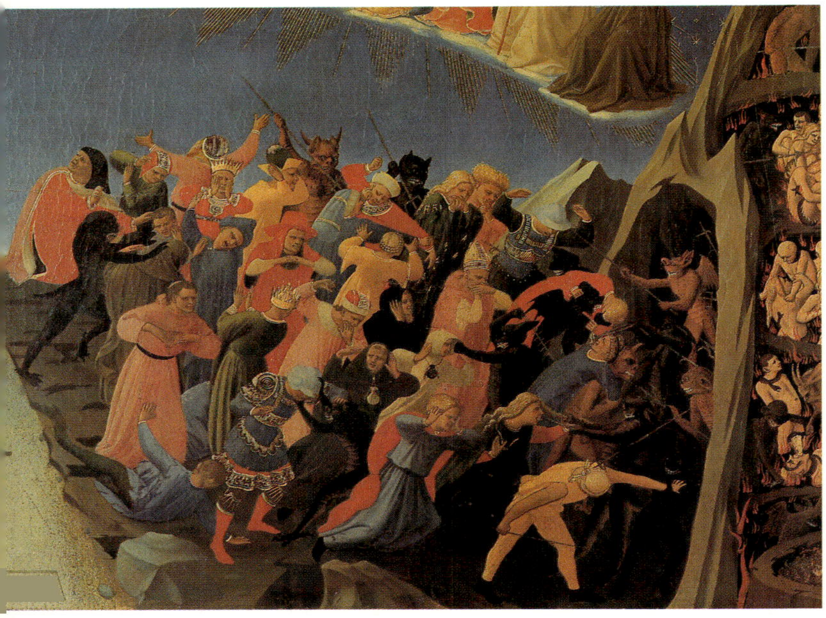

Oben und rechte Seite (Ausschnitt)

FRA ANGELICO
Das Jüngste Gericht
(Ausschnitt: Die Hölle)

Sein Meister hat im Scriptorium des Klosters Santa Maria degli Angioli in Florenz eine ideale Stätte für die Entfaltung seines Talents gefunden. In der Beschreibung und Fülle der Formen folgt er der Tradition von Andrea Orcagna, beim lyrischen Farbenspiel und Sinn für Linienrhythmik läßt er sich von den sienesischen Malern leiten. Ausgehend von der Miniaturmalerei der toskanischen Ateliers entwickelt Lorenzo Monaco eine Kunst, die Stiltendenzen des beginnenden Quattrocento vereint, und es gelingt ihm, in seinen Kompositionen eine reine Stimmung zu schaffen, bei der sich Anmut mit mystischem Zauber in Verfeinerung der internationalen Gotik verbinden. Mit seiner Pinselführung und kontrastierendem, oft unwirklichem Licht verstärkt sich die Streckung und Neigung der Figuren. Diese Entwicklung zeigt sich im grandiosen Gemälde der *Krönung Mariä* von 1413 für das Kloster Santa Maria degli Angioli und noch stärker in *Anbetung der Könige*, wahrscheinlich für die Kirche San Egidio in Florenz gemalt. Die poetische und mystische Feinfühligkeit seiner Miniaturen findet in diesem Werk ihren schönsten Ausdruck. Lorenzo Monaco bedient sich aller künstlerischen Mittel zur Beschreibung eines sakralen Ereignisses, indem er die innere Ruhe Mariens und die Andacht der Könige dem Staunen und der Spannung der Figuren gegenüberstellt, die hinter ihnen in einer Phantasielandschaft versammelt sind.

Von seinem Meister übernimmt Fra Angelico somit die gotische Stimmung, die zarte Pinselführung sowie die klaren und ausgeprägten Farben.

Die Fresken des Klosters San Marco

Einige Jahre nach seinem Eintritt in den Priesterstand (wohl 1427–1429) lassen sich Fra Giovanni und der Orden von Fiesole im Kloster San Marco in Florenz nieder, das mit der Unterstützung der Medici vom Architekten ihres Palastes, Michelozzo, wiederaufgebaut wurde. Während der Herrscher von Florenz, Cosimo de Medici, hier seine wertvollen antiken Sammlungen griechischer und byzantinischer Schriften aufbewahrt, schafft Fra Giovanni ab 1436 mit seinen Schülern an den Wänden der Klosterzellen eine Kulisse, die mit ihrer großen Bedeutung für den Orden zu seinem berühmtesten Werk wird. Ein Mythos wird geboren… Fra Giovanni wird nämlich bereits von seinen Zeitgenossen zutiefst verehrt, die ihn zu den Seligen zählen. Die Kirche der Renaissance jedoch hat ihn nie seliggesprochen! Nur das Volk heiligt ihn, indem es ihm durch den Humanisten Cristoforo Landino den Beinamen Angelico – der Engelhafte – verleiht. 1449 lehnt er den Vorschlag des Papstes ab, Erzbischof von Florenz zu

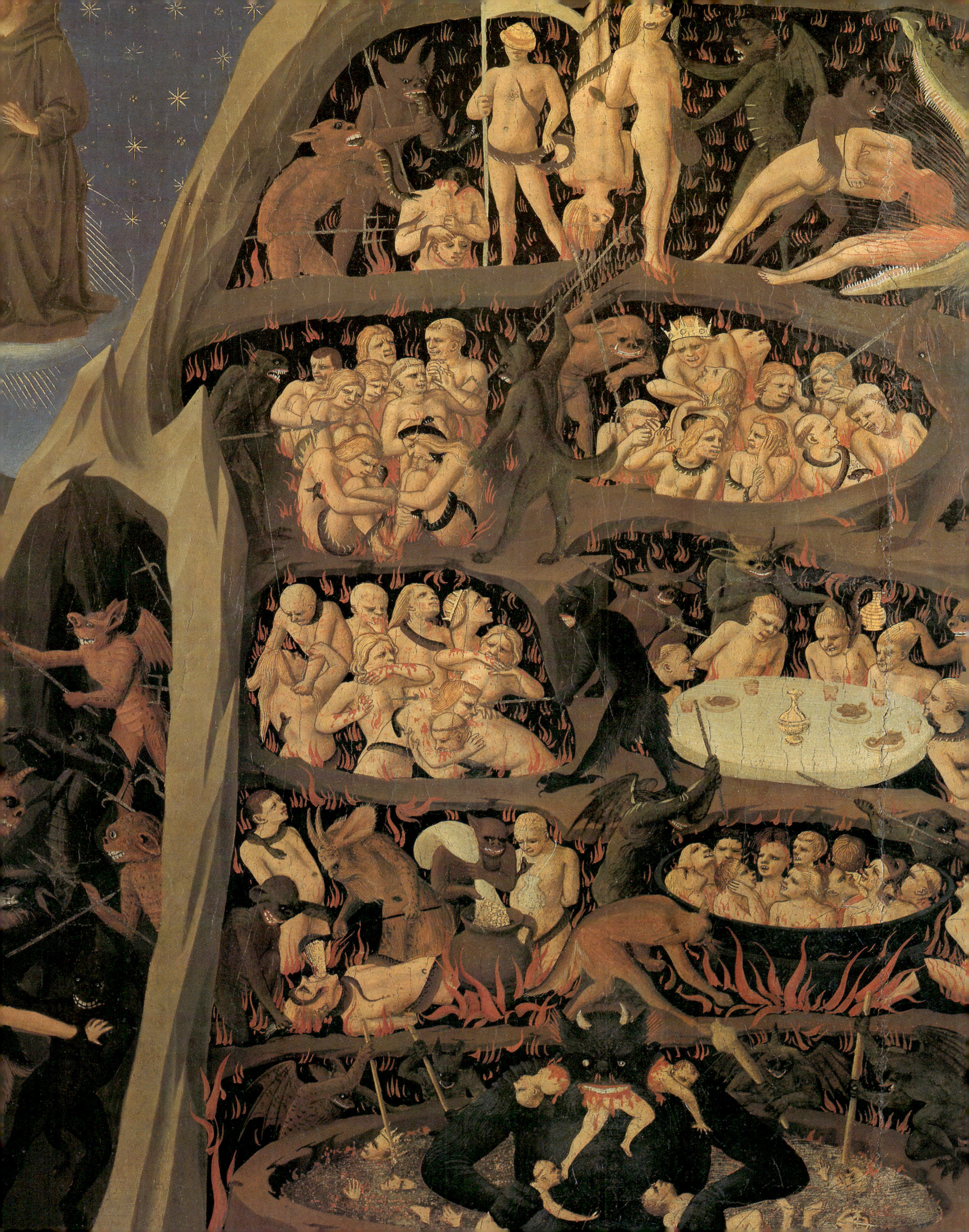

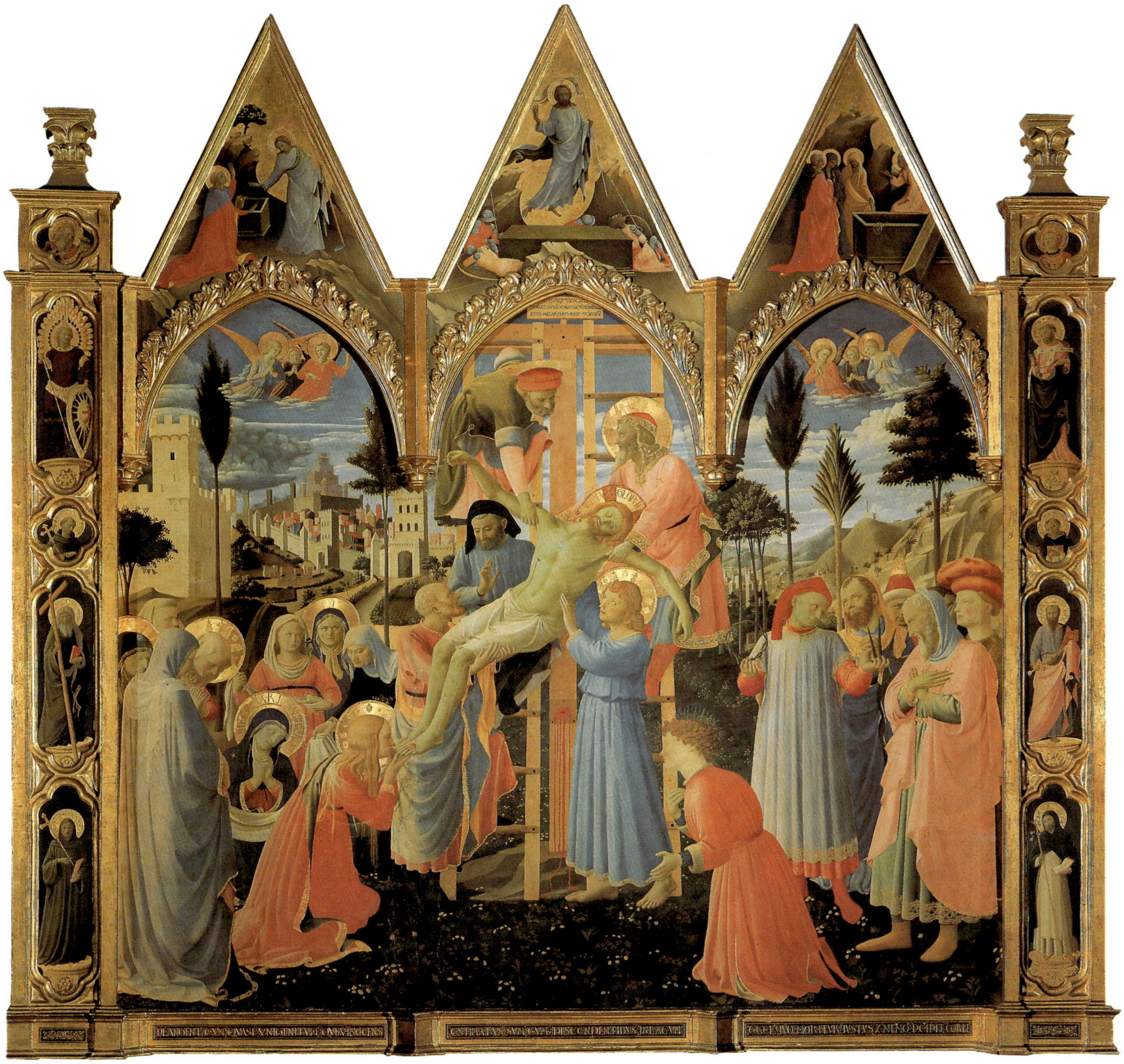

Oben und rechte Seite (Ausschnitt)

Fra Angelico
Die Kreuzabnahme
(Ausschnitt: Der Kuß)
Um 1430–1433, Tempera auf
Holz, 176 x 185 cm.
Museo di San Marco, Florenz.

Lorenzo Monaco verdanken wir die Szenen des Frontons und die Teile der Predella von der Kreuzabnahme*, ein Altarbild, das ursprünglich für die Sakristei von Santa Trinità bestimmt war. Auch wenn die Mitwirkung seiner Mitarbeiter anzunehmen ist, stammt das Hauptbild mit Christus von Fra Angelico.*

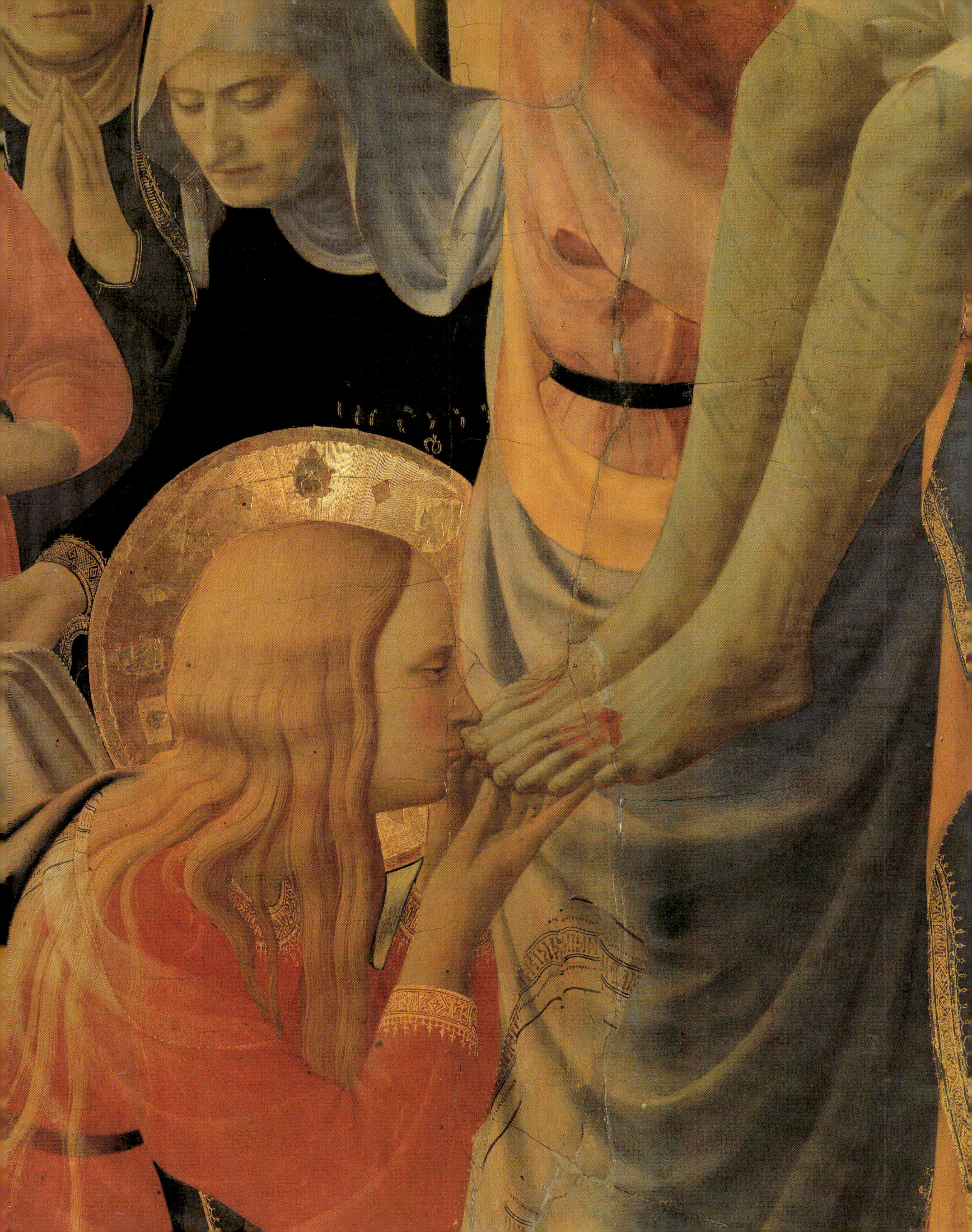

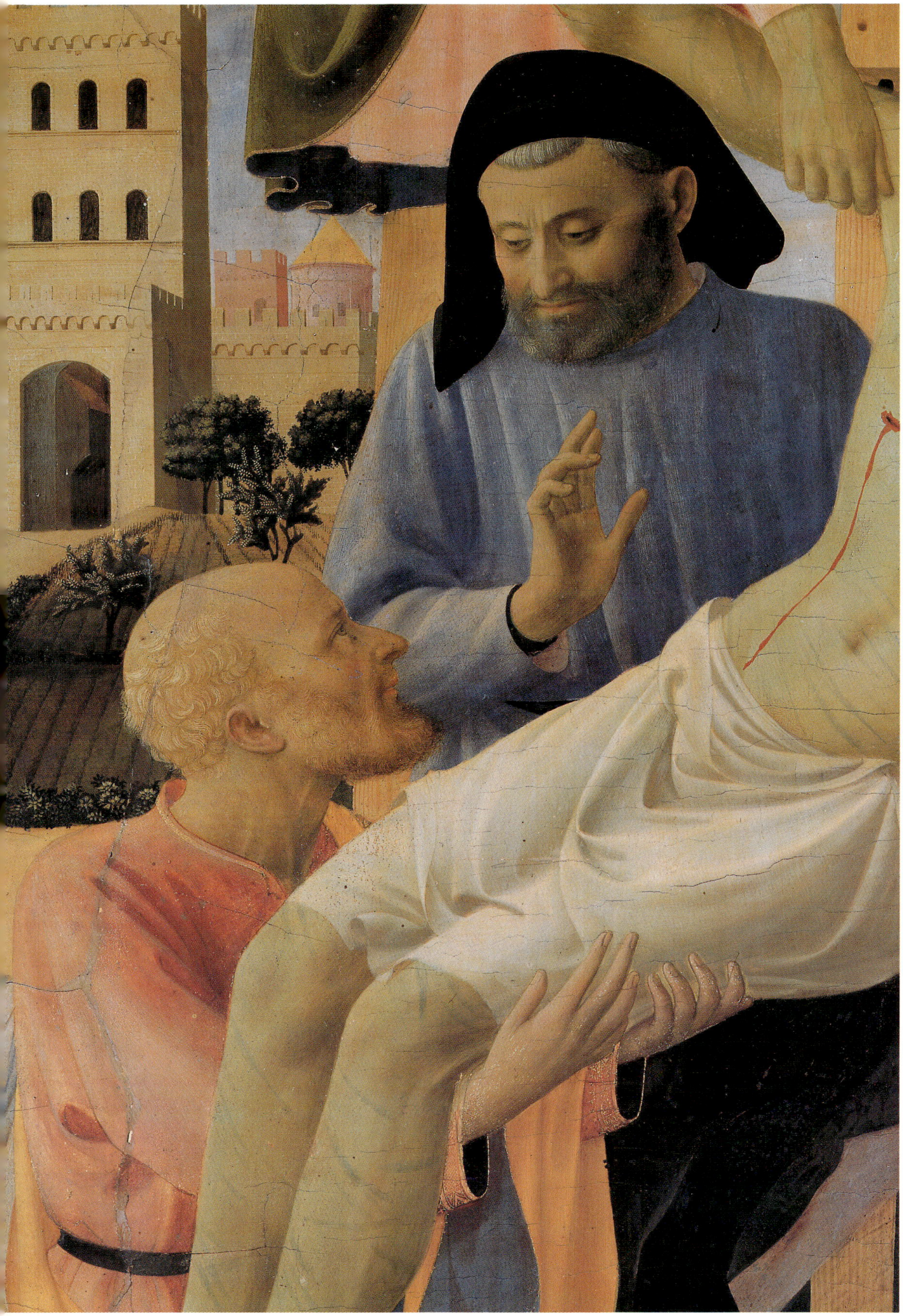

Nebenstehend und rechte Seite

FRA ANGELICO
Kreuzabnahme (Ausschnitte)

Im Bild von Christus behalten die Figuren von Fra Angelico eine bildhauerische Ruhe, ein Erbe aus der Kunst von Masaccio. Auf halber Höhe der Leiter erkennt man Michelozzo, den Architekten des Klosters von San Marco, in Gestalt einer Figur mit schwarzer Kapuze.

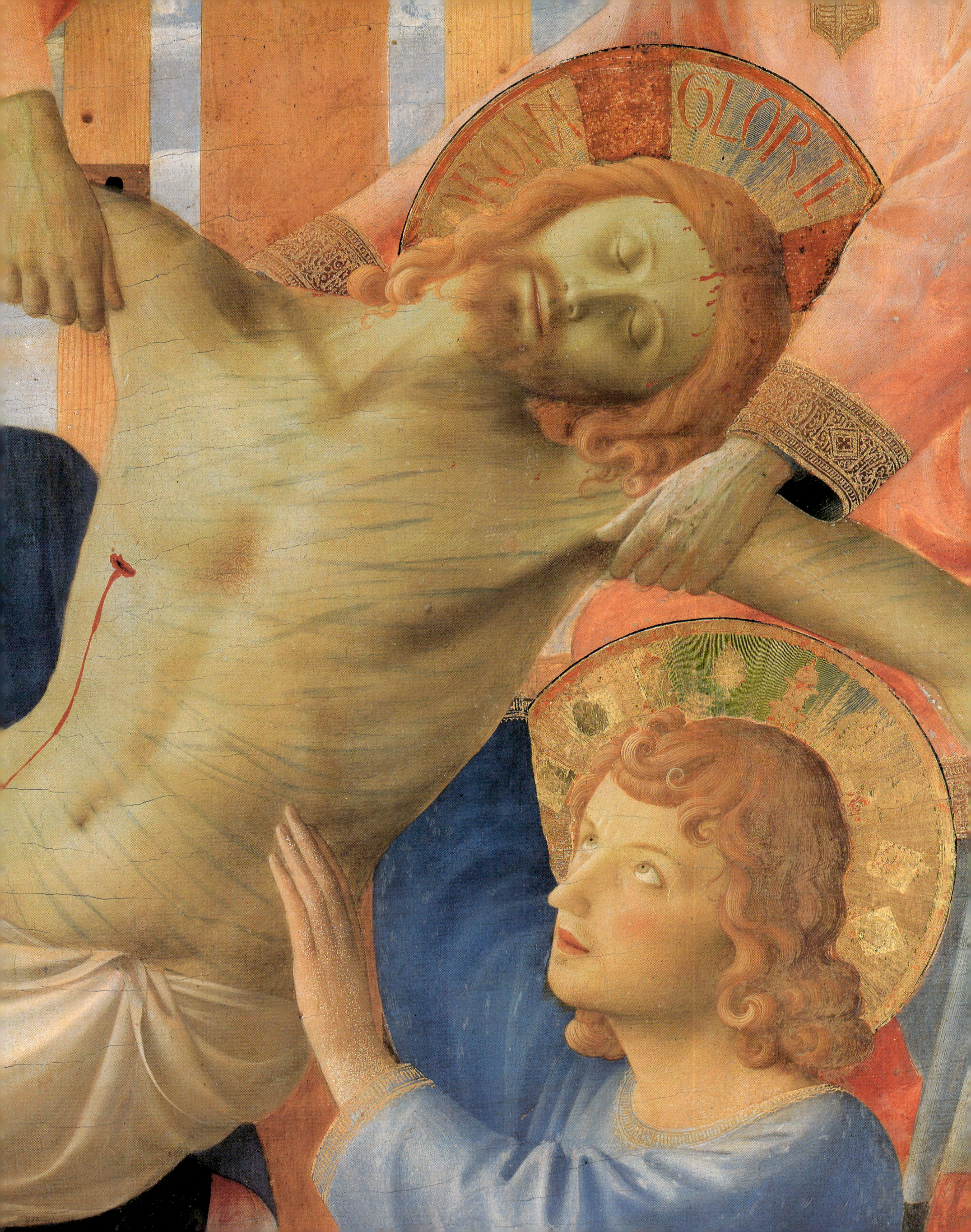

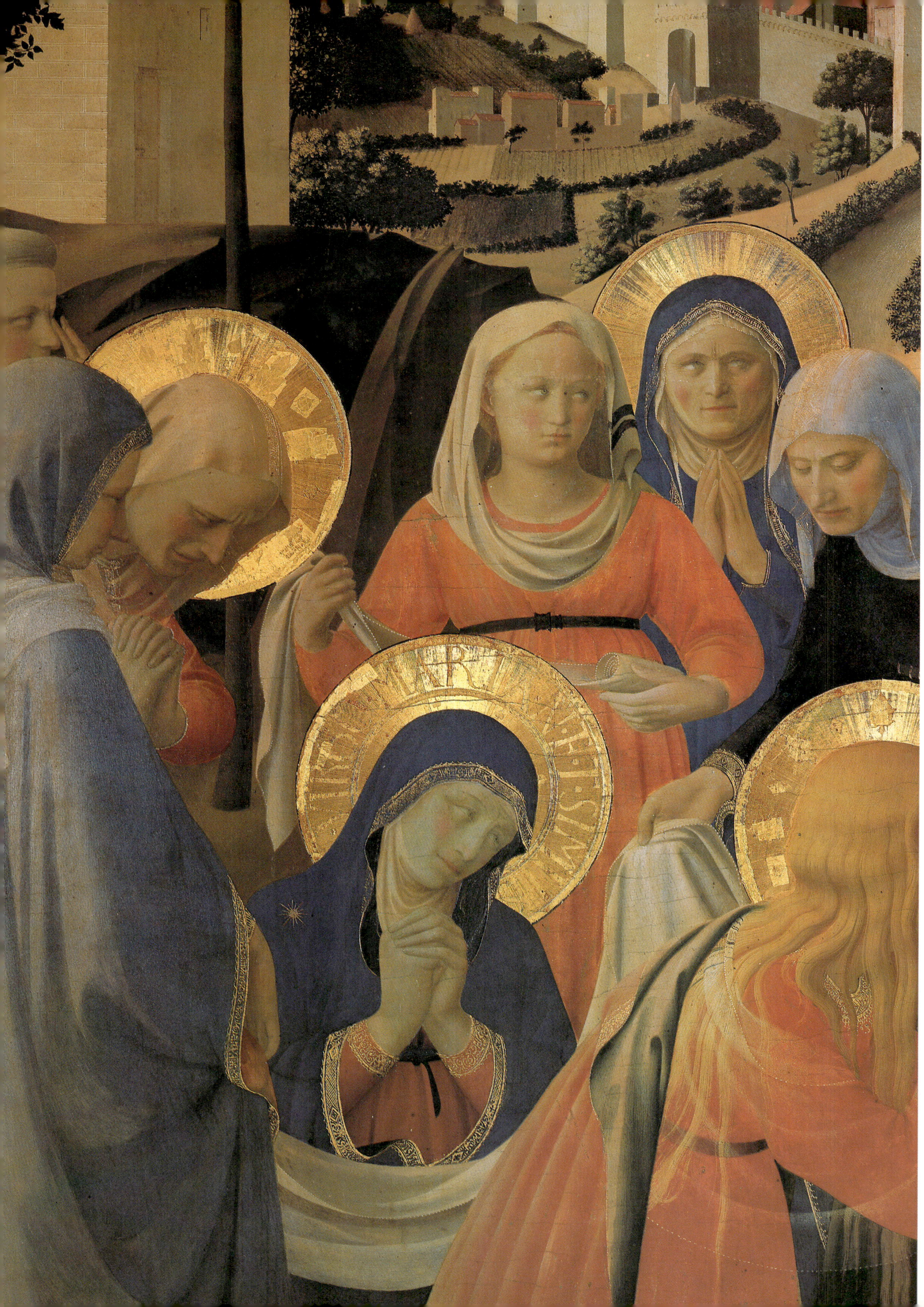

werden, und zieht 1450 das Amt des Priors des Klosters von Fiesole vor. Seine Aufträge führen ihn 1447 nach Orvieto, wo er das Gewölbe einer Kapelle des Doms mit Fresken verziert. Nach seiner Rückkehr nach Florenz arbeitet er in Prato, bevor er sich nach Rom begibt, wo er vor seinem Tode im Jahre 1455 in der Basilika von Sankt Peter, am neuen Palast von Nikolaus V. sowie am Studiolo des Papstes arbeitet.

Zu der Zeit, als sich die Wände des Klosters von San Marco mit mystischen Fresken bedecken, erlebt die Kirche einen besonderen Moment ihrer Geschichte. Nach dem Konstanzer Konzil, das das Schisma von 1419 beendet, bilden Rom und Byzanz die zwei Pole einer Christenheit, in der sich ein neuer Humanismus mit einem „universellen Lächeln" entfaltet. Das Wirken von Fra Angelico und seinen Brüdern nimmt diese frohe Stimmung auf. Der verehrte Mönch begreift sich ausschließlich als vollziehendes Organ. Die Kunst ist für ihn eine Berufung, eine Verkündigung und Meditation im Dienste der Religiosen.

Noch zu Lebzeiten von Fra Angelico spricht die Chronik von Orvieto von ihm als einem „Fra magnifico, einem großen Maler, dessen Ruhm größer ist als der aller anderen Maler Italiens". Vasari schrieb, daß er niemals ein Gemälde verändere und Kruzifixe „mit tränenüberströmten Wangen" male. Michelangelo fügte später hinzu: „Man muß glauben, daß dieser Mönch das Paradies geschaut hat, und daß es ihm vergönnt war, dort seine Modelle zu wählen"...

Mit seinen zahlreichen Affinitäten und seiner Entwicklung, die Fra Angelico von der Gotik zur Florentinischen Renaissance führen, ist das Werk des Künstlers schwer zu erfassen. In jungen Jahren wird er von der Miniaturkunst geprägt: Die Reliquienschreine von Santa Maria Novella mit ihrer Gestaltung und ihrem mit goldenen Guillochen verzierten Hintergrund sowie die *Krönung Mariä* des Klosters von Fiesole mit der Fülle von Gestalten stehen der Miniaturmalerei sehr nahe. Dagegen ist der Einfluß von Lorenzo Monaco viel deutlicher in der Geschmeidigkeit der Personen, der Farbwahl und im Glanz des goldenen Hintergrundes. Als er um 1430 für das Kloster Santa Maria degli Angioli *Das Jüngste Gericht* malt, erkennt man am Glanz der Farben und Einsatz von Gold deutlich den Schüler von Lorenzo. Doch seine hier gezeigte Präzision und sein Sinn für Arabesken zeugen von seiner Affinität zu den sienesischen Malern, besonders zu Simone Martini. Er kann sich der Kunst von Ghiberti nicht verschließen, der mit ihm 1433 das Werk *La Madonna degli Linaiuoli* schafft. Schließlich lernt er Brunelleschi, Donatello und Masaccio kennen und bezieht bei der Entwicklung seines künstlerischen Ausdrucks

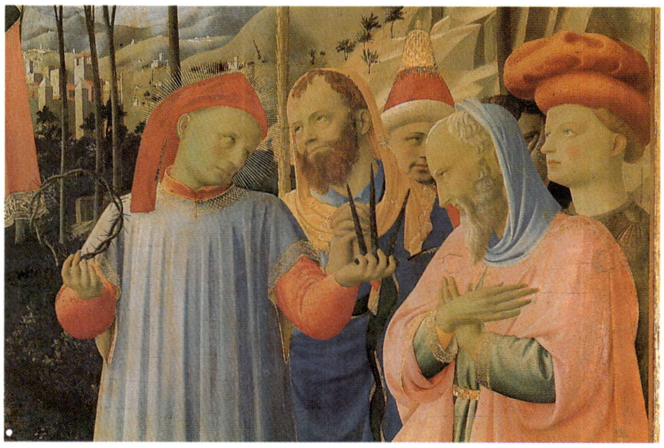

Oben und linke Seite

Fra Angelico
Kreuzabnahme
(Ausschnitte)

Trotz einer gewissen gotischen Nostalgie, die vor allem von der Gruppe der Frauen ausgeht, zählt die Kreuzabnahme *zur Renaissance. Die Frömmigkeit und Spiritualität der Vergangenheit bestehen neben der humanistischen Schlichtheit und der Suche nach einem wissenschaftlichen Naturalismus.*

Elemente ihrer Lehren beim Hintergrund und der Gestaltung des Raumes ein.

Zunächst führt Fra Giovanni sein Altarbild nach den Wünschen der Auftraggeber aus, wobei er zwei Modellrichtungen verfolgt. Die erste ist ein Polyptychon, das bereits von den Malern des ausgehenden Mittelalters verwendet wurde und eine Reihe von Bildern enthält, die wie in Perugia und Cortone durch eine gotische Einfassung aus polychromem oder vergoldetem Holz voneinander abgesetzt sind. Das zweite Modell zeigt ein berühmtes Thema der Renaissance, *Sacra Conversazione.* Die Muttergottes, vor einer Wand, die nach den Gesichtspunkten des 15. Jh. verziert ist, ist von Heiligen umgeben, deren Abstand berechnet ist. Die gesamte Kunst von Fra Angelico pendelt zwischen dejenigen des ausgehenden Mittelalters und der Moderne des Quattrocento.

Bei den plastischen Neuerungen zeugt das Werk von Fra Angelico von vielen Anschauungen des Künstlers. Der Bezug zur Antike wird bei den architektonischen Formen immer deutlicher. Auf dem Gemälde der Predella, der *Madonna degli Linaiuoli*, malt er eine Loggia und eine Mauer mit ionischen Pilastern, die dem *Martyrium des Heiligen Markus* als Rahmen dienen. Das Jesuskind der *Sacra Conversazione* von San Marco trägt selbst ein Gewand der Antike. Doch auch wenn die Antike im gesamten Freskendekor der Kapelle von Nikolaus V. im Vatikan in Erscheinung tritt, dienen die architektonischen Elemente lediglich der Darstellung und nicht dem Aufbau.

Fra Angelico arbeitet im übrigen nicht systematisch an der Zentralperspektive. Bei dem Bild *Krönung Mariä* zählt er zwar zu den ersten, die die Seligen in der Tiefe staffeln, dennoch bleibt er dem apsisförmig gekrümmten Hintergrund einiger Kompositionen treu. Die Elemente, die der Künstler malt, sollen lediglich den sakralen Vorgang einbetten, den der Mönch unterstreichen will. Mit der *Verkündigung* in San Marco zeigt Fra Angelico, daß er die Perspektive beherrscht, denn er stellt wahrheitsgetreu das Kloster dar, in dem sich diese Szene ereignet. Aber man erkennt auch, daß die Bildtiefe nicht sein Hauptanliegen ist. Das Außergewöhnliche an diesem Fresko ist vor allem die Wirkung der realen Körper, eine nahezu nicht vorhandene Bewegung der Jungfrau, die vor dem in erstaunlicher Schlichtheit erstarrten Engel kniet, inmitten einer gekalkten Zelle mit nur einem Möbelstück. Fra Angelico betont die Verbindung der sinntragenden Figuren, wie Gabriel und die Jungfrau in *Verkündigung* sowie die Könige und ihr Gefolge in *Anbetung der Könige* von San Marco.

Die Komposition ist für ihn von größter Bedeutung. Bei dem Bild *Kreuzabnahme* von San Marco

Rechte Seite

FRA ANGELICO
Heiliger Dominikus in Anbetung des Gekreuzigten.
Um 1439–1445, Fresko,
239 x 177 cm.
Kloster von San Marco, Florenz.

An den Wänden des Klosters von San Marco weichen Gold und übertriebene Farbigkeit, die der Frömmigkeit der Gläubigen schmeicheln sollen, einer absoluten Schmucklosigkeit.

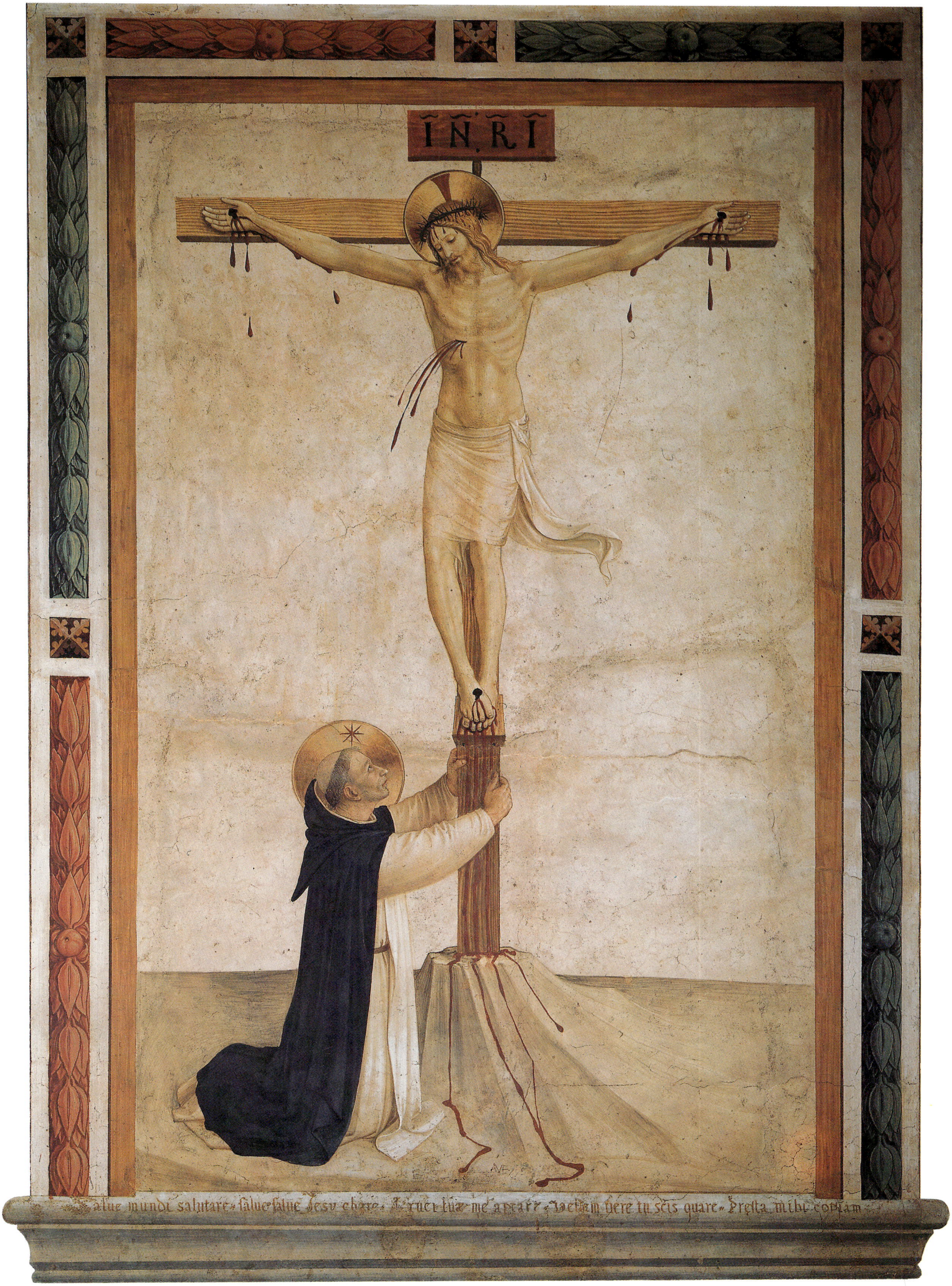
IN RI
Salue mundi salutare · salue salue Iesu chare · Cruci tuæ me aptare · vellem vere tu scis quare · Presta mihi copiam

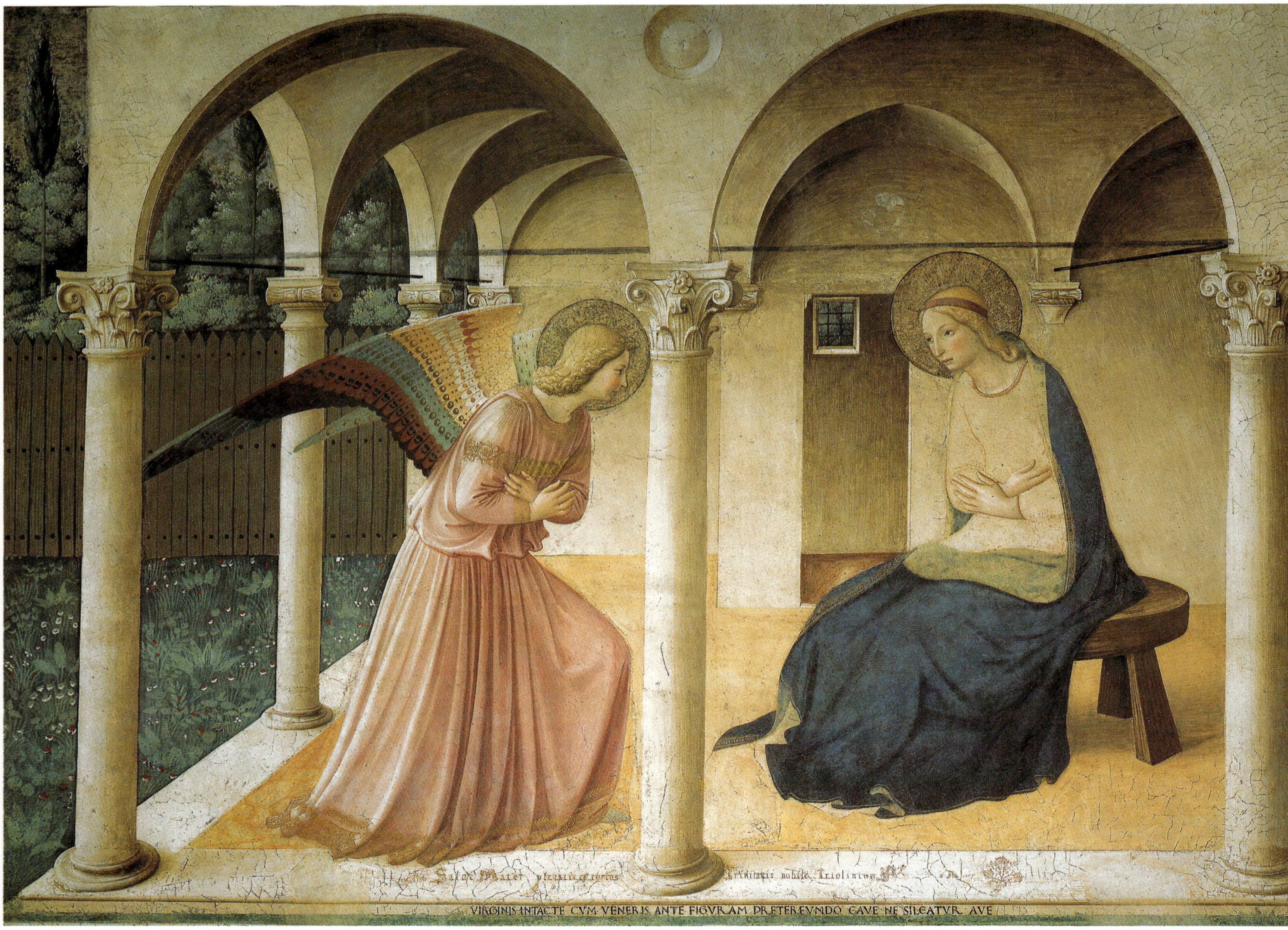
VIRGINIS INTACTE CVM VENERIS ANTE FIGVRAM PRETEREVNDO CAVE NE SILEATVR AVE

baut Fra Angelico souverän die Mauern von Jerusalem. Die kubische Zitadelle, die sie beherrscht, folgt den mathematischen Gesetzen, die den Theoretikern der Renaissance sehr wichtig sind. Die Pinien, Zypressen und Bäume mit geraden Stämmen zeugen von einem starken Bemühen um Rhythmus: Sie lassen das Auge ruhen und tragen zur Gestaltung des Raumes bei.

Wenn er nicht systematisch auf die Zentralperspektive zurückgreift, so schafft er die Tiefe durch Licht und Farbe. Hier spielt der Künstler mit der Gegenüberstellung von hellen und dunklen Flächen und kontrastreichen Farbtönen. Dem Einsatz von Hell-Dunkel zieht er Rauminhalte vor, bei denen er zunehmend die Farbintensität erhöht. So gelingt es Fra Angelico, Licht durch Farbe wiederzugeben. Beeinflußt von den Werken des Hl. Thomas von Aquin hält er treu an seiner Theorie des Lichtes fest. Seine Farben haben oft eine kaum noch gegenständliche Feinfühligkeit. Das Licht entspringt wirklich diaphanen Tönen. Die vollkommene Beherrschung der hellen Töne zeigt sich deutlich in *Krönung Mariä*, wo Christus, weiß in einer blendend weißen Himmelssphäre, die weiße Jungfrau krönt. Gegen Ende seines schöpferischen Lebens allerdings bedient sich Fra Angelico freizügig der Farbe und verwendet sehr klare Töne.

Malerei und Predigt

Die Kunst, die an den Wänden des Klosters San Marco zu ihrer vollen Entfaltung gelangt, ist nicht von der Pastorale zu trennen. Fra Angelico wendet sich zunächst an die einfachen Leute, um sie durch seine Bilder zu lehren, was nach der Dominikanischen Lehre zu verehren ist. Der Maler weiß die Blicke zu fangen, indem er mit der Übertreibung der Farben – vor allem mit Rot und Blau – und mit dem Glanz des Goldes spielt. Dazu bestimmt, über den Altären gut sichtbar zu sein, erleuchten die Polyptycha die Gottesfurcht, indem sie dem Auge schmeicheln oder Natur und Architektur genau darstellen. In diesen Bildern für die Kirchen erfüllen die Boten ihre Pflicht mit der Anmut gotischer Figuren. Die angebetete Jungfrau erscheint wie eine Fürstin in ihrem schönsten Putz. Mit seinem Gespür für die Natur fügt Fra Angelico Felder, Wiesen und Hügellandschaften ein. Mit dem Feingefühl eines Botanikers findet er seine Flora auf den Feldern und in den Gärten der Toskana und verpflanzt sie in seine Bilder. Fra Angelico folgt dem Weg der Volksprediger. Er läßt sich von Giovanni Dominici inspirieren, einem Dominikaner strenger Observanz, dessen *laudi* die Flora rühmen, um die himmlische Seligkeit zu preisen: „Dort gibt es die Blume des

Linke Seite

FRA ANGELICO
Verkündigung
Um 1449 (?), Fresko,
230 x 321 cm.
Kloster von San Marco, Florenz.

Die Fresken von Fra Angelico und seinen Schülern achten, wie die meisten Sakralgemälde des 15. Jahrhunderts, die Gefühlswelt der Prediger dieser Zeit. Das Thema der Verkündigung, das wiederholt im Werk von Angelico auftaucht, wird unverändert behandelt. Hier allerdings bettet er die Szene in die Zeit ein, zu einem Augenblick, an dem die Erde sich mit Grün und Blüten bedeckt. Und die von ihm gezeigte Perspektive ist vorrangig keine technische Großtat. Als visuelle Metapher ist sie ein eschatologisches Zeichen der Seligkeit.

Folgeseiten

FRA ANGELICO
Verkündigung
(Ausschnitt: Der Engel Gabriel)

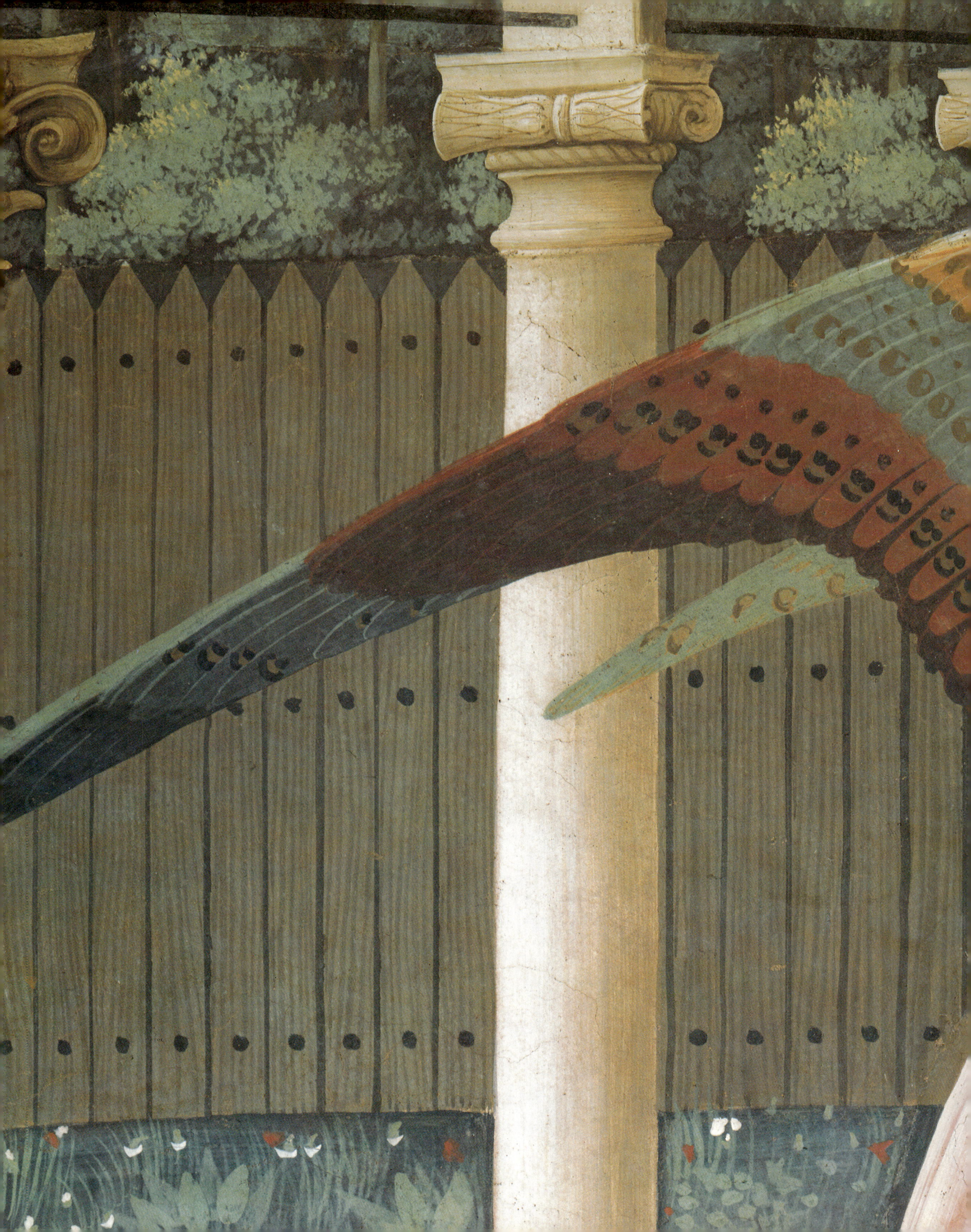

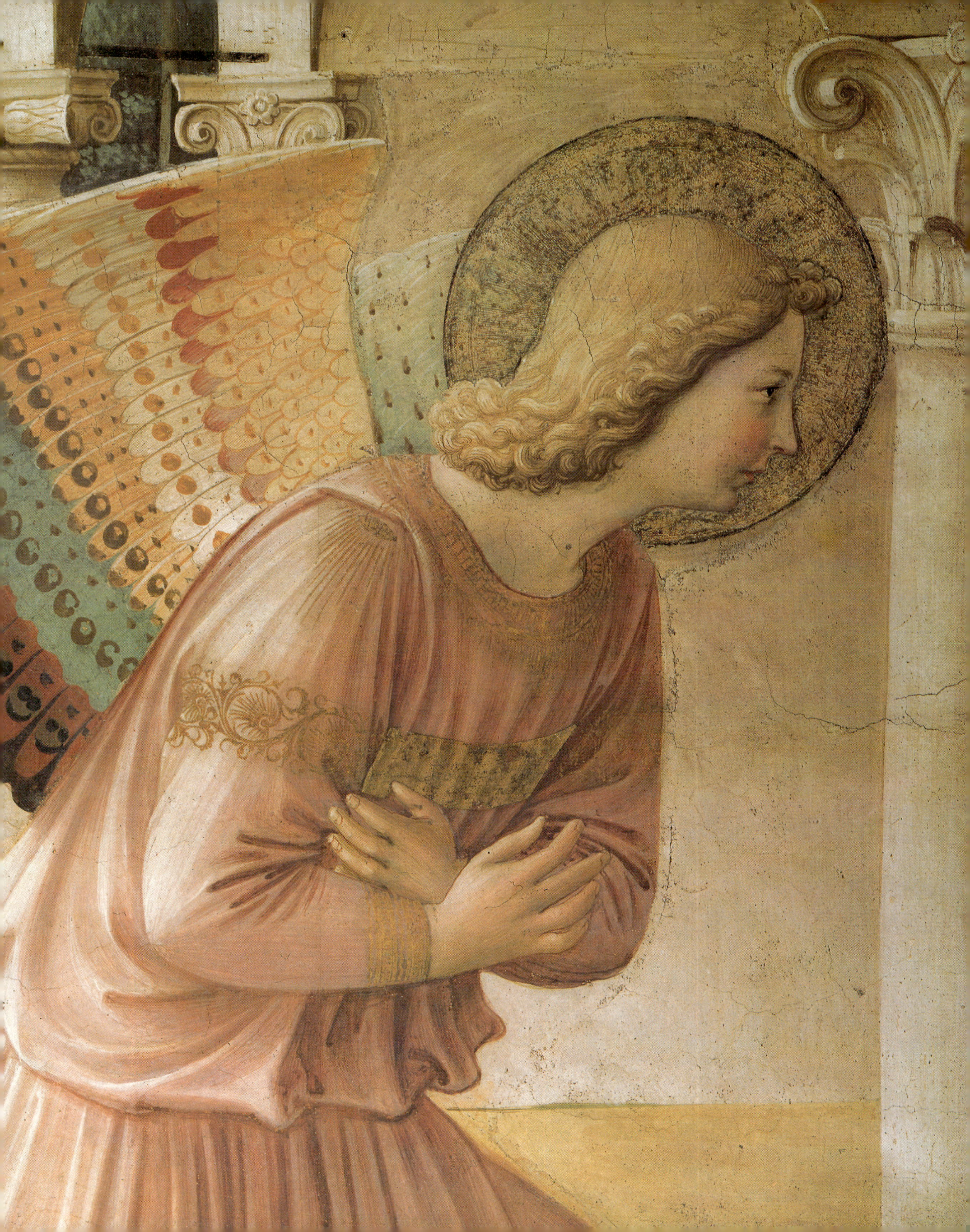

höchsten Feldes, die Gladiole des Tals der Gerechten, die Rose, die nicht welkt, das Veilchen, das nicht vergeht, Nelke, Zimt und Balsam mit allen Düften im Reich Gottes"...

Wo sich die Pforten von San Marco hinter der Welt der Mönche schließen, verschwinden die durch die lebendigen Farben wirkungsvolleren Kompositionen. Abrupt verblaßt das Bild von der Natur. Zwar sind die Fresken des Klosters den Armen, Pilgern und Besuchern immer noch zugänglich, doch die Details werden spärlicher. Im Kapitelsaal, allein den Mitgliedern des Dominikanerordens vorbehalten, verschwindet die Landschaft gänzlich aus der *Kreuzigung*. Die Fresken begleiten die Mönche in ihrem Alltag und sprechen eine Sprache, die zur Umgebung paßt. Nach der Klausur kann der Mönch im Obergeschoß ein letztes Mal verzierte Darstellungen betrachten. Doch Fra Angelico und die Ordensbrüder aus seinem Atelier verwenden die Mittel bereits sparsamer. Jenseits des Ganges, in den Zellen, wo jeder seiner eigenen Einsamkeit ausgeliefert ist, um Gott zu dienen, sind die Gestalten von einem realen und übernatürlichen Licht umgeben. Die Jungfrau wird zur demütigen Dienerin des Herrn. Ihr gegenüber, in der schmucklosen Zelle, ist der Bote Gottes nur noch ein Engel, ein geistiges Wesen. Das in den Zellen gemalte Universum ist mystisch und zeitlos; die Figuren vermitteln Seligkeit. Die Fresken von San Marco zeigen, daß man „mit Christus leben muß, um die Sache Christi zu malen"...

Selbst wenn das Werk von Angelico nicht die plastische Strenge aufweist wie bei den anderen Malern des Quattrocento, auch wenn einige Heiligenfiguren eher konventionell dargestellt sind, wird es doch durch das Heraufbeschwören des christlichen Übernatürlichen in einer strahlenden Malerei zu einem Höhepunkt der Renaissance der Malerei. Nur selten war das Kunstwerk in diesem Ausmaß ein Träger, dazu bestimmt, in jedem Menschen den unauslöschlichen Funken zu erwecken, der ihm die heiligen Mysterien und den verborgenen Sinn der Dinge und Wesen eröffnet.

Fra Angelico reiht sich somit in die große byzantinische Tradition ein. Er schafft eine enge Verbindung zwischen Bild und Doktrin. Trotz der Predellen wird er nicht zum Erzähler. Vom christlichen Orient holt er sich viele ikonografische Themen. Offen gegenüber den östlichen Einflüssen und weit davon entfernt, sich von der Üppigkeit von Byzanz blenden zu lassen, führt Angelico das Strahlen der Farbtöne mit dem Entzücken des Geistes zusammen, der die Wahrheit entdeckt.

Rechte Seite

Fra Angelico
Verkündigung
(Ausschnitt: Die Jungfrau Maria)

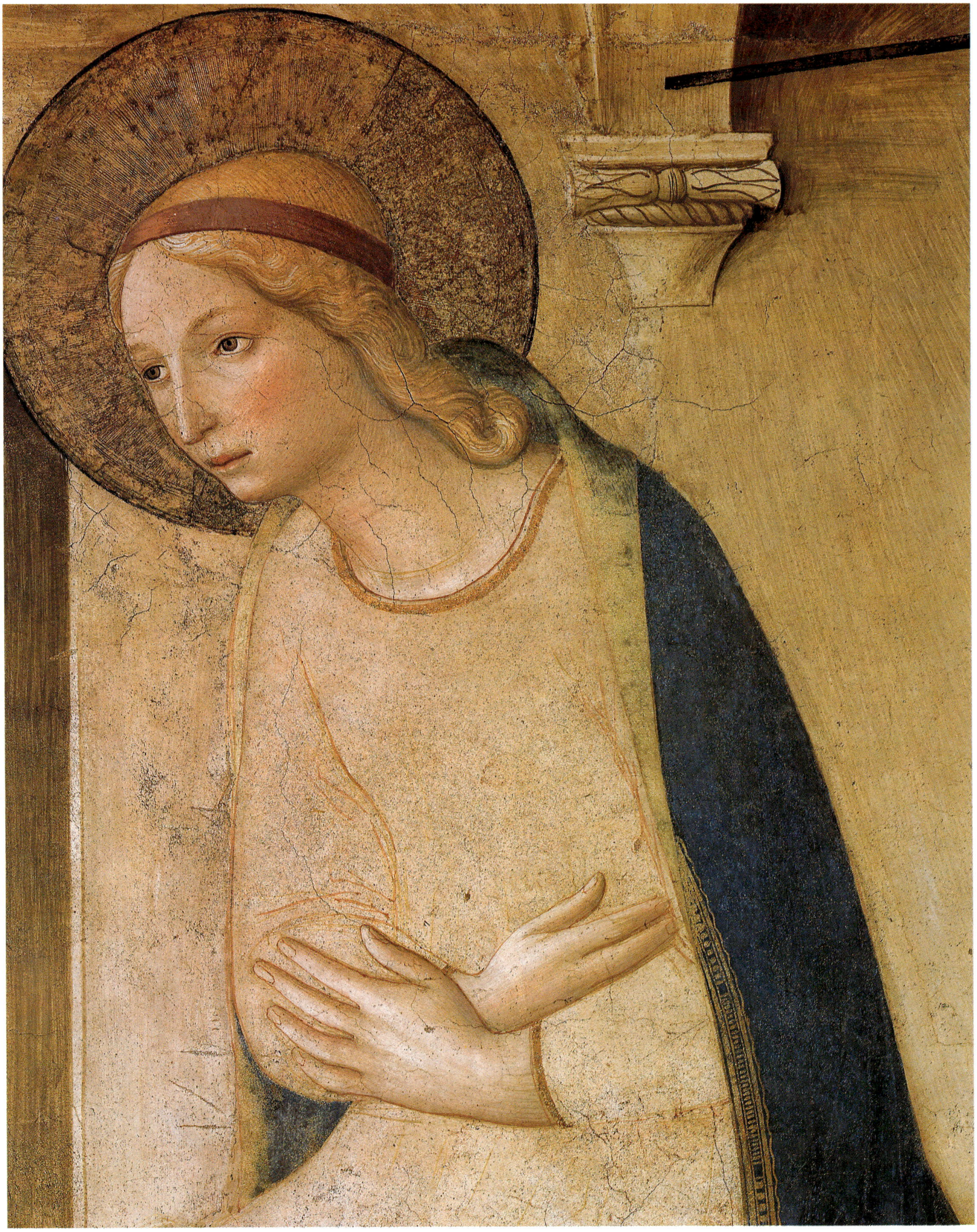

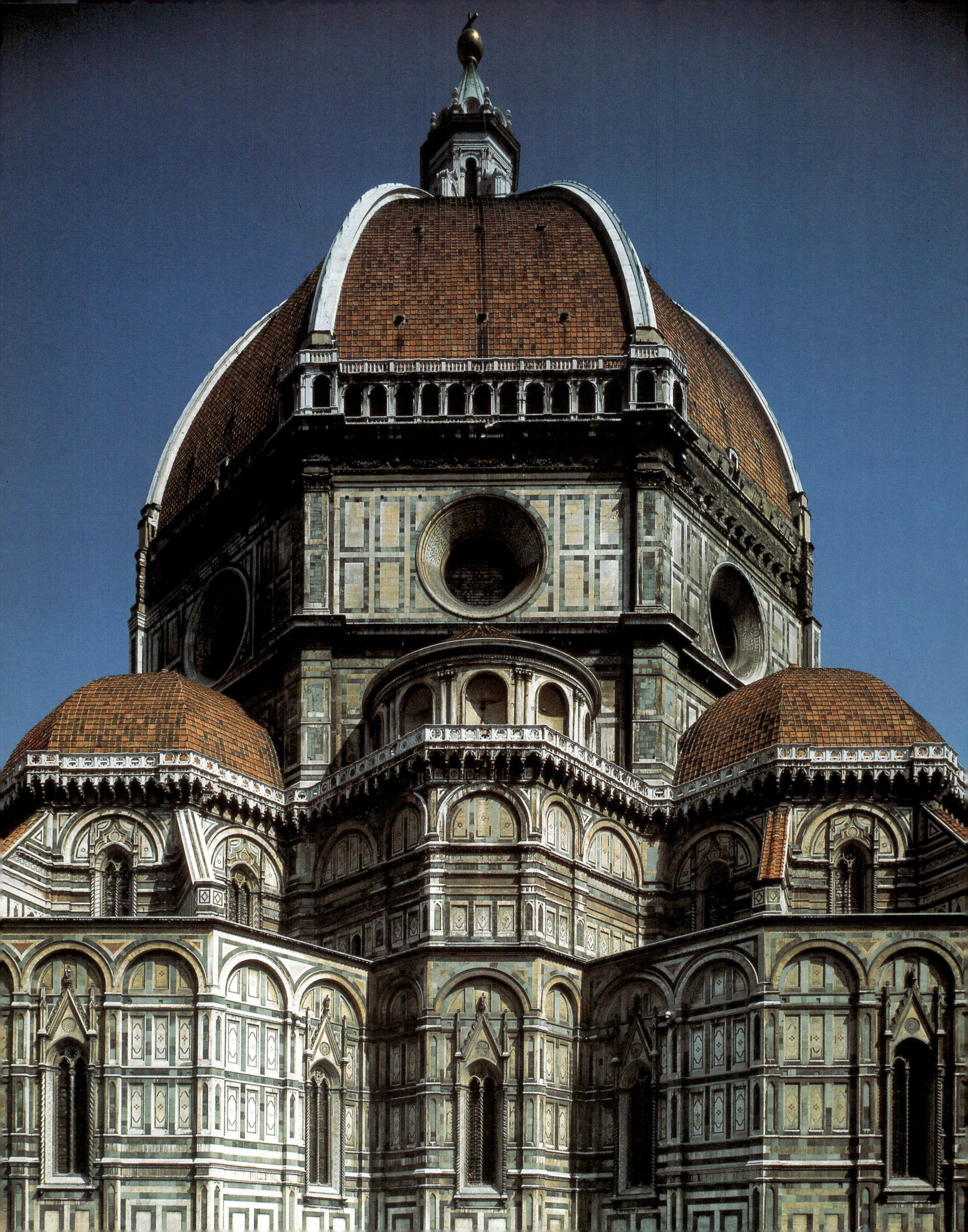

Die Architekten und die Baukunst

Von allen Baustellen, die das Bild von Florenz zu Beginn des 15. Jh. bestimmen, nimmt der Bau des Doms den Großteil der künstlerischen Tätigkeit in Anspruch. Trotz der Entscheidungen im Jahre 1367 bleibt Santa Maria del Fiore unvollendet... Der Campanile von Giotto mit seinen teilweise leeren Nischen und den unteren unvollständigen Medaillons beschäftigt die Künstler. Im Baptisterium befindet sich nur die Bronzetür des Andrea Pisano, und man bereitet sich auf den großen Wettbewerb vor, der Ghiberti berühmt machen sollte. Auf der Nordseite des Doms arbeiten drei Bildhauer – Jacopo della Quercia, Nanni di Banco sowie der junge Donatello – an der Porta della Mandorla. Das größte Problem jedoch, das auch die Architekten des Quattrocento beschäftigt, stellt sich im Herzen des Bauwerks. Zu Beginn des Jahrhunderts ragt der Dom, den Arnolfo di Cambio 1296 begonnen hatte, nach zahlreichen Änderungen bis in Höhe des Kranzgesimses des Hauptschiffes empor. Der endgültige Plan wurde wohl 1367 von acht Meistern und Malern beschlossen, die das Projekt für eine Kuppel über der Vierung durchsetzen und die Vernichtung der früheren Pläne anordnen. Die oktogonale Form der Kuppel sowie ihre Spannweite werden somit von der allmählich voranschreitenden und empirischen Arbeit der Männer des Trecento bestimmt. Die Dombaustelle wartet auf den Künstler, der in der Lage ist, diese Kuppel mit ihrem

Linke Seite

FILIPPO BRUNELLESCHI
Chorkapellen, Tambour und Kuppel des Doms
1413: Fertigstellung des Tambour
1420–1426: Errichtung der Kuppel.
Durchmesser: 41 m.
Santa Maria del Fiore, Florenz.

Die nicht gegebene Möglichkeit, einen Bogen des traditionellen Typs zu verwenden, und das Fehlen von Strebepfeilern in Höhe des Tambours veranlaßten Brunelleschi, eine spitzbogige zweischalige Kuppel mit Rippen zu entwerfen.

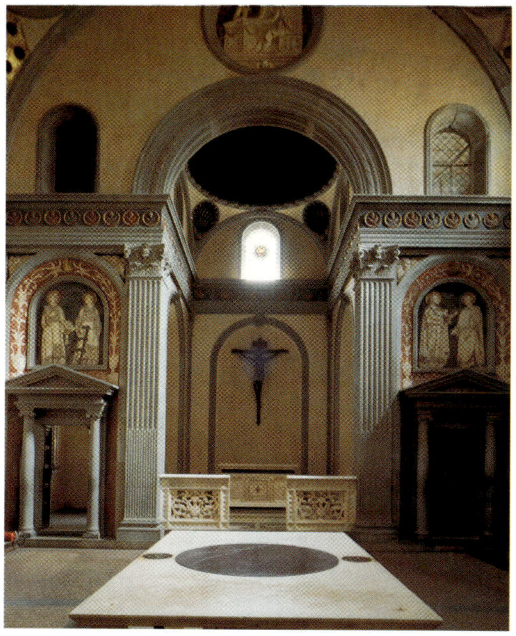

FILIPPO BRUNELLESCHI
Alte Sakristei
(Innenansicht)
1421 et sq.
San Lorenzo, Florenz.

Rechte Seite

FILIPPO BRUNELLESCHI
Pazzi-Kapelle
(Innenansicht)
Um 1430.
Santa Croce, Florenz.

Bei der Errichtung des Kapitel-Saals von Santa Croce – auch Pazzi-Kapelle – nimmt Filippo Brunelleschi das Modell des kubischen Raumes aus der Alten Sakristei wieder auf, der von der Kuppel gekrönt wird, doch hier verbreitert er ihn durch Felder mit Tonnengewölbe.
Die Aposteltondi stammen von Luca della Robbia; die Majolika in der Pendentifkuppel ist nach der Machart von Luca della Robbia gefertigt.

beträchtlichen Durchmesser (über 41 Meter) zu spannen, ohne dabei auf sichtbare Strebepfeiler zurückzugreifen. Im 15. Jh. findet sie diesen Meister in Brunelleschi.

Brunelleschi, der Vorreiter

Filippo Brunelleschi wird 1377 als Sohn eines Notars in einer angesehenen Florentiner Familie geboren. In seiner Jugend genießt er eine besonders gründliche Erziehung, die auch die Anfangsgründe der Sieben Liberalen Künste umfaßt, und wendet sich dann der bildenden Kunst zu. Von dem Tag, an dem er mit einundzwanzig Jahren in die Zunft der Goldschmiede eintritt, bis zu seinem Tod 1446 trägt er einen unstillbaren Durst nach Theorie und kühnsten Experimenten in sich, wodurch er einen neuen Weg zur Entwicklung der angewandten Künste weist. Es ist zunächst nicht der Architekt Brunelleschi, der sich der Aufgabe der Domkuppel widmet. Der 1401 für das Portal des Baptisteriums veranstaltete Wettbewerb, geprägt von der Rivalität zu Ghiberti, zeigt die Vielfalt der Richtungen der Künstler und die Mitwirkung der Goldschmiede an allen großen Vorhaben in Florenz. Beim Bau des Doms werden in den Jahren 1417–1418 mehrere Projekte in Angriff genommen und sodann verworfen. Ab 1423 wird Brunelleschi als geistiger Vater der Kuppel anerkannt, und nach 1426 wird ihm die gesamte Leitung des Baus übertragen. Diese Anerkennung bedeutet erstmalig die Abkehr von der mittelalterlichen Zunftpraxis zugunsten eines Einzelnen, der seine architektonischen Vorstellungen durchsetzt und beabsichtigt, die Baustelle zu leiten, indem er die Arbeiten überwacht und auch die dazu erforderlichen Arbeitsmittel und Werkzeuge aussucht. Wo man im Mittelalter gewohnt war, die Domkuppeln mit Hilfe vom Boden emporragender Holzgerüste zu bauen, die die ringförmigen Konstruktionen trugen, auf denen die späteren Kuppeln modelliert wurden, schlägt Brunelleschi eine völlig neue Lösung vor. Er konzipiert seine Kuppel zweischalig mit Wänden, die durch übereinanderliegende Teile ineinandergreifen, und verringert somit die Menge des Baumaterials. Starke Innenrippen setzen sich in mächtigen Graten fort. Schließlich setzt er spezielle Geräte ein, insbesondere einen Aufzug. Diese Technik erfordert gleichermaßen ein vollkommenes handwerkliches Können angesichts der ringförmigen Anordnung der Elemente aus Ziegel oder Stein sowie abstraktes Denkvermögen und ein Gesamtkonzept des Architekten, das sich streng an die Berechnung und die Geometrie hält und sich von der empirischen Arbeitsweise der Maurer abwendet.

Deshalb nötigte Brunelleschi seinen Zeitgenossen Bewunderung ab. Seine Kuppel, die mit Aus-

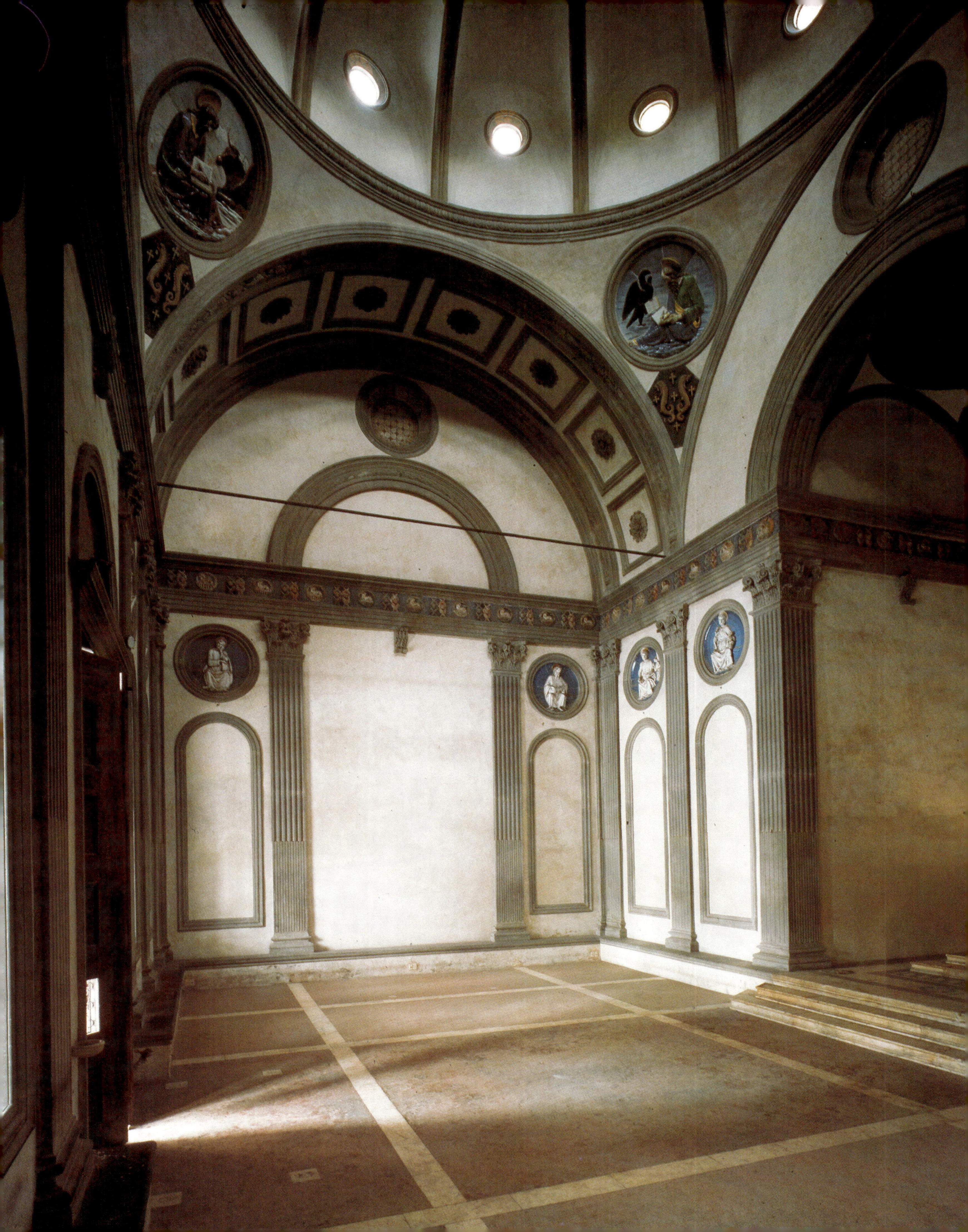

FILIPPO BRUNELLESCHI
Ospedale degli Innocenti (Findelhaus)
(Detail: Fassade mit Arkadenjochen)
1419–1424.
Florenz.

In der Architektur des Findelhauses führt Brunelleschi formale, von der Antike inspirierte Elemente ein. Der Portikus besteht aus einer Reihe von halbrunden Bögen. Über ihnen erhebt sich ein horizontales Gesims und ein Gewölbe aus kleinen Kuppeln.

nahme der Laterne vor seinem Tod vollendet wurde, und seine geometrische Raumgestaltung haben Generationen von Malern, Bildhauern und Architekten in Begeisterung versetzt.

Neu an der Kuppel sind nicht nur Form und Technik. Sie drückt dem Stadtbild den Stempel der Renaissance auf. Inmitten der Biegung des Arnotals zwischen den Hügeln von Fiesole und den ersten Hängen von Galluzzo fügt sie sich harmonisch in die Landschaft ein. Statt sich über das religiöse Bauwerk zu legen, ragt sie vielmehr zum Himmel empor, nach Alberti „so weit, daß sie mit ihrem Schatten alle Völker der Toskana bedeckt". Doch über diesem außergewöhnlichen Werk dürfen die anderen Baustellen nicht in Vergessenheit geraten, die Brunelleschi in Florenz zu Ende geführt hat. Noch während er versucht, eine Lösung für die Domkuppel zu finden, baut er 1419 das Ospedale degli Innocenti nach den Gesetzen der Perspektive und den Anforderungen des Städtebaus. Das Gebäude ist eine sehr klare Konstruktion, wo alles auf meßbare Verhältnisse reduziert ist. Es wird entworfen, um die erste Seite der Piazza Santissima Annunziata mit einem Portikus aus einer Arkadenfassade zu bilden. Zwei Jahre später schafft Brunelleschi bei der Kirche San Lorenzo eine Synthese aus zwei Modellen der klassischen Architektur, indem er die Alte Sakristei in Form eines Kubus, bedeckt von einer halbkugelförmigen Kuppel, ausführt. Für die eigentliche Kirche stellt er neue Untersuchungen an. Brunelleschi betreibt eine planimetrische Vereinfachung, indem er das Modell frühchristlicher Basiliken wiederaufnimmt.

Der große Architekt schöpft seine Kraft aus der mathematischen Regel, auf die er die Bauwerke reduziert, und aus der Kunst, mittels der Perspektive die Verhältnisse in den Gebäuden zu unterstreichen. Daneben führt Brunelleschi Experimente des Blickwinkels bei der Ausführung der Modelle in räumlicher Darstellung für den Platz des Baptisteriums und den Palazzo Vecchio durch. Um diese Aussichten zu betrachten, mußte man lediglich durch eine kleine Öffnung in der Mitte der Seitenwand blicken. Man entdeckte sodann jedes Gebäude mit einer neuen Klarheit. Nach Vasari weckten diese Werke das Verständnis der Künstler für die Perspektive. Ein Stil entsteht, der die gesamte florentinische Architektur des Jahrhunderts lenkt und wo Lineal und Zirkel wieder ihren Platz einnehmen, um in der Symmetrie und Regelmäßigkeit der Konstruktionen den Begriff geometrischer Schönheit durchzusetzen.

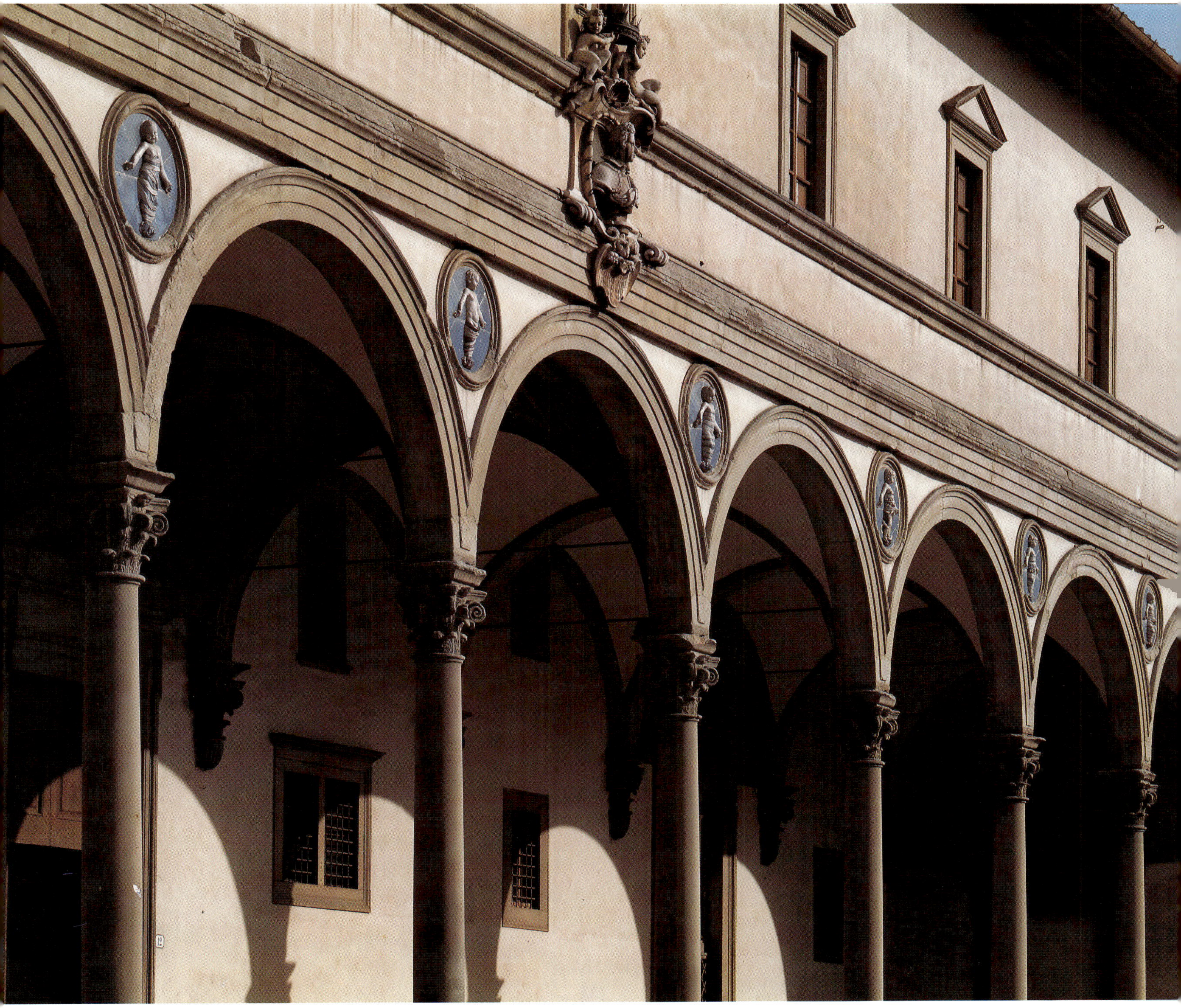

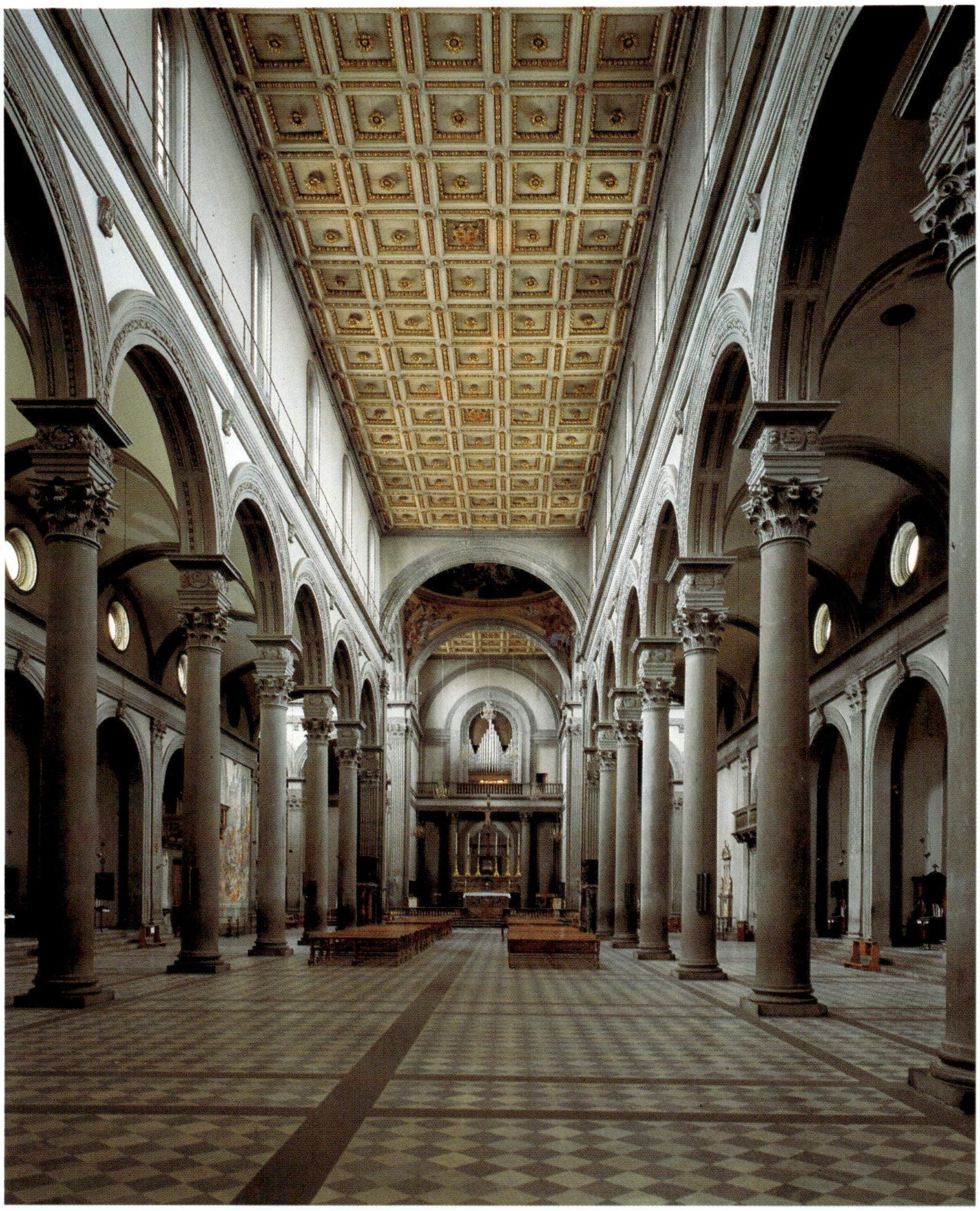

Oben und rechte Seite

FILIPPO BRUNELLESCHI
San Lorenzo
(Innenansicht: Schiff und Kapitelle)
1421.
Florenz.

Die Kirche San Lorenzo ist charakteristisch für die Architektur von Brunelleschi und nach bestimmten Proportionen aufgebaut: das Quadrat, gebildet durch die Vierung, stellt die Grundeinheit dar. Sie bestimmt die Dimensionen des Chors und der Transeptarme. Die Länge des Schiffes beträgt das Vierfache des Quadrats. Zwischen Kapitell und Arkade liegt ein Quader, der dem Hauptgesims der Seitenschiffe entspricht.

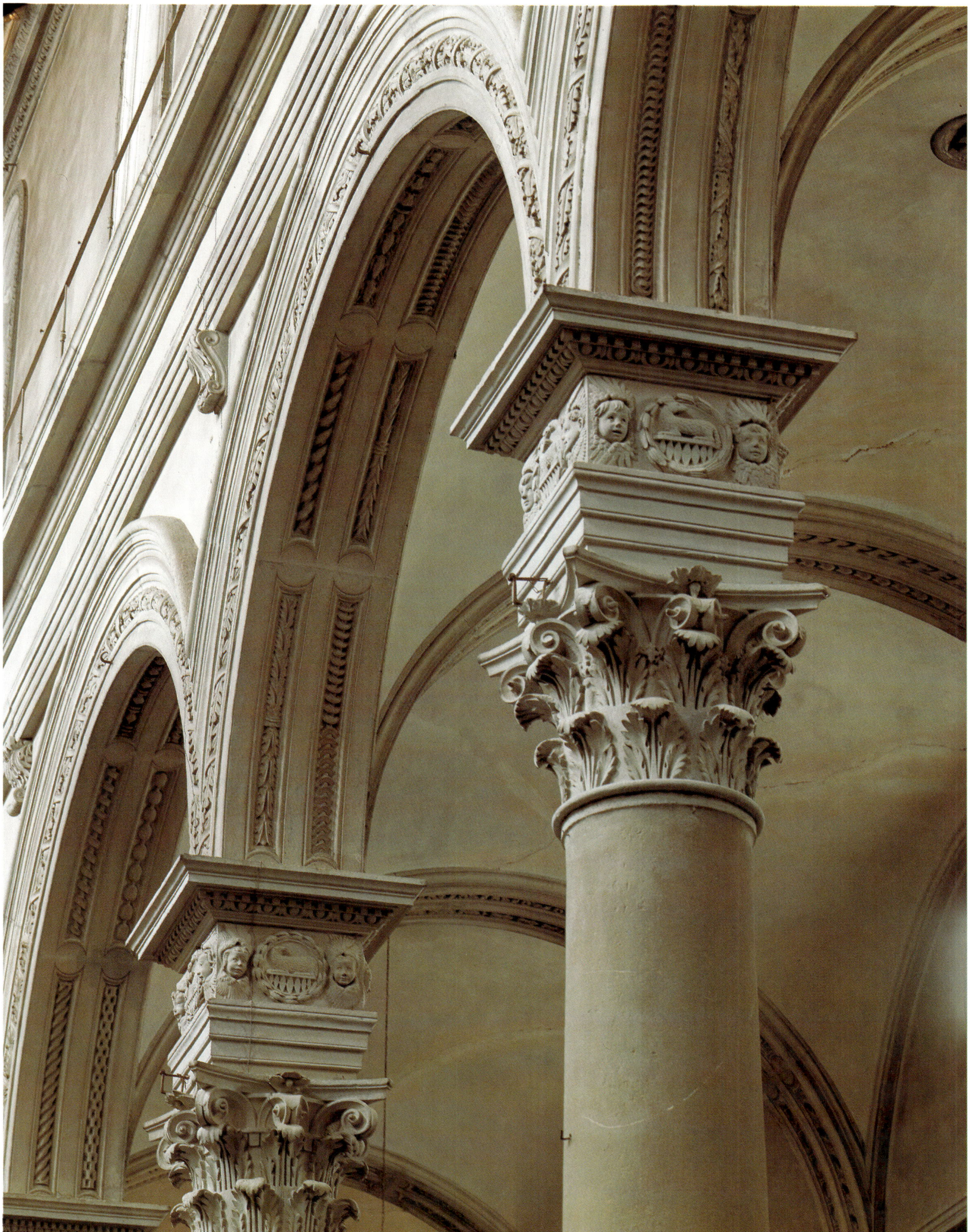

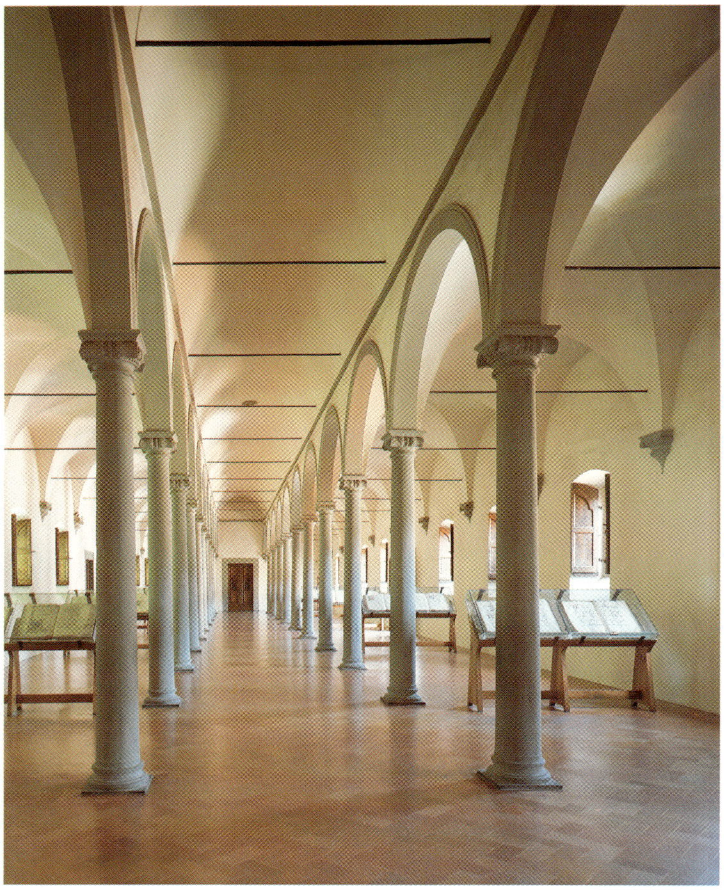

Oben

MICHELOZZO DI BARTOLOMEO
Kloster von San Marco
(Innenansicht: Bibliothekssaal)
Um 1440.
Florenz.

Im ersten Bibliothekssaal der Renaissance erkennt man das von Brunelleschi vernachlässigte ionische Kapitell.

Rechte Seite

MICHELOZZO DI BARTOLOMEO
Kloster von San Marco
(Kreuzgang)
Um 1435–1440.
Florenz.

Im Auftrag von Cosimo de Medici baut Michelozzo das Dominikanerkloster in Florenz wieder auf, das für Vasari das schönste Kloster überhaupt ist.

Michelozzo und die Verbreitung eines Stils

Auch wenn sich die Architekten nun von den Regeln Brunelleschis leiten lassen, versuchen doch viele unter ihnen, diese an die alltäglichen Zwecke der florentinischen Gesellschaft anzupassen, und schaffen so originelle und individuelle Stilrichtungen. Dies gilt für Michelozzo di Bartolomeo (1396–1472), von Hause aus Goldschmied, Stempelschneider an der Florentiner Münze, Bildhauer, der über die Praxis zur Architektur fand. Der Sohn eines Schneidermeisters aus Burgund hat im Gegensatz zu Brunelleschi keine theoretische Ausbildung. Er besitzt nicht das Genie eines Donatello oder Ghiberti, mit denen er arbeitet: seine bildhauerischen und architektonischen Werke zeugen von einem gewissen gotischen Klassizismus. Ein Beispiel ist die kleine Kirche des Klosters San Francesco al Bosco im Mugello, die großen Werke jedoch, die er in Florenz leitet, sind Ergebnis einer anderen Denkweise.

Auf Ersuchen von Cosimo de Medici baut Michelozzo das Dominikanerkloster in Florenz wieder auf. Die vollkommene Anordnung der Konstruktion, die Strenge der Proportionen und die Nüchternheit des Dekors gehören in die Welt der Renaissance. Michelozzo zeichnet sich aus, indem er im Kreuzgang und in der Bibliothek das ionische Kapitell einführt, das Brunelleschi selten einsetzt. Auf dem Gebiet der Sakralarchitektur schafft er sein Meisterwerk mit dem Wiederaufbau der Kirche Santissima Annunziata in Florenz ab 1444, was eine heftige Kontroverse auslöst. Michelozzo entscheidet sich bei der Gestaltung des Raumes für Einfachheit und Nüchternheit und überläßt es einem erfahrenen Bildhauer, das Dekor der frei angeordneten Kapitelle auszuführen. Neben diesen monumentalen Bauten widmet sich der Architekt kleineren Werken – Tabernakeln oder Ädikulä –, an denen er neue Formen erprobt, die er der Antike entlehnt. Seine Erfahrung und sein Talent, die sich auf alltägliche Zwecke ausrichten, sowie seine Vorliebe für das Dekor machen ihn bei den Medici beliebt. Um 1434–1439 baut er die Villen der Medici von Cafaggiolo und Careggi um und schafft für seine Mäzene in Fiesole ein neuartiges Haus. Er erhält diesen Villen ihr Aussehen kleiner Festungen mit Wehrgängen, beläßt die Spitze der Pecherker in Form von Geisa und setzt Fenster geschickt verteilt in die Mauern ein. In Careggi verschönert er die Fassade durch den Anbau einer Loggia auf einem Portikus.

Von all diesen weltlichen Bauten hat der Medici-Palast in der Via Larga (1444–1459) eine größere Resonanz, da Michelozzo daraus das Mustergebäude der florentinischen Paläste macht, mit schwach aufgehellten Fassaden, von einer Ebene zur anderen zurückgenommenen Bossenwer-

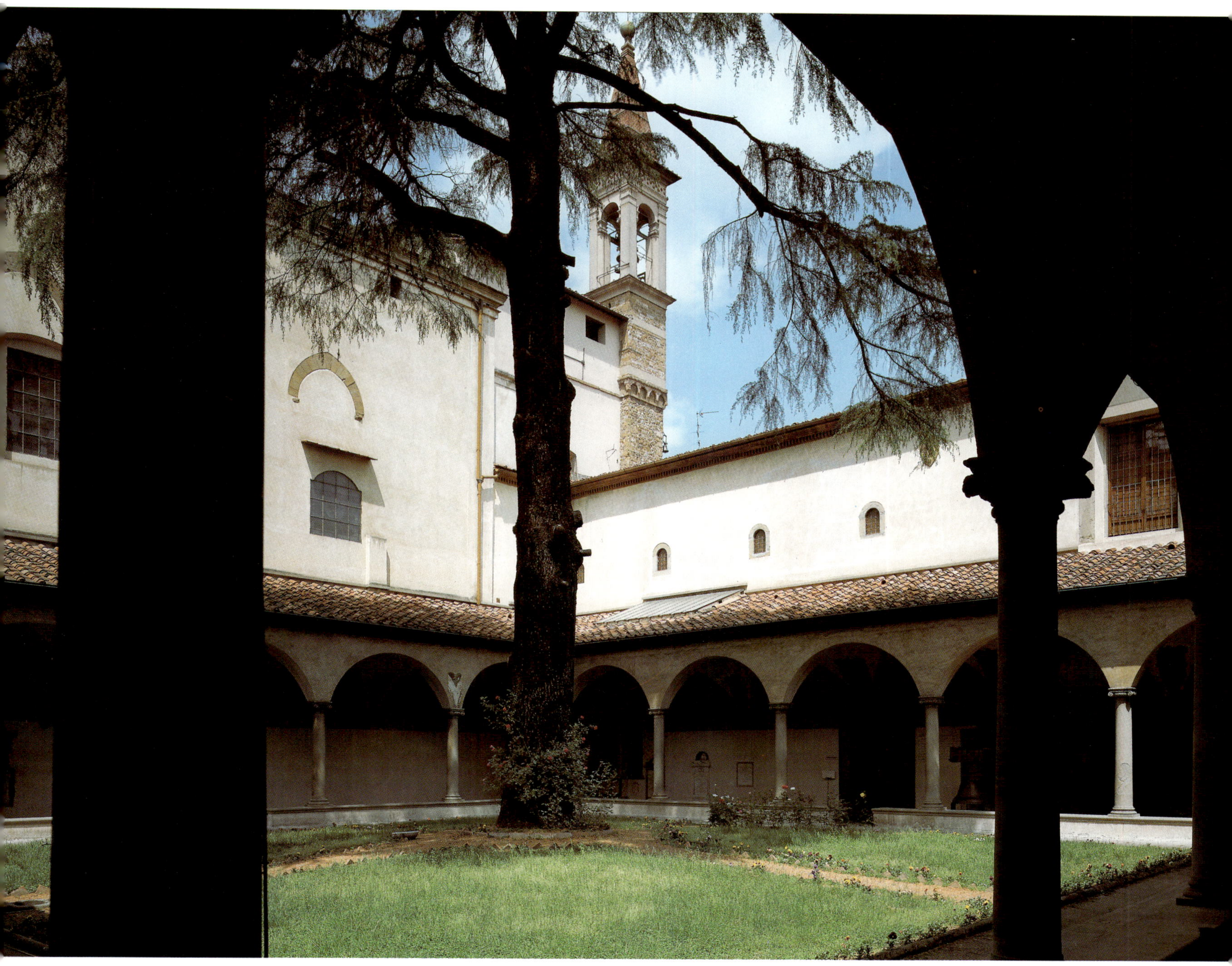

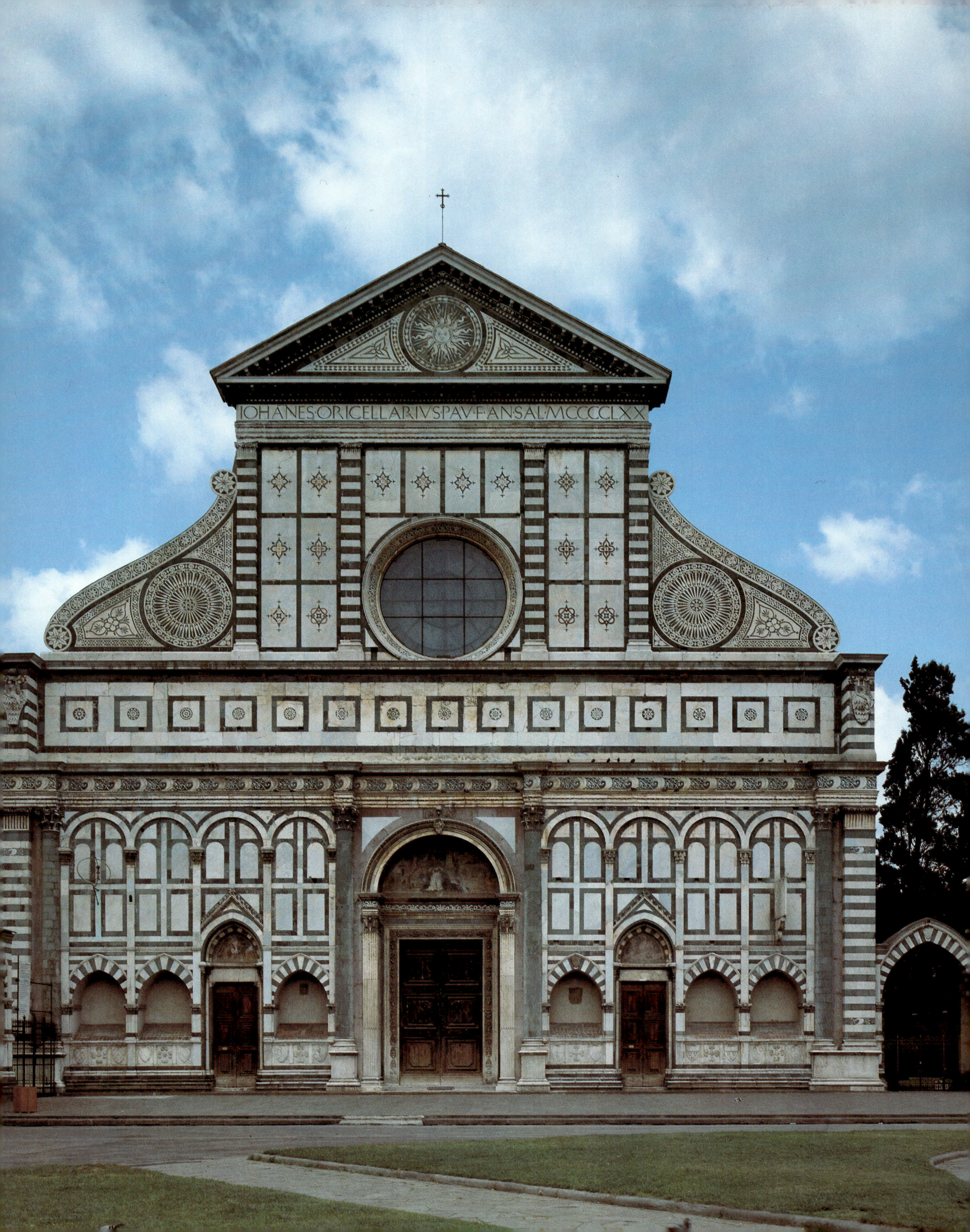
IOHANES·ORICELLARIUS·PAU·F·AN·SAL·MCCCCLXX

ken und einem enormen Geison in Anlehnung an die Antike, der die plastische Kraft des Bauwerks unterstreicht. Doch seine bedeutende Neuerung betrifft den Innenhof, umgeben von einem Portikus mit antiken Säulen, der die Architektonik des Klosters auf das Stadthaus überträgt. Der Renaissance-Palast im toskanischen Stil hat sein Modell gefunden; Michelozzo nimmt es zunächst beim Palazzo Strozzino und dann beim Bau des *Cortile* des Palazzo Vecchio erneut auf. Obwohl von Brunelleschi beeinflußt, bringt er immer seine Freiheit in einer der Antike entnommenen Sprache zum Ausdruck, sowohl in Florenz als auch in der Lombardei, wo der Bildhauer im allgemeinen den Architekten überflügelt. Michelozzo ist somit aktiv an der Verbreitung des neuen Stils beteiligt, doch es ist Alberti, der die Architektur auf einen neuen Weg bringt.

Alberti, Theoretiker und vielseitiger Mensch

Wird die Architektur mit Brunelleschi gänzlich zu einer Kunst, so findet sie in Alberti einen Meister und Theoretiker, der sie durch seine brillante Synthese der Antike und der Moderne mit dem Humanismus verknüpft. Er wird 1404 in Genua als Sohn einer großen, im Exil lebenden Florentiner Familie geboren, erhält in Venedig und Padua eine humanistische Erziehung, bevor er zum Studium des Rechts nach Bologna geht. Erst im Alter von dreißig Jahren kehrt er nach Florenz zurück, hält sich dort jedoch immer nur für kurze Zeit auf, da er im Dienste des Papstes steht. Zunächst ist es der Schriftsteller und Theoretiker, der noch vor dem Architekten in Komödien, Gedichten, Liebesliedern oder Traktaten über die Literatur zu Worte kommt. Die Veröffentlichung seiner Betrachtungen über die Malerei und die Bildhauerkunst im Jahre 1434 bildet den entscheidenden Auftakt zu den architektonischen Theorien und zur Praxis, die er in den letzten dreißig Jahren seines Lebens entwickelt. Durch ihn erhalten Kunst und Architektur, die bis dahin als Techniken gelten, ihren humanistischen Wert, wie ihn auch Ethik, Geschichte und Dichtung genießen.

Mit vierzig Jahren beginnt er sein umfangreiches Werk *De re aedificatoria*, in dem er eine kritische Interpretation von Vitruv vornimmt. Aus den Arbeiten seines Vorbildes in der Antike übernimmt er zwei Hauptideen: die exakten Proportionen in einem Bauwerk und die Analogie zwischen dem menschlichen Körper und dem Gebäude. Er schreibt: „Damit die Proportionen über die Bestandteile herrschen, so daß sie das Aussehen eines vollständigen und vollkommenen Körpers haben, und nicht das von unzusammenhängenden und unfertigen Gliedern.“ Nachdem er die Rolle

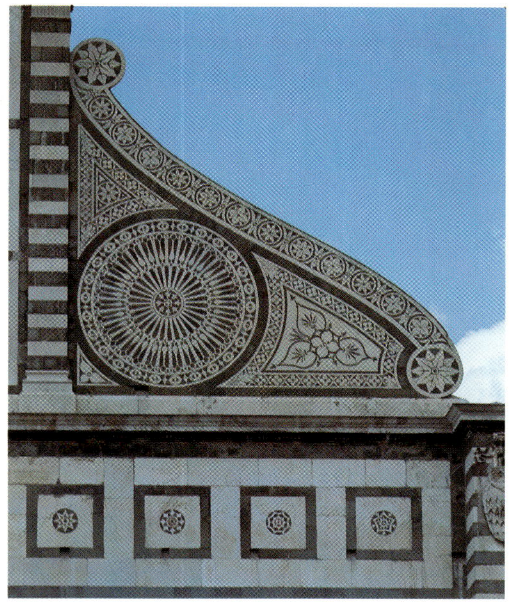

Linke Seite und oben (Ausschnitt)

Leon Battista Alberti
Santa Maria Novella,
geänderte Fassade
1458–1470.
Florenz.

Entworfen von dem großen Theoretiker der Architektur des Quattrocento stellt die Fassade der Kirche Santa Maria Novella eine Synthese dar: antiker Einfluß, der sich in der Architektonik äußert, sowie toskanische Tradition, verkörpert durch die Dekormotive. Eine Erfindung von Alberti: die aus den Strebepfeilern herausgearbeitete Volute erlaubt dem Architekten, die einzelnen Geschosse der Fassade harmonisch miteinander zu verbinden.

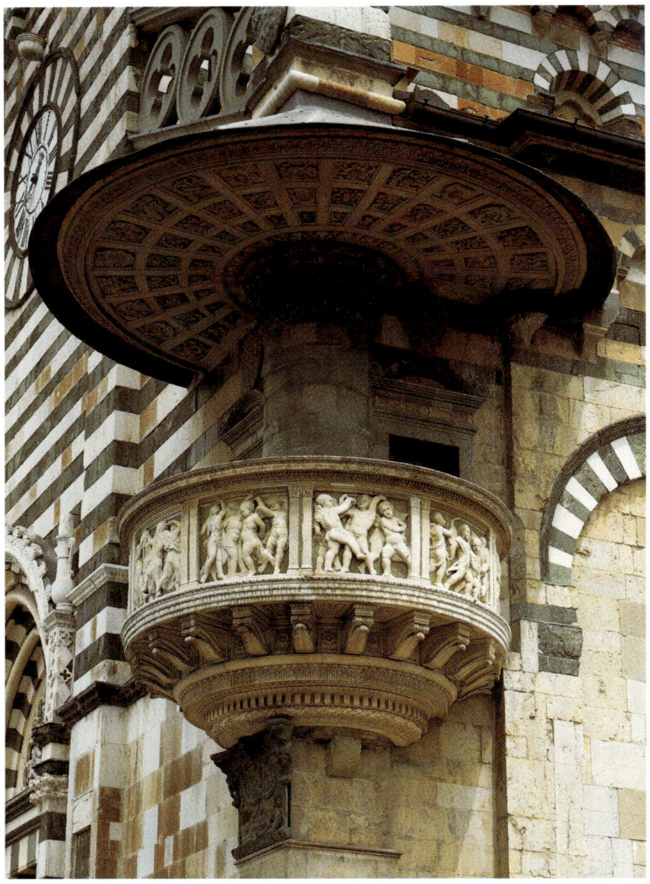

MICHELOZZO und DONATELLO
Außenkanzel des Prateser Doms
1428–1438,
Marmor und Bronze.
Prato.

Rechte Seite

LEON BATTISTA ALBERTI
Ädikula des Heiligen Grabes
Um 1455–1458.
San Pancrazio, Florenz.

Von Giovanni Rucellai in Auftrag gegeben, sollte dieses Monument nach dem Wunsche des Auftraggebers dem Heiligen Grab in Jerusalem nachgebildet sein. Alberti entnahm die Elemente der Gliederung dem Florentiner Baptisterium und beschränkte sich darauf, die Ädikula mit einer kleinen Kuppel in Angleichung an das Jerusalemer Vorbild zu versehen.

der Architektur als Stätte der weltlichen Bautätigkeit bestimmt hat, entwickelt Alberti eine Betrachtung über die Zeichenkunst und die Bezüge zwischen Mathematik und Architektur. Er untersucht das Problem der Materialwahl und die Grundsätze der Struktur, sowie die Frage der Architektur in Verbindung mit dem Städtebau und bezieht sich dabei grundsätzlich auf die Kunst der Antike, unabhängig davon, ob es sich um öffentliche Gebäude oder profane Bauten, um Paläste oder bescheidenere Häuser handelt. Alberti gelangt zu einer Betrachtung über die ideale Stadt, die er nach dem Vorbild Platons in zwölf Abschnitte unterteilt und dem Gesetz der Zahlen unterstellt. Angesichts der enormen Bedeutung der neuen Wissenschaft tritt der Architekt als Intellektueller auf, der einen klaren, rationalen, ausgewogenen und mit der Schönheit harmonierenden Plan zu entwerfen hat. Die Trennung zwischen Planung und Ausführung, die den Architekten vom Arbeiter entfernt, erklärt, warum Leon Battista Alberti meist Anweisungen gegeben und seine Pläne in seinem Umfeld durchgesetzt hat: Bernardo Rossellino baut für ihn um 1446–1451 den Palazzo Rucellai in Florenz und Matteo dei Pasti errichtet nach seinen Plänen um 1447 den Tempio Malatestiano in Rimini. In Florenz modernisiert er die Fassade von Santa Maria Novella und bietet der Nachwelt ein Universalmodell. Er löst die Frage des Gleichgewichts zwischen den Horizontalen und den Vertikalen, und es glückt ihm eine harmonische Verbindung zwischen den verschiedenen Geschossen der Fassade, indem er zwei Voluten hinzufügt, die sich aus dem Strebepfeiler ableiten, jedoch durch ihre Geometrie ein Ereignis sind.

Seine Bedeutung für die Geschichte der Architektur und die der Renaissance wächst durch seine zahlreichen Projekte in den italienischen Städten. Rom, Venedig, Ferrara, Rimini, Mantua und Urbino erhalten Bauwerke nach seinen Anweisungen. Auch wenn sich Alberti nie genau wiederholt und jede neue Ausführung nutzt, um seinen Einfallsreichtum zu beweisen, setzt er in den verschiedenen Bauwerken zukunftsweisende Lösungen durch: Aufbau der Geschosse in aufeinanderlagernden Ordnungen im Palazzo Rucellai, drei Fassadentypen für die Kirchen und drei neue Grundrisse – ein griechisches Kreuz und die Verbindung zwischen dem Schiff und einer Rotunde – sind gemeinsame Merkmale der zahlreichen Bauwerke von Alberti, die ebensosehr Beispiele seiner Kühnheit sind.

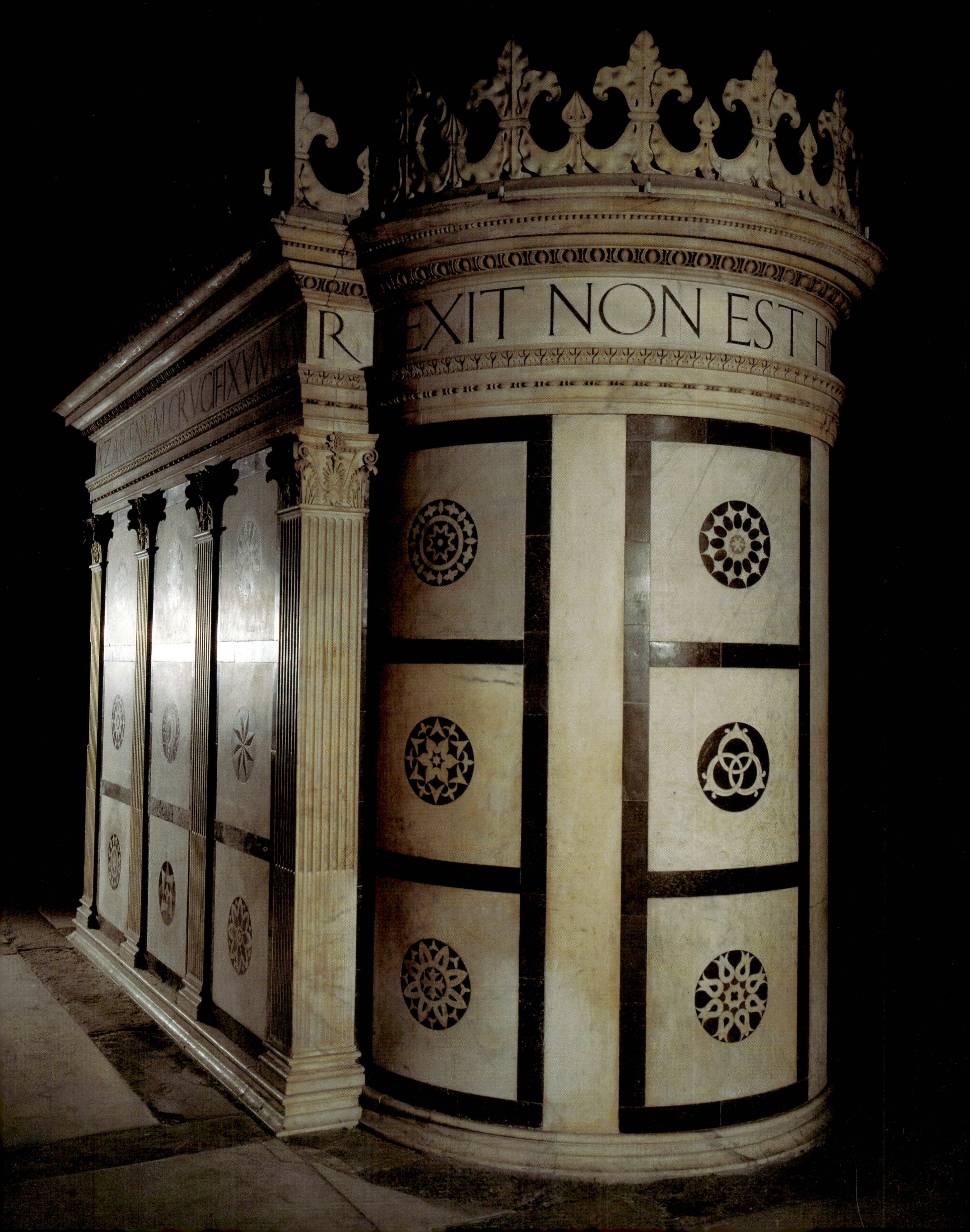
R EXIT NON EST H

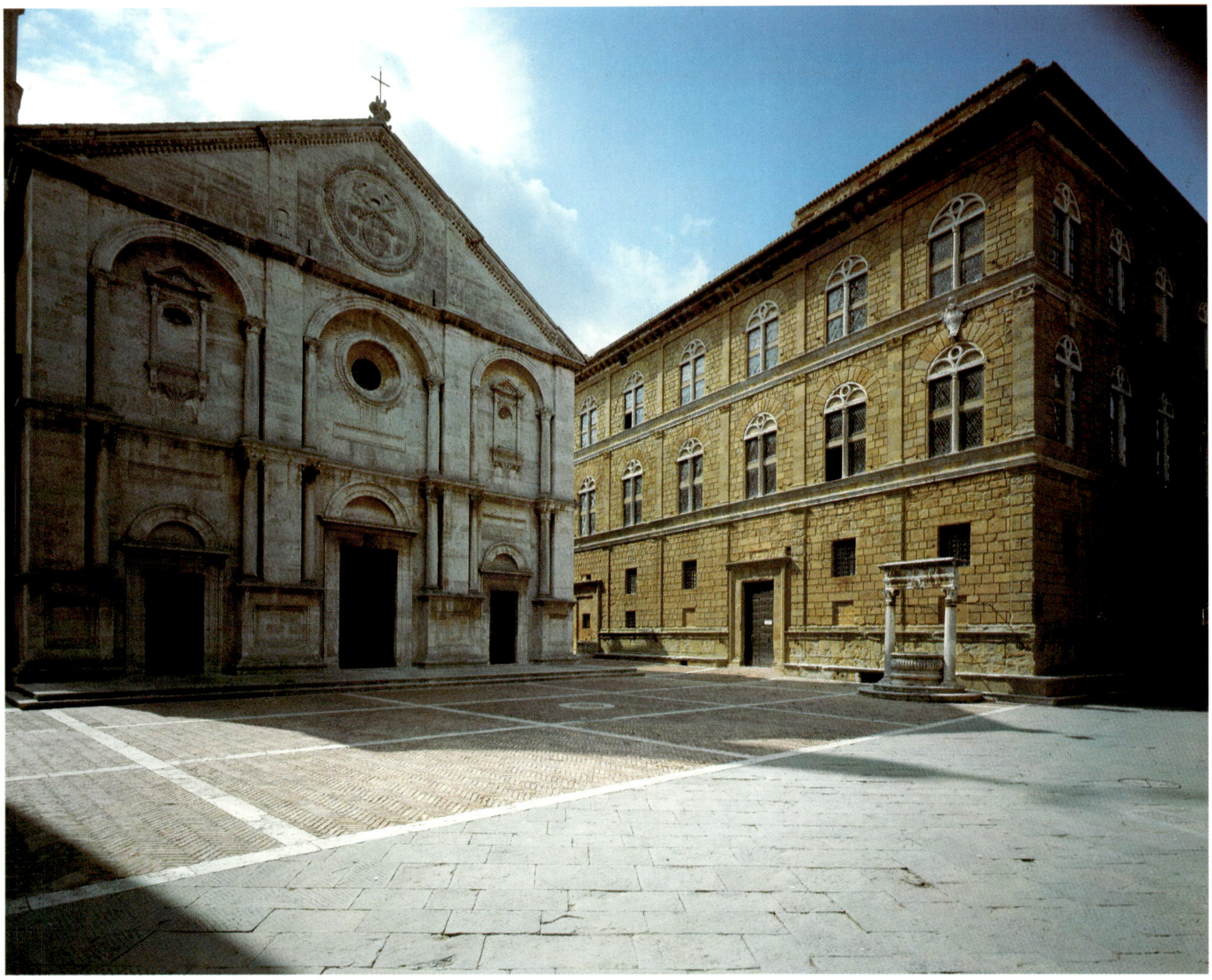

BERNARDO ROSSELLINO
Piazza Pio II.
Links: der Dom; rechts: der Palazzo Piccolomini. 1460–1462.

Bernardo Rossellino, früherer Mitarbeiter von Alberti am Palazzo Rucellai in Florenz, der auch im Vatikan gearbeitet hat, macht Corsignano auf Wunsch von Pius II. zur bischöflichen Residenz. In weniger als drei Jahren wird Pienza zur ersten idealen Stadt der Renaissance. Bei der geplanten städtebaulichen Entwicklung hat jedes Gebäude einen besonderen architektonischen Typ. Der Dom ist nach dem Modell der Saalkirchen in Süddeutschland gebaut, der Palazzo Piccolomini ist ein nahezu identisches Pendant zum Palazzo Rucellai von Alberti.

Rechte Seite

MICHELOZZO
Der Palazzo Comunale von Montepulciano
Fassade aus dem 15. Jahrhundert.

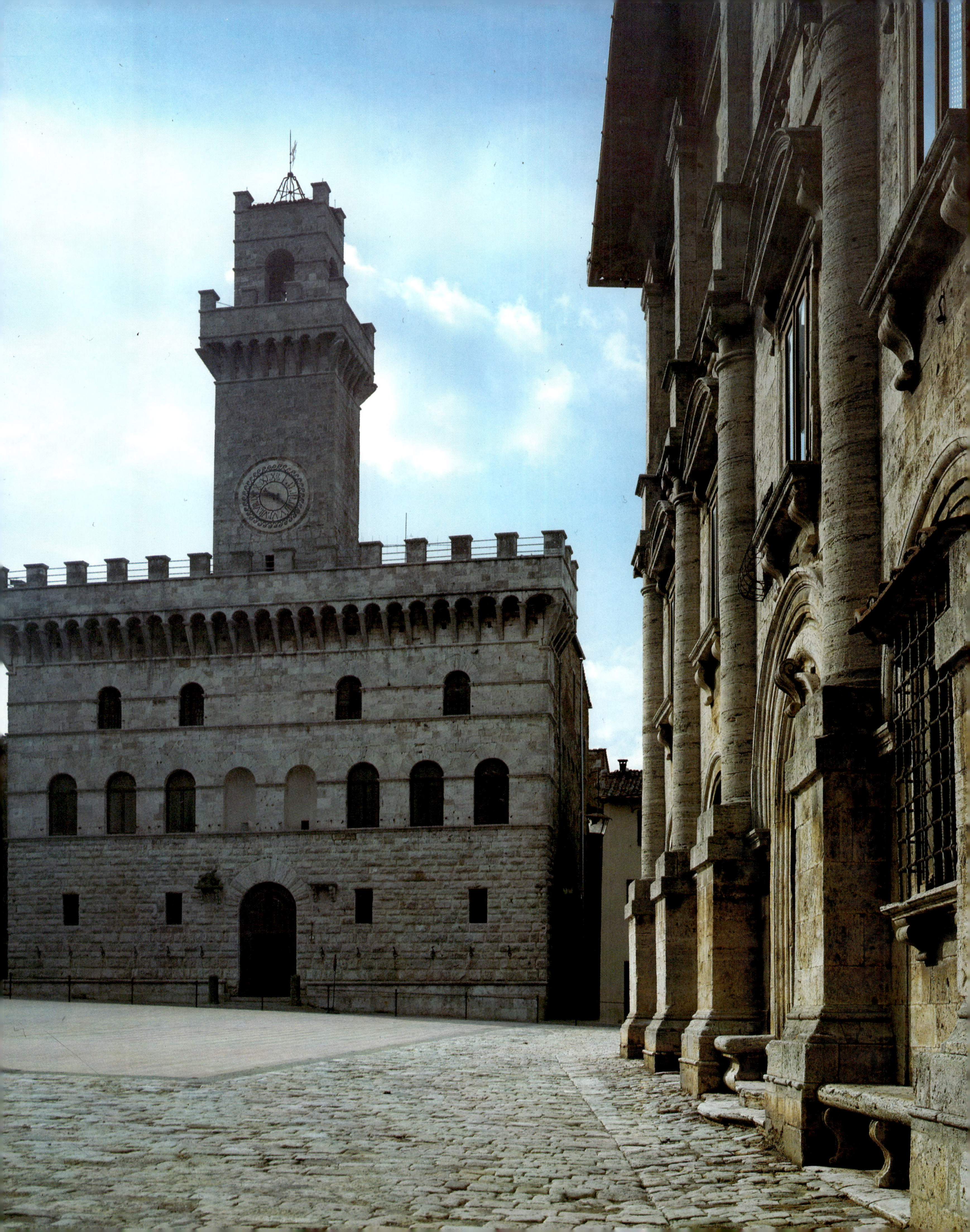

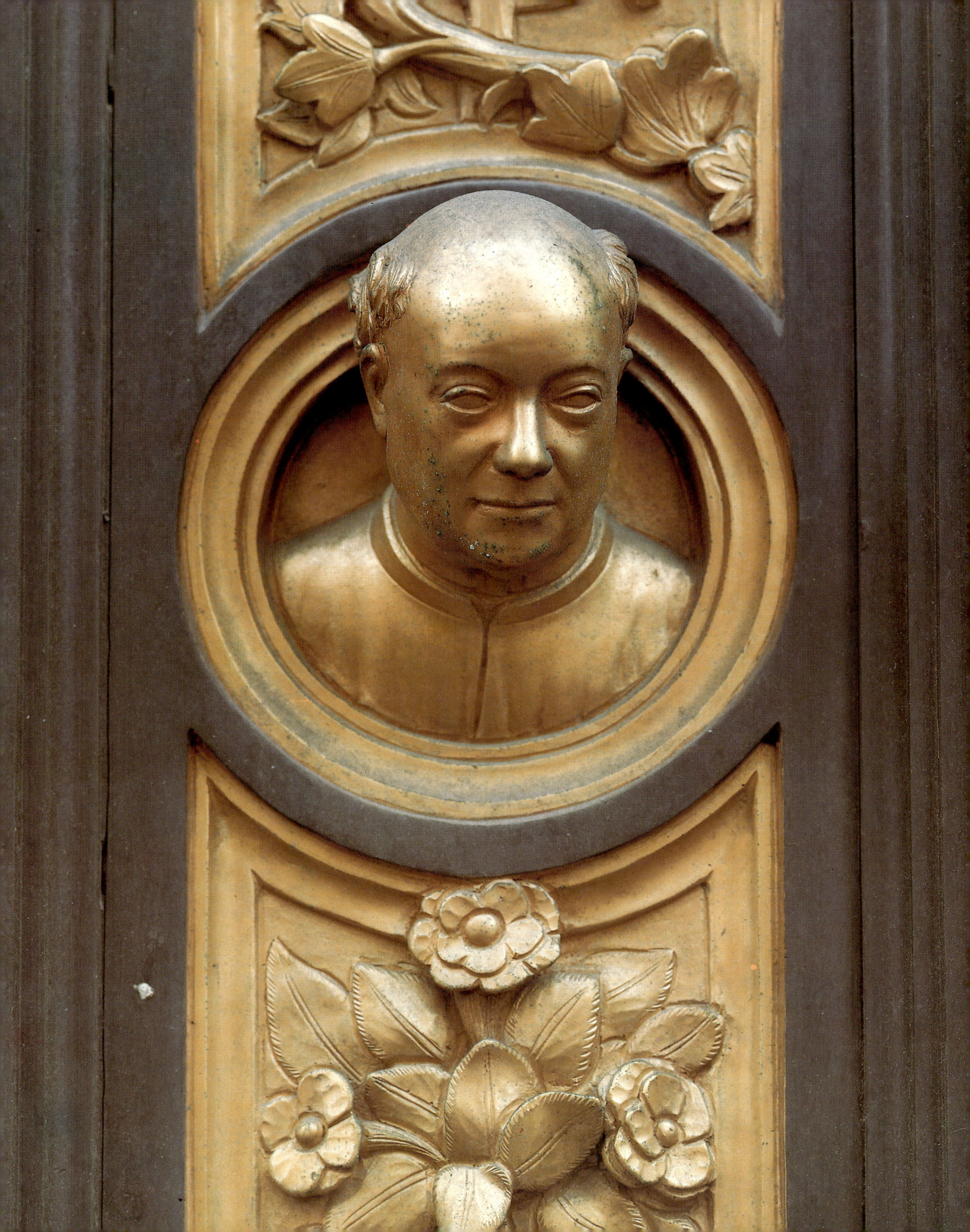

Ghiberti oder das erzählende Relief

Lorenzo Ghiberti zählt mit Leon Battista Alberti zu den Persönlichkeiten des Quattrocento, die am besten den Menschen verkörpern, der eine gewaltige Kultur freisetzt und der von Wissensdurst durchdrungen ist. In seinen Lebenserinnerungen *(Commentarii)*, die er in fortgeschrittenem Alter verfaßt und so der Nachwelt die erste Autobiographie eines Künstler hinterläßt, beweist er seine Klugheit, indem er seine Kunstgeschichte auf die Schriften gründet, die Plinius, Varro und Vitruv in der Antike geschrieben haben, oder indem er sich bei der Darlegung seiner Proportionslehre als Autodidakt erweist. Ghiberti verhehlt nicht sein leidenschaftliches Verhältnis zur Kunst. Er liebt den Umgang mit Künstlern und Gelehrten, und man kennt ihn als eifrigen Sammler von Gegenständen aus der Antike. Er wirkt als Maler, Zeichner, Bildhauer, Goldschmied und Architekt, und sein Schaffen zeugt von hoher Selbsteinschätzung. In der in Florenz herrschenden Atmosphäre, wo für Köpfe wie Donatello Kritik wichtiger erscheint als Bewunderung, verfaßt Ghiberti die Apologie seiner Kunst, und es gefällt ihm, sie in allen bedeutenden Werken dieser Zeit zu rechtfertigen. Seine Lehre, die er mit Hochgefühl in seinen *Commentarii* vermittelt, zeugt von dem Bewußtsein des Bildhauers, in einem außergewöhnlichen Jahrhundert zu leben und an einer wahren Erneuerung des Geistes und der Kunst teilzuhaben.

LORENZO GHIBERTI
Osttür, sogenannte Paradiestür
(Detail: Selbstbildnis)
Um 1445–1448, vergoldete Bronze.
Baptisterium, Florenz.

Das Selbstbildnis, das Ghiberti an der Paradiestür zwischen den Köpfen von Propheten und biblischen Gestalten einfügt, die jedes Feld einrahmen, zeigt das Gesicht eines von starkem Realismus geprägten Mannes. Es unterscheidet sich deutlich von dem Selbstbildnis, das der Bildhauer an der Nordtür des Baptisterium ausgeführt hat und das den antiken Modellen nachempfunden ist.

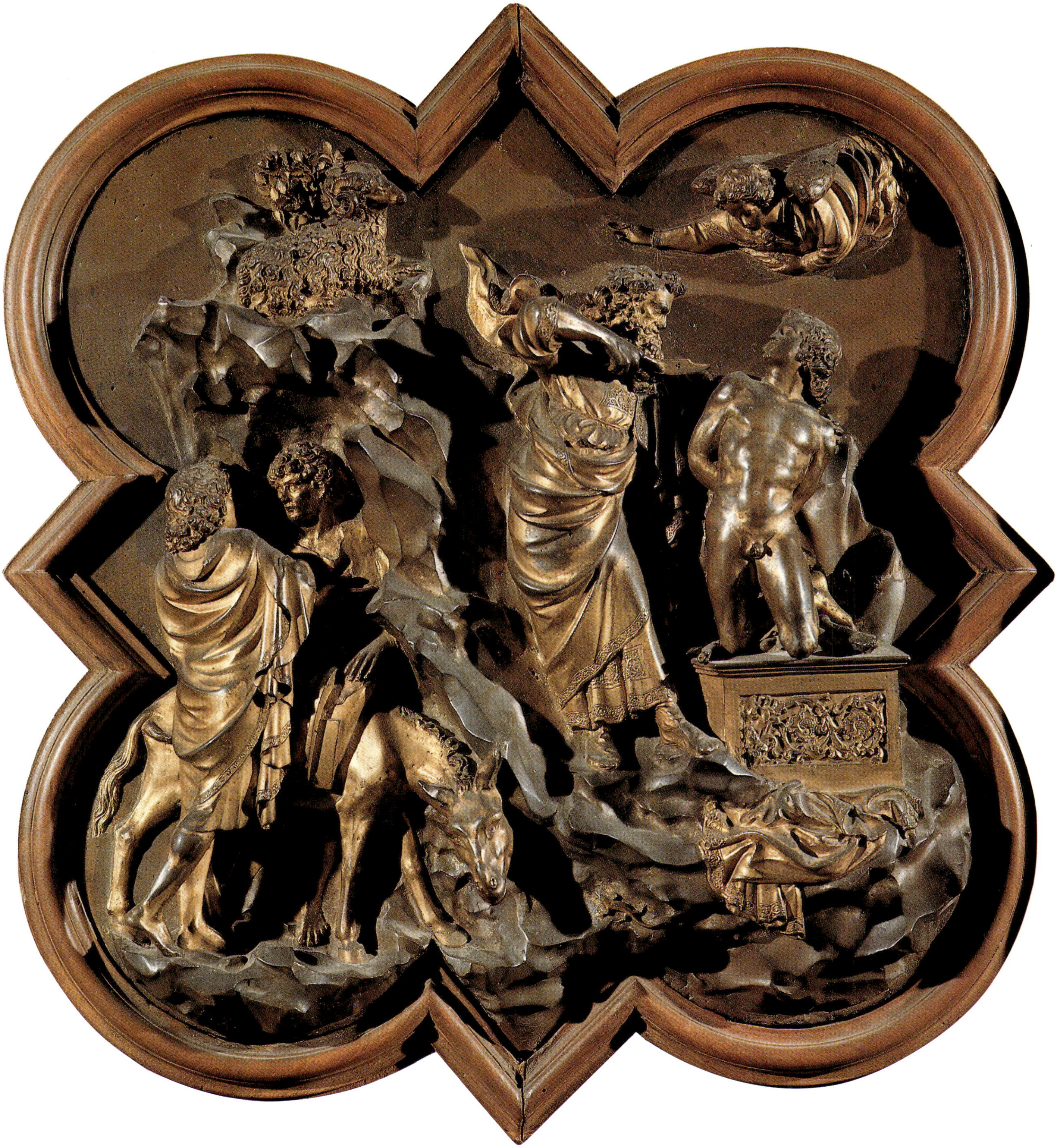

Der große Wettbewerb für die Tür des Baptisteriums

Nach einem kurzen Aufenthalt in Pesaro im Jahre 1400, wohin er vor der Pest und den politischen Unruhen flieht, die damals Florenz erschüttern, und wo er am Hofe der Malatesta als Maler tätig ist, sind die künstlerischen Anfänge von Ghiberti von einem strahlenden Erfolg im Jahre 1401 geprägt. In diesem Jahr veranstaltet Florenz einen großen Wettbewerb für die zweite Tür des Baptisteriums, an dem die bekanntesten Bildhauer der Toskana teilnehmen. Hier wetteifern die Sieneser Jacopo della Quercia und Francesco di Valdambrino sowie die Florentiner Goldschmiede Brunelleschi, Ghiberti, Simone di Colle Val d'Elsa und Niccolò d'Arezzo sowie der junge Donatello. Bei diesem außergewöhnlichen Vergleich, der das gotische Zeitalter beendet, dem die Meister noch anhängen, hat jeder Bildhauer eine Frist von zwölf Monaten, um ein Pendant zur Tür von Andrea Pisano zu schaffen, die siebzig Jahre zuvor gefertigt wurde.

Das vorgebene Programm für das Proberelief ist eine Illustration der *Opferung Isaaks*, wofür selbst die Anzahl und Ausgestaltung der Figuren genau angegeben werden. Der Arbeit von Jacopo della Quercia wird mangelnde Finesse vorgeworfen, womit eines der am meisten vom gotischen Stil geprägten Werke verworfen wird, das sich durch die starken Kontraste und die Klarheit der Reliefs auszeichnet. Allein das Werk von Brunelleschi mißt sich mit dem von Ghiberti. Der spätere Architekt der Domkuppel setzt Isaak in die Mitte des Feldes und ordnet die anderen Figuren der Geschichte um ihn herum an. Indem er die Handlung Abrahams derjenigen des Engels gegenüberstellt, verleiht er dieser Szene einen gewaltigen dramatischen Ausdruck. Allerdings hält man ihm vor, daß er die gesamte verfügbare Fläche ausfüllt und das Thema zu frontal behandelt. In der Tradition von Andrea Pisano gießt er die Figuren einzeln, um sie dann auf den Hintergrund zu setzen, womit er keine Tiefenwirkung erzielt. Dagegen nimmt Ghiberti die Hauptfigur völlig aus der Mitte heraus und trennt die Gestalten in zwei unterschiedliche Gruppen auf einer Diagonalen. Indem er die Figuren zusammen mit dem Hintergrund gießt, gibt er der Komposition organische Einheit und betont die Perspektive. Allein die Gestalt des Isaak wird aufgesetzt und feiner herausgearbeitet, was dem Bildhauer ermöglicht, dieser Figur die Hauptrolle der Szene zuzuweisen. Als die Juroren Ghiberti zum Sieger des Wettbewerbs erklären, zeichnen sie nicht den innovativsten Bildhauer aus: Durch die hohe Dramatik seines Reliefs und durch das Bemühen um eine symmetrische Komposition nämlich ist Brunelleschi der modernste. Doch die innere Einheit der Geschichte, die bildhafte

LORENZO GHIBERTI
Opferung Isaaks
(Proberelief für den Wettbewerb um die Tür des Baptisteriums)
1401, vergoldete Bronze,
53,3 x 44,5 cm.
Museo Nazionale (Bargello),
Florenz.

Von allen Probereliefs für den Wettbewerb von 1401 sind lediglich die von Ghiberti und Brunelleschi erhalten. Das von Ghiberti besitzt eine große bildliche und visuelle Einheitlichkeit. Die in gotischen Proportionen gehaltenen Gestalten – mit Ausnahme von Isaak, der ein antikes Ideal verkörpert – finden zu einer reizvollen Erzählung zusammen, in der Licht und Landschaft eine wichtige Rolle spielen.

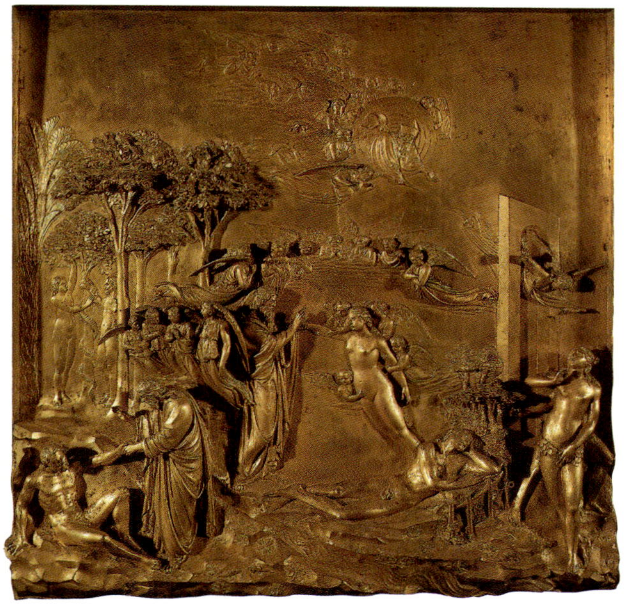

Oben und rechte Seite (Detail)

LORENZO GHIBERTI
Erschaffung Adams und Evas und Sündenfall und Vertreibung aus dem Paradies
Relief der Osttür, sog. „Paradiestür".
1425–1437, vergoldete Bronze, 79,5 x 79,5 cm.
Museo dell'Opera del Duomo, Florenz.

In diesem Feld, das vier verschiedene Szenen aus der Genesis vereint (Erschaffung Adams, Erschaffung Evas, Sündenfall, Vertreibung), wird der Einfluß der Antike in der Gestalt Evas deutlich, die als keusche Venus auftritt.

Konzeption des Feldes und die Eleganz der Gestalten haben bei den Juroren einen strahlenden Sieg errungen. Ghiberti kann nun mit dem Werk seines Lebens beginnen ...

Denn die Tatsache, daß er aus dem Wettbewerb von 1401 als Sieger hervorgeht, bedeutet für ihn und die Künstler, mit denen er zusammenkommt, den Beginn einer neuen Ära. Für mehr als zwei Jahrzehnte sichert ihm das Werk der zweiten Tür die Leitung über eine Baustelle, die Treffpunkt für die hervorragendsten Bronzegießer, Dekormeister und Maler wie Paolo Uccello wird. Von 1402–1424 widmet er sich der Ausgestaltung der Nordtür des Baptisteriums. Wie die Tür von Andrea Pisano ist das Werk, an dem Ghiberti fast ein Vierteljahrhundert arbeitet, in achtundzwanzig Felder mit Vierpässen unterteilt. Zwanzig Szenen stellen das Leben Christi dar, vier die Evangelisten, und vier weitere wiederum die Kirchenväter. Für die Umrahmungen, die Pisano nüchtern mit Rosetten, Spitzen und Löwenköpfen verziert hatte, hat Ghiberti ein durchgängiges Efeurankengeflecht entworfen, aus dem an den Ecken der Felder immer andere Köpfe von Propheten und Sibyllen erscheinen. Die Türpfosten und der Architrav sind mit einer Girlande aus Blumen und Früchten bedeckt. Das Können, das der Bildhauer bei der *Opferung Isaaks* bewiesen hat, findet in jedem einzelnen Feld höchste Vollendung. Die meist als Hochrelief gearbeiteten Figuren in klarer Tiefenschichtung heben sich von einem landschaftlichen oder architektonischen Hintergrund ab. Der Künstler zeigt bei der Variation und Behandlung seiner Motive gleichermaßen großes technisches Können, beträchtlichen Einfallsreichtum und höchste Eleganz. Die Skizzen der *Geißelung Christi* belegen die Bemühungen, die er selbst oder sein Atelier unternommen haben, um die plastische Wirkung, die Bewegung der Körper und die Lichtkontraste darzustellen, bevor schließlich die Figurinen gegossen werden. Tatsächlich hat das Werk, das Ghiberti über Jahre hinweg in Anspruch nimmt, eine ganze Generation von Künstlern bereichert und ihnen als Schule gedient. Ab dem Jahre 1407 helfen ihm über fünfundzwanzig bei seinem Vorhaben. Auf der Baustelle trifft man Uccello, aber auch Michellozzo, Donatello und Bernardo Ciuffagni, der noch keine Berühmtheit erlangt hat.

Im Laufe der Entstehung dieser Tür erlebt die Florentiner Szene eine wahre Besetzung durch eine neue Bildhauergeneration: Donatello und Nanni di Banco mehren die Meisterwerke am Dom von Florenz und fertigen im Auftrag der Zünfte das große Nischenfigurenwerk von Or San Michele an. Auf Anordnung der Calimala, seiner eigenen Zunft, beteiligt sich Ghiberti an dieser monumentalen Dekorarbeit und wählt Bronze, um die beeindruckende Statue des

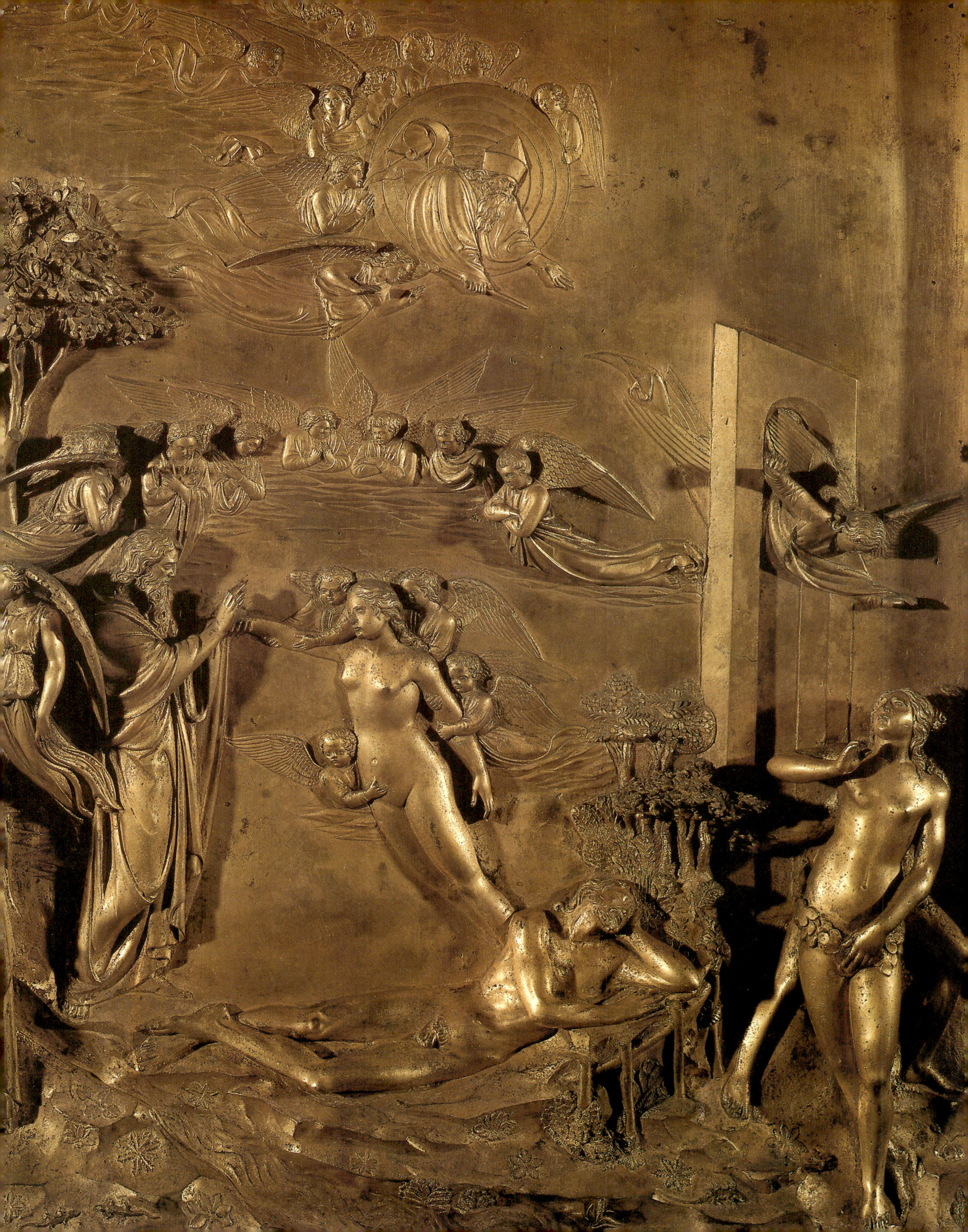

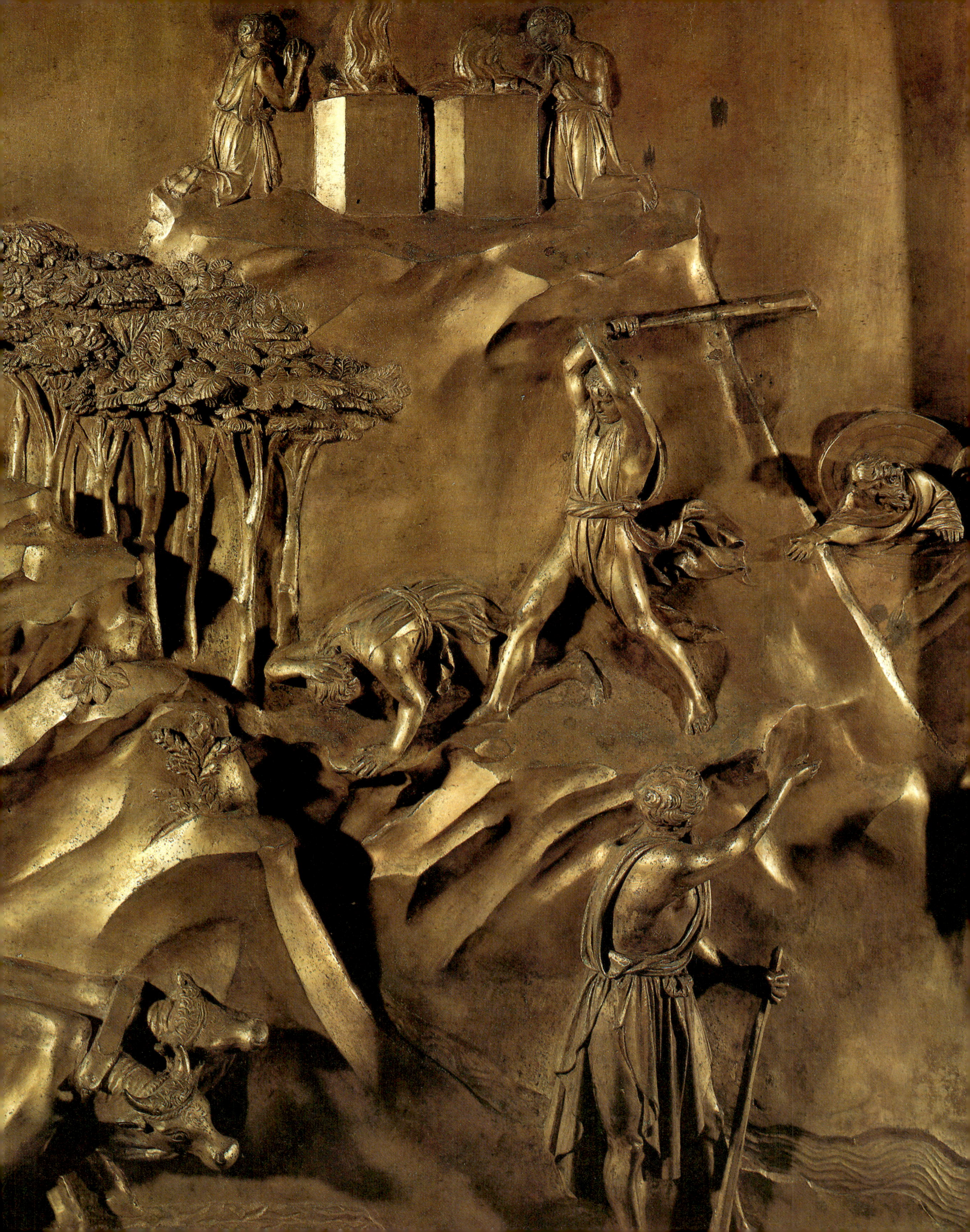

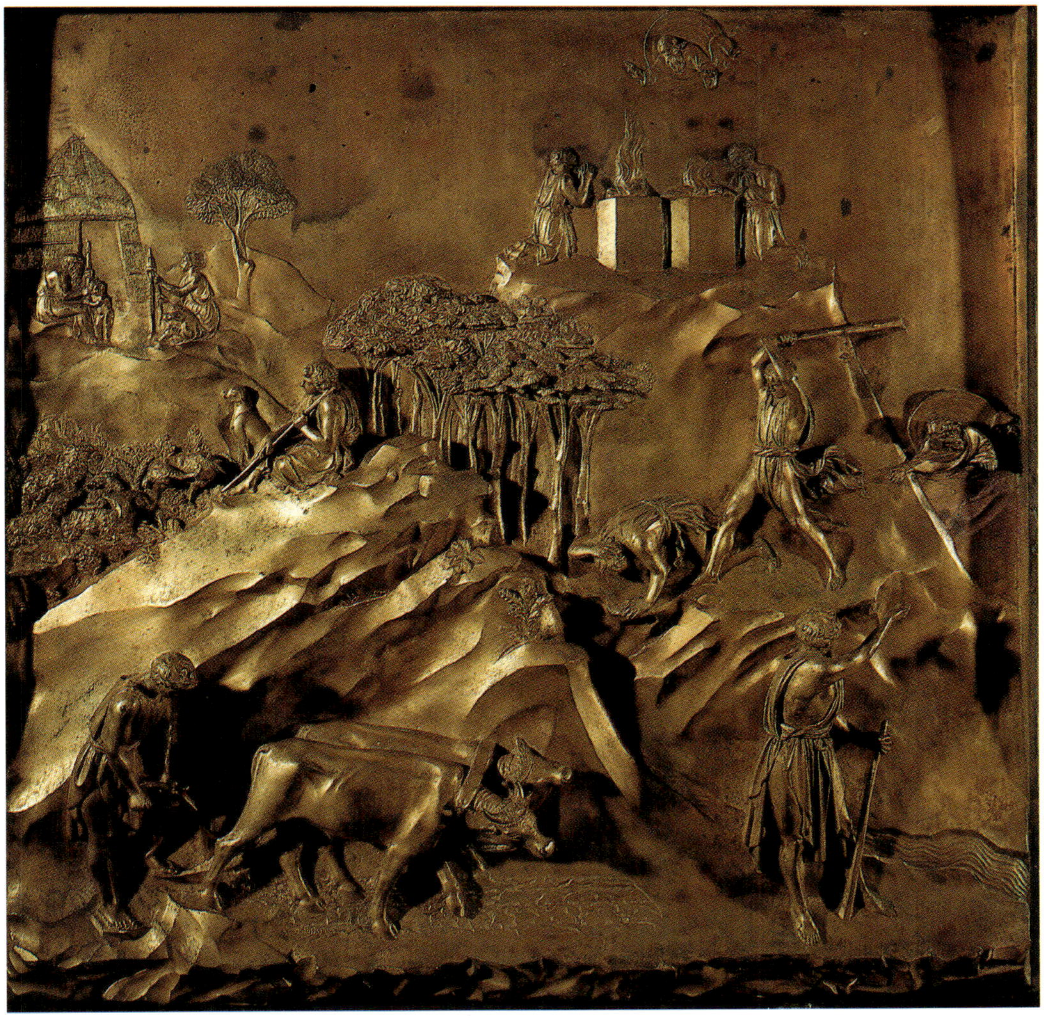

Oben und linke Seite (Detail)

LORENZO GHIBERTI
Feld, das die Geschichte von Kain und Abel erzählt
Relief der Osttür, sog. „Paradiestür".
1425–1437, vergoldete Bronze, 79,5 x 79,5 cm.
Museo dell'Opera del Duomo, Florenz.

Statt die traditionell für die früheren Türen gewählte Aufteilung beizubehalten, zwang das Bildprogramm von Leonardo Bruni den Bildhauer, die Gesamtheit des biblischen Zyklus auf nur zehn Felder zu verteilen.

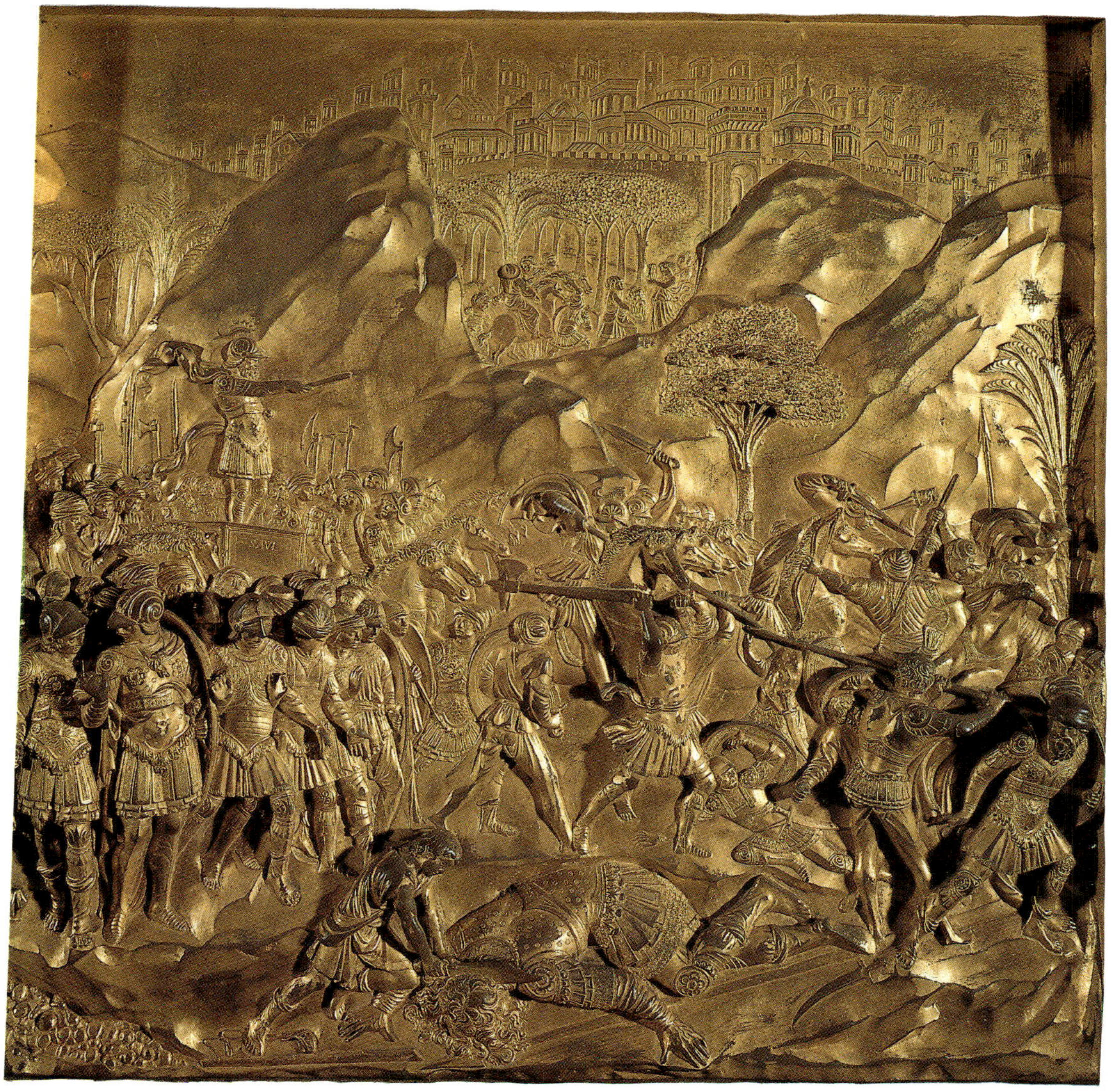

Oben und rechte Seite (Detail)

Lorenzo Ghiberti
Feld, das den Kampf zwischen David und Goliath erzählt
Relief der Osttür, sog. „Paradiestür".
1425–1437, vergoldete Bronze, 79,5 x 79,5 cm.
Museo dell'Opera del Duomo, Florenz.

Die Felder in der Tür sind der vollkommene Ausdruck des Renaissancestils in einem Relief.

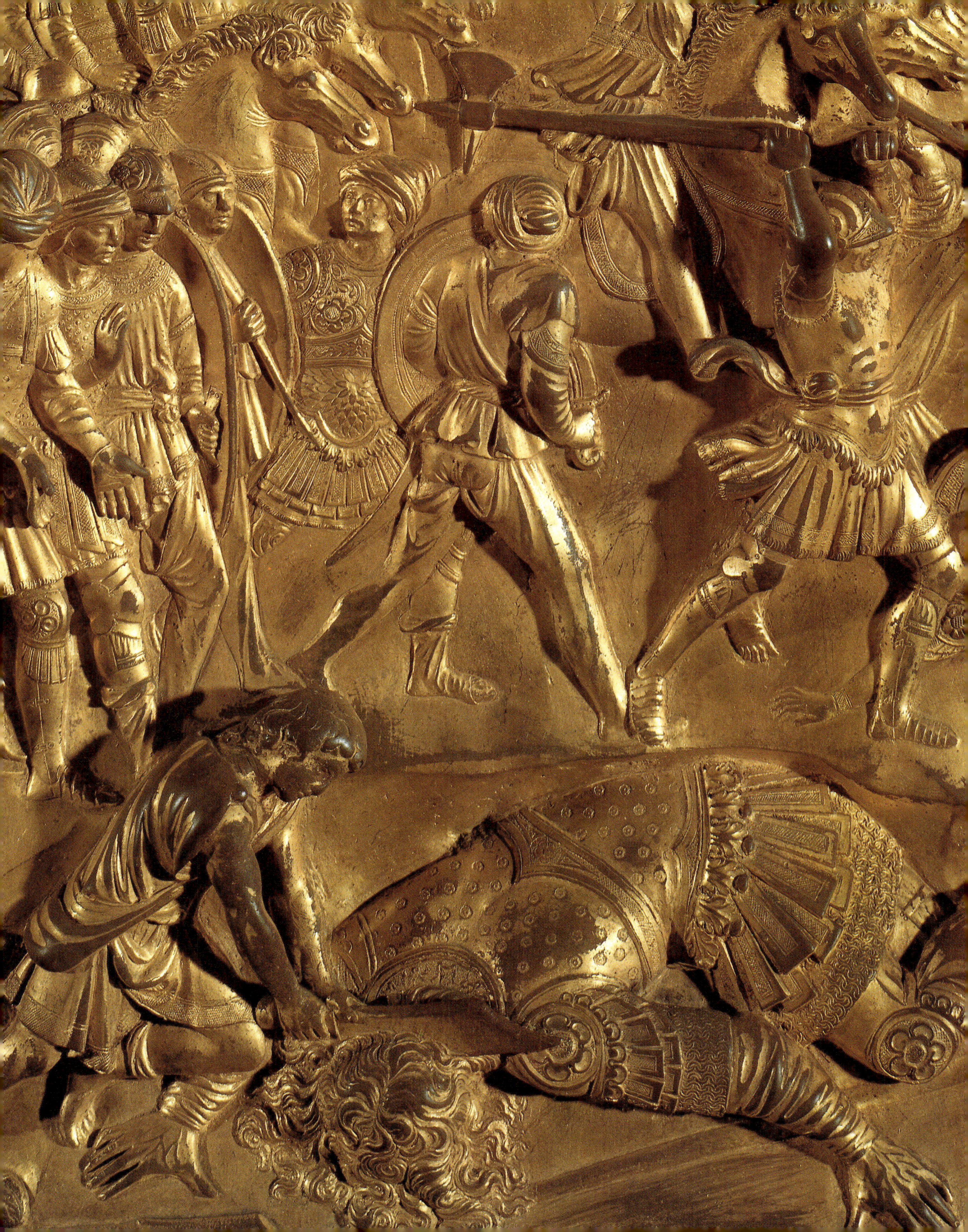

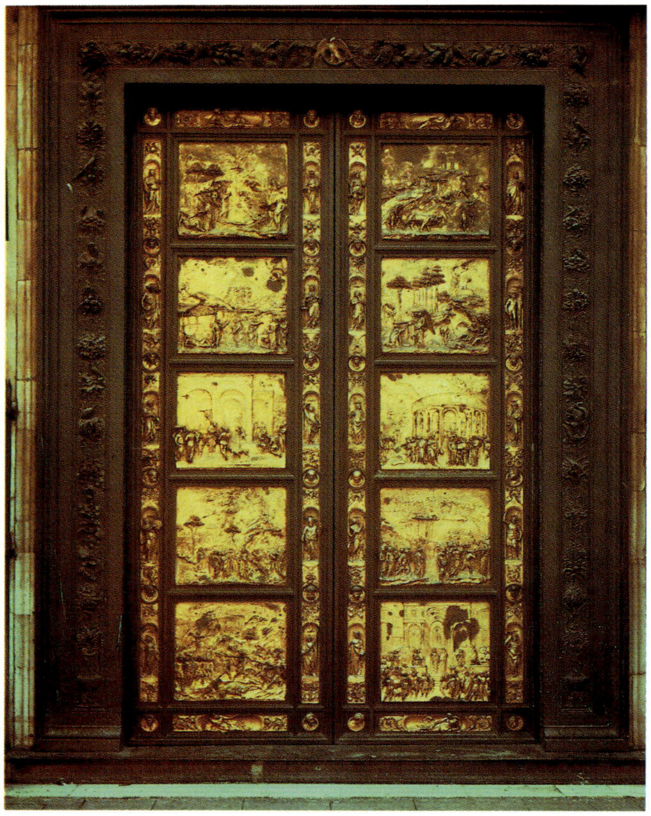

LORENZO GHIBERTI
Osttür, sogenannte „Paradiestür"
1425–1452, Bronze,
457 x 251 cm ohne Einfassung.
Baptisterium, Florenz.

Rechte Seite

LORENZO GHIBERTI
Feld, das den Kampf zwischen David und Goliath erzählt
(Detail)

Hl. Johannes des Täufers aus einem Stück zu gießen. Die technische Glanzleistung des Bildhauers wird von der Schwerfälligkeit der Ausführung etwas beeinträchtigt, was Ghiberti schließlich dazu veranlaßt, der großen Figur kleinere Zwischenräume und fließende Linien vorzuziehen.

Dadurch, daß der Künstler mit den Werken von Donatello und Brunelleschi in Berührung kommt, entdeckt er jedoch eine neue Möglichkeit, das Relief räumlich zu gestalten. Seine Öffnung gegenüber den neuen Stilrichtungen stellt er unter Beweis, als er 1417 und 1427 die Bronzereliefs im Baptisterium von Siena nach der Zentralperspektive anfertigt. Bei *Johannes der Täufer vor Herodes* oder der *Taufe Christi* kann er mit dieser Vorgehensweise seine Erzählung noch bereichern und gleichzeitig die Harmonie der Linien und die Abstufung der Ebenen beachten. Dadurch löst er sich wirklich von dem Stil, den er für die Ausführung der Tür nach dem großen Wettbewerb verwendet hatte. In dieser Zeit schöpft er alle Möglichkeiten des erzählenden Reliefs aus, und bald erreicht er in Florenz bei der dritten Tür des Baptisteriums die Perfektion, indem er eine andere Richtung einschlägt. Die sogenannte „Paradiestür" folgt einem Bildprogramm von Leonardo Bruni, was zu einer strukturellen Änderung des Portals führt. Ghiberti verringert die Zahl der Felder von achtundzwanzig auf zehn. Der Bildhauer muß demnach in ein und derselben Komposition eine ganz Reihe von Ereignissen behandeln, und die Gesamtheit dieser Folgen verlangt zwangsläufig eine neue Art der Ausführung. Sein bisheriges Werk ist eine Verherrlichung des erzählenden Reliefs, in dem die dargestellten Szenen auf außergewöhnliche Weise miteinander zu verschmelzen scheinen. Ob Landschaft oder Architektur – der Raum bietet dem Betrachter nach den Regeln der Perspektive eine Gesamtansicht von großer Klarheit. Ab 1440 sind die zehn Reliefs fertig; die Herstellung der Figuren am Rand und im Rahmen sowie die technische Fertigstellung werden gleichzeitig mit der Vergoldung im Frühjahr 1452 vollendet. Die Schönheit dieses Werks ruft eine solche Bewunderung hervor, daß man beschließt, es gegenüber vom großen Portal von Santa Maria del Fiore zu setzen und die Tür von Andrea Pisano an die Südseite zu verlegen. Michelangelo hat es bereits für würdig erachtet, die Tür zum Paradies zu sein … Ghiberti seinerseits schreibt in seinen Lebenserinnerungen: „Von allen meinen Werken ist dies das außerordentlichste, das ich geschaffen habe, und es wurde mit größter Kunstfertigkeit, höchstem Maßgefühl und Erfindungsgeist ausgeführt." Mitte des Jahrhunderts gelingt es Ghiberti in ein und demselben Werk den Stil des Goldschmieds mit dem des Bildhauers zu verschmelzen, doch er führt auch die Bildhauerei auf gänzlich neue Wege.

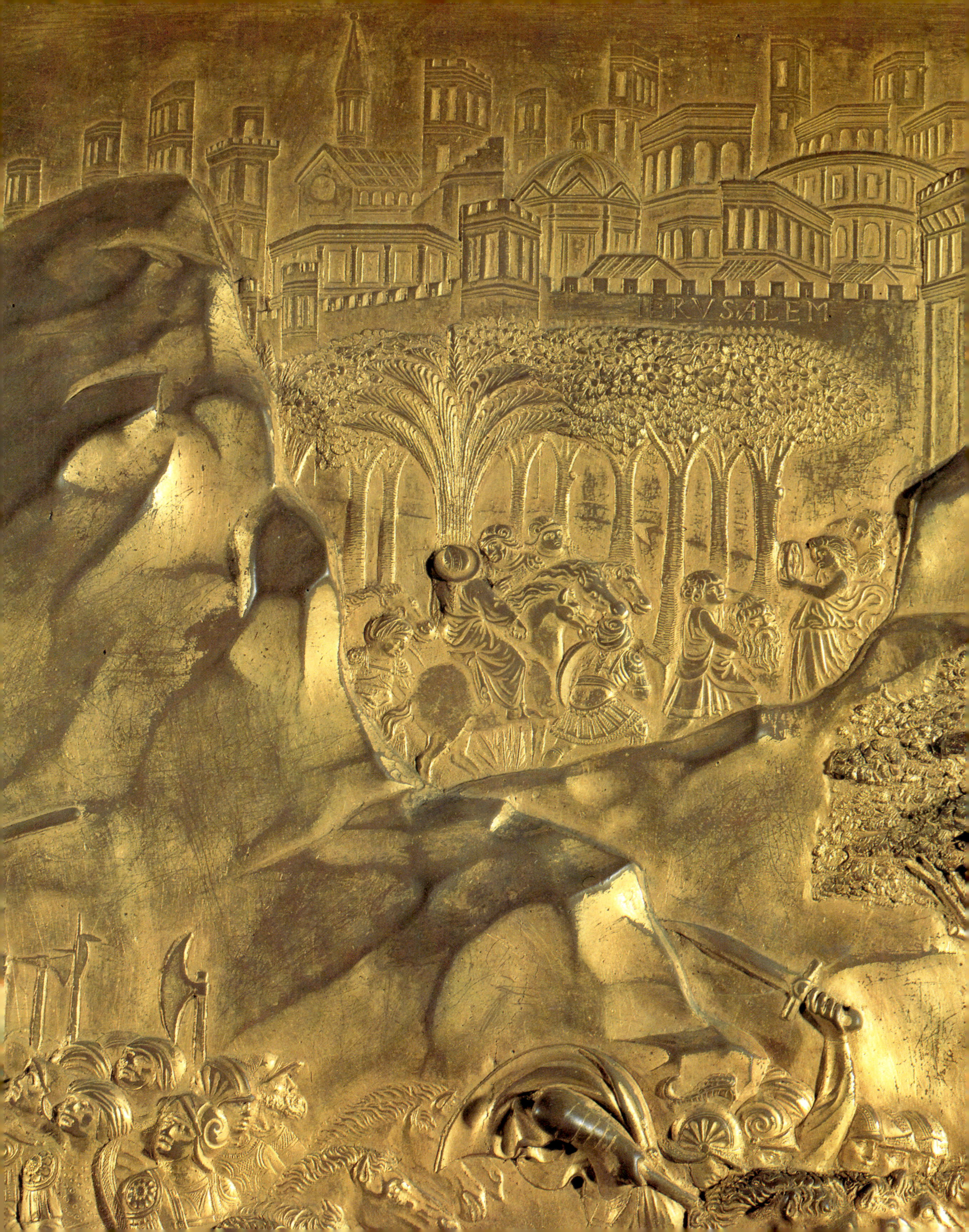
IERVSALEM

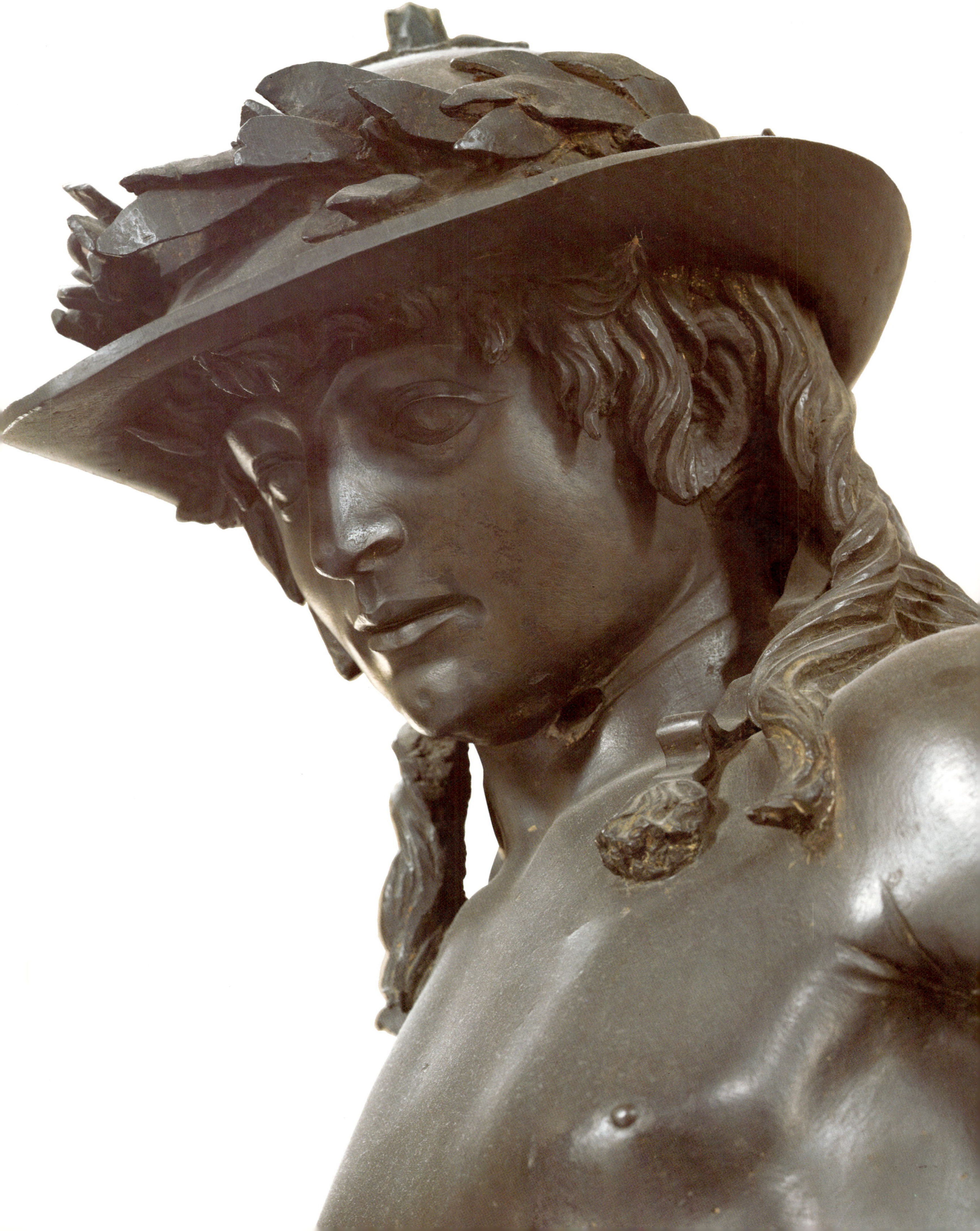

Der Einfluß der Antike auf die Bildhauer

In den ikonographischen Programmen des 15. Jh., als die Kirche praktisch einziger Auftraggeber von Kunstwerken ist, hat die Plastik stets religiöse oder dekorative Bestimmung. Da sie für Portale, Altäre oder Gräber vorgesehen ist, kann der Künstler seine Auswahl nur auf Christus, die Jungfrau, Heilige oder Allegorien der Tugenden beschränken, eine Aktfigur nur in Form von Adam, Eva oder dem Hl. Sebastian behandeln und das Individuum nur als ruhende Figur darstellen. Mehr noch als der Maler muß der Bildhauer den Erwartungen des Kunden entsprechen, kann dessen Aufmerksamkeit jedoch eventuell überlisten, wenn er im Auftrag von Gilden oder Organisationen arbeitet. Eine profane Kunst entsteht hier nur langsam. Gegen Mitte des Quattrocento lassen sich indessen Anzeichen für eine Erneuerung erkennen: Während sich die Künstler immer mehr an die Antike anlehnen, kann man eine Renaissance des Portraits feststellen. Vor allem bei der Ausstattung der Privathäuser schleicht sich die weltliche Skulptur ein. Sie tritt um 1430 mit dem *David* von Donatello im Hof des Palastes des Cosimo de Medici in Erscheinung, aber erst Ende des Jahrhunderts finden die Plastiken auf den Plätzen und in den Gärten von Florenz die Bewunderung der Öffentlichkeit.

Der religiöse Charakter der Themen erlaubt dem Künstler kaum, sich völlig von der antiken Bild-

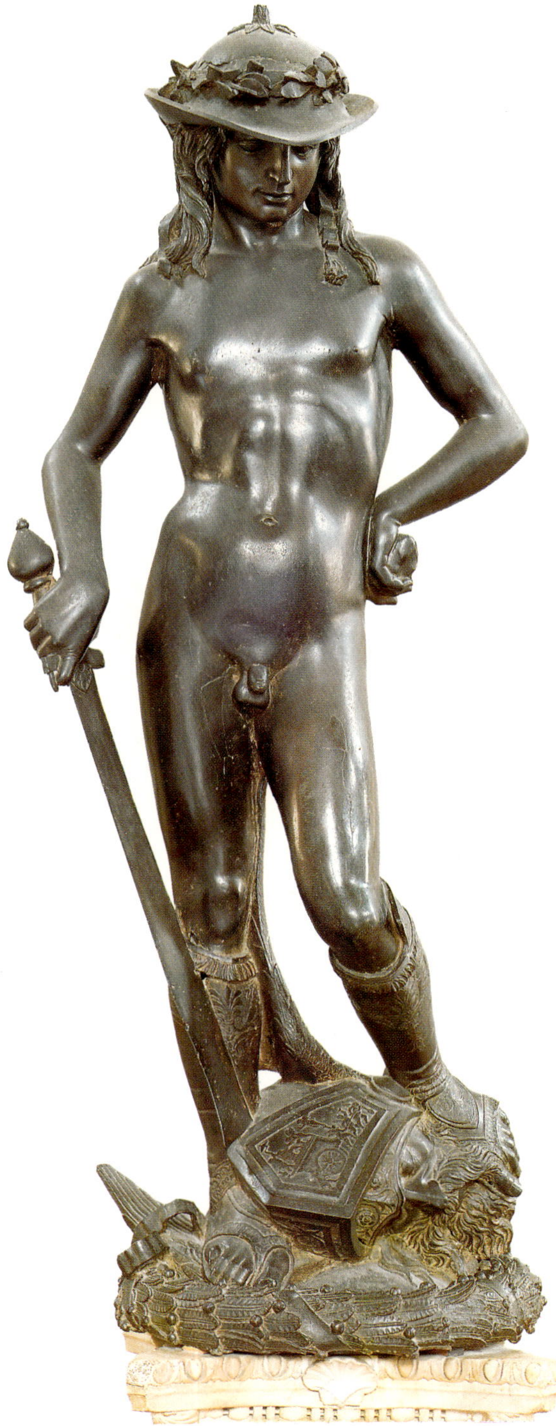

Oben und linke Seite (Detail)

DONATELLO
David
(Detail: Kopf)
Um 1440–1443, Bronze,
158,2 cm.
Museo Nazionale (Bargello),
Florenz.

Donatello verbindet hier Klassizismus mit fließenden Formen.

Rechte Seite

DONATELLO
Tondo: Die Erweckung der Drusiana
1434–1435, Stuck.
Alte Sakristei, San Lorenzo, Florenz.

Donatello fügt seine Reliefs in die Raumgestaltung der Alten Sakristei ein und führt seine Tondi nach den Regeln der Perspektive aus.

hauerkunst inspirieren zu lassen, die eine Vorliebe für Aktfiguren und Portraits hat. Er nutzt mehr deren Form als deren Grundsätze, wie zum Beispiel den Kontrapost, den die Bildhauer der Antike bevorzugten, um eine Figur auf einem Bein stehend darzustellen und deren Schulter auf derselben Seite herabhängen zu lassen, oder die Vorstellung von harmonischen Proportionen. Er greift vor allem die großen Themen der antiken Plastik auf wie den männlichen Akt – während er den weiblichen Akt völlig außer acht läßt – sowie das Portrait als Büste und das Reiterstandbild. Er entdeckt schließlich das Erhabene der Bronze – so geschätzt in der Antike und oft aufgegeben von den Künstlern des Mittelalters –, um sich auf einen Naturalismus einzulassen, der die Skulptur der Renaissance von der gotischen Kunst unterscheidet.

Jacopo della Quercia und Nanni di Banco: ein neuer Stil

Obwohl Florenz in der ersten Hälfte des 15. Jh. die treibende Kraft in der Bildhauerkunst ist, führt ein gebürtiger Sieneser, Jacopo della Quercia (1374–1438), auf diesem Gebiet die ersten Neuerungen ein. Die Entwürfe, mit denen er sich 1401 am Wettbewerb für das Baptisterium von Florenz beteiligte, sind der Nachwelt nicht erhalten, aber die *Marmorgrabstätte der Ilaria del Carretto*, die er 1406 mit Francesco da Valdambrino im Dom von Lucca geschaffen hat, zeugt von der Kühnheit seiner Entwürfe. Ausgestaltet als Sarkophag nach dem Vorbild eines antiken Werkes des Camposanto von Pisa, ruht auf dem Grab die Tote, die den Betrachter alle Seiten ihres Ausdrucks entdecken läßt. Das Gesicht der Toten strahlt Ruhe aus; ihr Körper ist in ein Kleid gehüllt, dessen Faltenwurf die Anmut des Kunstwerks unterstreicht. Die prächtige, um den Sarkophag geschlungene Girlande, die mit Zartgefühl von Putten getragen wird, stellt ein ornamentales Motiv von großer Anmut dar.

Von 1409 bis 1419 betraut Siena den Künstler Jacopo della Quercia mit der Aufgabe, die *Fonte Gaïa*, den monumentalen Stadtbrunnen, zu schaffen, wobei die Statuen von Rea Silvia und Acca Larentia als Hochrelief die Verbindung der Stadt mit der römischen Antike symbolisieren. Der Bildhauer fügt die Madonna hinzu, umgeben von Allegorien, die die Tugenden sowie Szenen aus dem Leben Adams darstellen. Er beweist hierbei eine große Orginalität, indem er den klassischen Stil mit dem gotischen Schwung versieht, der den weiblichen Körpern innewohnt. Durch ihre Nüchternheit, ihren förmlichen, monumentalen Charakter und die starke Ausdruckskraft stellt die Kunst des Jacopo della Quercia einen entscheidenden Bruch mit der gotischen Welt dar und erreicht

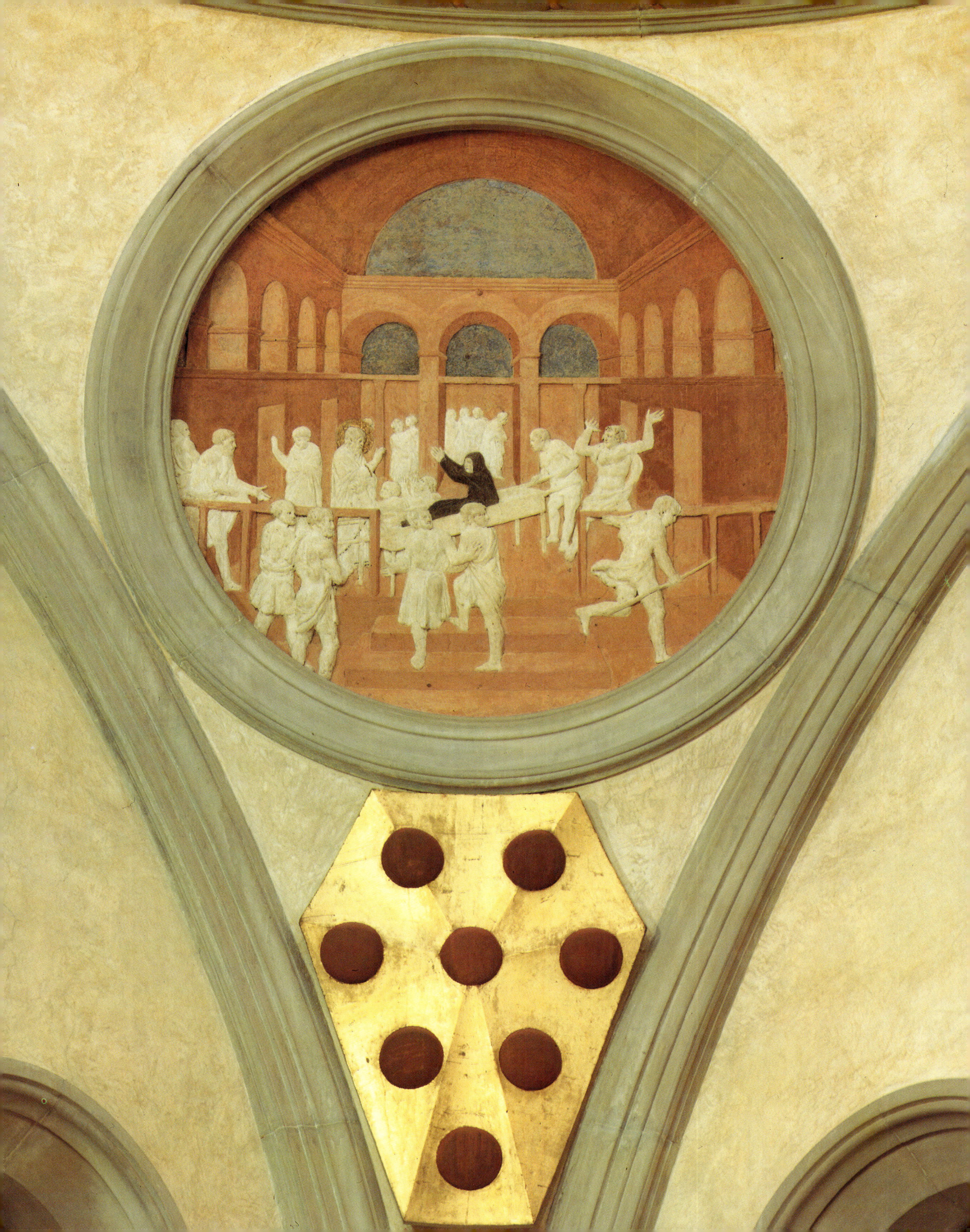

DONATELLO
Heiliger Johannes
(Detail)
Um 1412–1415, Marmor,
Gesamthöhe: 210 cm.
Museo dell'Opera del Duomo,
Florenz.

eine außergewöhnliche Vollkommenheit, die Michelangelo später faszinieren sollte.

Während Jacopo della Quercia seine Arbeit in mehreren Städten der Toskana fortsetzt, treffen sich die meisten Bildhauer des Quattrocento in Florenz, wo die Baustelle des Doms Talente aus aller Herren Länder anzieht und Künstler verschiedener Generationen miteinander konfrontiert. Das gewaltige Vorhaben bringt vor allem äußerst verschiedenartige Werke sowie die ständige Zusammenarbeit von Menschen unterschiedlicher Herkunft mit sich.

An diesem großen Bau arbeitet Nanni di Banco (um 1380–1421) mehr als fünfzehn Jahre an der Seite von Donatello. Da sich beide mit ähnlichen Aufträgen befassen, werden sie mit den gleichen Anforderungen konfrontiert. Nanni hat seine Ausbildung im Atelier seines Vaters Antonio di Banco erhalten, der Steinmetz war, bevor er als Baumeister des Doms wirkte. Mit ihm beteiligt er sich 1407 an der Verzierung der Porta della Mandorla; im folgenden Jahr erschafft er jedoch in eigener Arbeit die Statue eines Propheten für die Empore des Doms. In der Verschmelzung der gotischen Kunst mit dem antiken Klassizismus erkennt man nun die ersten Anzeichen für einen sehr persönlichen Stil, eine Bildhauerkunst, die sein Talent zum Tragen kommen läßt. Diese Originalität kommt 1408 ganz deutlich zum Ausdruck, als die Domwerkstatt an vier Bildhauer die monumentalen Standbilder der Evangelisten zur Verzierung der Fassadennischen von Santa Maria del Fiore vergibt. Niccolo di Pietro Lamberti ist mit der Erschaffung des *Hl. Markus* betraut; Bernardo Ciuffagni erhält den Auftrag für den *Hl. Matthäus*; Donatello wird der *Hl. Johannes* übertragen und Nanni di Banco der *Hl. Lukas*. Während Lamberti und Ciuffagni den gotischen Prinzipien verpflichtet bleiben und als Epigonen betrachtet werden, schafft Nanni di Banco ein Werk von schöpferischem Reichtum, indem er den Steinblock in Abhängigkeit vom Standort der Statue behaut. Dem Betrachter zeigt sich der *Hl. Lukas* schräg von der Seite, wodurch seine Haltung natürlich wirkt. Die Kleidung unterstreicht die Schönheit des Körpers. Sein Gesicht ist ausdrucksstark. Sein nach unten gerichteter Blick kreuzt den des Betrachters. Die Figur, sicher und monumental gearbeitet, ist lebendig, aber weicher als die von Donatello und ebenso bewegend.

Das Talent des Nanni di Banco ist so berühmt, daß er zusammen mit Donatello und Ghiberti den Auftrag für Nischenstandbilder der Zünfte an den Außenwänden von Or San Michele erhält. Ungefähr 1411–1414 gestaltet Nanni di Banco den *Hl. Philippus* für die Zunft der Schuhmacher, den *Hl. Eligius* für die der Hufschmiede und die Gruppe Die *vier gekrönten Heiligen* für die Zunft, die ihm am nächsten

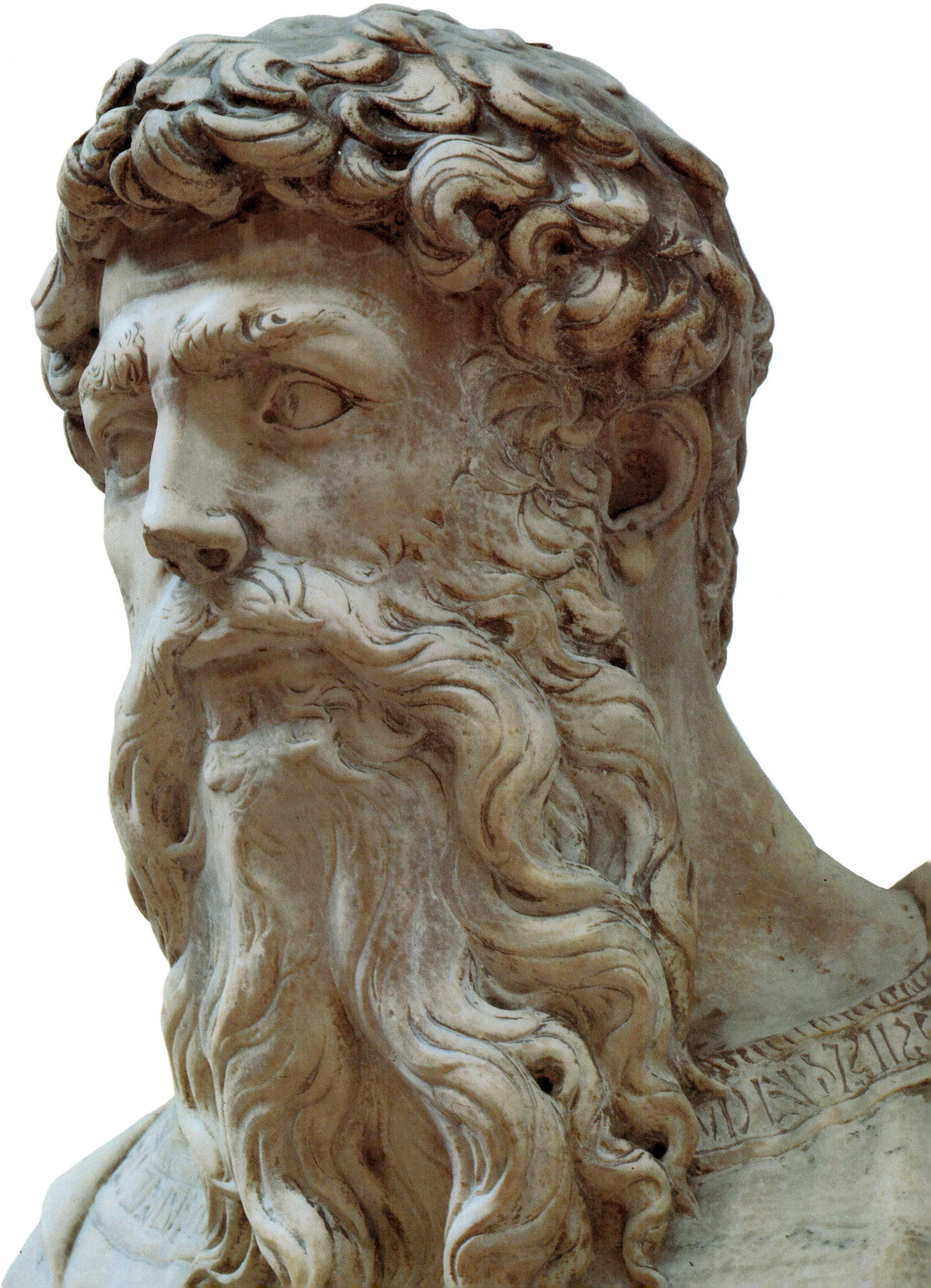

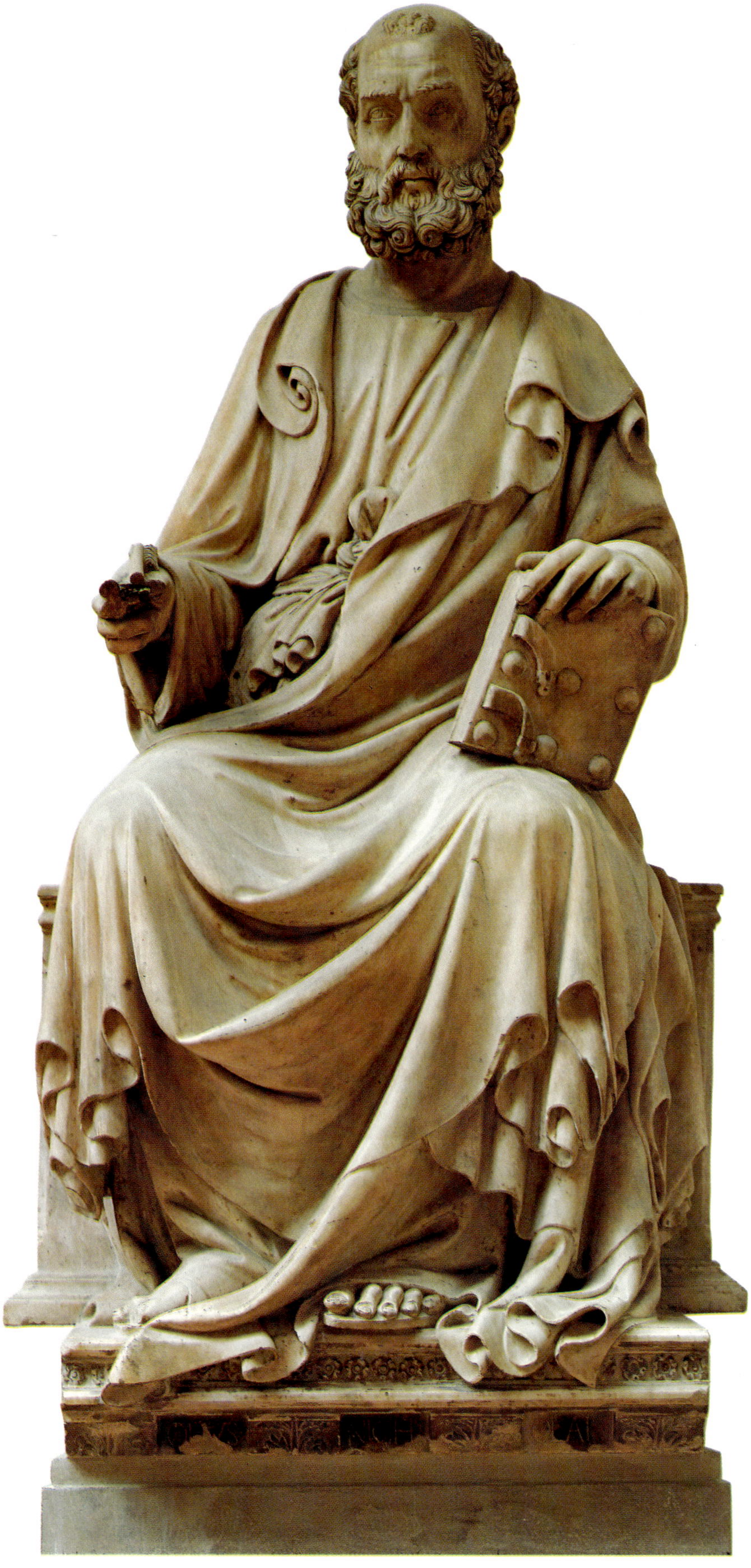

NICCOLO DI PIETRO LAMBERTI
Heiliger Markus
1410–1412, Marmor.
Museo dell'Opera del Duomo,
Florenz.

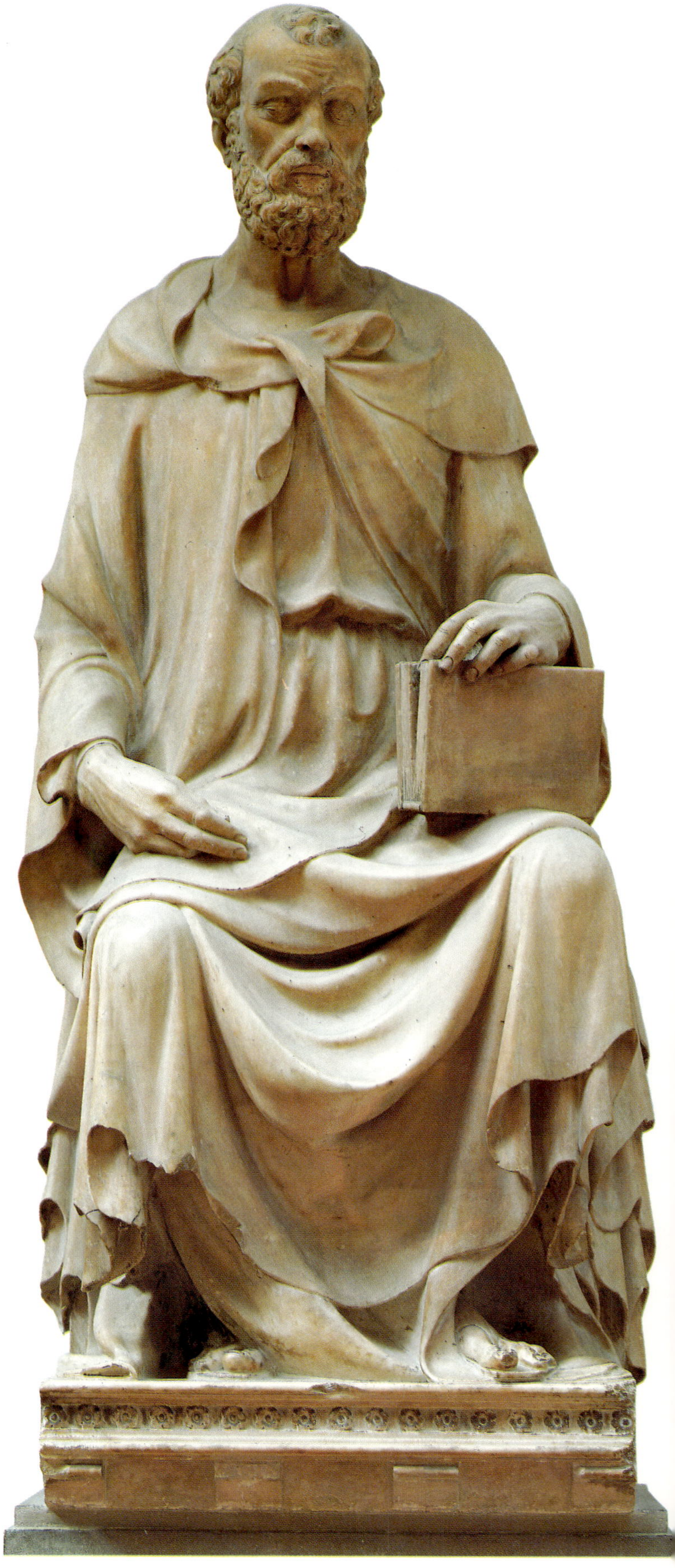

BERNARDO CIUFFAGNI
Heiliger Matthäus
1410, Marmor.
Museo dell'Opera del Duomo,
Florenz.

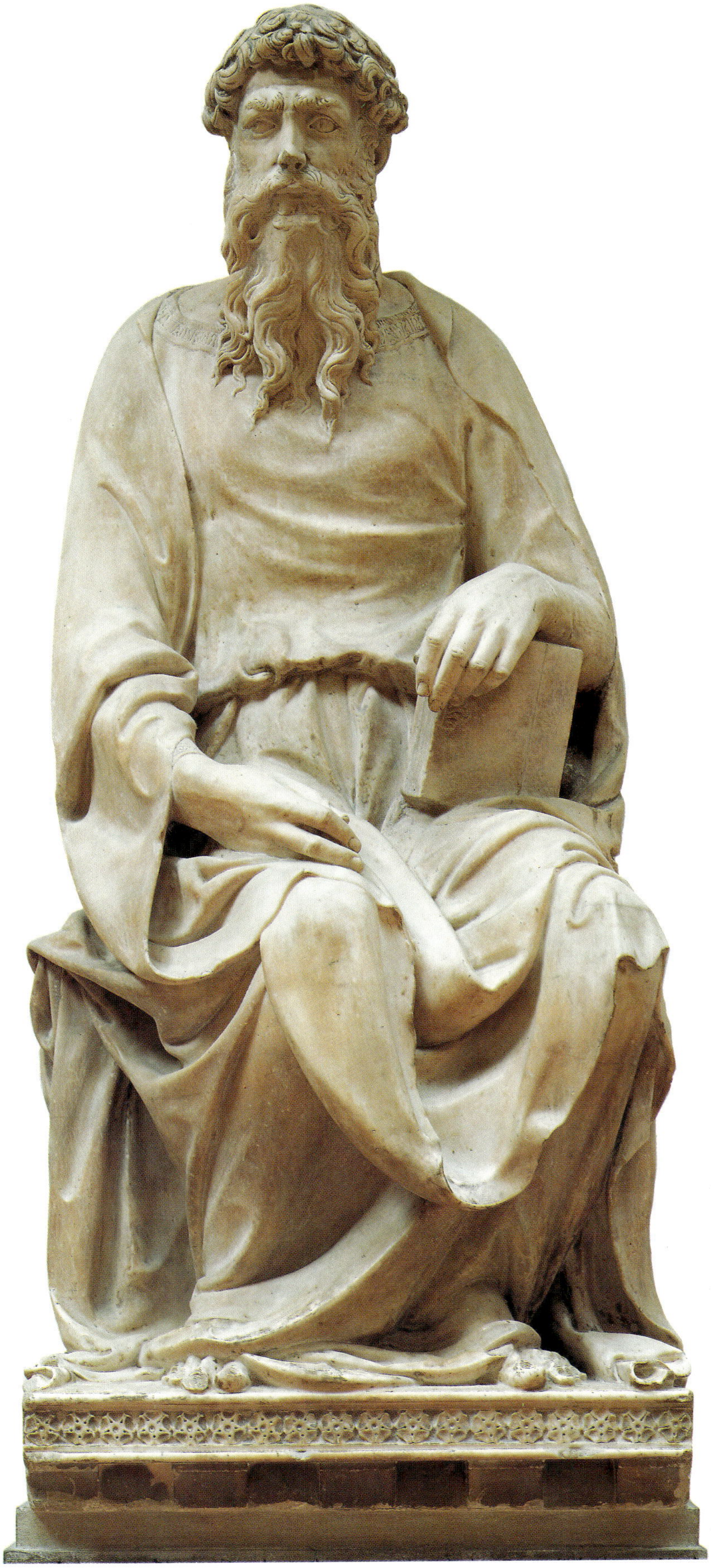

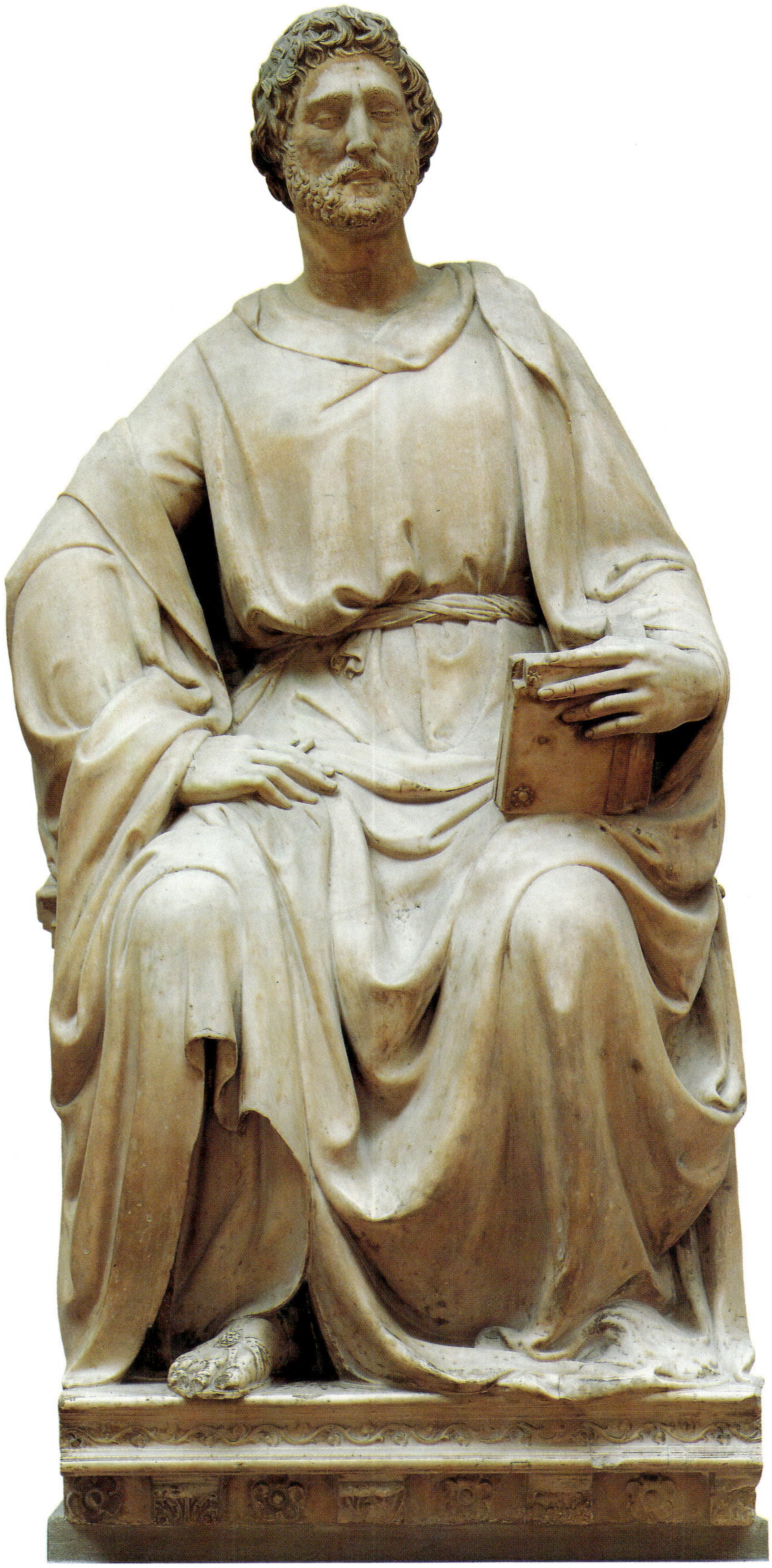

DONATELLO
Heiliger Johannes Evangelist
Um 1412–1415, Marmor,
Gesamthöhe: 210 cm.
Museo dell'Opera del Duomo,
Florenz.

NANNI DI BANCO
Heiliger Lukas
1408–1412, Marmor,
Gesamthöhe: 208 cm.
Museo dell'Opera del Duomo,
Florenz.

steht, nämlich die der Steinmetze. Dabei gelingt es ihm, eine Figurengruppe in einer einzigen Nische unterzubringen, indem er die vier Figuren so anordnet, als befänden sie sich in einer feierlichen Unterredung, und die Heiligen wie antike Standbilder behandelt. Nanni betont schließlich seine Neigung für die Antike, indem er die Figuren auf dem Nischensockel als Hochrelief gestaltet. Bis zu seinem Tod 1421 arbeitet Nanni di Banco in der Richtung weiter, die er begründet hat. Ohne den feurigen Schwung von Donatello, gelingt es ihm dennoch, seinen Kompositionen eine faszinierende Bewegung zu verleihen, was in der Darstellung *Mariä Himmelfahrt* im Giebelfeld der Porta della Mandorla am vollkommensten zum Ausdruck kommt. Durch die Schöpfung einer bewundernswerten, von Engeln getragenen Figur, die nichts von einem materiellen Wesen hat, gelingt Nanni di Banco die Symbiose zwischen den Werten der sakralen Kunst des Mittelalters und dem Geist des Quattrocento.

Sein Tod unterstreicht nur noch deutlicher die Persönlichkeit eines anderen Künstlers, der allein die Bildhauerkunst der italienischen Renaissance im zweiten Viertel des 15. Jh. verkörpert.

Donatello und der Naturalismus

Auch wenn Donatello (um 1383–1466) am Aufblühen von Florenz mitwirkt, wo er enge Beziehungen zu Ghiberti, Brunelleschi und Michelozzo unterhält, selbst wenn er am Bau der meisten großen Werke in seiner Geburtsstadt beteiligt war, so gehen sein Wirken und sein Ruhm doch weit über die Toskana hinaus. Da er in seiner Ausbildung verkannt wird, setzt sich Donatello in einer sehr langen Karriere, gesäumt von anspruchsvollen Aufträgen und Werken, durch. Darunter befinden sich zum Beispiel die drei Heiligen für die Nischen von Or San Michele, 1411–1423, vier Propheten und die Gruppe von *Abraham und Isaak* für den Campanile des Doms, 1415 bis 1436, die Grabmale des Kardinals Cossa im Baptisterium und des Kardinals Brancacci in Neapel, 1421 bis 1431, ein Relief und Bronzefiguren für die Taufbecken von Siena (1423–1429), die Außenkanzel des Doms von Prato und die Sängerkanzel des Florentiner Doms, an denen er ab 1428 zehn Jahre lang arbeitet; ihm sind auch die Bronzetüren und die Hängebögen der Sakristei sowie die Bronzekanzeln von San Lorenzo zu verdanken. In Padua, wohin er von 1443 bis 1453 berufen wird, erschafft er das Reiterstandbild des *Gattamelata* und den eindrucksvollen Hochaltar in der Basilica di San Antonio. Zu diesen religiösen Werken kommen noch die von den Martellis erteilten Aufträge hinzu, die den jungen Künstler

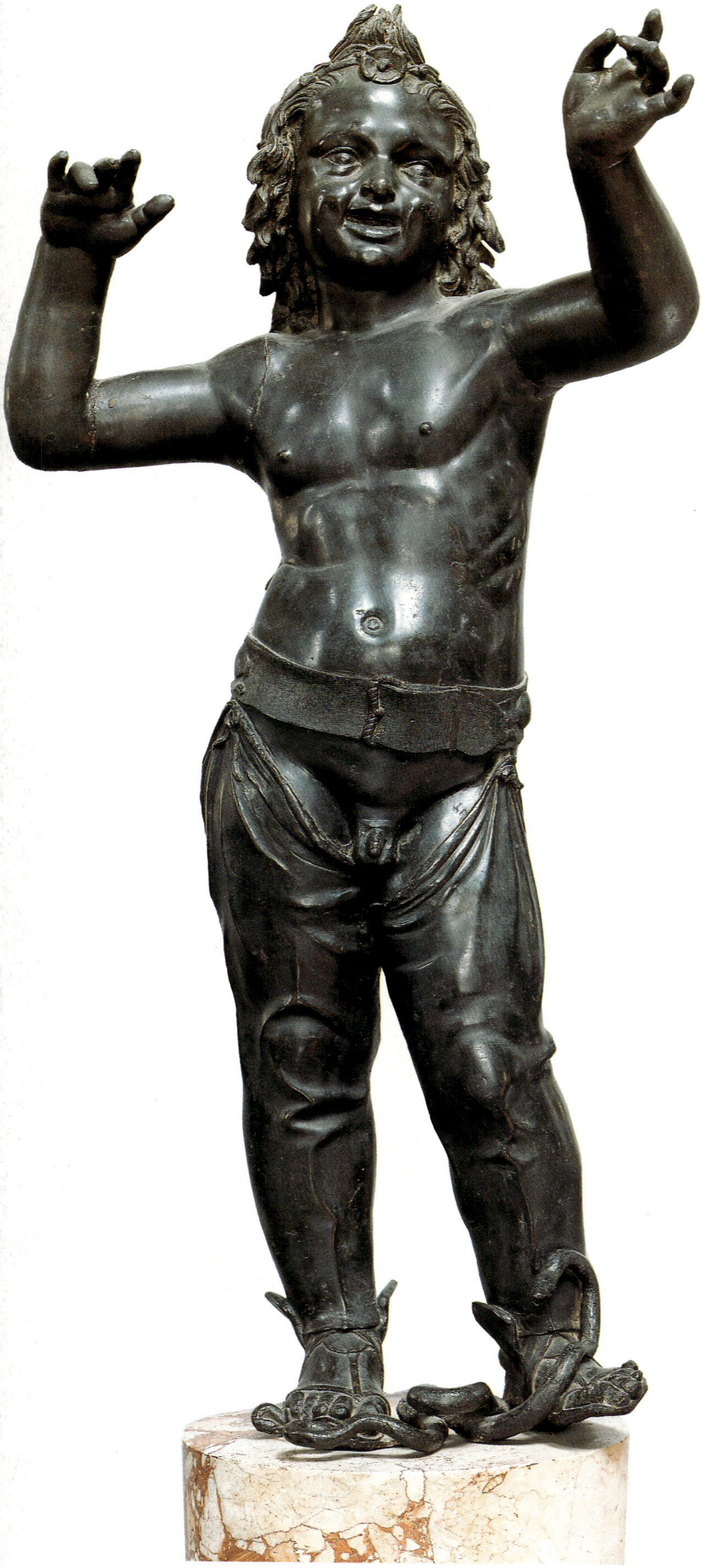

Oben

DONATELLO
Amor-Atys
1430–1450, Bronze, 104 cm.
Museo Nazionale (Bargello), Florenz.

Rechte Seite

DONATELLO
Cantoria der Santa Maria del Fiore
1433–1438, Marmor und Mosaik, 348 x 570 cm.
Museo dell'Opera del Duomo, Florenz.

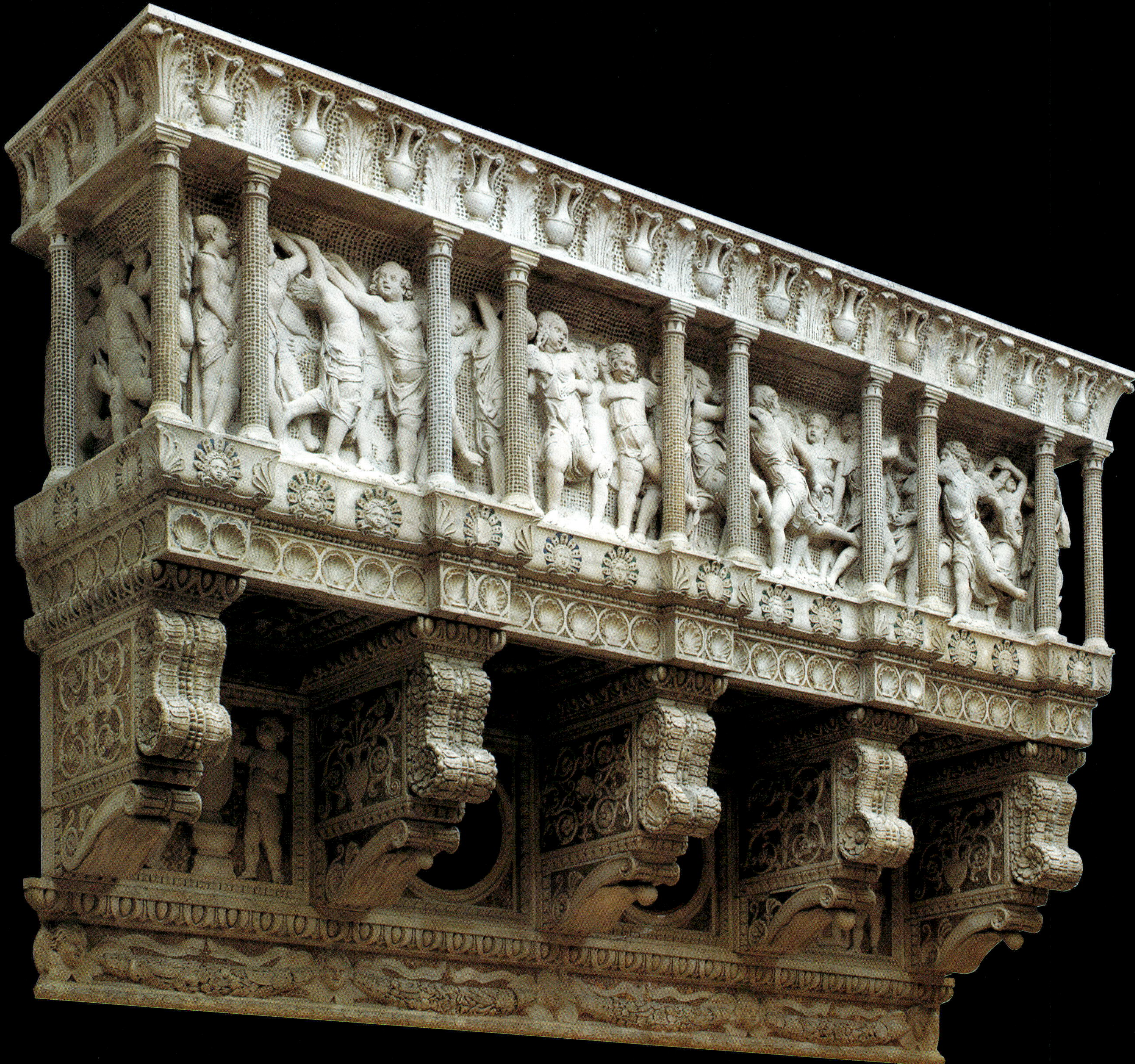

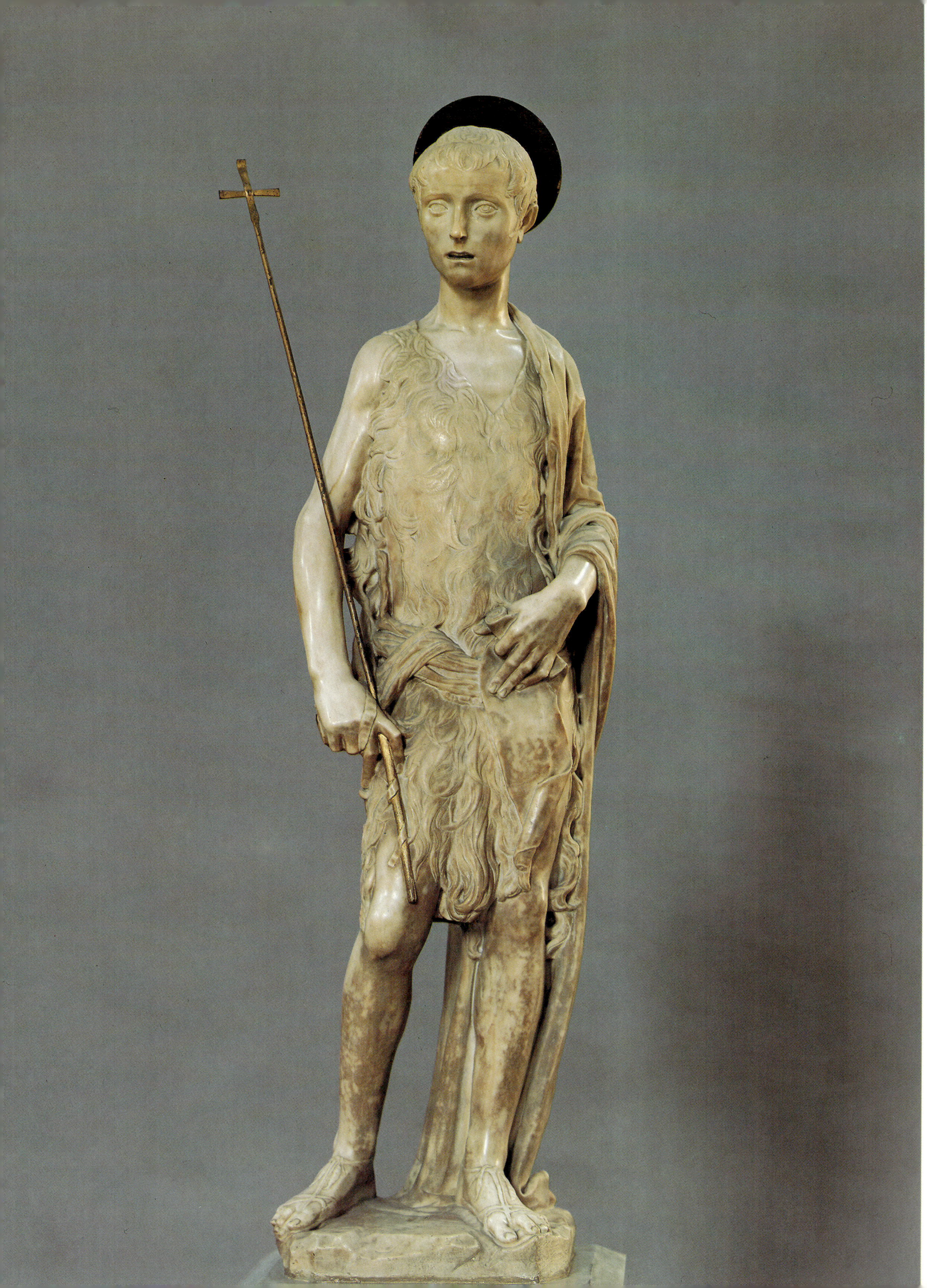

unterstützen, sowie die von Cosimo de Medici, der „seine Werke derart schätzte“, schreibt Vasari, „daß er ihm ständig Arbeit gab“.

Auf den Baustellen, auf denen die großen Florentiner Künstler arbeiten – dem Dom und Or San Michele – hebt sich Donatello sofort von seinen Zeitgenossen ab. Seine ersten Statuen, aus Marmor, sind geprägt von religiöser Inspiration und enthüllen schon die charakteristischen Züge seines Werkes, insbesondere die starke Ausdruckskraft und die Dynamik der Formen. Während die antike Plastik das Ideal und die Harmonie mit einem Ausdruck innerer Ruhe anstrebt, ist Donatello in erster Linie die Offenbarung der Gefühle wichtig. Er verbindet die Lehre der antiken Kunst, der er Komposition und Proportion entlehnt, die Technik für den Schliff des Marmors und die Bearbeitung der Bronze sowie die Leichtigkeit der Bewegungen. Er löst sich jedoch von der Antike, um die Statue und ihr Umfeld allein zu erschaffen und seine Sujets auf die ihm eigene Weise zu behandeln. Bei seinen Arbeiten in Venedig, Ferrara, Prato, Siena oder Rom eignet sich der Bildhauer verschiedene Techniken an und setzt zur Ausführung seiner Werke unterschiedliche Arbeitsweisen ein. Anders als Alberti, Brunelleschi oder sogar Ghiberti, diese vielseitigen Gründer der Renaissance, bleibt Donatello nur im Bereich der Bildhauerei. Seine Abstecher in die Architektur beschränken sich auf die Ausführung von Kanzeln, Tribünen und dekorative Elemente. Als Arbeitsmaterial bevorzugt er Marmor und Bronze für Statuen und gestaltet die Reliefs im allgemeinen in Bronze. Nur vier Plastiken sind in Holz gearbeitet, dem klassischen Material der religiösen Bildhauerkunst Italiens. Was das Genre anbelangt, so wendet er sich von der Mode der kleinen Statuetten in Bronze ab und gibt die Gestaltung von Grabstätten schnell auf. Schließlich sind seine Arbeiten im Bereich der Statuen oder der Reliquienbüsten wenig zahlreich. Das Spektrum des Künstlers scheint von Anfang an eingeschränkt.

Seine Werke entfernen sich langsam von der einfachen Darstellung, überwunden wird auch der vorgegebene Rahmen. Seine Statuen sind beeindruckend. Durch den Platz, den die Plastik im Raum erhält, und ihren einzigartigen Ausdruck bekommt das Sujet eine neue Dimension, wodurch sich der Betrachter dem unmittelbaren Einfluß des Kunstwerks nicht entziehen kann. Donatello macht sich die große Bildhauerkunst zunutze, um die Haltung der Figuren, ihre Kleider und den Ausdruck ihrer Gesichter zu meistern. Das Relief hilft ihm, die Probleme von Raum und Perspektive zu lösen. In beiden Bereichen gibt er den Marmor allmählich zugunsten der Bronze auf, die den technischen Innovationen

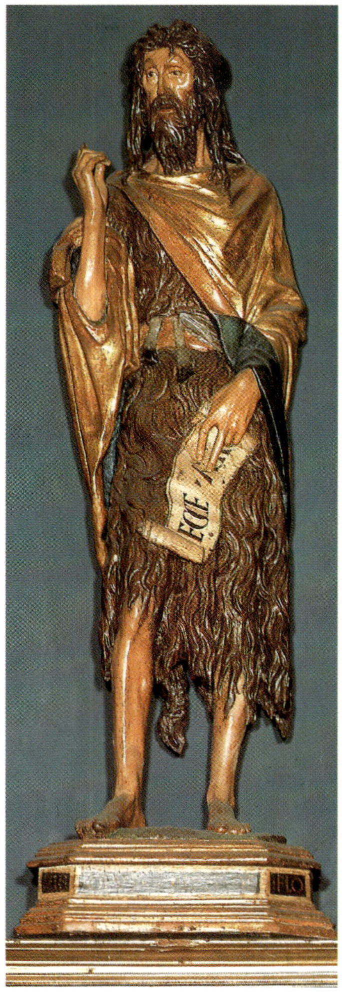

DONATELLO
Heiliger Johannes der Täufer
1438, bemaltes und vergoldetes Holz, 141 cm.
Santa Maria Gloriosa dei Frari, Venedig.

Linke Seite

DONATELLO
Heiliger Johannes der Täufer
Marmor.
Museo Nazionale (Bargello), Florenz.

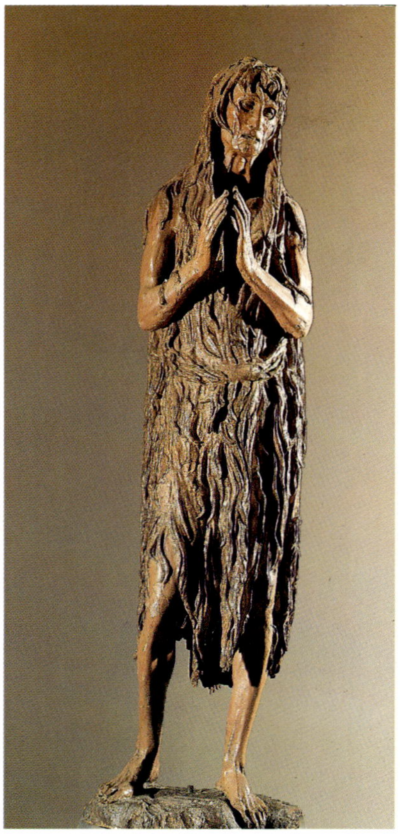

Oben und rechte Seite (Detail)

DONATELLO
Heilige Maria Magdalena
(Früher im Baptisterium)
Um 1453–1455, bemaltes und vergoldetes Holz, 185 cm.
Museo dell'Opera del Duomo, Florenz.

angemessener ist. Die Statue von Donatello befreit sich aus dem engen Rahmen und erhält eine eigenständige Existenz. Die um 1433 geschaffenen *Propheten* des Campanile, die noch zur ersten Generation seiner Werke gehören, scheinen mit dem Hervortreten aus den Nischen noch zu zögern, aber das Bronzedenkmal des *Gattamelata* in Padua (1444) und *Judith und Holofernes* auf ihrem Zylindersockel wurden so entworfen, daß man sie aus mehreren Blickwinkeln betrachten kann. Er bleibt dem Erbe der Antike im Bereich des Reliefs treu und perfektioniert dessen Technik, indem er zwei grundlegende Neuerungen einführt: Er nutzt die Zentralperspektive und läßt eine Täuschung entstehen (*rilievo schiacciato*), indem er einen auffälligen Vordergrund schafft, während der Hintergrund verschwommen ist, um die Kohäsion der behandelten Szenen zu verstärken und die dramatische Einheit der Werke zu intensivieren.

Die plastische Kunst von Donatello scheint also völlig durchdrungen von einem äußerst ausdrucksstarken Naturalismus. Unterstützt von der Beherrschung einer perfekten Technik, kann er durch seine Sensibilität die komplexesten Gefühle in Form von Marmor, Bronze oder Holz zum Ausdruck bringen. Der *Hl. Georg* aus Marmor für Or San Michele strahlt durch die Pose und den Ausdruck des Gesichts eine friedliche Energie aus. Der *Habakuk* des Campanile zeugt schon von dieser dichterischen Kraft. Der *David* aus Bronze zeigt sich sich völlig ungezwungen in seinem jungen und strahlenden Körper, dessen Nacktheit als einzigen Schmuck das Licht zuläßt. Der inneren Ruhe der Körper, der Zartheit der Gesichter, der poetischen Anmut zieht Donatello Leidenschaft und Ungestüm, Schmerz und wilde Schönheit, Unruhe, Orgien und Entsetzen vor.

Im Jahre 1455 zeigt die *Magdalena* des Baptisteriums das symbolische Bild der Entrücktheit des Bildhauers. Um die physische Gebrechlichkeit und den bittenden Ausdruck der Figur herauszuarbeiten, wählt er Holz, das vom traditionellen religiösen Bilderhandel geschätzt wird. Bei diesem letzten vollendeten Werk behandelt er das Holz allerdings wie Bronze, um mit Formen, Bewegung und Licht spielen zu können. Mit ungewöhnlichem Nachdruck betont er seine künstlerischen Überzeugungen, indem er das Detail bis zur Perfektion bringt, und für den Betrachter dem verängstigten, hageren Gesicht der Bittenden eine mystische Ausstrahlung verleiht. Auf dieser Kraft beruht die Wirkung auf seine Zeitgenossen, obwohl sich seine Kunst oft von dem Geist der Renaissance entfernt und das Atelier von Luca della Robbia Werke eines neuen Stils verbreitet, die sich durch große Zartheit auszeichnen.

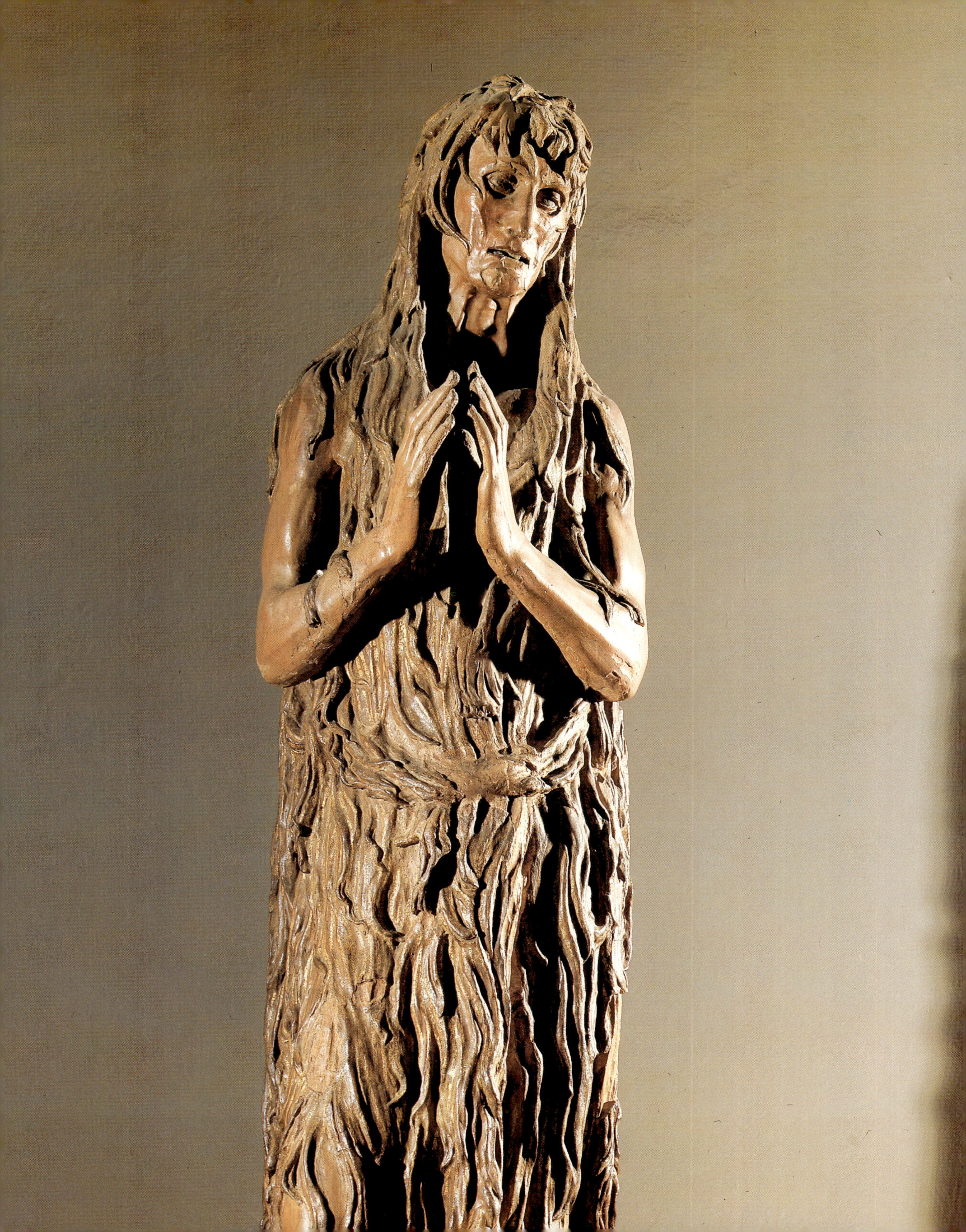

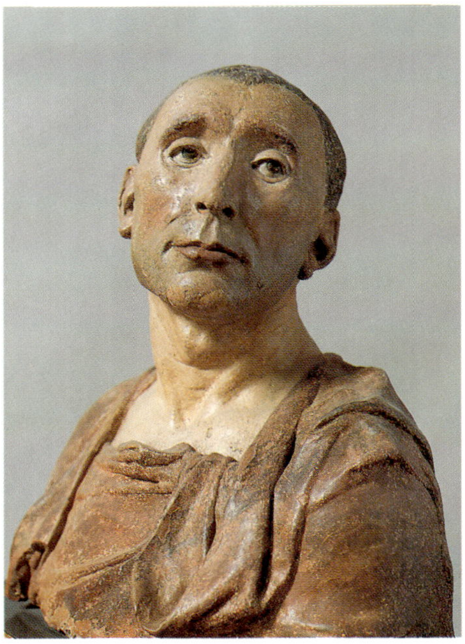

Oben und rechte Seite (Detail)

DONATELLO (?)
Niccolò da Uzzano
Um 1430, Terrakotta, bemalt, 46 cm.
Museo Nazionale (Bargello), Florenz

Unter den nicht genauer zu bestimmenden Werken, die Donatello zugeschrieben werden, befindet sich diese der Antike nachempfundene Büste des humanistischen Bankiers Niccolò da Uzzano. Der Kopf wurde nach einer zu Lebzeiten oder nach dem Tode angefertigten Maske geformt.

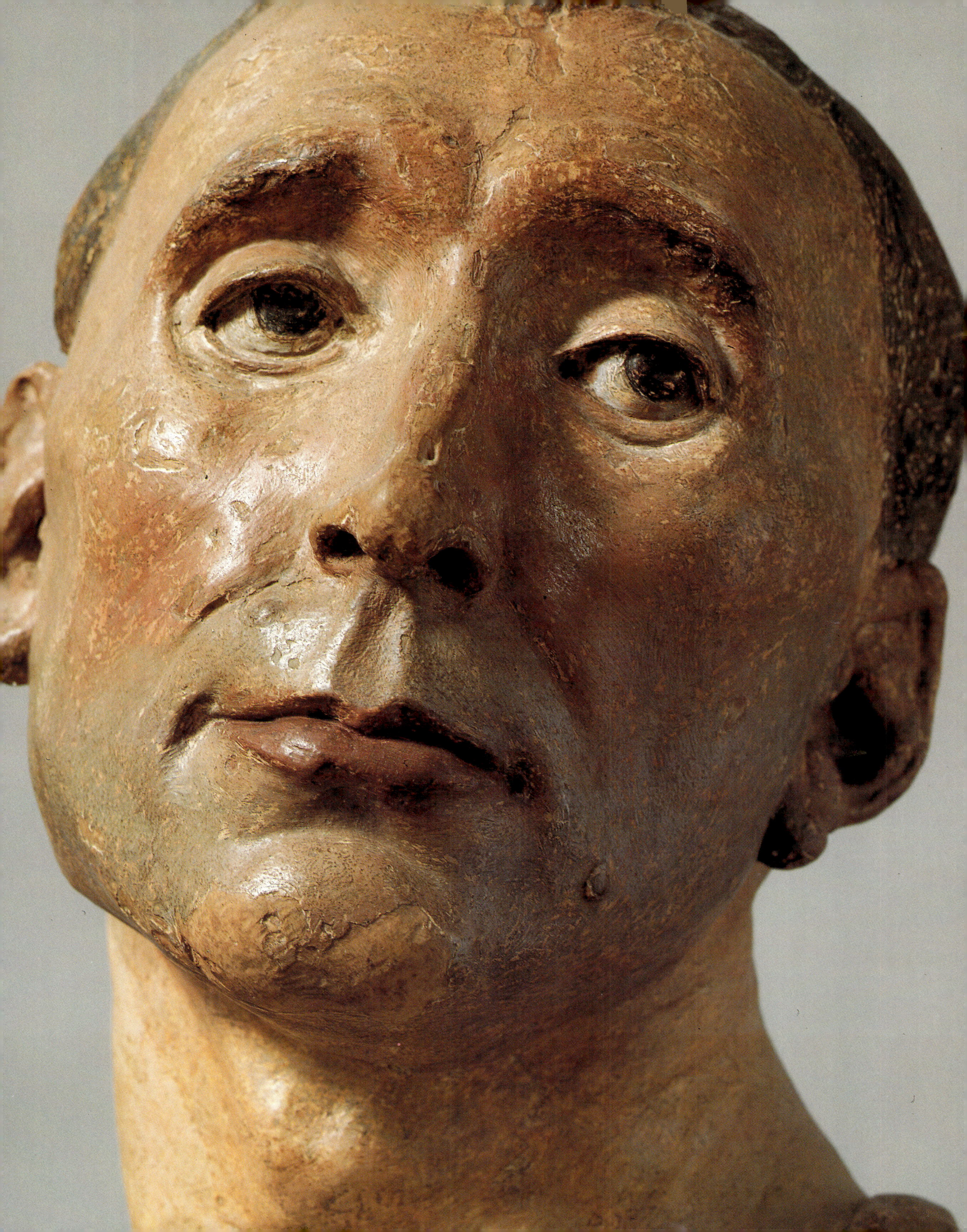

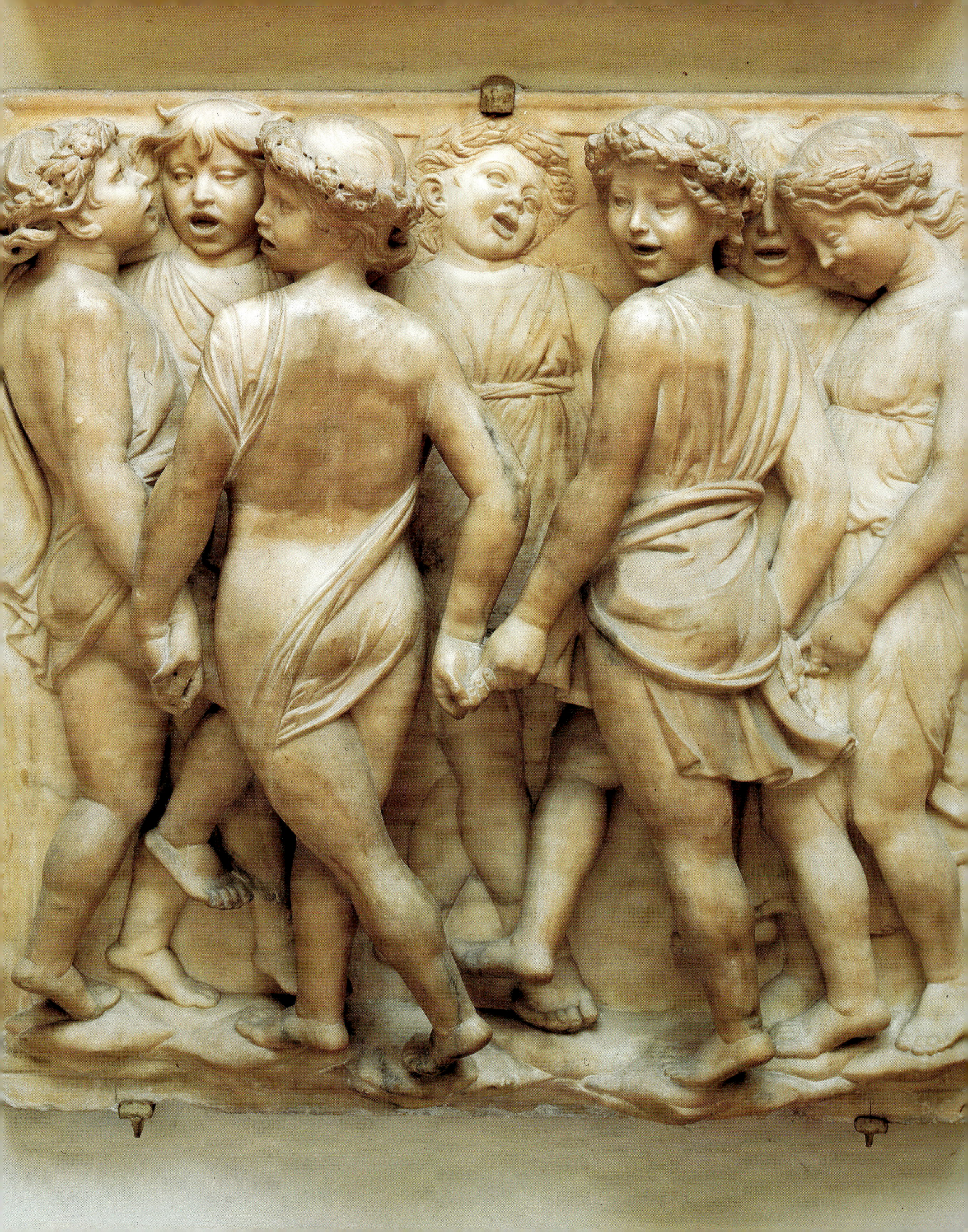

Luca della Robbia
und
das Kunstgewerbe

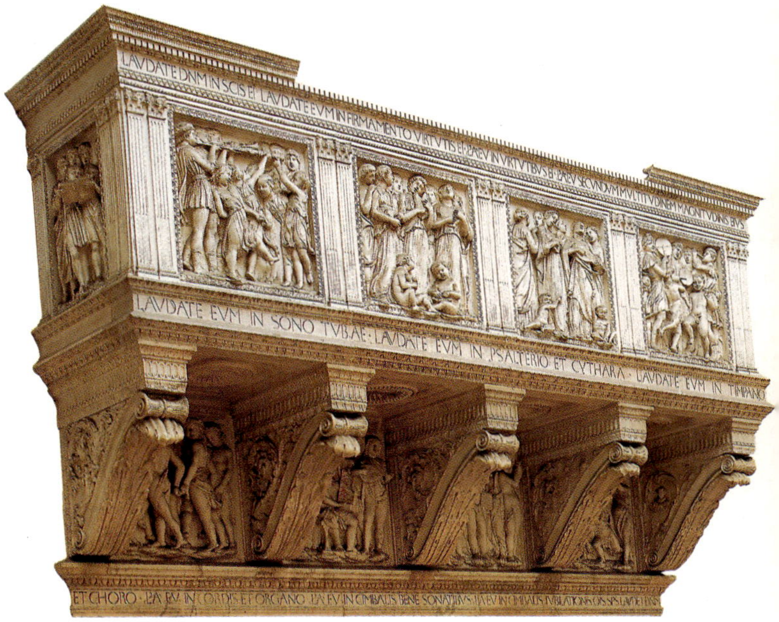

LUCA DELLA ROBBIA
Cantoria von Santa Maria del Fiore
1431–1438, Marmor,
328 x 560 cm.
Museo dell'Opera del Duomo,
Florenz.

Der obere Teil der Sängerkanzel, die ursprünglich über der Nordtür der Sakristei angebracht war, lehnt sich an die Form eines römischen Sarkophags auf Konsolen an. Sie besitzt vier Reliefs auf der Vorderseite, eines auf jeder Seite sowie vier weitere zwischen den fünf Konsolen.

Vorherige Seite

LUCA DELLA ROBBIA
Die Sängerkanzel
(Detail: der Kinderreigen)

Als Leon Battista Alberti, wieder in Florenz, die Bedeutung und Schönheit der Kunstbewegung beschreibt, die eine neue Welt mit sich bringt, nennt er in Verbindung mit dieser Renaissance, in seiner Begeisterung für das Können des Architekten Brunelleschi, des Malers Masaccio und der Bildhauer Ghiberti und Donatello, auch Luca della Robbia, obwohl dieser junge Bildhauer damals, als Alberti ihn derart lobt, gerade mit seinen ersten Werken aufgetreten ist. Im Vergleich zur stürmischen Kraft von Donatello bringt er eher Ausgeglichenheit zum Ausdruck und scheint sich an der Weichheit und Harmonie der Skulpturen von Nanni di Banco zu orientieren.

Über die ersten Arbeiten des Künstlers, zu Beginn des 15. Jh. als Sohn einer vornehmen Florentiner Familie geboren und gelernter Goldschmied, ist nichts bekannt. Möglicherweise hat er mit Nanni di Banco am Giebelrelief der Porta della Mandorla des Doms gearbeitet, das die *Himmelfahrt Mariens* darstellt. Wie dem auch sei – die Tatsache, daß man ihn 1431 mit der Ausführung einer Kanzel im Innenraum von Santa Maria del Fiore betraut, zeigt, daß sein Talent anerkannt ist. Das 1438 vollendete Werk bildete das Pendant zur *Cantoria* von Donatello. Das von Luca in Marmor gehauene Thema ist der Psalm 150 *Laudate Dominum*, der im Gesims und im Sockel in lateinischer Schrift eingemeißelt ist. Die

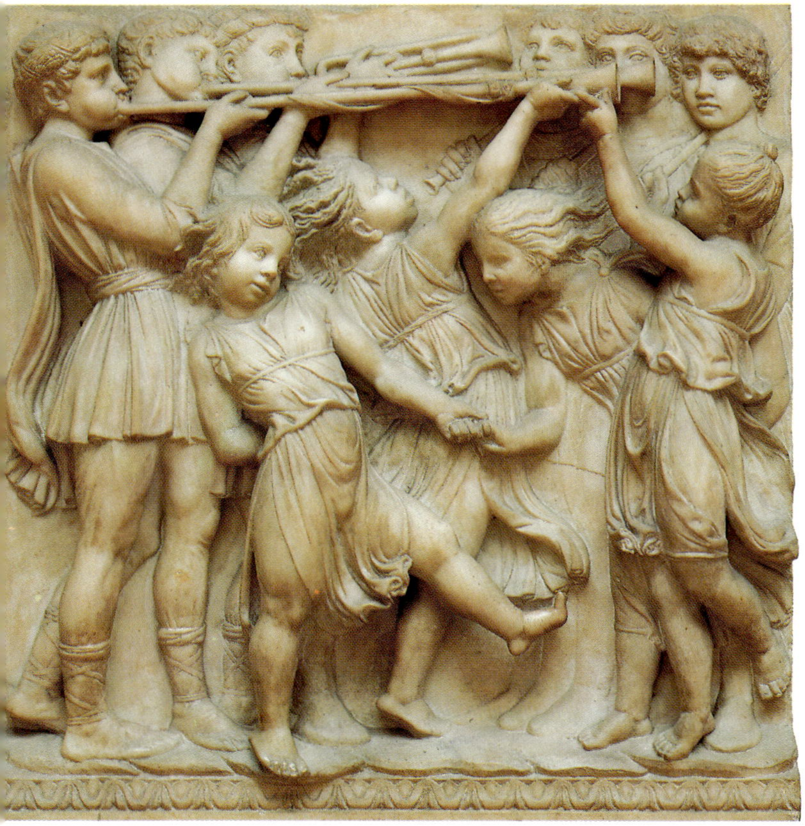

Oben

Luca della Robbia
Die Sängerkanzel
(Detail)

Im Gegensatz zu ihrem Pendant, der Cantoria von Donatello, stellt die Sängerkanzel *von Luca della Robbia ein bekanntes Programm dar: Psalm 150,* Laudate Dominum.

Rechte Seite

Luca della Robbia
Die Sängerkanzel
(Detail)

Die Kindergruppen stimmen den Psalm mit Posaunenklang an und werden von Psalter, Harfe und Saiteninstrumenten begleitet.

Reliefs stellen jeden Vers dar. Auf die streng mit Pilasterpaaren eingefaßten Bildeinheiten sind die Gruppen der Kinder nach ihrer Rolle im Chor verteilt. Sie stimmen den Psalm mit Posaunenklang an und begleiten sich auf Psalter, Harfe, Tamburin, Zimbeln und Saiteninstrumenten. Zur dionysischen Bewegung in den Skulpturen von Donatello bilden diese Gruppen einen reizvollen Gegensatz, und die Gesichter mit weichen Zügen und offenem Blick erinnern mit ihrem Ausdruck des Glücks über die vollkommene Harmonie an die Engel von Nanni di Banco. Luca della Robbia hat ihren Gewändern die Würde verliehen, mit der Ghiberti seine eigenen Figuren ausgestattet hat, jedoch mit einer viel stärkeren Natürlichkeit.

Als er 1440–1446 die zweiflügelige Bronzetür der Neuen Sakristei des Doms mit Michelozzo und Maso di Bartolomeo anfertigt, löst sich Luca della Robbia durch die Ausgewogenheit seiner Komposition und die beschauliche Feierlichkeit seiner Gruppen noch mehr von der emphatischen Kunst Donatellos. Dazu behandelt er in jedem der zehn Reliefs nur eine Hauptfigur, der zwei Engel zur Seite stehen. Höchste Perfektion erreicht er in der weichen Gestaltung der Figuren, der Harmonie der Gesten, der Beugung der Arme und im feinen Faltenwurf der Gewänder.

Es ist leicht zu verstehen, daß Luca della Robbia mit seinem meisterlichen Können schließlich die Technik der glasierten bunten Terrakottaarbeiten entwickelt, um seine Reliefs der Allgemeinheit näherzubringen. Mit Arbeiten aus Marmor oder Bronze hat der Bildhauer strahlende Erfolge gefeiert, doch ab 1440 widmet er sich hauptsächlich dieser neuen Technik. Er gründet alsdann die berühmte Keramikwerkstatt, deren Bekanntheit dank seinem Neffen Andrea (1435–1525) und dessen Söhnen Giovanni (1469–1529) und Girolamo (1488–1566) über das Quattrocento hinausgeht.

Vasari schreibt Luca della Robbia die Wiederentdeckung dieser Technik, ihre Verwendung und experimentelle Weiterentwicklung zu. Er nimmt so eine Kunst wieder auf, die in Mesopotamien bekannt war und oft von den Persern und Arabern eingesetzt wurde, doch er wendet sie auf die Bildhauerkunst an. Die mit Emailglasur überzogene Terrakotta hat den Vorteil, daß sie fast unveränderlichen Glanz behält und wetterfest ist. Dazu ist sie nicht sehr kostspielig und erfreut sich deshalb großer Verbreitung, was durch ihre Neuheit noch gefördert wird. Schließlich eignet sie sich ebenso für kleine Gegenstände wie für Stücke, die mit großen Werken der Bildhauerei, Malerei oder Architektur wetteifern. So findet man diese Terrakottaarbeiten an Türgiebeln oder Tabernakeln, in Nischen als Medaillons oder *Tondi*, in Wappen und in Büsten.

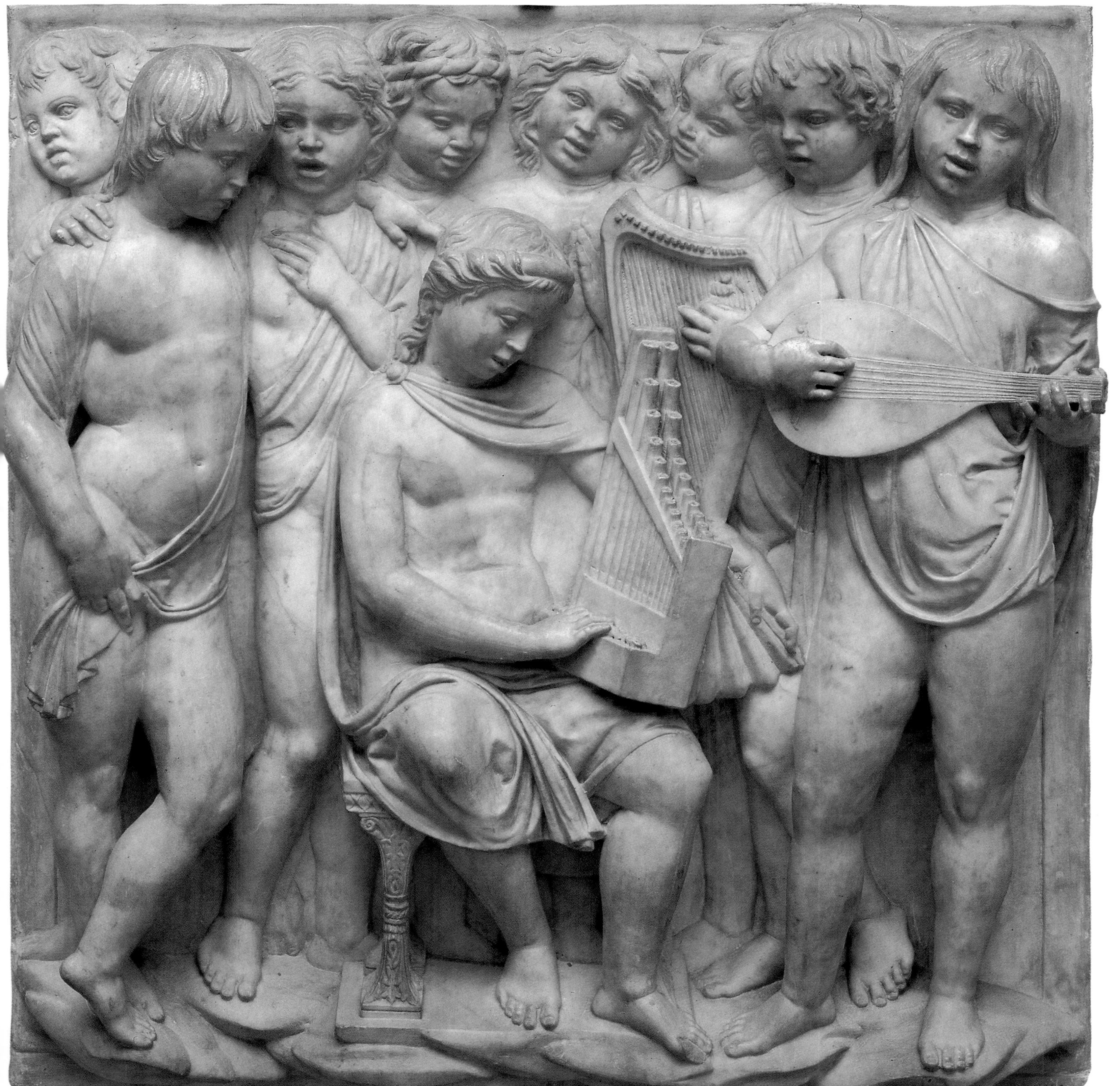

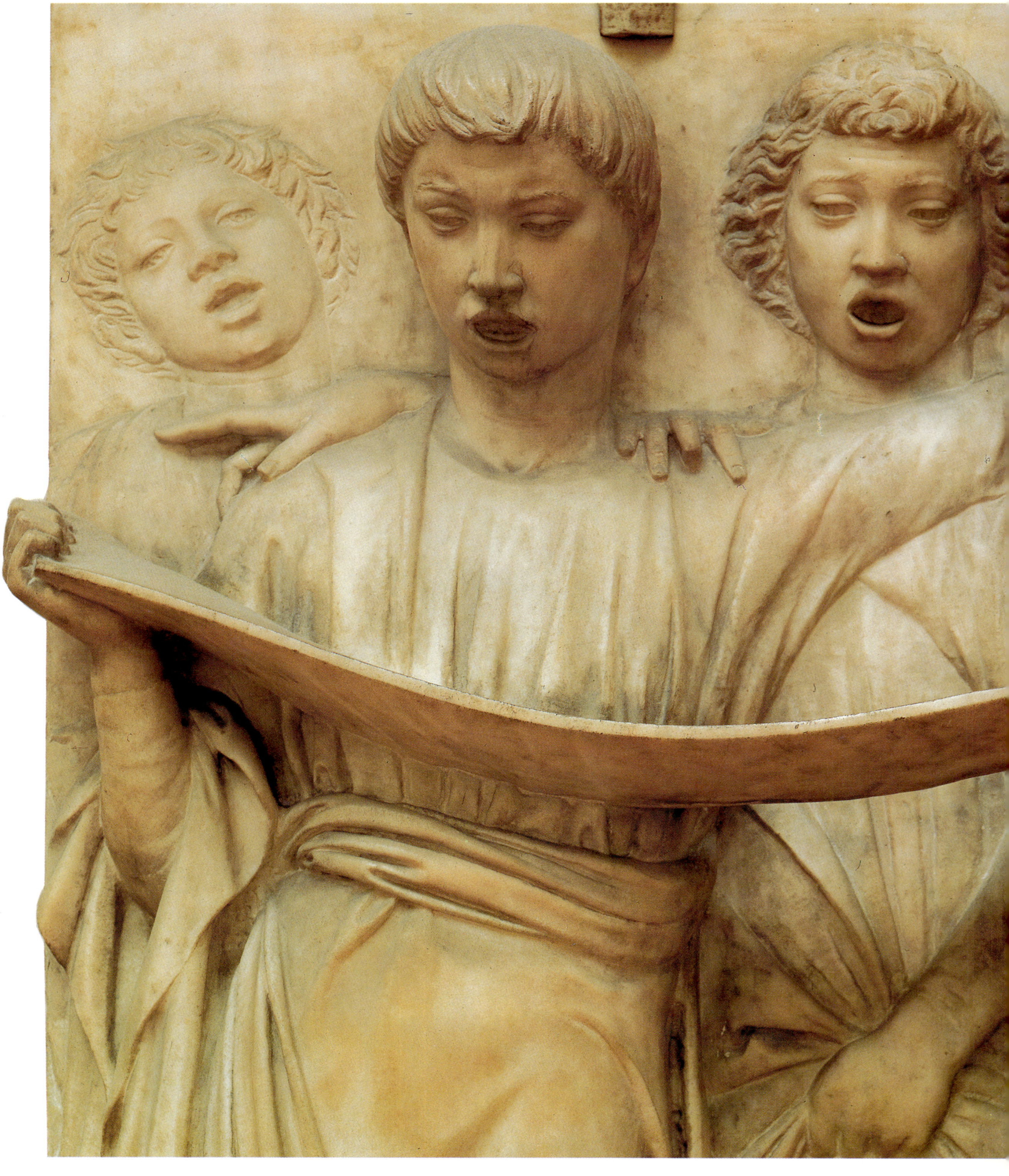

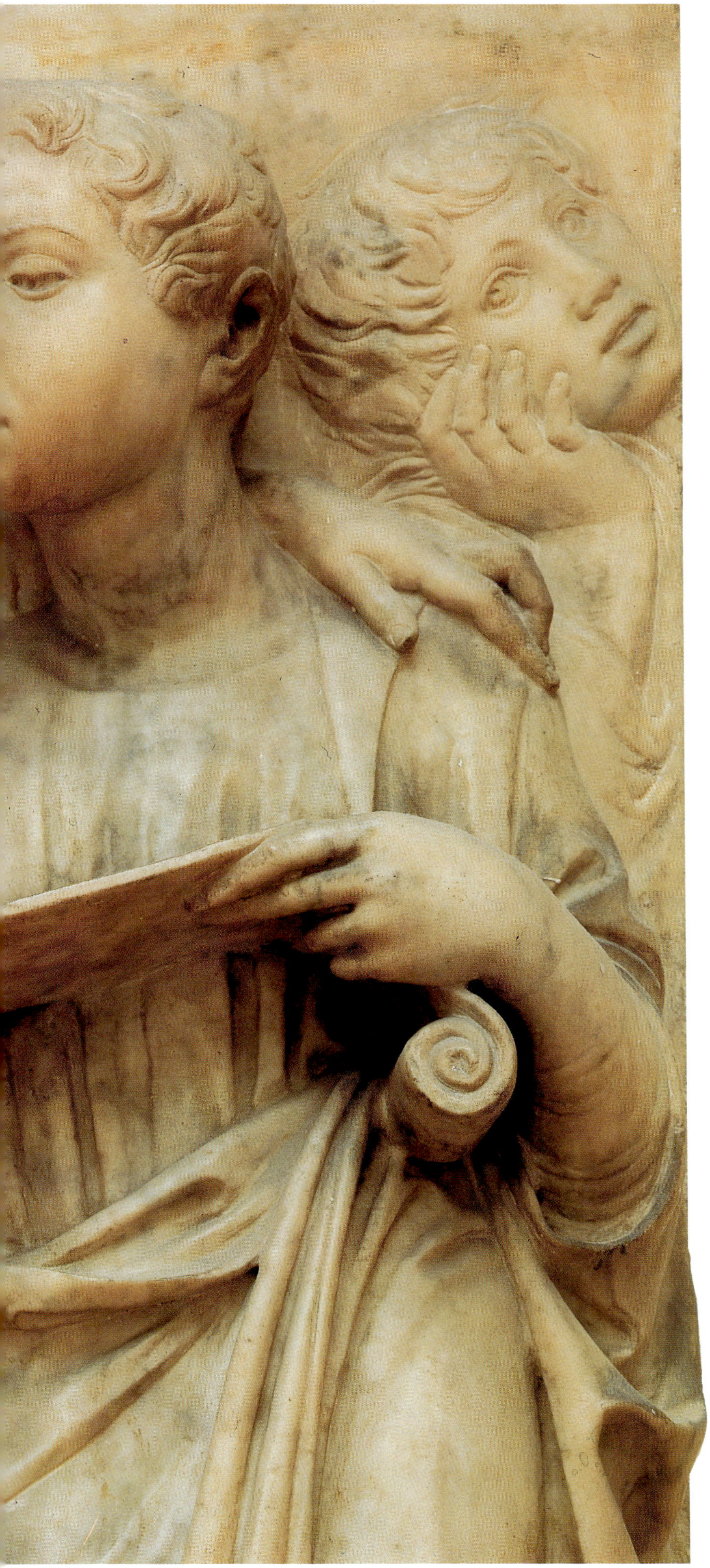

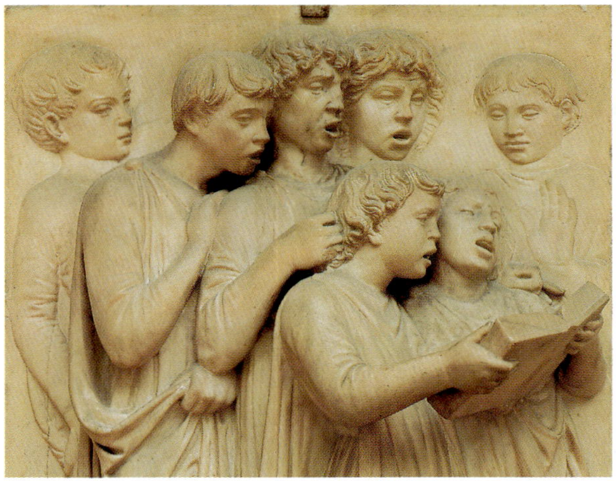

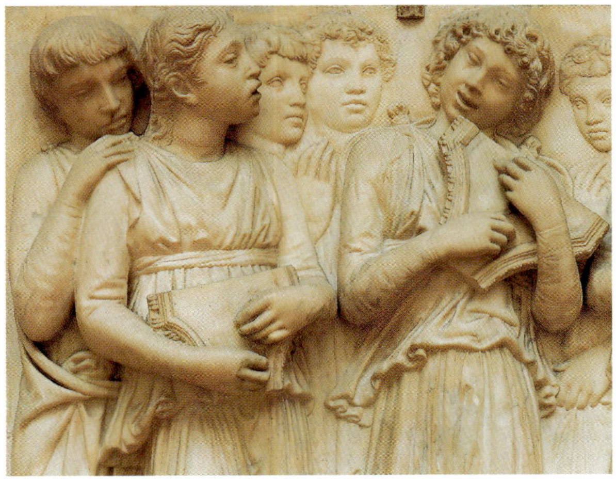

LUCA DELLA ROBBIA
Die Sängerkanzel
(Detail)

Die Gesichter der Kinder voller Entzücken und Unschuld werden von der Musik verzaubert, die wie eine Läuterung scheint. Sie sind Ausdruck des Glücks über die vollkommene Harmonie.

Rechte Seite

ANDREA DELLA ROBBIA
Büste eines Jünglings
Um 1470, glasierte Terrakotta, 33 cm.
Museo Nazionale (Bargello), Florenz.

Neben den praktischen Überlegungen, die Luca della Robbia dazu veranlaßt haben, diese Erfindung zu verfeinern, ist der Hauptbeweggrund künstlerischer Natur, denn so kann der Skulptur Farbe und Glanz verliehen werden. In den meisten Kompositionen gefällt es Luca, eine Gestalt in makellosem Weiß harmonisch auf einen blauen Grund zu setzen, und bald führt er grüne, gelbe, wenn nicht gar braune und rosa Töne in seine verzierenden Accessoires ein. Die Terrakottaarbeiten aus seiner *Bottega* (Werkstatt) weisen allesamt eine oder mehrere zentrale Gestalten aus weißem Email auf, die sich von blauem Email abheben, während die üppigen Girlanden aus Blattwerk und Blüten, die der Umrahmung dienen, „naturgetreu“ dargestellt sind. Über die Kühle des weißen Emails, des Lavendelblau und der Härte des Grüns hinaus bezaubern sie durch eine äußerst feine Gestaltung, die Einfachheit einer lebendigen Form und die Unschuld der gemalten Augen. Luca schöpft systematisch alle Möglichkeiten der glasierten farbigen Terrakotta aus und schafft bewundernswerte Verzierungen in den erhabenen Bauten der Florentiner Renaissance: In der Pazzi-Kapelle von Santa Croce, wo er die Medaillons der Evangelisten ausarbeitet, und in den Gewölben der Kapelle des Kardinals von Portugal in San Miniato al Monte, die durch *Tondi* mit den Themen *Die Taube des Heiligen Geistes* und die *Kardinaltugenden* verziert sind.

Von den bedeutendsten Meistern anerkannt, wird diese Kunst unter seinem Neffen Andrea, seinem engsten Mitarbeiter und Nachfolger in der Leitung der Werkstatt, sehr beliebt. Andreas Stil, nicht mehr so schlicht wie der des Gründers der *Bottega*, vermittelt die Plattheit der damaligen florentinischen Malerei. Angesichts der riesigen Auftragsflut weicht der Erfindungsgeist der Serienfertigung. Mit Ausnahme der bewegenden Wickelkinder, die ab 1463–1466 die Medaillons des Ospedale degli Innocenti schmücken, tendiert seine Kunst zur Wiederholung oder zur Nachahmung der Kompositionen von Ghirlandaio, Lorenzo di Credi oder anderen toskanischen Malern. Die Wirkung scheint spektakulärer und ausgesuchter; der Geschmack jedoch ist weniger sicher.

Anhand der Produktionen aus der Werkstatt von Luca della Robbia begreift man, daß die Florentiner Renaissance im Quattrocentro nicht nur die Künste beeinflußt hat, die man als die bedeutendsten ansah, sondern auch eine außergewöhnliche Resonanz im Kunstgewerbe gefunden hat. Mal gesellt sich ihr Stil lediglich zu den Bereichen, die der Mensch des Mittelalters bereits vollkommen beherrschte; mal nimmt sie Techniken wieder auf und entwickelt neue Ausdrucksformen, wie uns dies das Wagnis des Luca della Robbia zeigt. Trotz neuer Motive verzeichnen Dekorbereiche

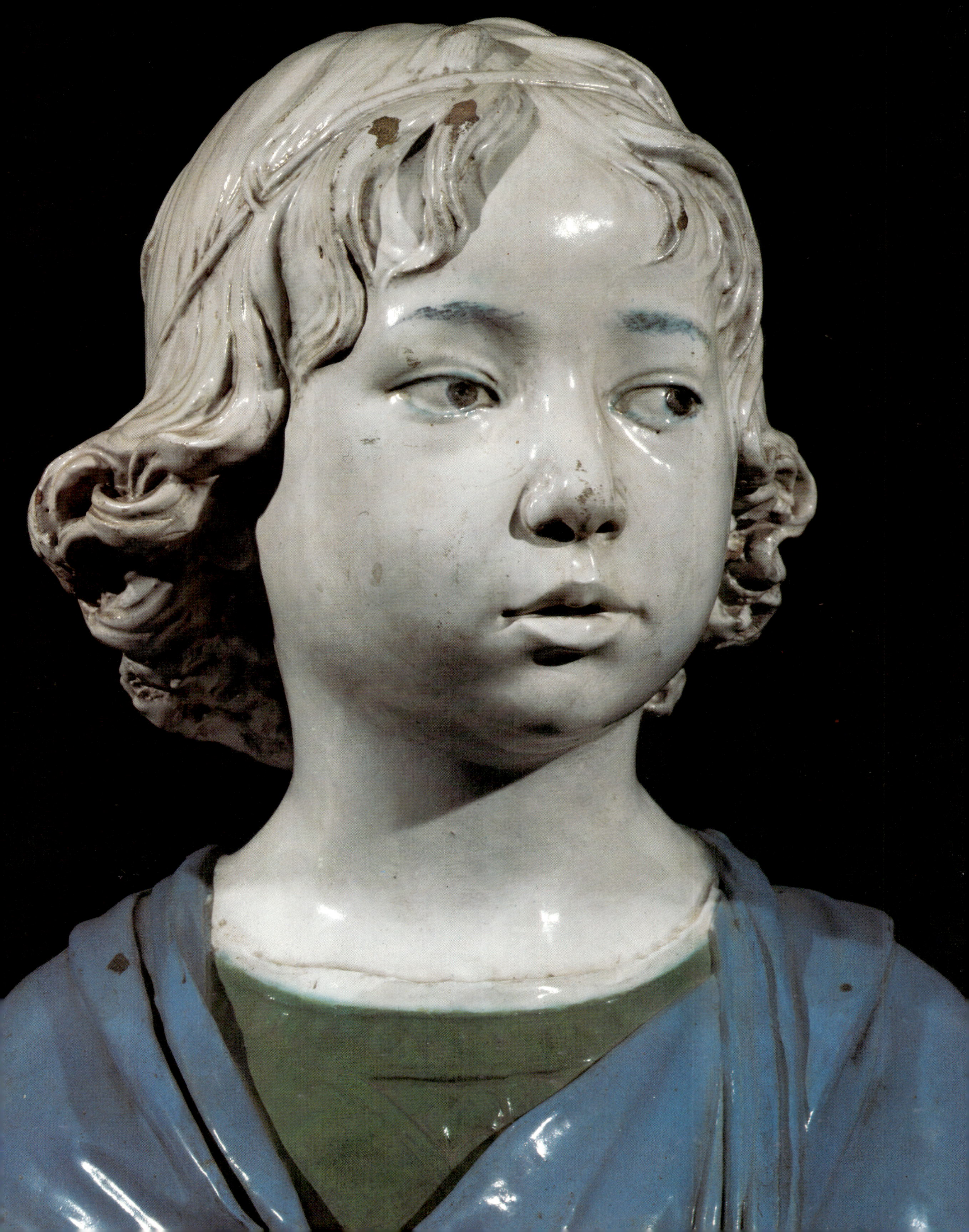

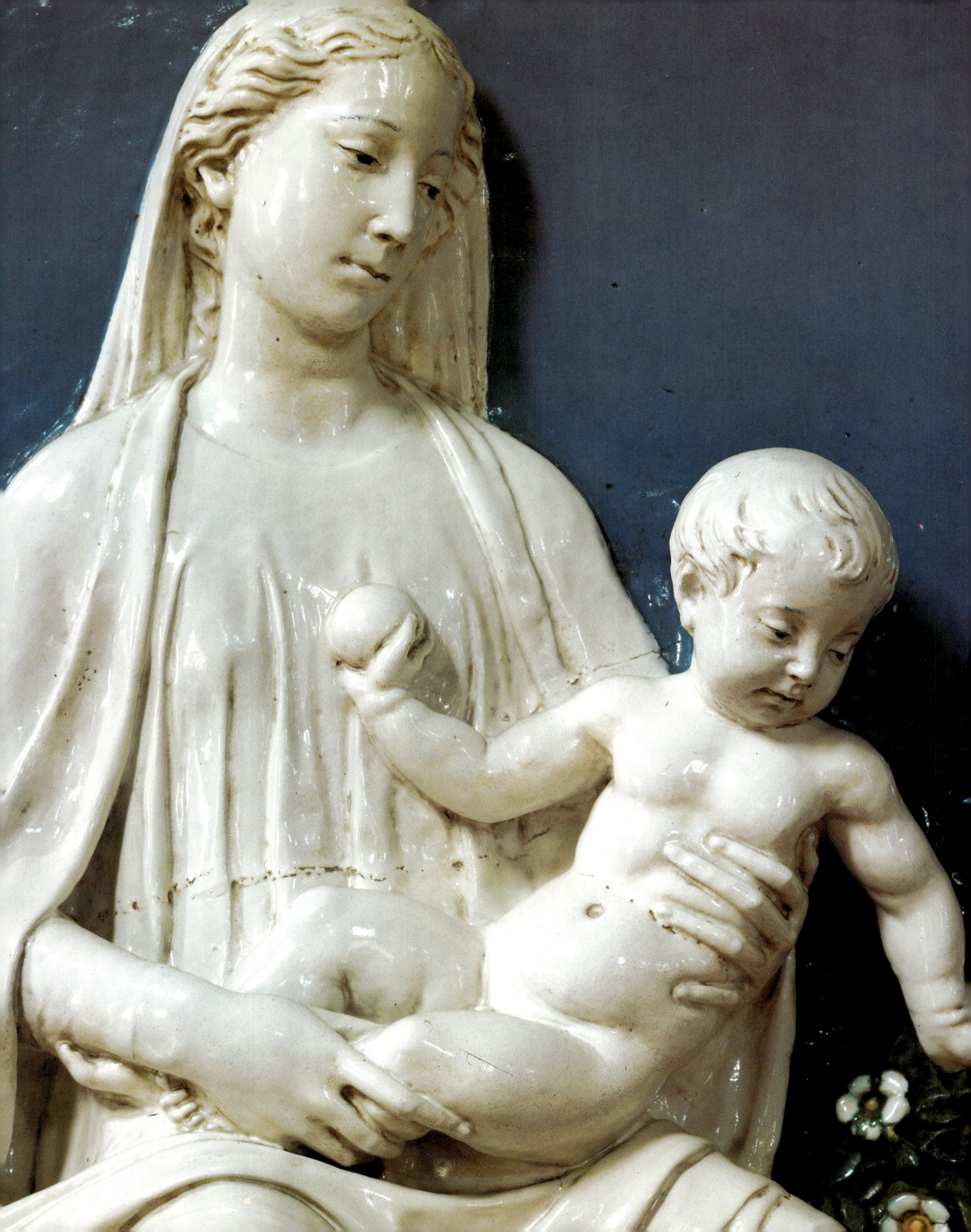

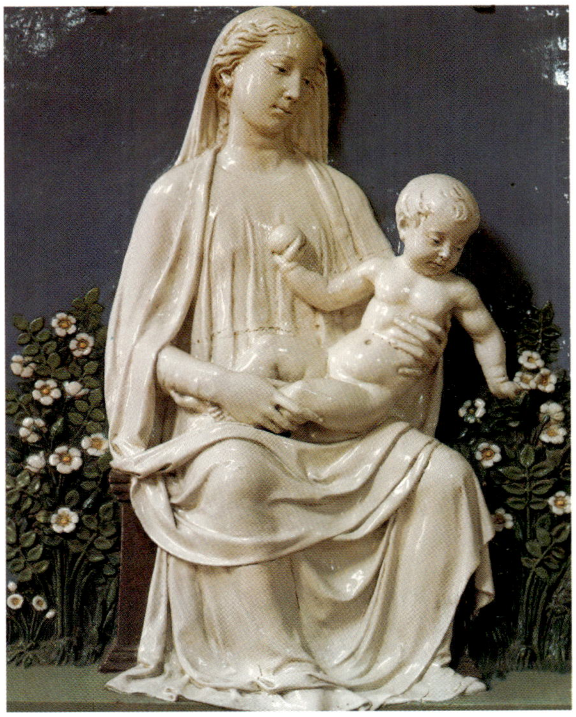

Oben und linke Seite (Detail)

LUCA DELLA ROBBIA
Rosenmadonna
1450–1460, glasierte Terrakotta.
Museo Nazionale (Bargello),
Florenz.

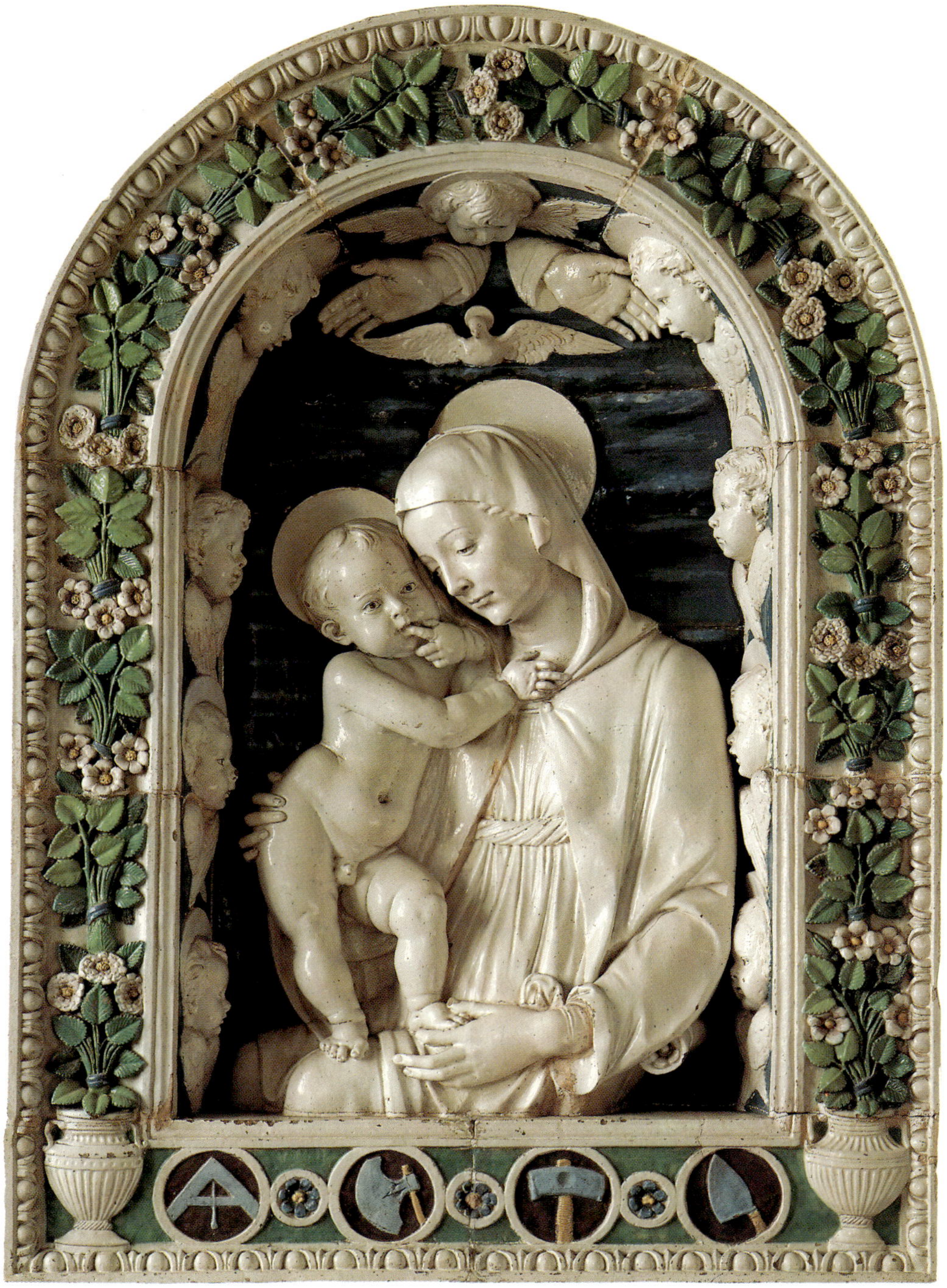

Andrea della Robbia
Steinmetzmadonna
1475–1480, glasierte Terrakotta,
134 x 96 cm.
Museo Nazionale (Bargello),
Florenz.

In dieser Werkstatt führt die große Kunst der Renaissance zu einer Serienproduktion. Dasselbe Thema – die Jungfrau mit Kind – erscheint in zahlreichen Variationen. In dem Werk Steinmetzmadonna *erreicht die Vorliebe für das Naturgetreue ihren Höhepunkt.*

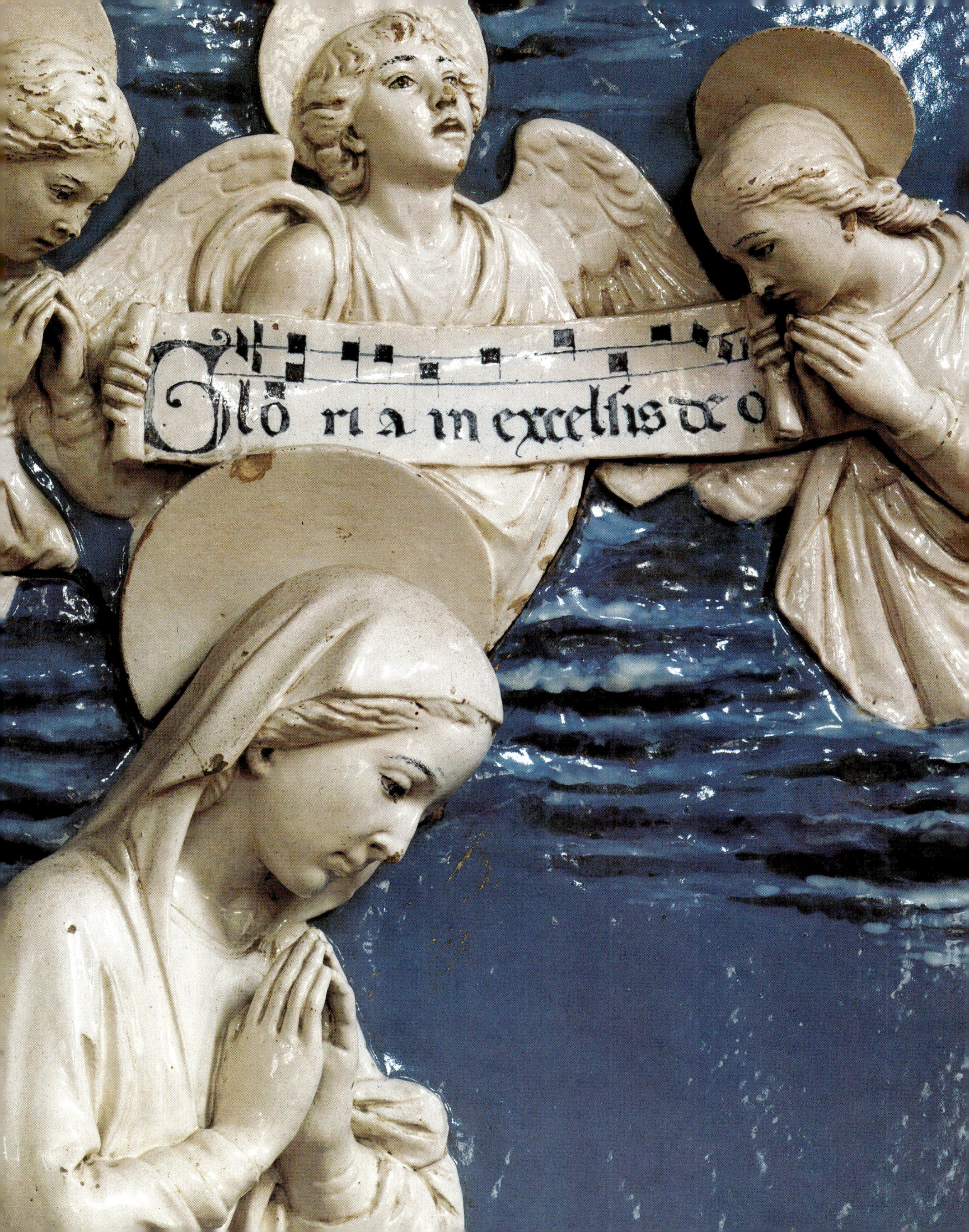
Glo ri a in excelsis deo

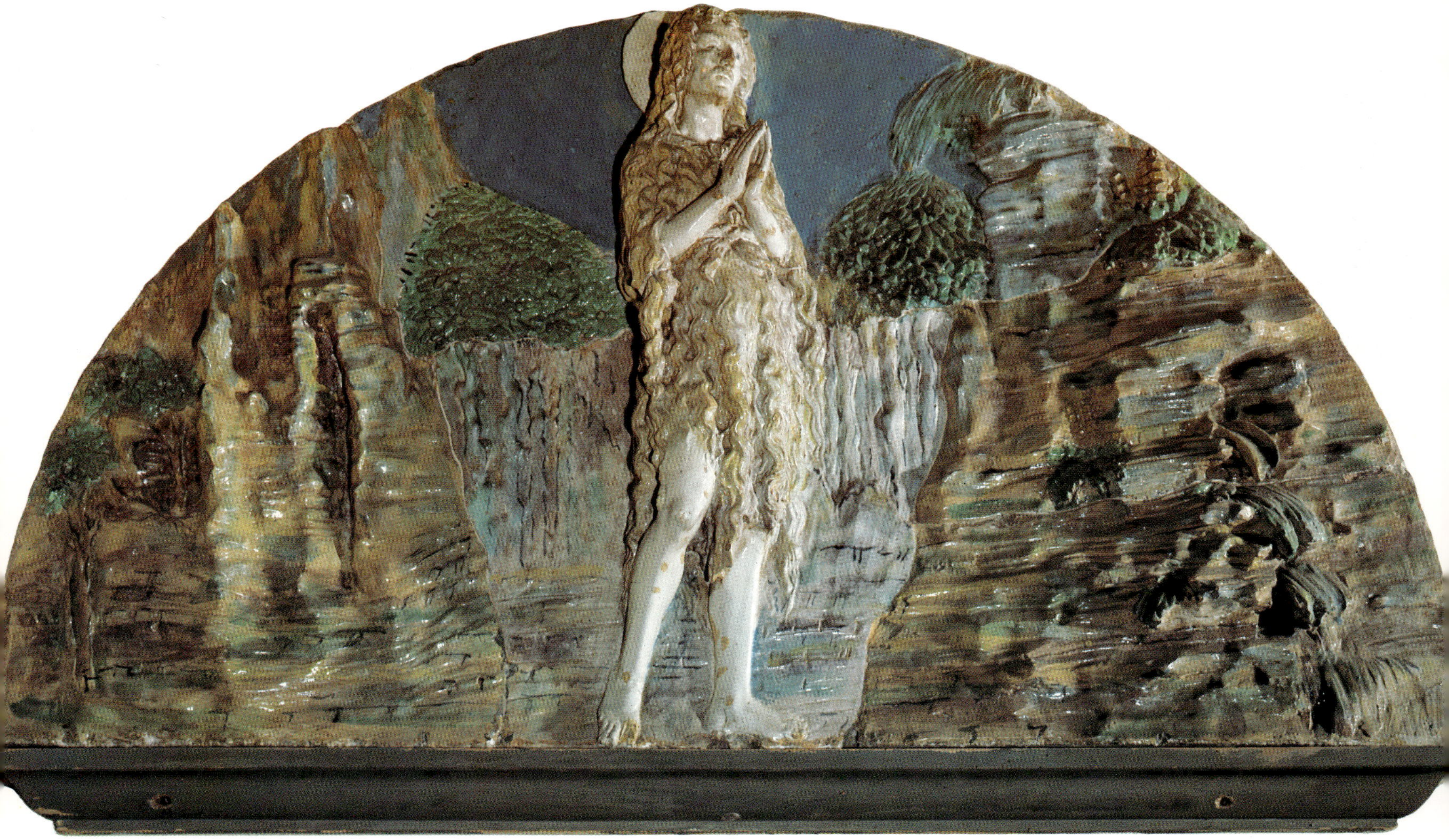

Oben

Andrea della Robbia
Heiliger Johannes der Täufer
Glasierte Terrakotta.
Museo Nazionale (Bargello), Florenz.

Rechte Seite

Luca della Robbia
Grabmal des Bischofs Benozzo Federighi
1454–1458, ursprünglich in San Pancrazio.
Santa Trinità, Florenz.

Vorherige Seite

Andrea della Robbia
Madonna
Letztes Viertel des 15. Jahrhunderts, glasierte Terrakotta.
Museo Nazionale (Bargello), Florenz.

wie Glasmalerei und Miniaturkunst einen Rückgang zugunsten der Malerei. Die Goldschmiedekunst, die das Mittelalter faszinierte, büßt ihre Vorherrschaft ein, obwohl die Werkstätten sehr tätig bleiben und eine ideale Schule für die Künstler sind, die sich allerdings als Maler einen Namen machen. Dagegen feiert die Marketerie durch die Arbeiten der geometrischen Verzierung und der Perspektiven-Theorie rauschende Erfolge, ebenso wie die Majolika, für die Florenz zu einem großen Produktionszentrum wird, ausgehend von der Werkstatt des Luca della Robbia, der ein breites Publikum und später Dichter wie Rilke begeistert: „Besonders da, wo, wie bei Andrea, Luca und manchmal bei Giovanni, die Farben noch eine schlichte Beschränkung zeigen, wo das entzückendste Blau das blendende Weiß dieser Engelsköpfe zu verklären scheint und sonst nur am Rande, in den Gewinden etwa, eine leichte Belebung wie eine fromme Hymne aus bunteren Tagen einstimmt in diese reinste Harmonie, da wird man einen Zauber empfinden, der alle Zeiten überdauert“...

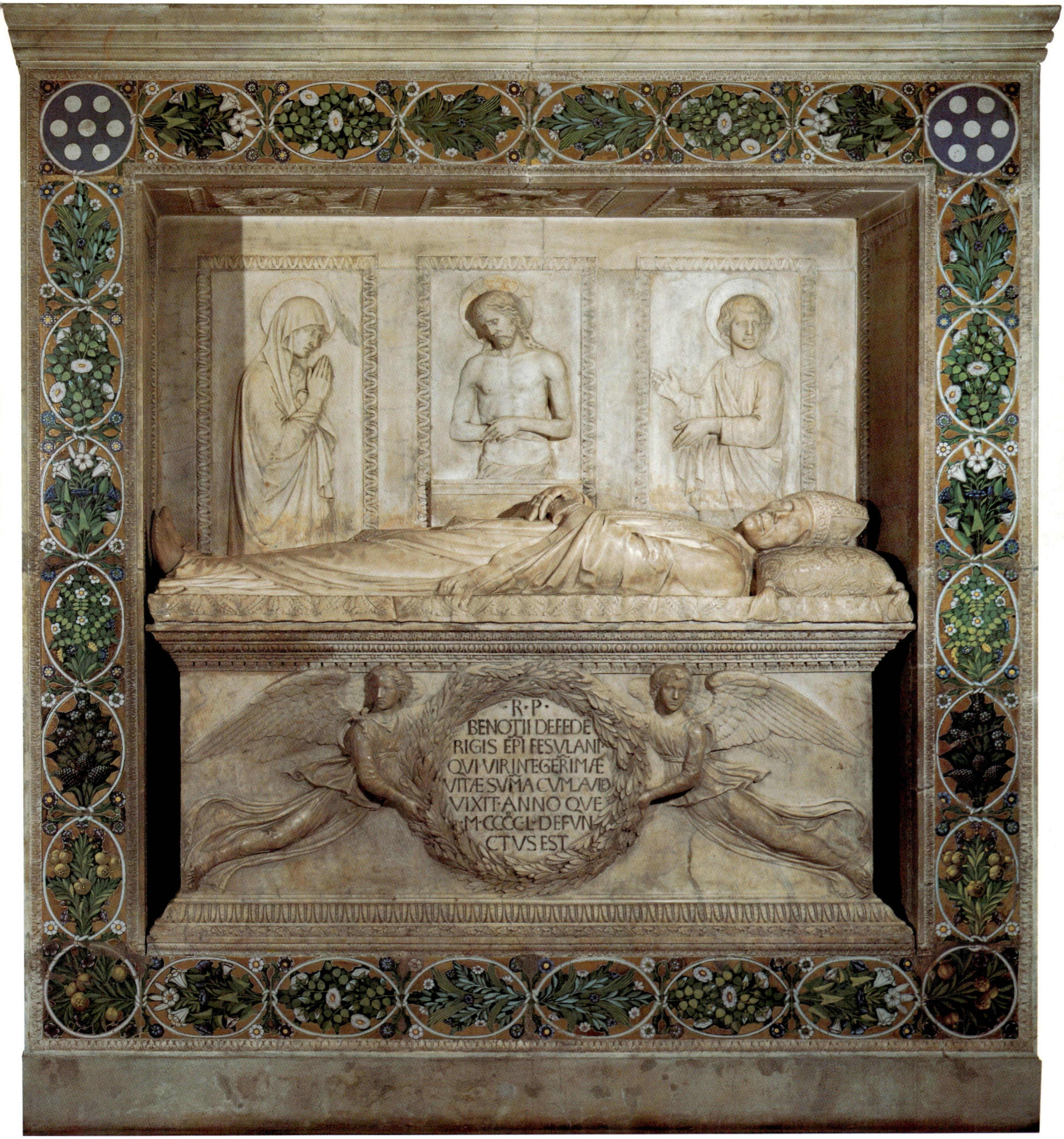
R·P
BENOTII DEFEDE
RIGIS EPI FESVLANI
QVI VIR INTEGERIMAE
VITAE SVMA CVM AVD
VIXIT ANNO QVE
M CCCCL DEFVN
CTVS EST

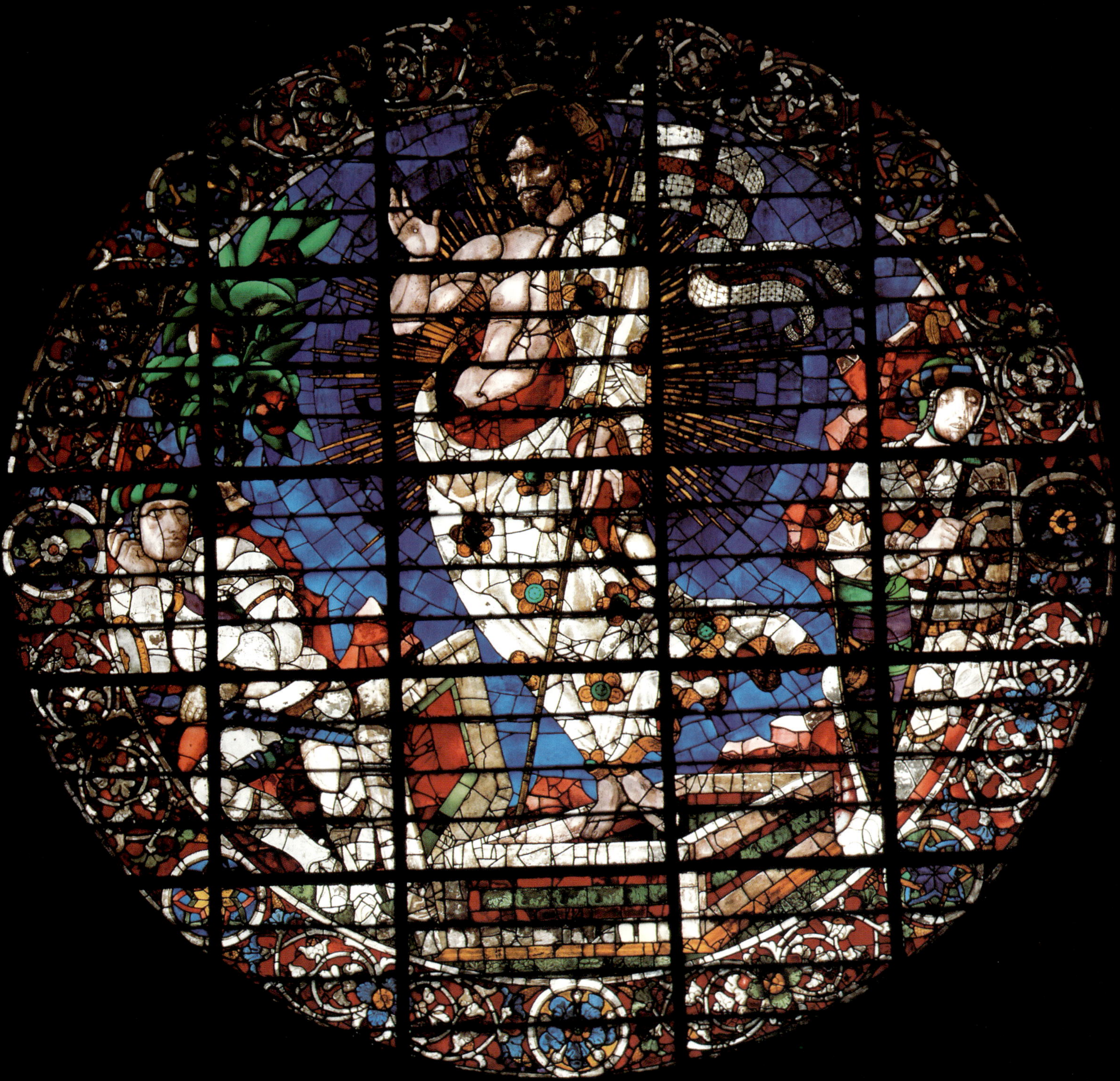

Die Malerei, eine Wissenschaft

Neben Masaccio und Piero della Francesca ist Paolo Uccello eine der markantesten Persönlichkeiten der Florentiner Renaissance, die sich durch ständige Suche nach Klarheit der Formen und des Ausdrucks auszeichnet. Er genießt die Wertschätzung der Künstler seiner Zeit und weckt gleichzeitig deren Kritik an seiner systematischen Suche nach den Regeln. In einer Zeit, beherrscht von der rationalen Ordnung eines Brunelleschi oder den Errungenschaften eines Donatello und Masaccio, ist das Werk von Uccello von einer leidenschaftlichen Betrachtung über die Zentralperspektive geprägt und zeigt eine ausgesprochene Vorliebe für plastische Formen. Es verblüfft durch sein phantastisches Wesen.

Linke Seite

PAOLO UCCELLO
Auferstehung
1443–1444, Glasfenster in der Domkuppel, Durchmesser: 468 cm.
Santa Maria del Fiore, Florenz.

Paolo Uccello, ein gelernter Goldschmied

Sieben Jahre nach seiner Geburt in Florenz 1397 als Sohn eines Barbiers und Chirurgen kommt Paolo Uccello als *garzone di bottega* in die Werkstatt von Ghiberti, wo er Masolino, Donatello und Michelozzo begegnet. Während der geniale Bildhauer seine erste Tür des Baptisteriums vollendet, zählt Paolo Uccello zu denen, die bescheiden an der Ausführung dieses Meisterwerks beteiligt sind und fünf Florin im Jahr dafür erhalten... Mit achtzehn Jahren wird er in die Zunft der Ärzte und Apotheker aufgenommen und lebt in der Gemeinde Santa Maria Nepoticosa. Zusammen mit Masaccio tritt er 1424 in die Malerzunft Compagnia di San Luca ein.

Ausgebildet in Malerei und Goldschmiedekunst, ist Uccello auch Mosaizist, und in dieser Eigenschaft wird er nach Venedig gerufen, um die durch einen Brand zerstörten Mosaiken der Basilika von San Marco wiederherzustellen. Als Nachfolger von Jacobello della Chiesa arbeitet er fünf Jahre daran, bis 1430, als er, von Masaccios Genie begeistert, nach Florenz zurückkehrt. So wie ihn sein Aufenthalt in Norditalien das letzte Aufflackern der Spätgotik erleben ließ, so vollzieht sich auch seine Rückkehr in die Toskana in einer Stimmung, wo in Florenz der Wettstreit um die Grundsätze der Bildrevolution herrscht, die von Brunelleschi aufgestellt und von Donatello und Masaccio in die Tat umgesetzt werden. Schon 1432 bittet er, für Santa Maria del Fiore arbeiten zu dürfen, und der Domvorstand erkundigt sich beim Gesandten von Florenz in Venedig über das Können und die Preise „eines gewissen Paolo Dono aus Florenz, Mosaizist, der in Venedig ein Bildnis des Petrus für eine Fassade von San Marco gefertigt hat". Er arbeitet mehrere Jahre an Werken für den Dom und weitere Kirchen in Florenz. 1436 signiert er sein erstes Monumentalwerk, das *Reiterbildnis* des berühmten englischen Condottiere John Hawkwood, von den Italienern Giovanni Acuto genannt; im gleichen Jahr vollendet Leon Battista Alberti sein *Malereitraktat* und widmet es Filippo Brunelleschi.

1394 hatte die Signoria von Florenz den Dank der Stadt bezeugt, indem sie im Dom dem Condottiere ein Denkmal errichten ließ, der die florentinischen Truppen zum Sieg geführt hatte. Der erste Plan eines Marmordenkmals wird schnell verworfen und durch den einer Freskenmalerei ersetzt, mit der Agnolo Gaddi und Giuliano d'Arrigo beauftragt werden. Vermutlich hat dieses erste Werk den Auftraggebern mißfallen, die Uccello auffordern, die Figuren des Pferdes und des Reiters zu entfernen; deshalb wird er auch mit der Erneuerung des alten gemalten Denkmals betraut.

In wenigen Wochen erfüllt Uccello seine Aufgabe in beeindruckender Weise. In seinen gewaltigen Dimensionen (über 40 m^2) erweckt das Bildnis des Condottiere den Eindruck eines plastischen Denkmals. Dies gelingt dem Künstler auf zweierlei Weise. Zum einen bedient er sich der Gegenständlichkeit, die die Idee des Denkmals unterstreicht; das Pferd ist Zeichen für den sozialen Rang des Helden, und das Grabmal betont die große Verehrung der Stadt. Die Form des Sarkophags und seine Aufschrift erheben den Helden zu einer Würde, die allein Heerführern der Antike oder Kaisern vorbehalten war. Zum anderen folgt das Reiterstandbild, feierlich ausgewogen, den Gesetzen der Perspektive. Der architek-

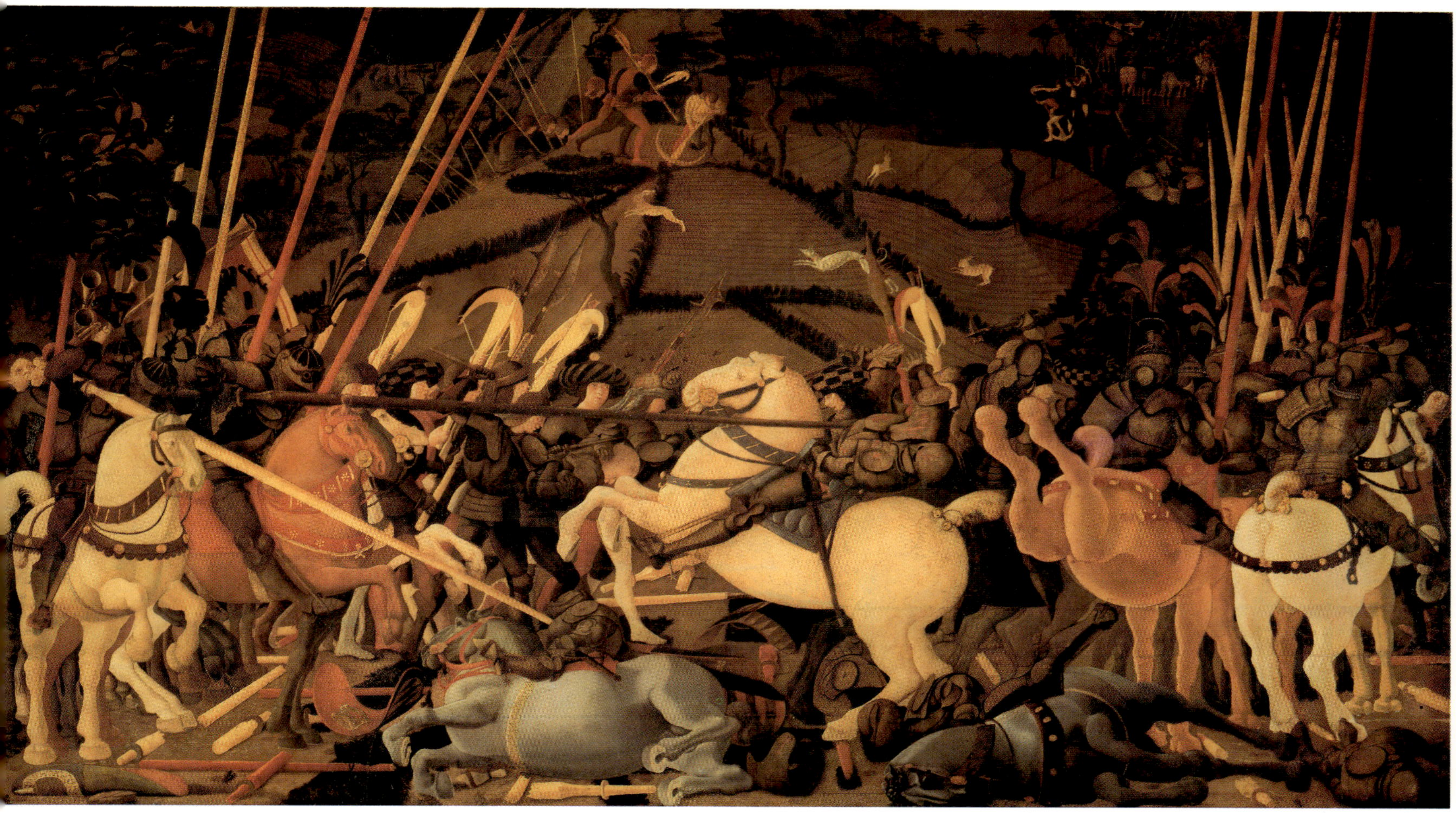

Paolo Uccello
Die Schlacht von San Romano: Bernardino della Ciarda stürzt vom Pferd
1456, Öl auf Holz,
182 x 323 cm.
Galleria degli Uffizi, Florenz.

Die drei Holztafeln mit der Darstellung des Sieges der Florentiner über die Sieneser bei San Romano befanden sich ursprünglich im Zimmer von Lorenzo de Medici.

Rechte Seite

Paolo Uccello
Die Schlacht von San Romano: Bernardino della Ciarda stürzt vom Pferd
(Ausschnitt)

tonische Unterbau und die Reiterfigur sind in zwei scheinbar widersprüchlichen Perspektiven dargestellt, da sich das Pferd in Augenhöhe des Betrachters befindet, während sich der Sockel in einer Sicht von unten darstellt. Dieses Werk wirkte so bestechend auf den Domvorstand, daß er, Uccello 1443 mit einer weiteren, von Vasari erwähnten Dekorarbeit betraute. Der Biograph erzählt: „Zu gleicher Zeit und in derselben Kirche malt er mit Freskenfarben an der Rückseite der Fassade und über dem Hauptportal die Uhr mit vier Köpfen in den Eckzwickeln." Im selben Zeitraum wird er mit einigen Kartons für die Glasmalerei der Rundfenster in der Kuppel beauftragt, an denen auch Ghiberti, Donatello und Andrea del Castagno gearbeitet haben. In der *Auferstehung* sind mehrere charakteristische Züge seines Schaffens zu erkennen: Die Staffelung der Gestalten im Raum, die perspektivische Darstellung des Sarkophags, die intensive Dramatik und schließlich die Darstellung des *Mazzocchio*, der florentinischen Kopfbedeckung aus Holz oder Weidengeflecht, der die großen drapierten Hüte und die langen Halstücher stützte. Der *Mazzocchio* ist einer der Lieblingsgegenstände von Paolo Uccello: Seine zahlreichen Facetten ermöglichen dem Künstler, unermüdlich Studien zur Geometrie und Perspektive anzustellen, hier nach der Art von Piero della Francesca, der dieses Problem ausführlich in seinem *Traktat über die Perspektive* behandelt. Trotz der wohlmeinenden Kritik seines Freundes Donatello, der ihm vorwirft „das Sichere für das Unsichere" aufzugeben, verbringt er seine Zeit damit, Polyeder zu zeichnen.

Die Perspektive und die Probleme des Blickwinkels

Seine Leidenschaft für Perspektive läßt ihn sich von den Grundsätzen Brunelleschis entfernen, um die Fragen der Optik auf neue Weise anzugehen. Die Zyklen der *Genesis* und der *Sintflut* an den Wänden des Klosters Santa Maria Novella lassen die Vorstellungskraft von Paolo Uccello in ihrer ganzen Fülle erkennen, trotz der starken Änderungen an den Fresken. Der Zentralperspektive, die die Künstler seiner Zeit einsetzen, zieht er die natürliche, beschreibende Perspektive vor, die Ghiberti so viel bedeutete und zurückgeht auf die mittelalterlichen Vorstellungen vom Blickwinkel. Seine Lösungen enthalten Fluchtpunkte für jede Gestalt oder jede Gruppe von Gegenständen. Vasari schreibt: „Er stellte die Toten, den Sturm, die tosenden Winde, die Blitze, die geknickten Bäume und das Entsetzen der Menschen mit so viel Kunst und Sorgfalt dar, daß dem nichts mehr hinzuzufügen ist... Er malte die Gestalten, indem er sie durch das Spiel perspektivischer Linien verkleinerte und führte mehrere *Mazzocchi* und andere Gegen-

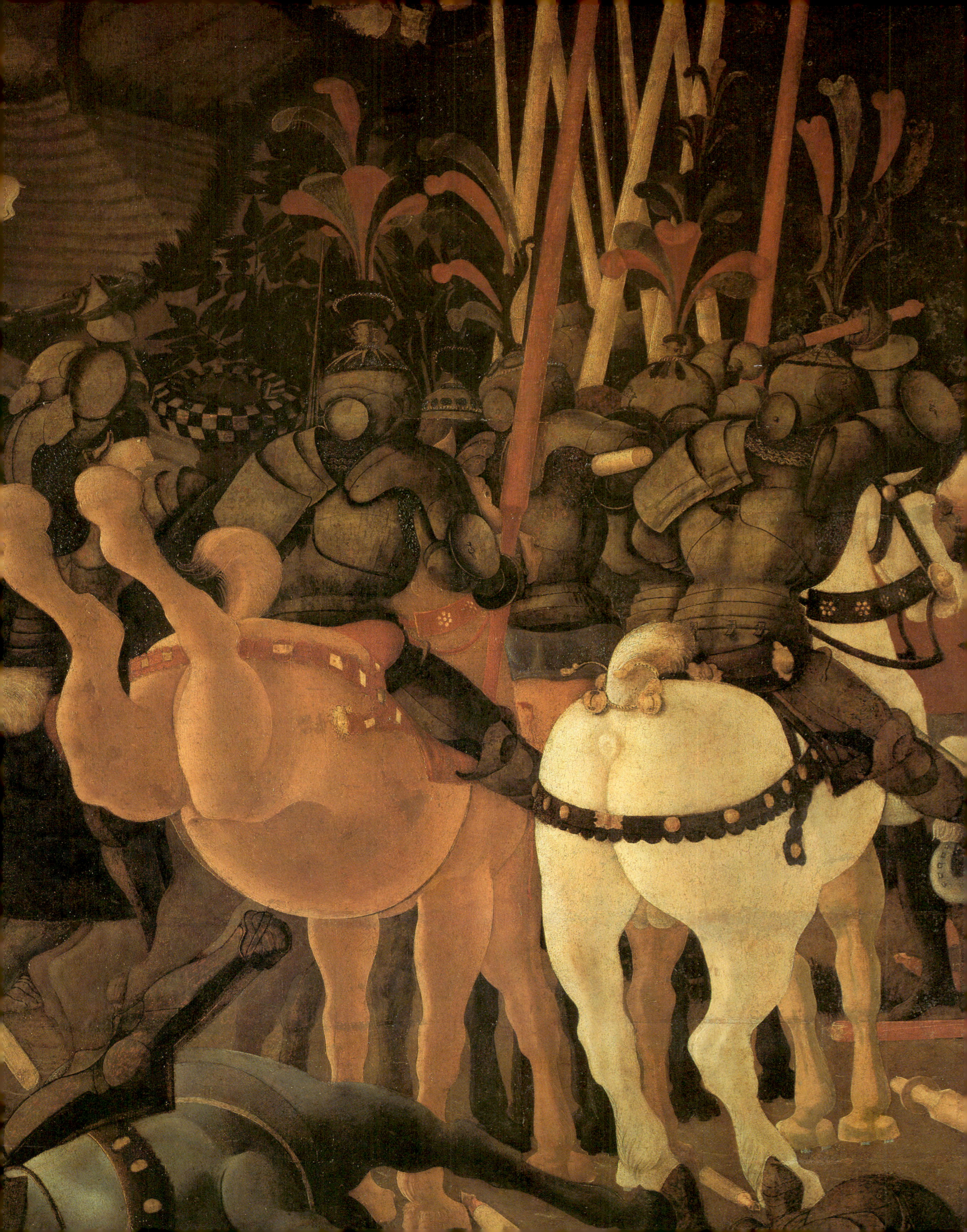

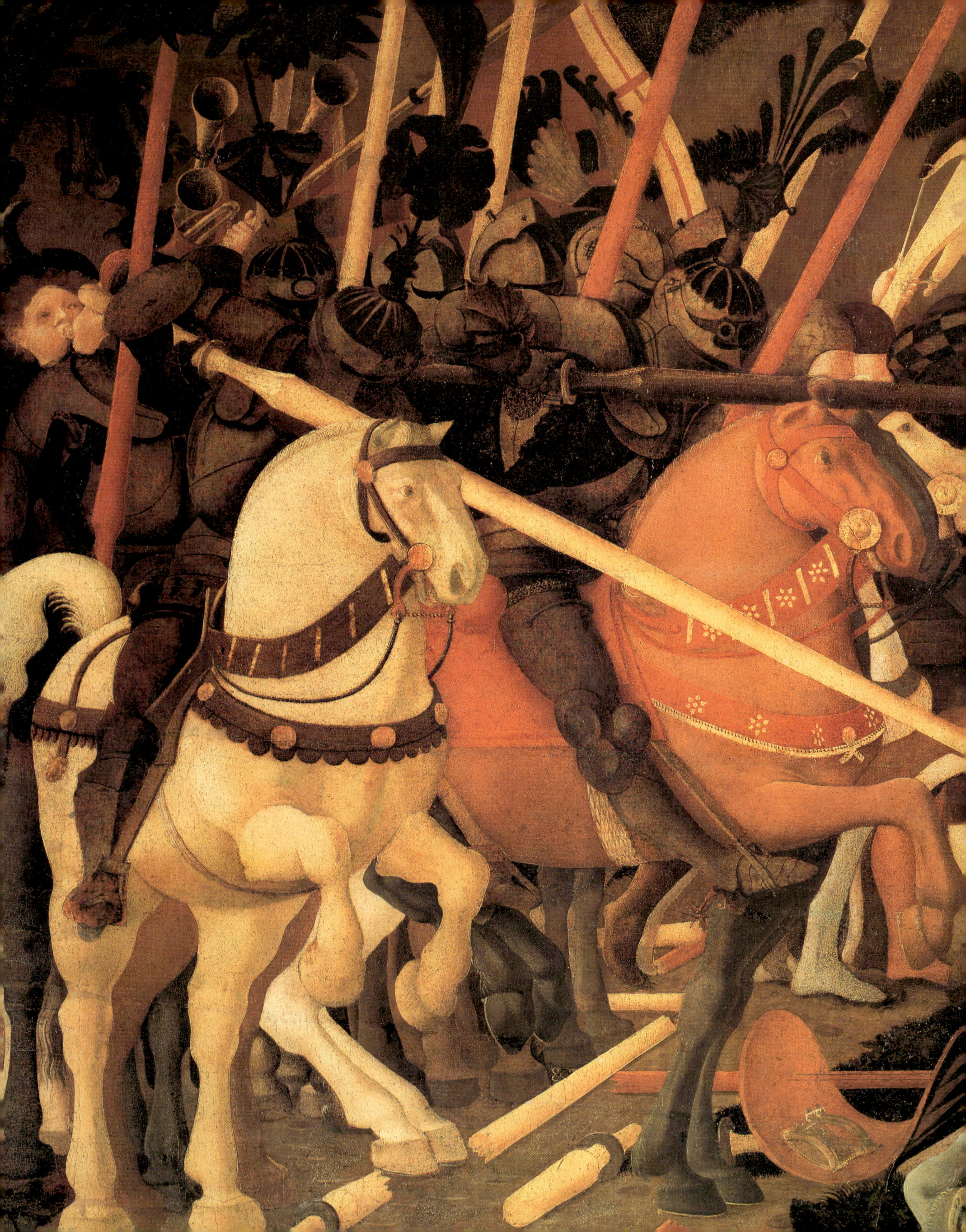

stände äußerst gelungen aus.“ Die *Sintflut* zeigt einen perspektivischen Fluchtpunkt, der den Blick des Betrachters unwiderstehlich in die Tiefe zieht. Das Drama spielt sich zwischen den Bohlenwänden der Arche ab, wo die zum Ertrinken Verdammten mit letzten Kräften um ihr Überleben kämpfen. Das Unwetter scheint die Sicherheit des Blickwinkels zu erschüttern. Die Gestalten, die mit einer Grisaille gemalt sind, die eher die Schatten als die Körper betont, wirken ergreifend und scheinen in unwirkliches Licht getaucht. Die von Paolo Uccello bevorzugte Monumentalität und Perspektive finden beachtlichen Ausdruck in seinem berühmtesten Werk: den drei Gemälden der *Schlacht von San Romano*, die er Mitte des Quattrocentro im Auftrag des Cosimo de Medici malt. Thema ist die berühmte Schlacht, in der die Florentiner und ihr Anführer Niccolò da Tolentino die Sieneser, angeführt von Bernardino della Ciarda, am 1. Juni 1432 besiegten. Paolo Uccello behandelt es in drei Episoden: Niccolò Maurucci da Tolentino an der Spitze seiner Truppen; der entscheidende Gegenangriff von Micheletto Attendolo da Cotignola und schließlich die Niederlage des Gegners in dem Moment, als Bernardino della Ciarda bezwungen wird. Die heute in London, Paris und Florenz hängenden Gemälde bilden einen Gedenkzyklus, der früher ein Kabinett in dem von Michelozzo erbauten Palast schmückte. Die drei Phasen der *Schlacht von San Romano* stellen die Persönlichkeit der Condottieri in der Tradition von Pietro Lorenzetti heraus. Der Maler rühmt hier das militärische und politische Vorgehen und erhebt es auf die gleiche Ebene wie die christliche Liturgie. Die Pferde von Uccello sind sowohl wirkliche Tiere als auch unumgängliche Attribute der Kaste, die sie reitet, und das Symbol für die Turniere, in denen die militärischen Tugenden, wie auch in den Kriegshandlungen, ausgebildet werden. Auch der *Mazzocchio* ist dargestellt, fast wie eine Studie, und bedeckt das Haupt mancher Kämpfer. Dennoch zählen die von Paolo Uccello gemalten Gegenstände nicht zu den ersten Stilleben der abendländischen Malerei – vor ihm haben die Flamen die Kunst, bescheidene Dinge zu verherrlichen, ausgeübt. Diejenigen, die in der Szene, in der Niccolò da Tolentino die Florentiner anführt, am Boden liegen, begrenzen einen imaginären Raum. Die zerbrochenen oder fallengelassenen Waffen strukturieren den Boden durch ein Wechselspiel aus Linien und Räumen; die Stangen oder Lanzen bilden durch die Parallelen, Senkrechten oder Schrägen ein Gebilde aus Geraden, deren Fluchtpunkt sich vor dem Auge des Betrachters hinter dem Roß von Niccolò da Tolentino verbirgt. Umgedrehte Helme und Schilde ergänzen diese emblematischen Waffen. Im Vordergrund liegt eine Eisenmasse zwischen den Pferdehufen: Der Mensch scheint völlig unter der perspektivisch behandelten

Linke Seite

Paolo Uccello
Die Schlacht von San Romano: Bernardino della Ciarda stürzt vom Pferd
(Ausschnitt)

Die gestürzten oder ausschlagenden Pferde weisen eine hölzerne Unbeweglichkeit auf, die die Schlacht förmlich erstarren läßt.

Rechte Seite

Paolo Uccello
Die Schlacht von San Romano: Bernardino della Ciarda stürzt vom Pferd
(Ausschnitt)

Rüstung zu verschwinden. Allein Niccolò und sein Knappe ohne Kopfbedeckung behalten in dieser Schlacht ohne Gesichter ein menschliches Aussehen. Doch die Art und Weise, wie das sich aufbäumende Pferd und die anderen Reittiere in allen Phasen der Schlacht dargestellt sind, schränken diese Realität ein; als Modell nimmt Uccello die Pferdekarusselle und malt sie weiß, schwarz, blau oder rot. Seine Pferde wirken starr, obwohl der Zusammenprall beider Truppen eine dynamische Darstellung der Szene voraussetzen würde. Wenn sie ausschlagen, wirken sie bewegungslos. Alle führenden Linien der drei Bilder gehen in Richtung der Lanze, wie sie auf der Rüstung von Bernardino della Ciarda aufprallt. Jedoch bewahrt sich jede Komposition ihre eigene Einheit mit den Lanzengruppen gen Himmel, den Oriflammen im Wind und auch den Beinen der Infanteristen und der Pferde beim Gegenangriff von Micheletto da Cotignola. Der Kampf vor unseren Augen wird zu einer ungeheuren Schlacht. Uccello verwendet viel Sorgfalt auf die Rüstungen, deren Silberbeschläge im Halbdunkel spiegeln, und auf die Helme, die alle Formen vom damaligen geschlossenen Visierhelm bis zur phantasiereichsten Helmzier aufweisen, wo nur die Augenschirme den Blick auf die Welt freigeben. Der Gegenangriff von Micheletto, der sich vom Schatten abzeichnet, ist in künstliches Licht getaucht.

Diese Beleuchtung mit äußeren Lichtquellen gleicht der von Bühnenbildnern, und das von Uccello inszenierte Ereignis bedient sich der Accessoires und Kunstgriffe des Theaters oder der Feste der florentinischen Renaissance. Die Welt der *Schlacht von San Romano* ist ein unwirkliches Universum, in das sich das Auge beim Versuch, einzelne Figuren auszumachen, wie in einem Labyrinth verirrt.

Mit diesem Werk entfernt sich Paolo Uccello von den Malern der Renaissance, deren Augenmerk sich meist auf die menschliche Gestalt richtet. Der Mensch bei Uccello scheint immer den Forderungen der Natur unterworfen, trage er nun die gesamte Last der Materie in den Szenen der *Genesis* im Chiostro Verde, sei er von den entfesselten Elementen bei der *Sintflut* mitgerissen oder, in den drei Episoden der Schlacht, in eine Theaterfigur verwandelt.

In seinem letzten Werk um 1465–1468 nimmt Uccello Abstand von der Größe der *Schlachten* und fertigt ein Werk mit bescheideneren Maßen. Er verläßt Florenz, um für die Bruderschaft des Allerheiligsten Sakraments von Urbino die Predella des Altars der Kirche Corpus Domini zu malen. Auf sechs Tafeln stellt er das *Wunder der entweihten Hostie* dar und nimmt dem Thema der Hostienschändung das Schreckensvolle, bewahrt ihm jedoch das Tragische. Schon in der ersten Episode schafft er Spannung, als er die Hostie in

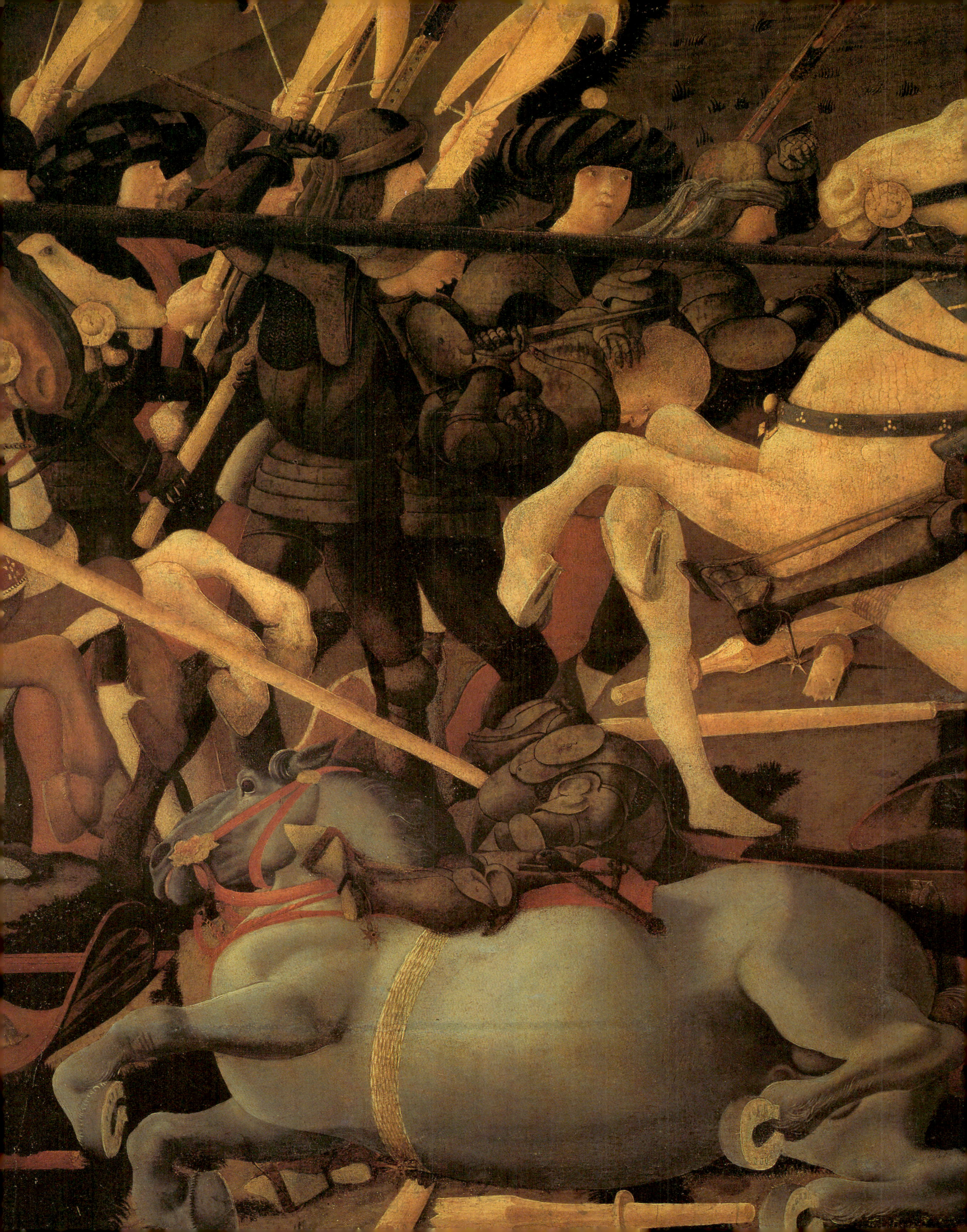

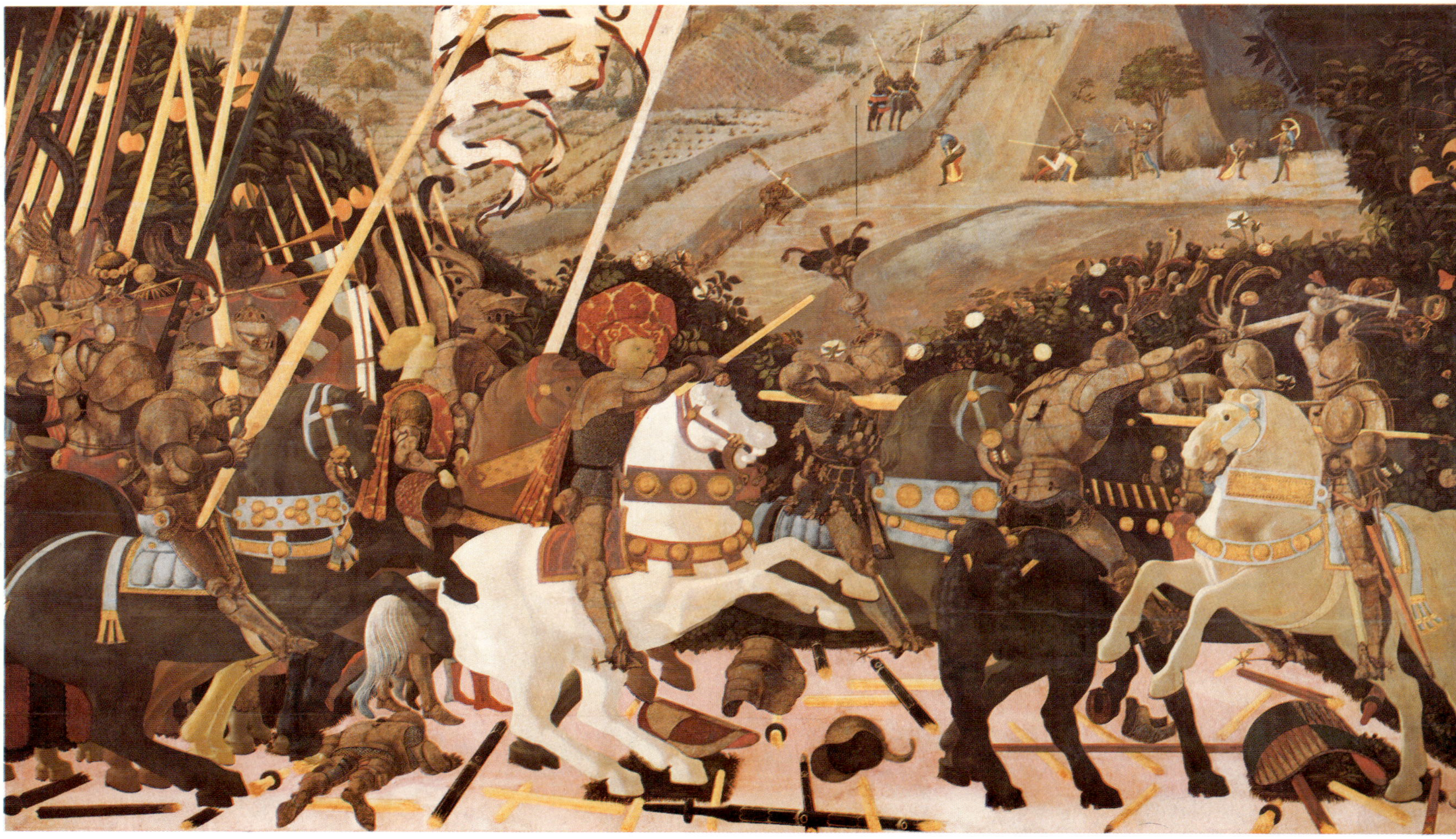

PAOLO UCCELLO
Die Schlacht von San Romano: Niccolò da Tolentino führt die Florentiner an
1456, Öl auf Holz,
182 x 320 cm.
National Gallery, London.

Für die Darstellung dieser Phase der Schlacht bediente sich Paolo Uccello zweierlei Perspektiven: Mit seinen Aufteilungen und seinen Abteilungen besitzt der Bildhintergrund eine mittelalterliche Perspektive, während der Vordergrund den Regeln der Fluchtperspektive folgt.

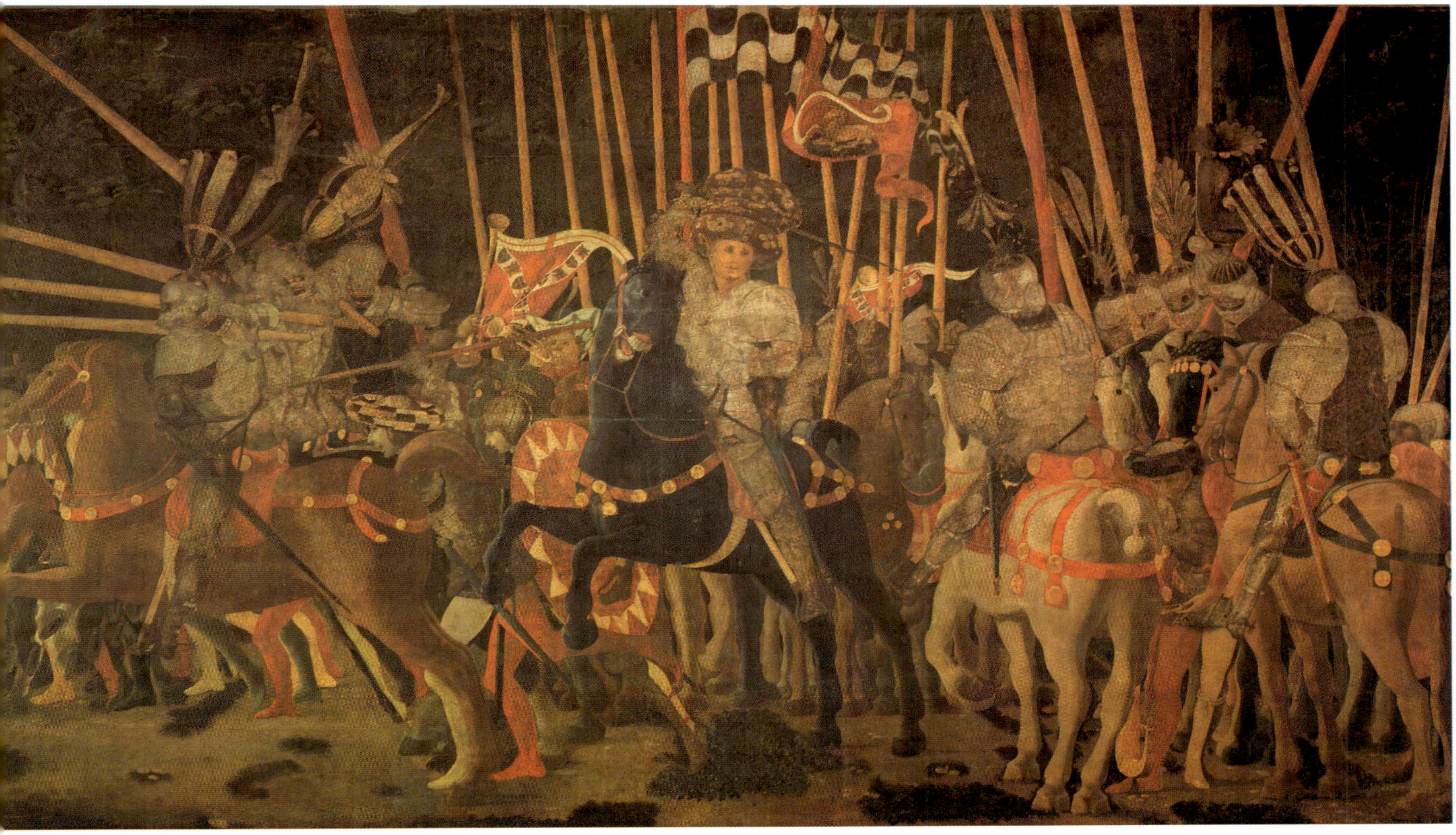

Paolo Uccello
Die Schlacht von San Romano: Der Gegenangriff von Micheletto da Cotignola
1456, Öl auf Holz,
180 x 315 cm.
Musée du Louvre, Paris.

Für das Bild der entscheidenden Episode der Schlacht, das sich vielleicht in einem Zimmer des Palastes zwischen den beiden anderen Holztafeln befand, verwendete der Maler Blattsilber, um die Effekte der Spiegelung und der Vervielfachung zu erzielen.

Paolo Uccello
Die Schlacht von San Romano: Der Gegenangriff von Micheletto da Cotignola

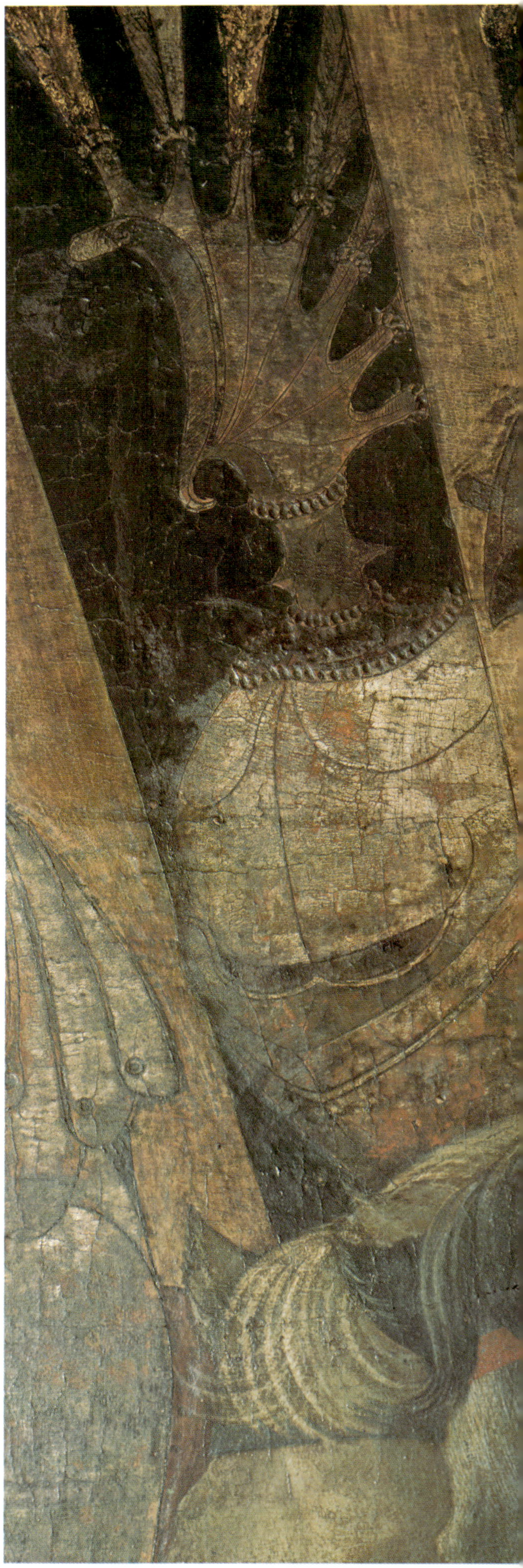

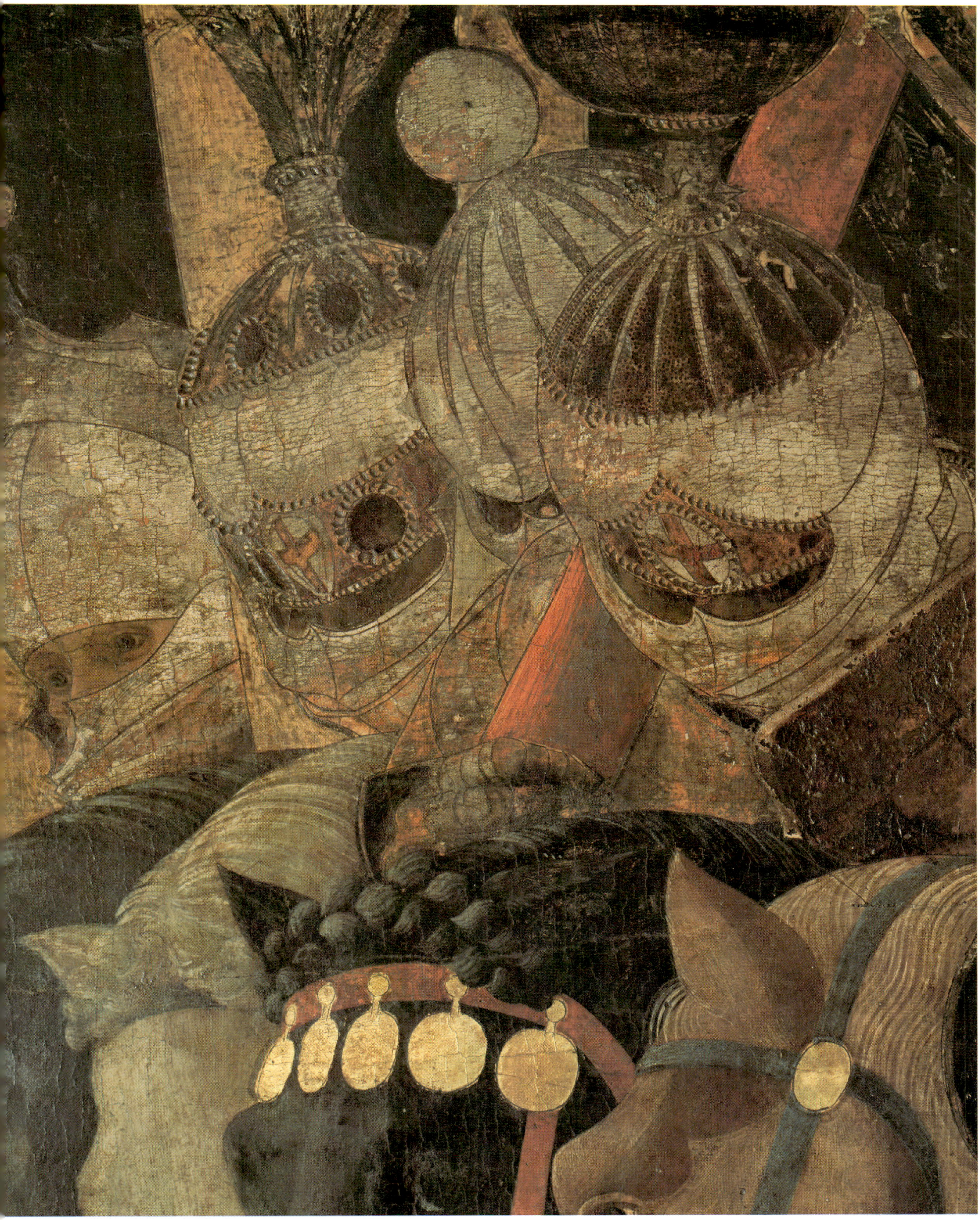

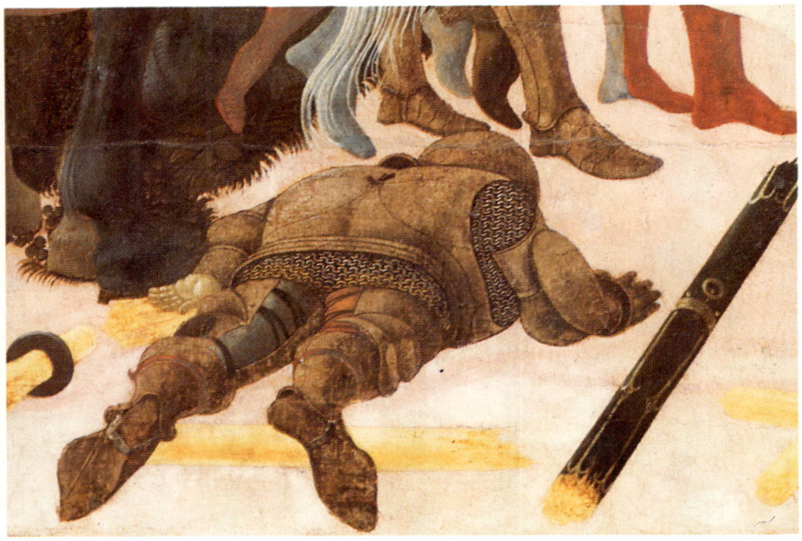

Oben und rechte Seite

PAOLO UCCELLO
Die Schlacht von San Romano: Niccolò da Tolentino führt die Florentiner an
(Ausschnitt)

Zu den zerbrochenen Lanzen, die die Bühne strukturieren, auf der die Reiter der beiden Armeen aufeinandertreffen, hat Paolo Uccello einen perspektivisch dargestellten toten Mann in Rüstung hinzugefügt sowie Accessoires, die seinerzeit in den Theateraufführungen verwendet wurden.

einem schmucklos und perspektivisch gehaltenen Raum als kleine Kugel darstellt, die vor einem schwarzen Hintergrund leuchtet. Wie im Mittelalter trennt er die Episoden durch mächtige Torsosäulen, doch er hebt sie vor allem durch rationale geometrische Elemente und zahlreiche Perspektiven voneinander ab. Diese Tafeln zeigen in ihrer Schlichtheit das Bemühen um den Raum sowie den Willen, das Reale zu erfassen.

Niemand weiß, ob dieses Werk die Erwartungen der Bruderschaft erfüllte... Paolo Uccello kehrt jedenfalls an die Ufer des Arno zurück, ohne die Haupttafel des Altars der Apostelkommunion begonnen zu haben, die später Justus von Gent ausführen wird. Uccello stirbt 1475 in Florenz. Stark geprägt von gotischen Traditionen, nährt er seine Träume von ritterlichen Gestalten. Durch seine Ausbildung den Bildhauern seiner Zeit nahe, mißt er der Kraft der Modelle hohe Bedeutung bei; gefesselt von den Theorien der Florentiner Künstler über die Perspektive, fügt er diesen seine eigene Sicht des Blickwinkels hinzu. So trägt sein Werk gleichzeitig den Stempel des Gelehrten, des Schöpfergeistes und des Malers, es vereint die Mittel der Wissenschaft, der Inspiration aus Mythos und Fabel sowie die der Malerei. In seinem *Roman der zweiundzwanzig Lebensläufe* vergleicht M. Schwob den Künstler mit einem Alchimisten, der das Verschmelzen von Metallen beobachtet, um Gold zu finden. „Uccello gab alle Formen in den Tiegel, vereinte, kombinierte und goß sie, um so die einfache Form zu erreichen, von der alle anderen abhängen. Deshalb lebte Paolo wie ein Alchimist zurückgezogen in seinem kleinen Haus. Er glaubte, er könne alle Linien in einen einzigen idealen Aspekt umformen. Er wollte das geschaffene Universum erfassen, wie es sich im Auge Gottes widerspiegelte, der alle Gestalten aus einem komplexen Mittelpunkt hervorgehen sieht." In der Toskana des 15. Jh. war Paolo Uccello allerdings nicht der einzige Alchimist, den das Spiel des Blickwinkels und die Fragen der Perspektive fesselte.

Andrea del Castagno: Meister der Zeichnung und des Reliefs

Als Andrea del Castagno 1440 nach Florenz kommt, finden sich die Maler seiner Zeit vor allem in zwei Stilrichtungen wieder. Die einen, wie Fra Angelico oder Filippo Lippi, konzentrieren sich auf eine Kunst der Farben und des hellen Lichtes; die anderen bemühen sich eher um die Betonung der Linie und die Strenge der Formen. Wie Uccello zeichnet sich Andrea del Castagno durch den Ausdruck des Reliefs mit Hilfe des Schattens aus. In jenem Jahr führt er sich glänzend in die florentinische Kunst ein, als er das Auftragsbild der Verräter der Schlacht von Anghiari, die an den Fenstern des

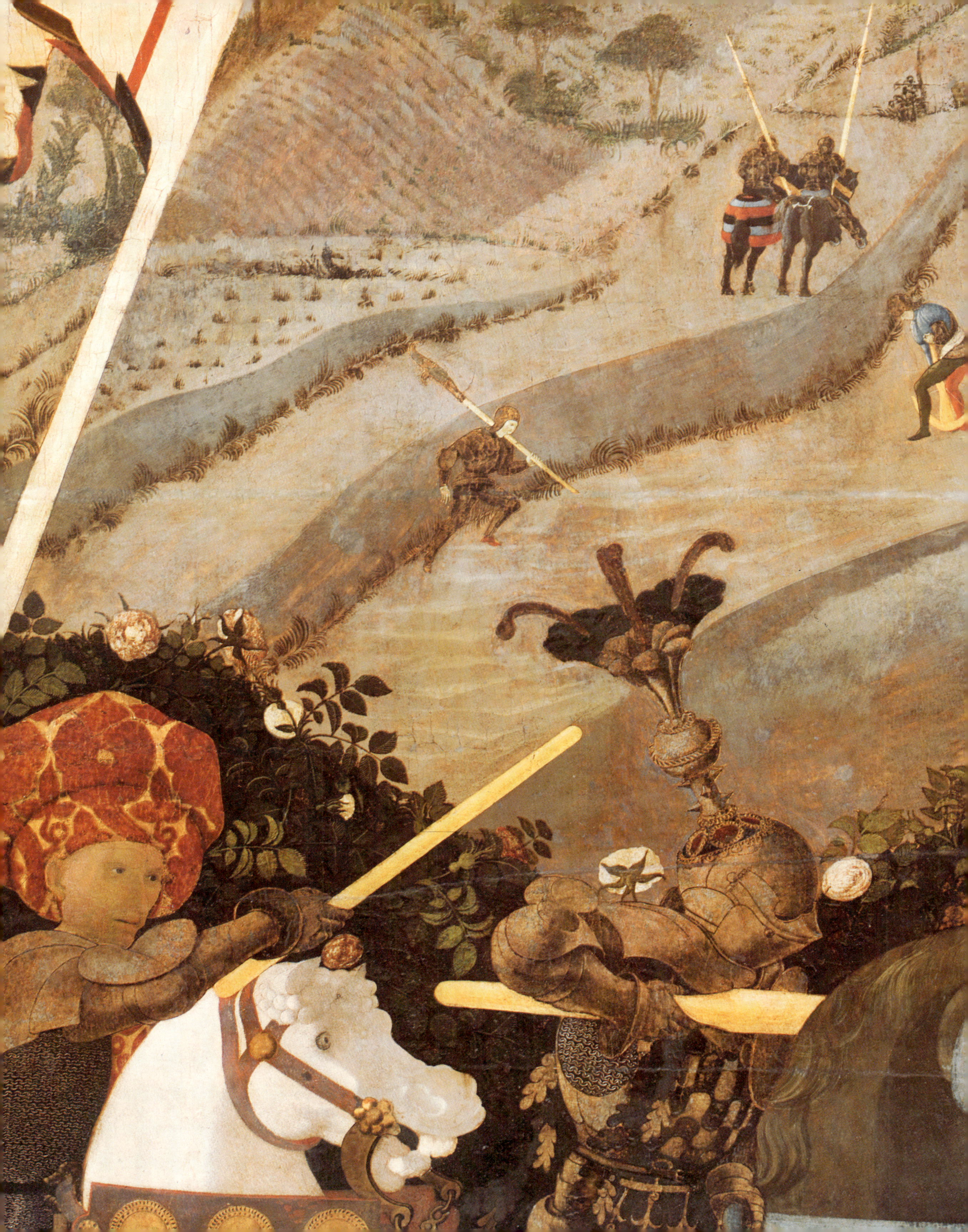

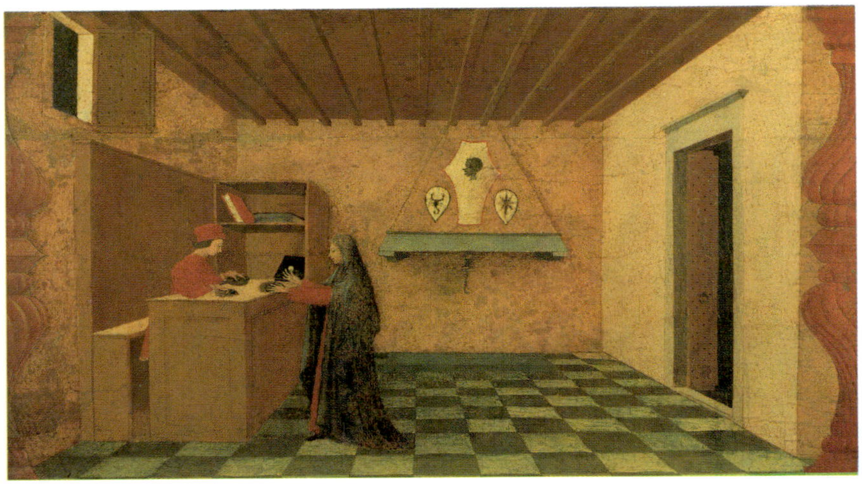

a

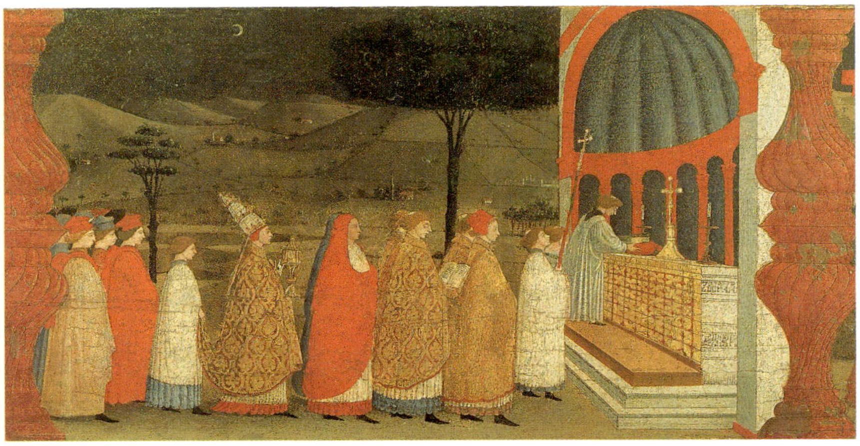

c

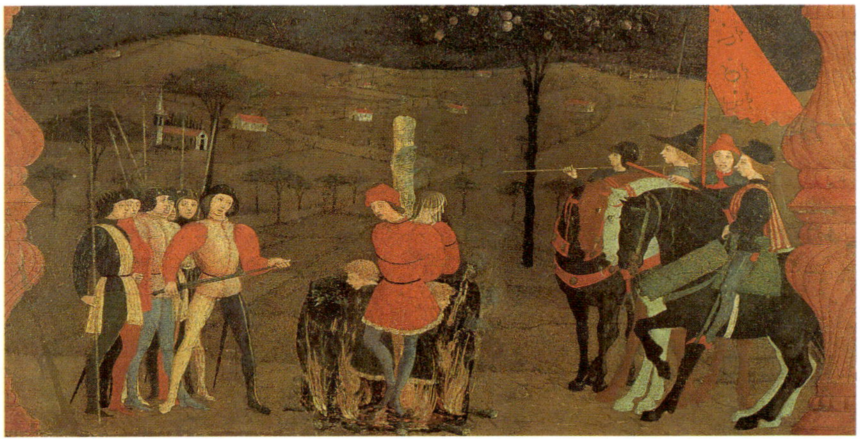

e

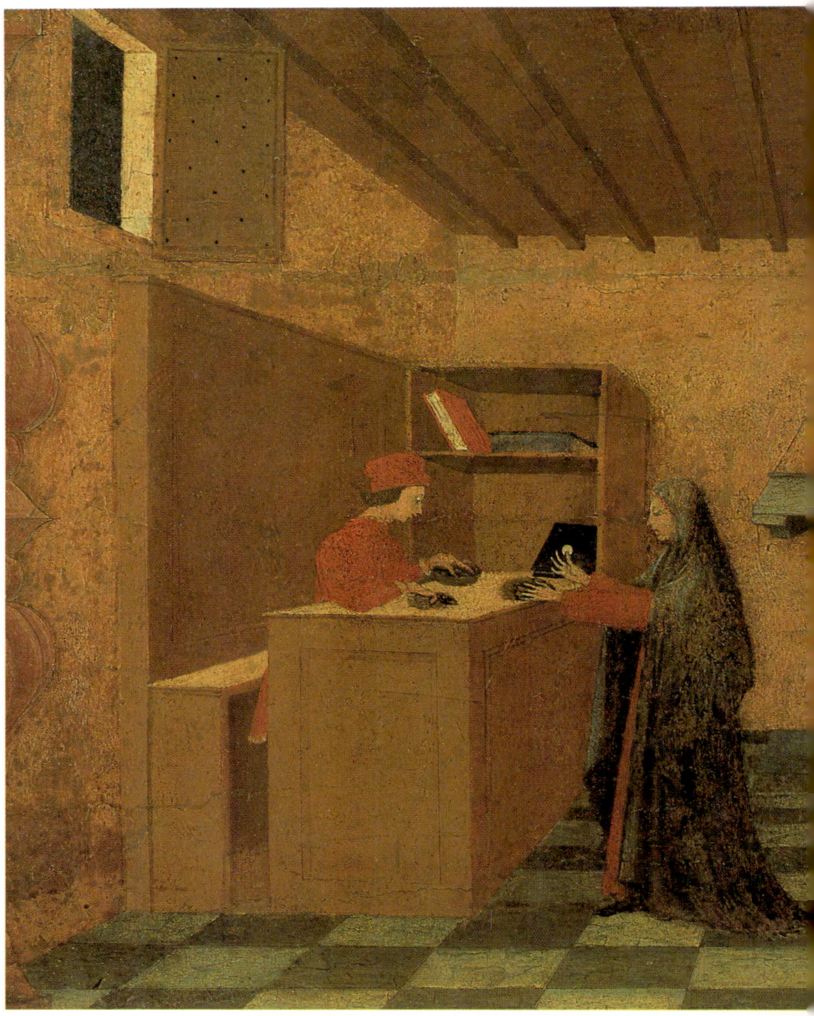

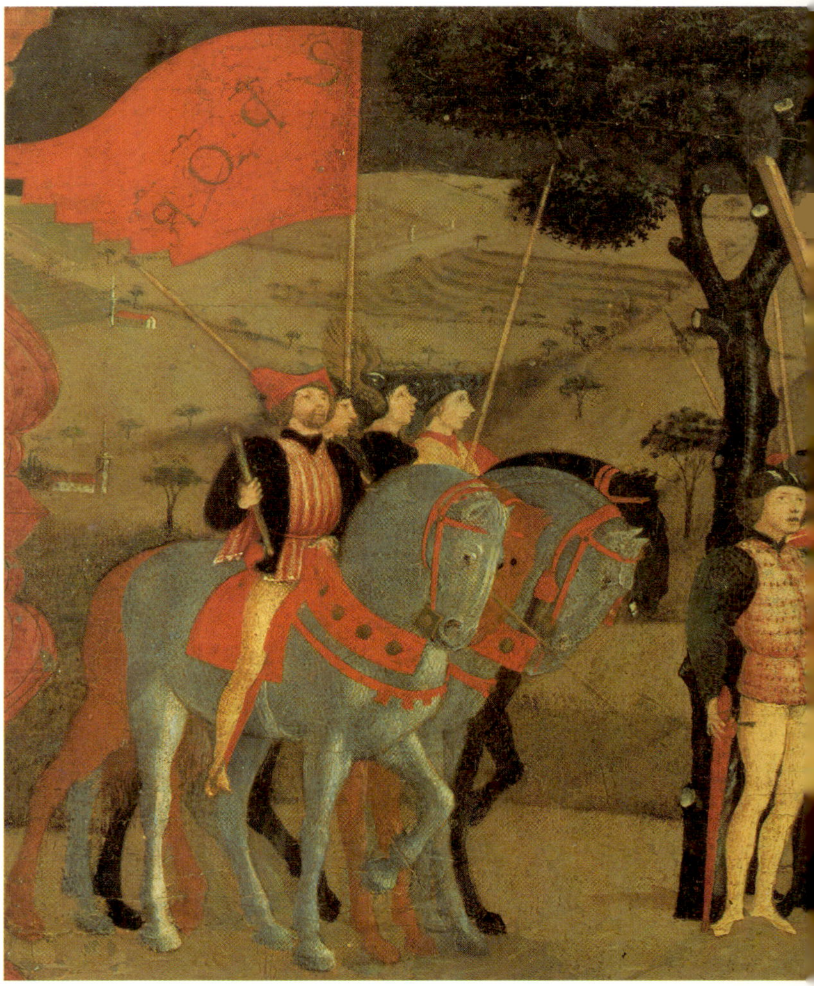

Paolo Uccello
Wunder der entweihten Hostie
Ehemalige Predella mit sechs Altarbildern des Justus von Gent in der Kirche Corpus Domini in Urbino.
1465–1469, Holzgemälde,
32 x 343 cm.
Galleria Nazionale delle Marche, Urbino.

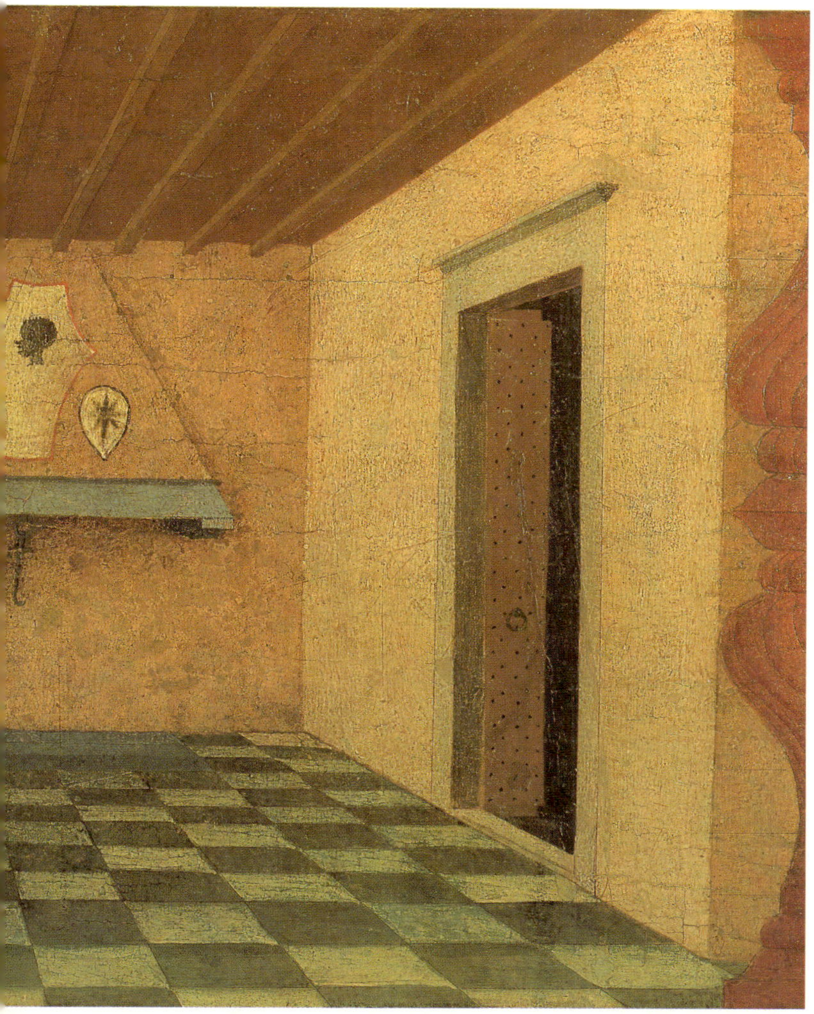

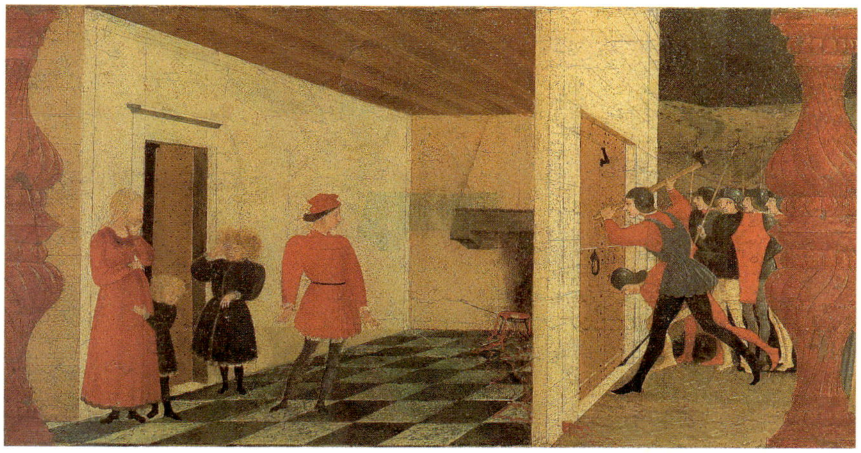

b

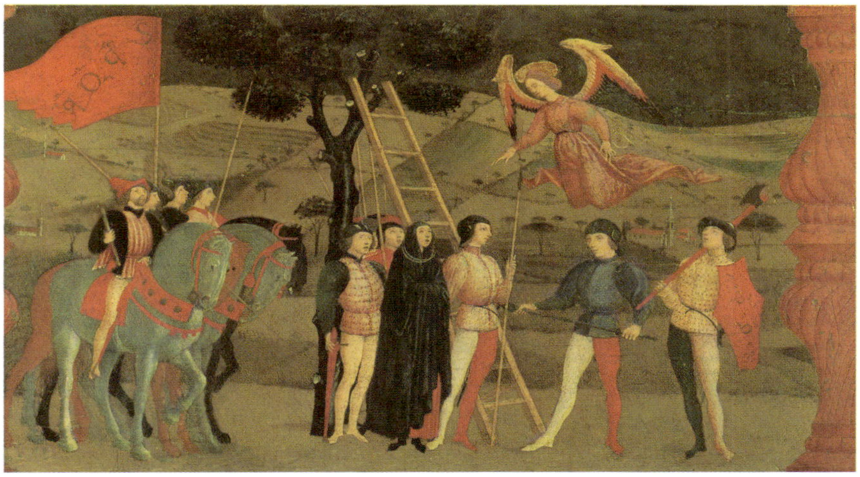

d

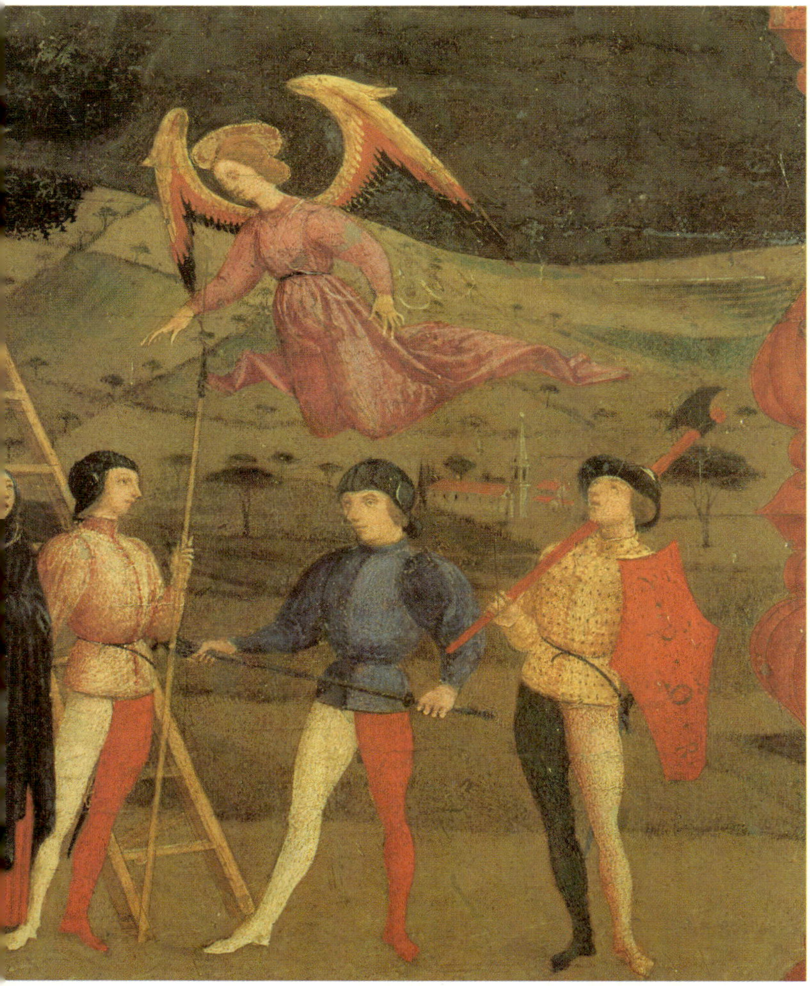

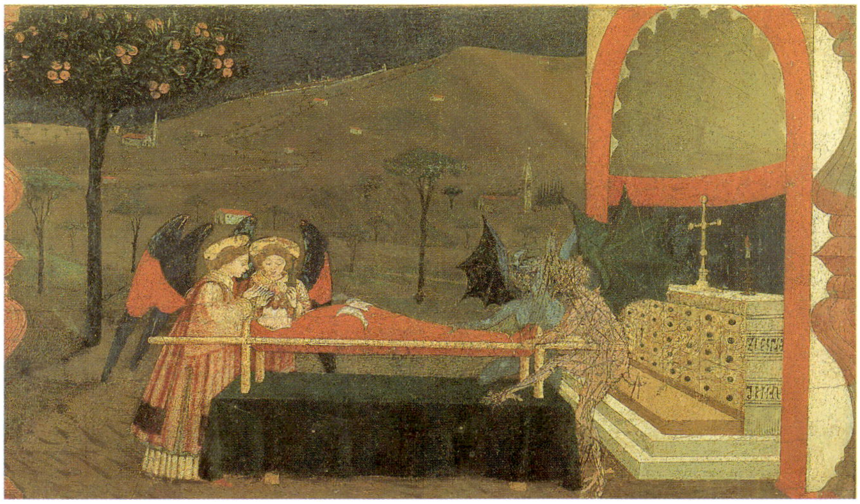

f

a) Die Verpfändung der geweihten Hostie
b) Die Hostie im Feuer
c) Die Prozession zur Erhaltung eines Stückchens der Hostie
d) Die Schuldige wird an den Hinrichtungsort geführt, wo ihr ein Engel erscheint.
e) Der Pfandleiher und seine Familie auf dem Scheiterhaufen.
f) Zwei Engel und zwei Dämonen streiten sich vor einem Altar um den Leichnam der Frau.

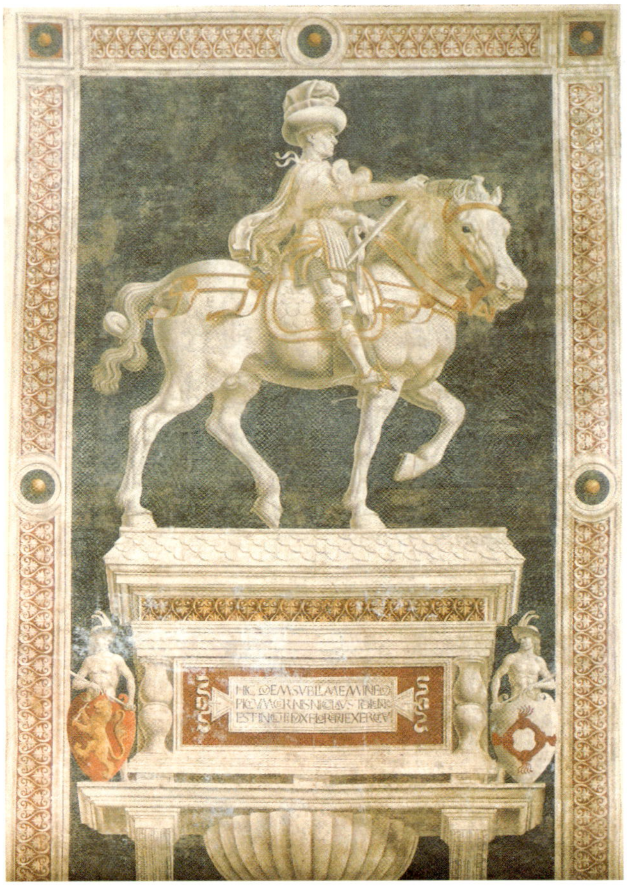

Andrea del Castagno
Reiterstandbild des Niccolò da Tolentino
1456, Fresko, 833 x 512 cm.
Santa Maria del Fiore, Florenz.

Rechte Seite

Andrea del Castagno
Berühmte Männer und Frauen: Pippo Spano
(Vormals in der Villa Carducci)
Um 1450, Fresko, 250 x 154 cm.
Galleria degli Uffizi, Florenz.

In seinem Bemühen um den monumentalen Ausdruck steht Andrea del Castagno trotz der Herbheit und Härte seiner Gestalten der Kunst von Masaccio sehr nahe.

Podestà-Palastes erhängt wurden, malt, und reist nach Venedig; seine Fresken von San Zaccharia zeigen bereits zwei Jahre später einen Ausdruck der Form, der von Uccello beeinflußt scheint, der bildhauerische Zug erinnert an Donatello.

Die monumentale Kraft seiner Malerei kommt glänzend in dem großen Fresko zum Ausdruck, das er um 1445–1450 an den Wänden des Refektoriums von Sant' Apollonia schafft. Er behandelt das Abendmahl im Geiste der Renaissance, indem er die Jünger vor einer strengen Architektur um Christus schart. Es sind nicht die ziemlich herben und individualisierten Gestalten, die den Gedanken einer einzigen und gleichen Kommunion vermitteln. Die Einheit ergibt sich aus dem Aufbau: Die perfekte Architektonik des Abendmahlssaales, dessen Ziegeldach auf den Betrachter zukommt, sowie die weiße Querlinie der Tafel im Vordergrund, die die vollkommene Anordnung der Apostel bestimmt.

So wie sich Paolo Uccello unablässig mit den Fragen des Blickwinkels beschäftigt, versucht Andrea del Castagno stets, sein Werk räumlich aufzubauen und die Körper zu strukturieren. In der Villa Carducci in Legnaia stellt er um 1450 die vielzähligen menschlichen Tätigkeiten dar und schafft damit einen neuen Bildtypus. Die drei florentinischen Condottieri rühmen die Macht ihres Genies, und *Pippo Spano* triumphiert über die ebene Fläche mit dem Ausdruck seiner Wut. Die Dichter *Dante*, *Petrarca* und *Boccaccio* sind als friedvollere Persönlichkeiten dargestellt. Die *Sibylle von Cumae*, die *Königin Esther* und die sagenhafte *Tomyris* schließen dieses gewaltige Bildprogramm ab, das gleichzeitig die Würde des Menschen und die heldenhafte Großartigkeit feiert.

Die Kritiker seiner Zeit, nach dem Beispiel von Cristoforo Landino, sehen in ihm „einen großen Meister der Zeichnung und des Reliefs". Ein Jahr, bevor er 1457 an der Pest stirbt, beweist Andrea del Castagno ein letztes Mal sein meisterliches Können mit dem Trompe-l'œil des Reiterstandbildes von Niccolò da Tolentino, das das Pendant zu dem Gedenkfresko des John Hawkwood im Dom von Florenz bilden soll. Durch die Kraft der intensiven Dramatik in seinem Werk folgt Andrea del Castagno trotz seiner herben Formen dem von Masaccio aufgezeigten Weg.

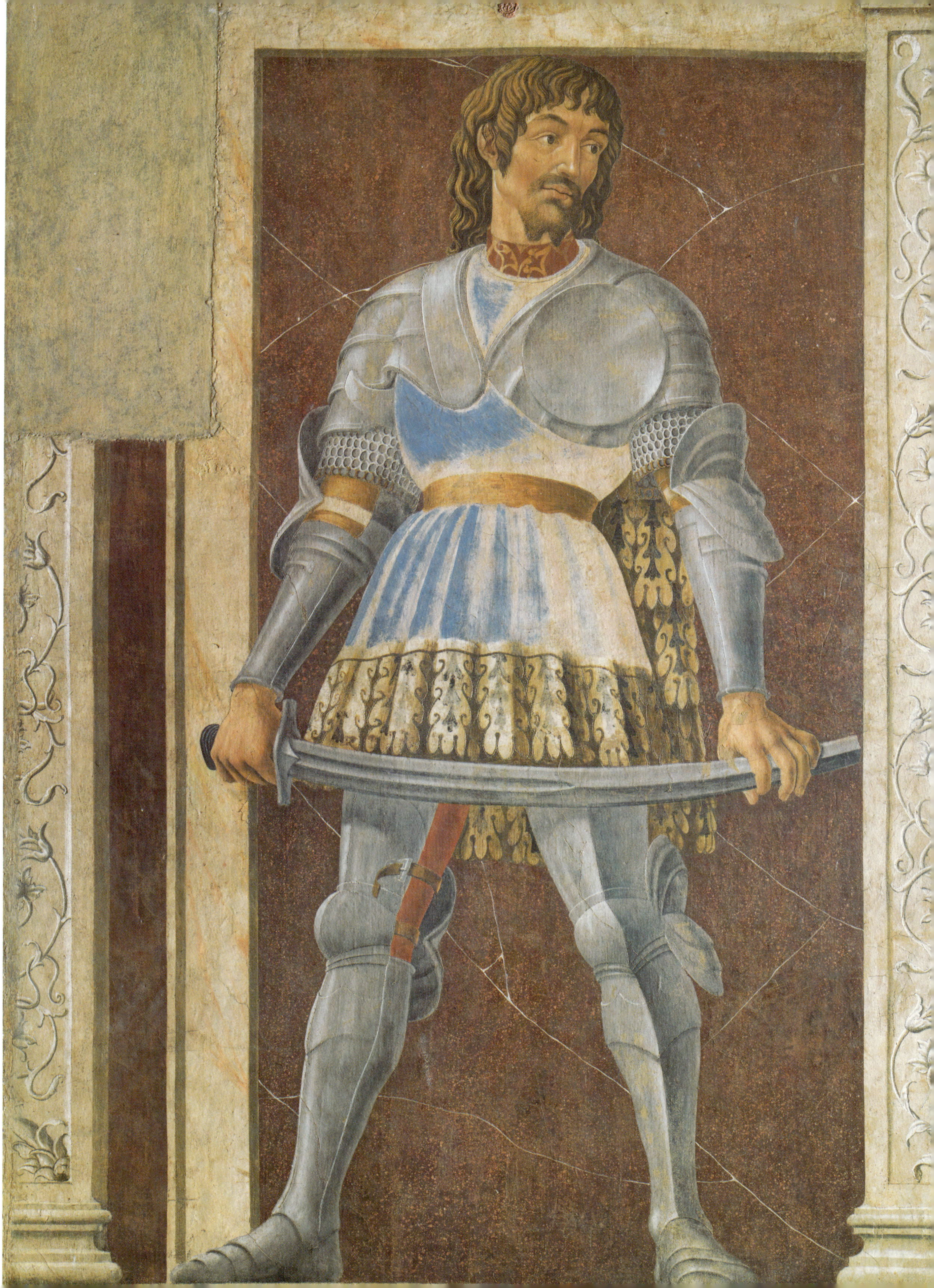

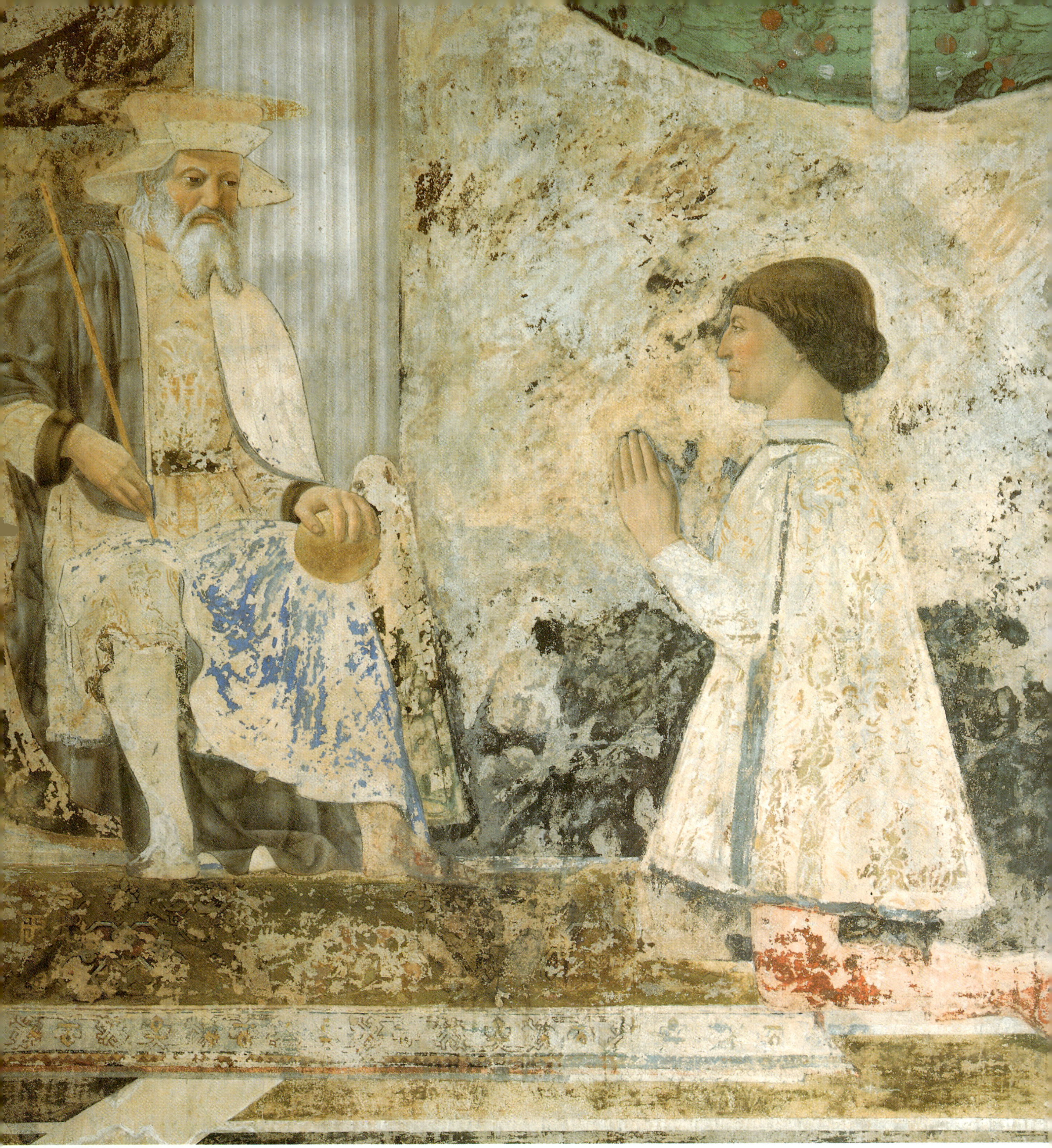

Piero della Francesca: die Geschichte einer Synthese

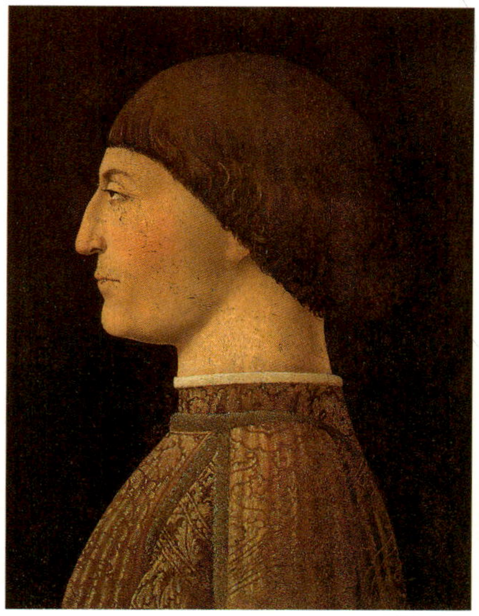

Die meisten der Probleme, die den Streit in der Künstlerwelt des Quattrocento schüren, lösen sich in einer außergewöhnlichen Synthese im Werk des Piero della Francesca. Schon die Geschichte des Malers ist ungewöhnlich, denn wie Leon Battista Alberti stammt Piero nicht aus Florenz. Er wird um 1420 in Borgo San Sepolcro bei Arezzo geboren und bleibt diesem kleinen toskanischen Ort bis zu seinem Tode 1492 treu. Piero lebte allerdings nicht zurückgezogen in diesem Dorf, in dem er sich niedergelassen hatte. Bereits 1439 trifft man ihn zunächst in Florenz bei Domenico Veneziano an, mit dem er die heute nicht mehr erhaltenen Fresken von Sant' Egidio ausführt. Seine Tätigkeit in Arezzo und San Sepolcro wird von Reisen unterbrochen, die er für Auftragsarbeiten unternimmt. Er geht nach Ferrara, um am Dekor des Schlosses von Lionello d'Este und Borso mitzuarbeiten, alsdann nach Venedig und Mitte des Jahrhunderts nach Rimini. Abgesehen von der Reise in die Stadt der Dogen fallen seine Reisen mit denen von Leon Battista Alberti zusammen. Der Architekt baut in Rimini nach den Wünschen des Sigismondo Malatesta die Franziskanerkirche zu einem Denkmal der Herrscherfamilie um. Der Maler schafft ein Fresko, auf dem das Stadtoberhaupt kniend vor dem Heiligen Sigismund dargestellt ist. Der Künstler ist so angesehen, daß man ihn beauftragt, 1459 in Rom das Dekor des Gemachs von Pius II. im Vatikan auszuführen. Laut

PIERO DELLA FRANCESCA
Portrait des Sigismondo Malatesta
1450, Tempera und Öl auf Holz, 445 x 345 cm.
Musée du Louvre, Paris.

Als die italienischen Höfe eine Vorliebe für Profilportraits entwickeln, nimmt Piero della Francesca diese Darstellungsweise auf und stellt die Formen geometrisch dar: den Hals der Person reduziert er auf eine Säule und den weißen Halsausschnitt des Gewandes auf eine horizontale Linie; der Haarschnitt ist als strenge Diagonale dargestellt.

Linke Seite

PIERO DELLA FRANCESCA
Der Heilige Sigismund wird von Sigismondo Pandolfo Malatesta verehrt (Ausschnitt)
1451, Fresko, auf Leinwand übertragen, 257 x 345 cm.
San Francesco („Tempio Malatestiano"), Rimini.

Vasari soll er auch in Perugia, Ancona, Loretto und Pesaro gewirkt haben. Unter seinen zahlreichen Reisen in die italienischen Städte haben seine Aufenthalte in Urbino besondere Bedeutung. Vermutlich trifft er in dieser herzoglichen, vom Humanismus geprägten Stadt, in der sich einer der ersten Fürstenpaläste der Renaissance mit seinen gelungenen Proportionen erhebt, auf eine Atmosphäre, in der er seine Kunst bestens entfalten kann. Neben dem Diptychon, das er Federico II. da Montefeltro widmet, dediziert er diesem ebenfalls sein *Traktat über die Perspektive*, dessen Sohn Guidobaldo widmet er eine kleine Abhandlung über die regelmäßigen geometrischen Körper.

Der erste Lehrer sowie die Jugendgefährten von Piero della Francesca sind nicht bekannt... Wie lange ist er schon in Florenz, als er mit Domenico Veneziano zu arbeiten beginnt? Lebt er bereits am Rande der Stadt? Sein Auge hat schon die Werke von Masolino und Gentile da Fabriano oder die Zartheit der Farbgebung eines Fra Angelico oder eines Filippo Lippi erblickt. Genau wie für Albertis Traktate begeistert er sich für die Kreationen von Masaccio, die Studien von Brunelleschi oder die Theorien von Uccello.

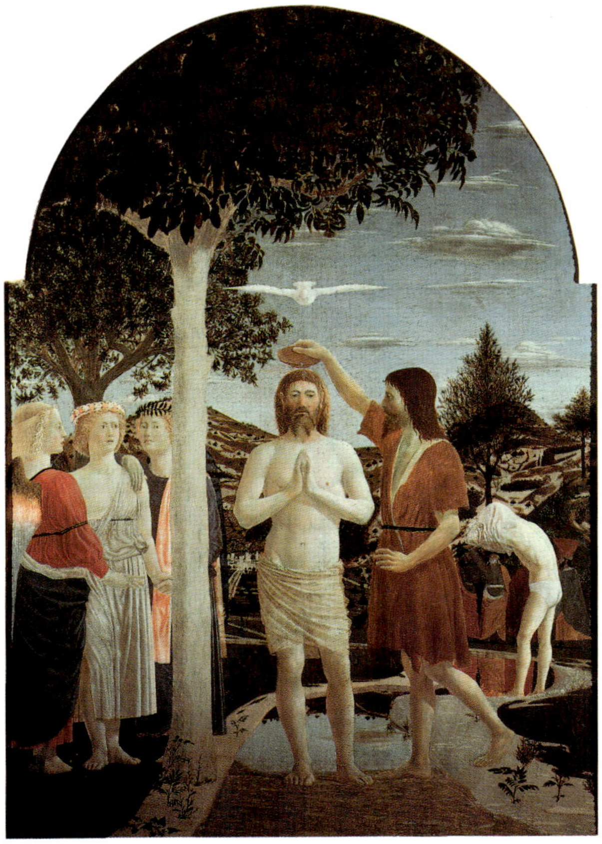

PIERO DELLA FRANCESCA
Taufe Christi
Um 1465, Tempera auf Holz,
167 x 116 cm.
National Gallery, London.

In seinem Gemälde Taufe Christi *kehrt sich Piero della Francesca von Masaccios Erbe ab, um sich ruhigeren Anordnungen zuzuwenden, die zu einer komplexeren Raumaufteilung führen. Hier füllt der Himmel den Raum und gibt dem Gemälde große Tiefe.*

Rechte Seite

PIERO DELLA FRANCESCA
Taufe Christi (Ausschnitt)

Entstehung und Entfaltung einer Persönlichkeit

Vor der Ausführung des Zyklus der *Kreuzlegende* in der Kirche San Francesco von Arezzo zeichnet sich sein Werk vor allem durch das 1445 in Auftrag gegebene *Polyptychon für die Compagnia della Misericordia* in San Sepolcro aus, das Gemälde *Landschaft mit dem Heiligen Hieronymus* um 1450 sowie das Portrait des Sigismondo Malatesta aus der gleichen Zeit. Schon im ersten Polyptychon zeigt Piero della Francesca die Stärke seiner Persönlichkeit. Der Einfluß von Masaccio ist besonders in der allgemeinen Komposition der Bilder spürbar, da Piero, wie Masaccio bei der Santa Maria del Carmine in Pisa, das Thema der Kreuzigung aufgreift, um das Polyptychon zu krönen, indem er die Bewegung der Gestalten dramatisiert, sowie das Thema der *Schutzmantelmadonna*, das von einem neuen architektonischen Empfinden beherrscht ist. Doch er geht bereits weiter als die Florentiner Meister und über die von seinen Auftraggebern verlangten Traditionen hinaus. Der Hintergrund aus feinem Gold und das Ultramarinblau, die im Vertrag vorgeschrieben sind, werden so gearbeitet, daß sie Ort und Zeit des Geschehens völlig beherrschen. Die Gestalten der Komposition sind nicht von dieser Welt. Sie treten in einer vergeistigten Atmosphäre auf, die von einem einzigen Licht durchdrungen ist. Die Jungfrau Maria, die majestätisch die Mitte einnimmt, entspringt einem gänzlich neuen Gedanken. Mit großzügiger Geste entfaltet sie ihren Mantel

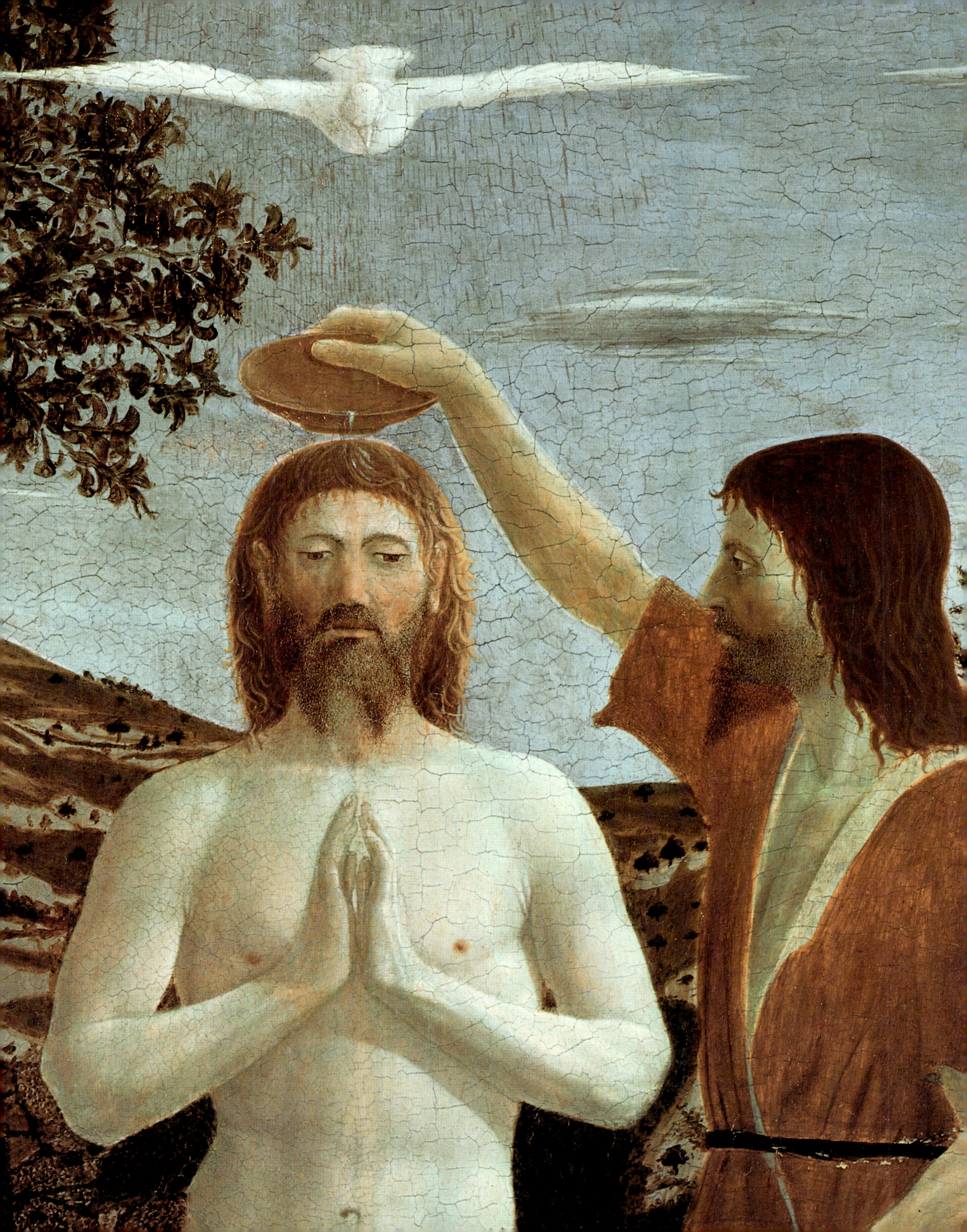

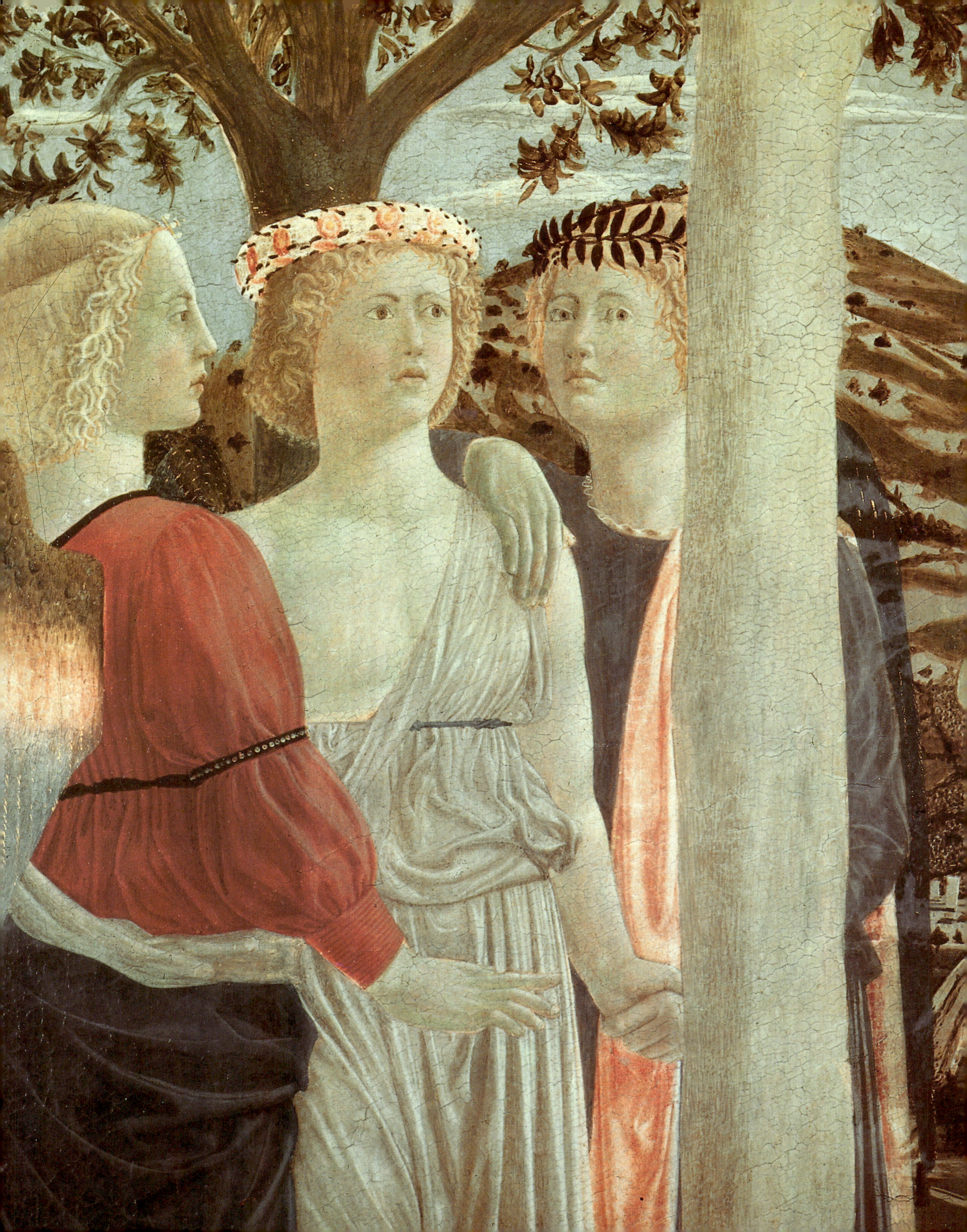

und bildet eine Nische zum Schutz der Gruppe von Frommen. Diese Regung berührt allerdings ihre Gesichtszüge nicht. Dem gemessen feierlichen Charakter der Gestalten von Byzanz oder den von der Gotik überlieferten Figuren zieht Piero die Schaffung eines neuen, einzigartigen Modells vor, das sich gleichzeitig der Geschichte, dem Menschen und dem Göttlichen entzieht. *Die Schutzmantelmadonna* entstammt nur dem Universum des Malers. Mit schlichten Zügen und einzigartig durch ihre Haartracht wirkt sie mittels der Kannelüren ihres Mantels und ihres Gewandes wie eine Statue, was das architektonische Können von Piero della Francesca zum Ausdruck bringt.

Das Polyptychon ist mit keinerlei Verzierung geschmückt. Ein einziges Mal in seiner Geschichte enthält ein Werk von Piero della Francesca weder Landschaft noch Architektur. Doch auch im strengen Befolgen der Wünsche der Bruderschaft nach Einsatz von Gold gelingt es Piero, seine Originalität, ja sogar Einzigartigkeit zu behaupten. Die Strenge seines Stils, die sich durch sein gesamtes Werk zieht, beherrscht bereits das Polyptychon. Piero vereinfacht die Formen und reduziert sie auf das Wesentliche. In seinen Bildern spiegeln sich nicht die schillernden Farben wider, die die Menschen seiner Zeit trugen, er hüllt seine Figuren in nüchterne, meist einfarbige Gewänder. Die Schlichtheit in seinem Werk wird mittels der Geometrie geschickt betont. Diese beherrscht auch die Gestalt der Jungfrau, deren Gesicht ein vollkommenes Oval, deren Hals ein Zylinder und deren Mantel und Gewand eine Reihe von parallelen Falten bis zur Erde sind. Von vorne oder im Profil dargestellt, werden seine Gestalten zu regelmäßigen Körpern und sind fortan denselben Regeln unterworfen. Für die Gestaltung seiner Kompositionen bedient sich Piero della Francesca mehr und mehr der Geometrie. In *Die Madonna del Parto*, *Die Taufe Christi* oder *Die Madonna di Senigalli* ist die Hauptfigur direkt in die Mitte des Bildes gesetzt, während die Nebenfiguren symmetrisch auf gleicher Ebene um sie herum angeordnet sind. Durch diese radikale Vorgehensweise schafft Piero Feierlichkeit, erzeugt Würde und Ruhe und zwingt den Betrachter zur Andacht. Piero ist ein Architekt, der die Welt erbaut. Er gibt sich nicht damit zufrieden, die Geometrie zur Gestaltung seiner Kompositionen einzusetzen, er unterstreicht sie noch durch das Licht. Seine Gestalten folgen einer genauen Kontur und kommen umso deutlicher zum Ausdruck als er die Farben nicht der traditionellen Abstufung der Maler des Quattrocento unterwirft. Mit der Strenge eines Geometriegelehrten wechselt der Meister von San Sepolcro zwischen Licht und Schatten, zwischen warmen und kühlen Farben. In der Kirche San Francesco von Arezzo erlangt er hierin bald höchste Perfektion.

Linke Seite

PIERO DELLA FRANCESCA
Taufe Christi (Ausschnitt)

Die Geste der drei Engel zur Rechten Christi sind Ausdruck der humanistischen Allegorie der Eintracht.

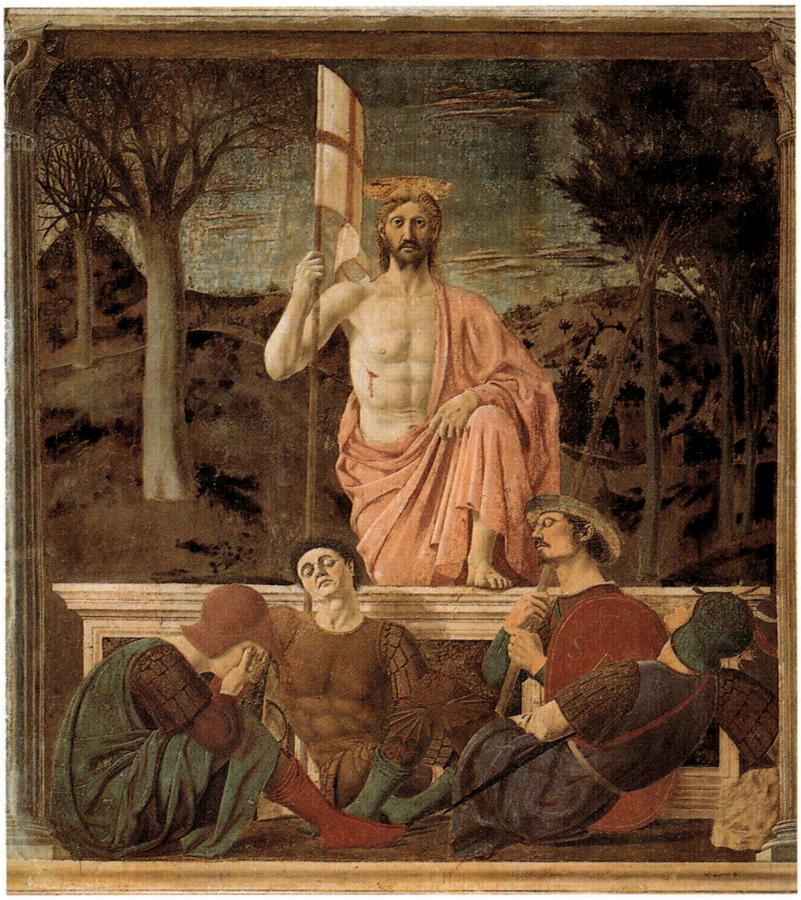

PIERO DELLA FRANCESCA
Auferstehung
Um 1460–1465, Wandgemälde,
225 x 200 cm.
Pinacoteca comunale,
San Sepolcro.

Von Vasari als das beste Werk bezeichnet, stellt dieses Gemälde den Besuch der beiden Pilger am Grabe Christi dar. Nur die Vorderseite des Sarkophags ist zum Betrachter hin gemalt. Piero verleiht dieser Szene einen zeitlosen und unbewegten Charakter, indem er mit den Vertikalen (Baumstämme, Fahnenstange) und dem pyramidenförmigen Aufbau, verlängert durch das Knie Christi, der Gruppe von Soldaten spielt.

Rechte Seite

PIERO DELLA FRANCESCA
Auferstehung
(Ausschnitt: Christus)

Der Zyklus von Arezzo

Pieros Bemühungen um die Beherrschung von Form und Licht führen zu einem Zyklus, in dem er an den Chorwänden die Kreuzlegende darstellt. Um den Wunsch eines ihrer Mitglieder zu erfüllen, ersuchte eine Patrizierfamilie von Arezzo Bicci di Lorenzo, den Chor der Kirche San Francesco zu verzieren. Der Florentiner Maler verstarb, nachdem er lediglich die Wölbezone mit *Das Jüngste Gericht* verziert hatte, und 1452 wurde Piero della Francesca mit der Fortführung betraut. Zur selben Zeit vollzieht sich ein Richtungswechsel im ikonographischen Programm. Das Thema war bereits von Agnolo Gaddi bei der Verzierung des Chors von Santa Croce in Florenz gegen Ende des 14. Jh. behandelt worden; Cenni di Francesco hatte es 1410 in der Franziskanerkirche von Volterra aufgenommen, desgleichen Masolino da Panicale 1424 in San Stefano von Empoli. In dieser Zeit ist die Kreuzlegende für die Päpste ein Thema, mit dem sie die Christenheit aufrufen wollen, sich angesichts der Gefahr durch die Osmanen zu einen und Konstantinopel zurückzuerobern. Piero greift dieses Thema auf, unterstreicht jedoch den Unterschied zu den vorangegangenen Werken in der Wahl seiner Episoden, betont bestimmte Phasen der Geschichte, um sie zu verherrlichen, und fügt andere hinzu. Seine Inspiration schöpft er aus der Liturgie und Hymnologie sowie aus der *Legenda Aurea.*

Der Zyklus an den drei Chorwänden beginnt mit dem *Tode Adams* zu Beginn der Welt. Es folgt eine Szene des Alten Testaments mit dem *Besuch der Königin von Saba bei König Salomon*, alsdann die Episoden *Der Traum Constantins* und *Sieg Constantins über Maxentius* und *Wunderbare Auffindung des Kreuzes*, vor dem *Sieg des Heraclius über Chosroes*, letzterem wird das geraubte Kreuz wieder genommen und nach Jerusalem zurückgebracht. Dieser Geschichte fügt der Künstler mit *Mariä Verkündigung* eine Darstellung aus dem Neuen Testament hinzu. Im Gegensatz zu den Malern des Quattrocento verzichtet Piero della Francesca zugunsten der Übereinstimmung der Themen auf chronologische Darstellung. An der rechten Chorwand gliedert der Meister der Geometrie in höchster Perfektion die Themenreihe der Fresken: der Baum, der die Szene vom *Tod Adams* unterteilt, findet seine Verlängerung in der darunterliegenden Szene in der Hauptsäule, die die beiden Episoden des Zusammentreffens der Königin von Saba und dem König Salomon trennt. Der Baum, eine Frucht der Natur, verwandelt sich in eine Säule, ein Werk des Menschen. In diesem neuen Dekor tritt die Hofgesellschaft mit ihren würdevollen, feierlichen Gesten, ihren Hofdamen und Zofen, zu Säulenstatuen umgeformt, an die Stelle der Ärmlichkeit der ersten Wesen, ihrer Unruhe und

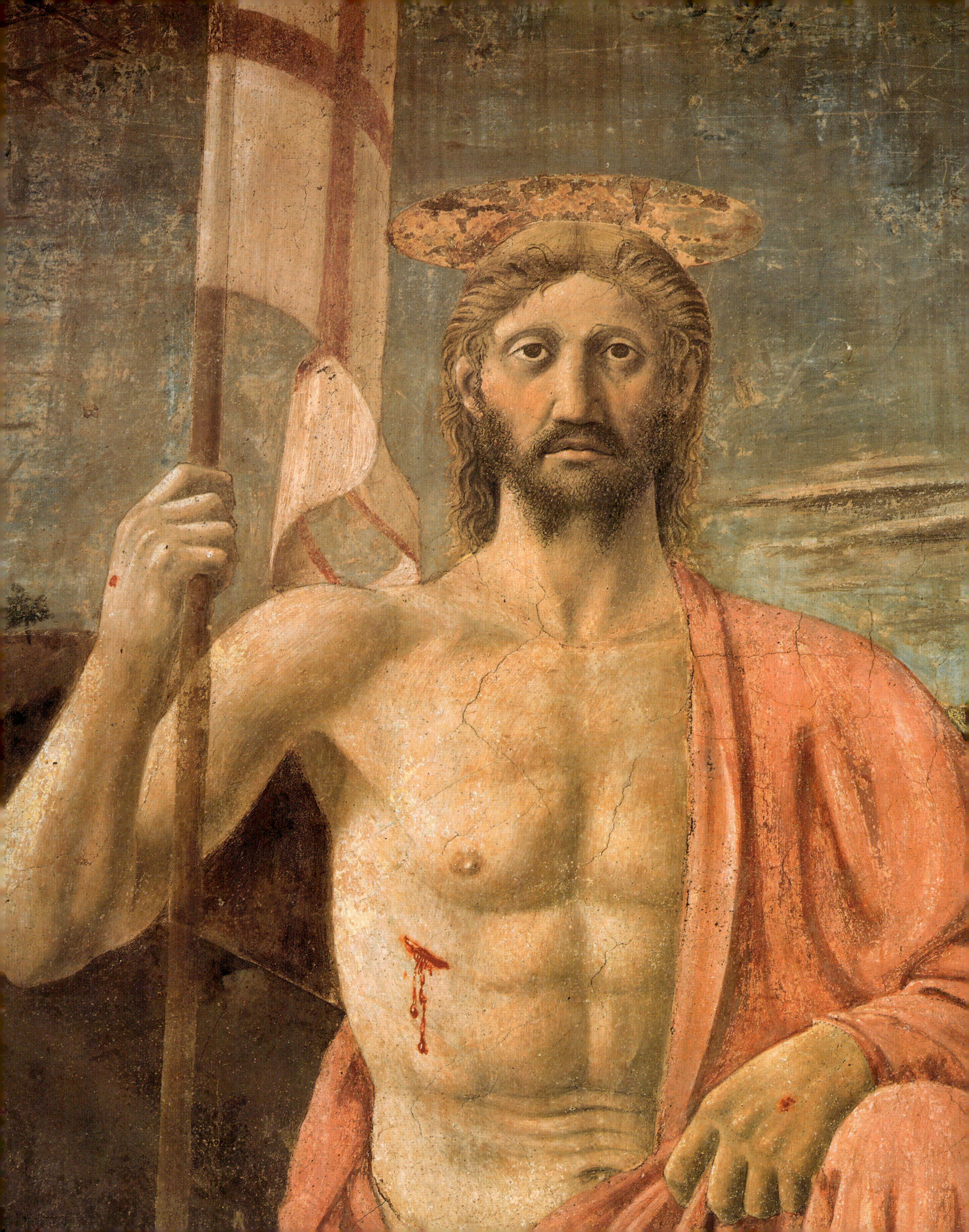

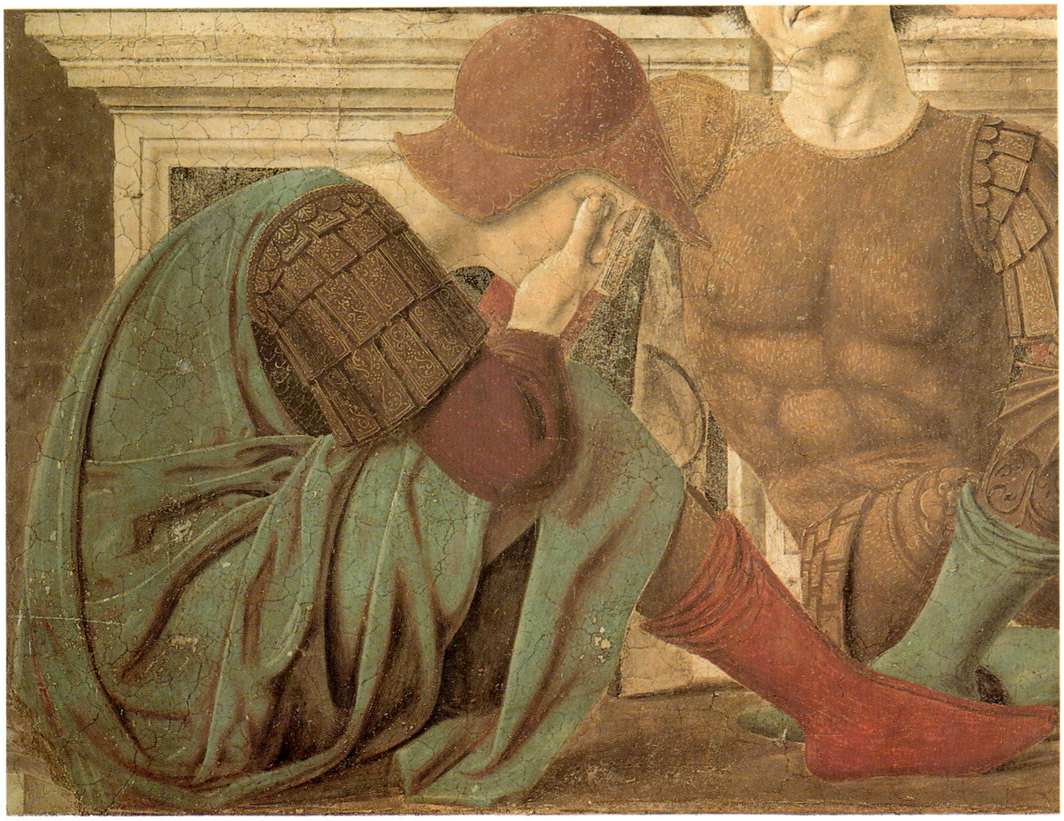

Oben und rechte Seite

Piero della Francesca
Auferstehung
(Ausschnitte: Gruppe der Soldaten)

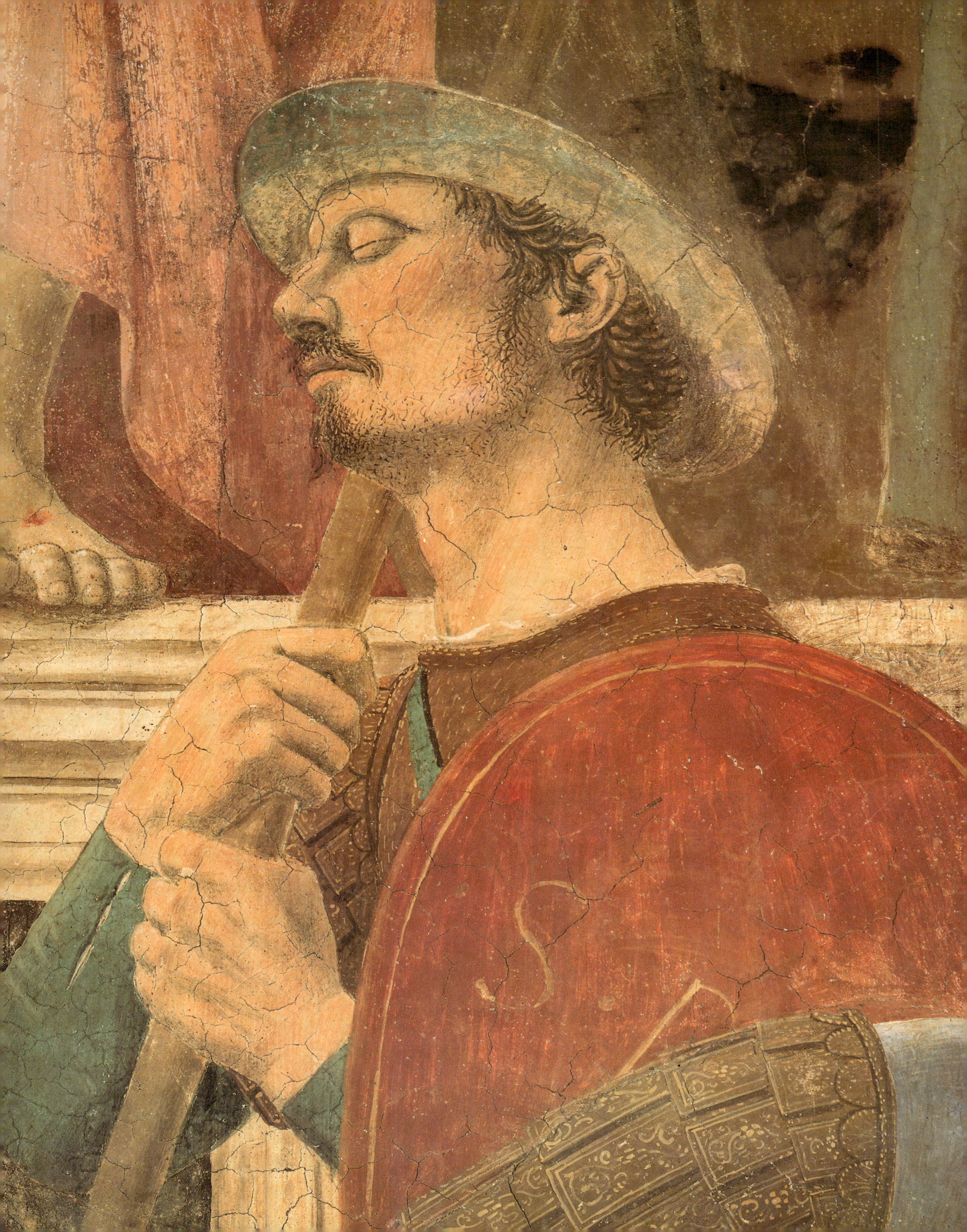

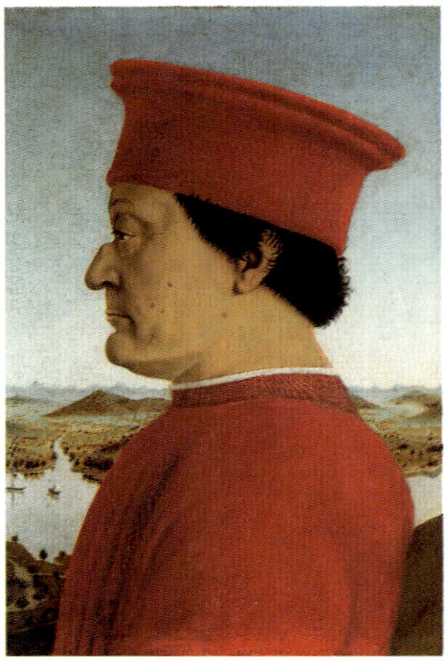

Oben und rechte Seite (Ausschnitt)

PIERO DELLA FRANCESCA
Diptychon des Herrscherpaares von Urbino
(Vorderseite: **Bildnis des Federico II. da Montefeltro**)
Nach 1472, Tempera auf Holz, 47 x 33 cm.
Galleria degli Uffizi, Florenz.

ihren dramatischen Bewegungen. Die Szene und alle Gestalten sind regelmäßige Körper und folgen den Gesetzen der Geometrie. Im linken Teil der Themenreihe umgibt die Schlichtheit der Natur die Herrscherin, bevor sie mit Salomon zusammentrifft. Doch im rechten Teil konstruiert Piero den Palast des Salomon gemäß den Grundsätzen von Alberti.

Eine unwirkliche Welt

Neben seiner völligen Beherrschung der Komposition führt Piero della Francesca die Kunst der Farbgebung und des Lichts zur Vollendung. Er weiß seine Mittel sparsam einzusetzen. Im Bild *Tod Adams* bedient er sich mit großer Sicherheit der Methode der Camaieu. Ganz bewußt schränkt er seine Palette ein, doch die wenigen verbleibenden Farben setzt er mit feinsten Tönungen ein. Piero spielt gerne mit ihrem Wechsel und hebt jeden Ton durch die Farbwerte hervor, die ihn umgeben. Schließlich grenzt er die Formen mittels des Lichtes ein. Jede Gestalt ist mit gleicher Intensität ausgeleuchtet. Das Licht erhellt die Gesichter, verstärkt den Faltenwurf der Gewänder und strahlt von den Gestalten aus – doch kein Element wirft auch nur einen einzigen Schatten. Die unwirkliche Welt von Piero unterliegt dem Prinzip des hellen Lichtes. Nur *Der Traum Constantins* zeigt außergewöhnliche Lichteffekte. Man könnte glauben, daß der Maler sich hier von niederländischen Vorbildern leiten läßt, als er sorgfältig die Verteilung des Lichts oder die Helligkeit um die Formen berechnet. Piero wird zu einem Architekten des Lichts. *Die Madonna di Senigalli* spiegelt auf ihrem Gesicht die goldenen Sonnenstrahlen wider, und dieses Licht überflutet den Innenraum, wie das der niederländischen Meister.

Diese Vorgehensweise zeigt sich ein letztes Mal um 1472, als Piero della Francesca die Bildnisse des Herzogs von Urbino, Federico II. da Montefeltro, und dessen Gemahlin, Battista Sforza, malt. Die Rückseite der Tafeln des ursprünglichen Diptychons zeigen Federico und Battista beim Triumphzug; sie sitzen feierlich auf Wagen, von denen einer von zwei Einhörnern und der andere von weißen Pferden gezogen wird. Der Maler stellt die Bildnisse und die Triumphwagen vor Landschaften dar, die sich bis ins Unendliche zu erstrecken scheinen. Das Licht des Himmels umflutet die Gesichter und bestimmt ihre Form. Obwohl im Profil abgebildet, ist es dem Maler gelungen, die Züge authentisch darzustellen; er bringt gleichzeitig die Klugheit und Charakterstärke des Herzogs zum Ausdruck, der über sein Gebiet herrscht.

Mit *Die Madonna di Senigalli* (um 1470) und dem Spiel zwischen Licht und Schatten sowie mit *Geburt*

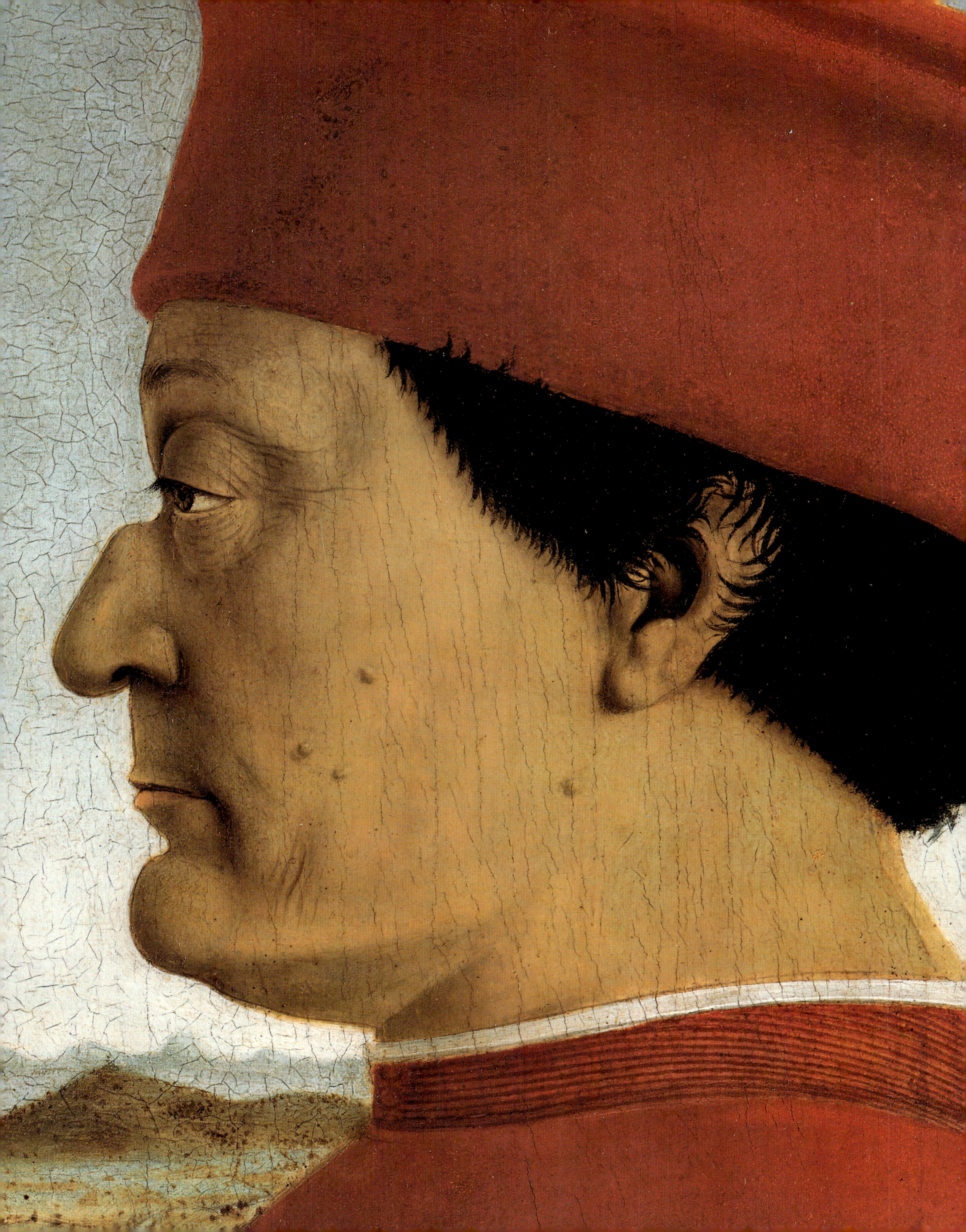

Christi (1470) nimmt Piero die Elemente wieder auf, die seine Kunst begründeten. Doch die Jungfrau ist nun ein irdisches Wesen, was sich in der Sanftheit ihres Gesichtes, der Wärme ihres Teints und im Glanz ihres Blickes zeigt. Die Engel des Streichquintetts der *Geburt Christi* wie auch die Jungfrau, toskanischer Herkunft und geschmückt mit den Juwelen der Herzogin von Urbino, vereinen sich wieder mit der Menschheit. Jetzt von Licht- und Schatteneffekten umgeben, sind sie Vorboten

Nebenstehend und rechte Seite

PIERO DELLA FRANCESCA
Diptychon des Herrscherpaares von Urbino
(Vorderseite: **Bildnis der Battista Sforza**)
Tempera auf Holz,
47 x 33 cm.
Galleria degli Uffizi, Florenz.

Das Bildnis der Battista Sforza ist vielleicht ein posthumes Portrait. Bemerkenswert ist die prächtige Haartracht, die sich aus einem Schmuckstück, einem Band sowie einem Zopf zusammensetzt.

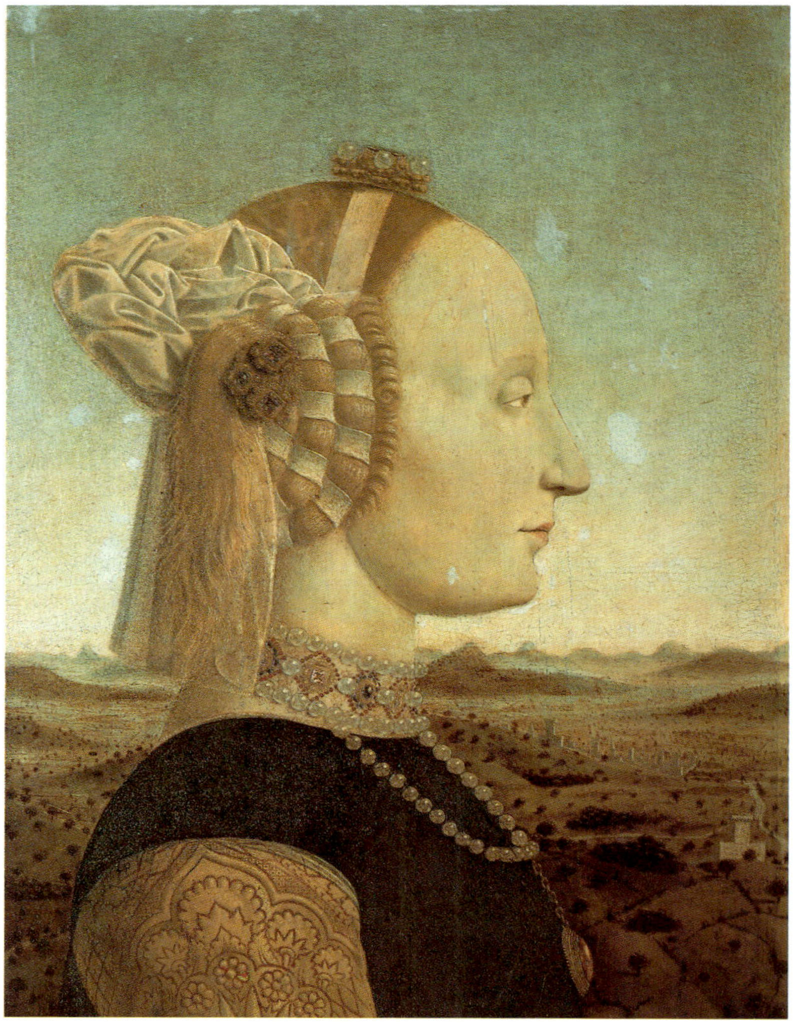

des Werkes von Leonardo da Vinci oder von Vermeer aus Delft. Piero della Francesca hatte durch sein geometrisches Können und seine Fähigkeit zur Abstraktion begeistert. Sein Spätwerk verzaubert durch die Einbindung des Lichts in die Szene und dadurch, daß er seinen Gestalten wieder Leben gibt.

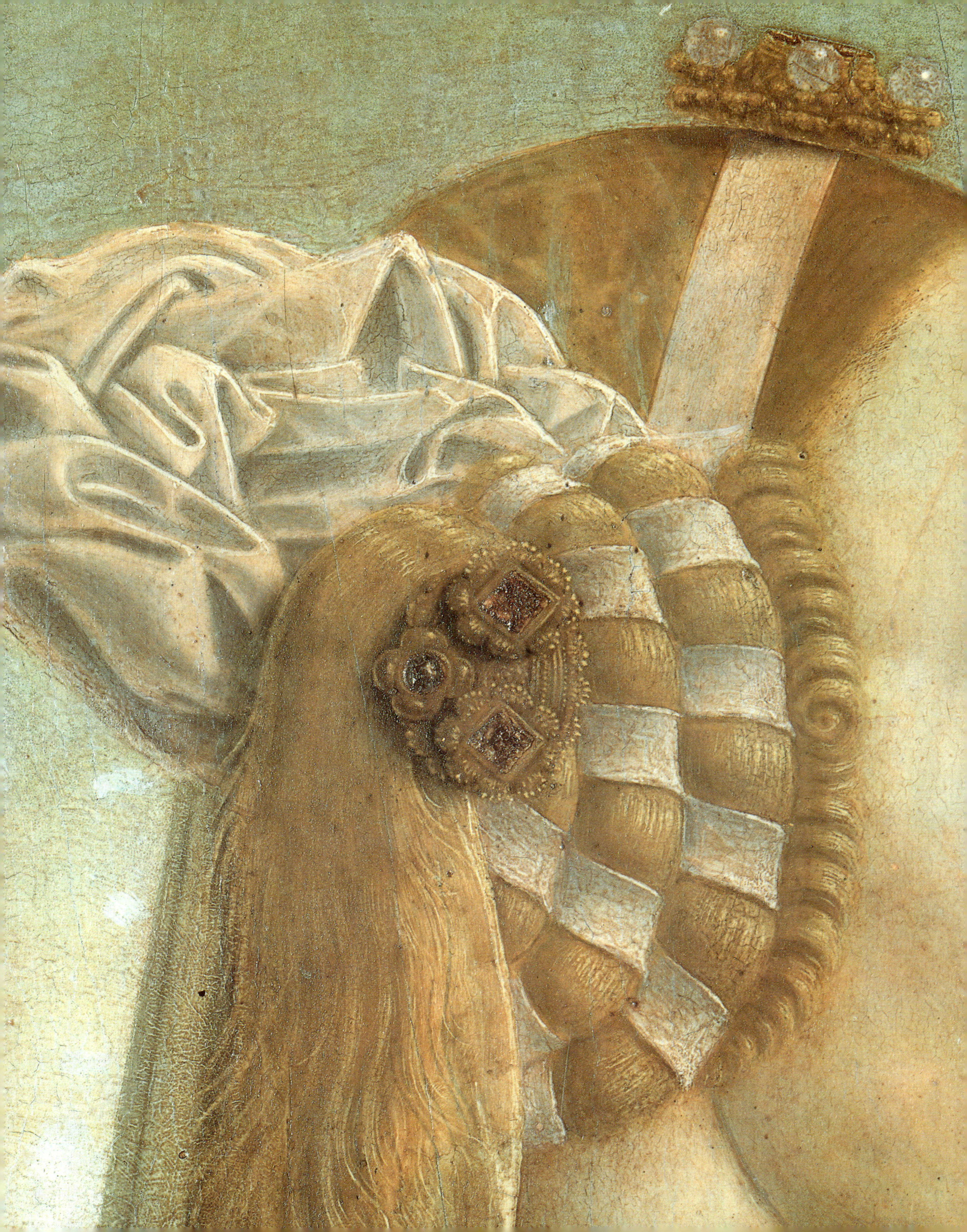

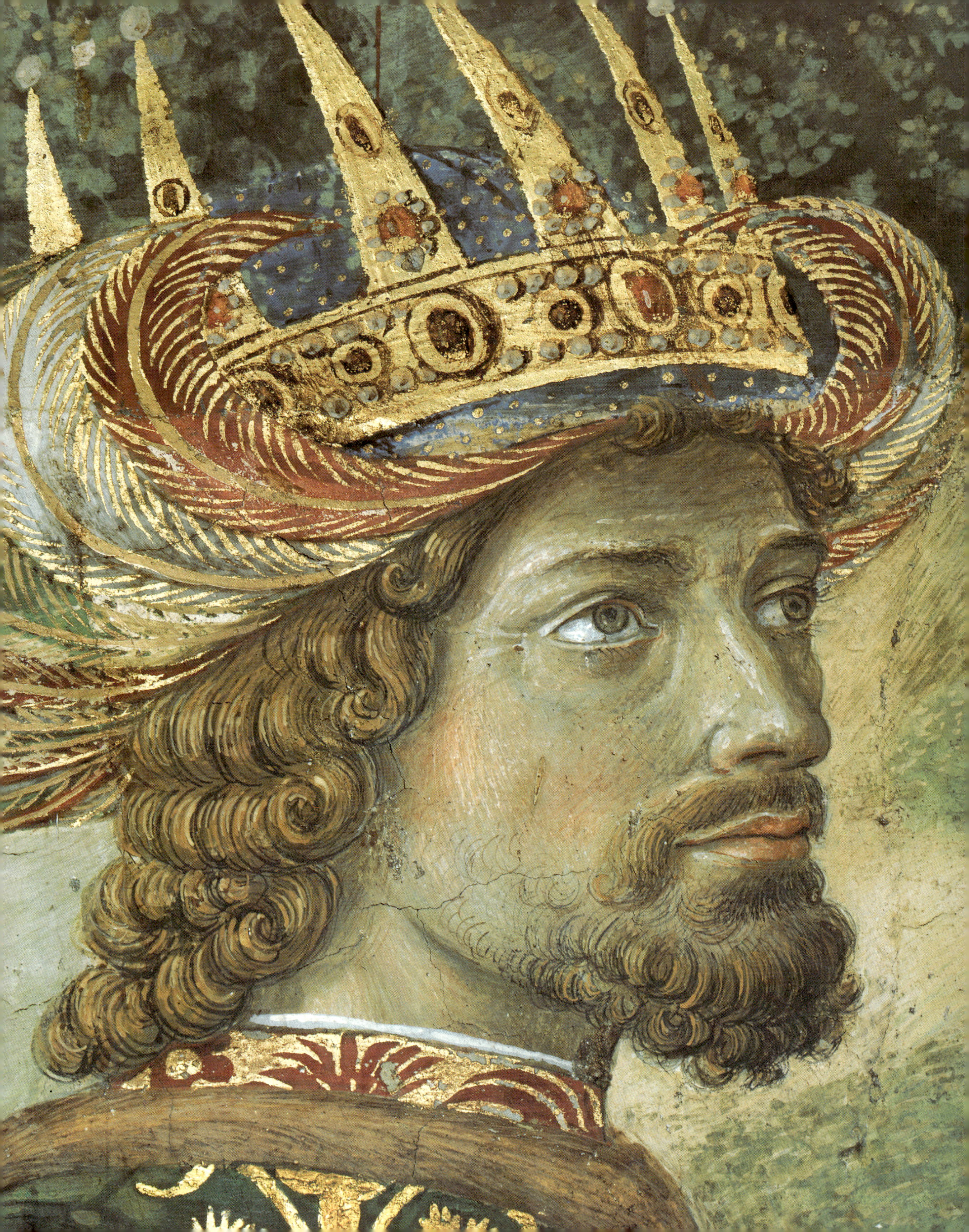

Die Zeit der Erzähler

Nachdem Piero della Francesca um 1440 endgültig aus Florenz weggegangen ist, leiden die florentinische Malerei und Architektur zwischen 1460 und 1470 unter dem Verschwinden der ersten Generation großer Erfinder. Die Stadt bleibt dennoch eine lebendige Hochburg der Kunst dank der regen Tätigkeit der Illustratoren, deren zahlreiche und unterhaltsame Werke der beliebten Tradition des höfischen Epos zu folgen scheinen. Die Kunst des Erzählens war mit Pesellino aufgetaucht und entfaltet sich mit Benozzo Gozzoli sowie Alesso Baldovinetti und wird in den Werken von Domenico Ghirlandaio zur Vollendung geführt. Auf diesem Gebiet, wo der Künstler die gewagtesten Experimente unternimmt, wo er manchmal in die ermüdende Einförmigkeit der Konventionen von Schulen oder von Akademismus verfällt, zeichnet sich Benozzo Gozzoli (1420–1497) durch die Originalität seiner Werke aus.

Benozzo Gozzoli und die Reize einer höfischen Kunst

Seine Ausbildung ist eigentlich ein Musterbeispiel für eine Lehre zur Zeit des Quattrocento. Mit gerade zwanzig Jahren arbeitet er für Fra Angelico, der die Gemälde des Klosters San Marco ausführt, und tritt in den Dienst von Ghiberti, der von der Fertigstellung seiner zweiten

Benozzo Gozzoli
Der Zug der Heiligen Drei Könige
(Ausschnitt: Bildnis des Kaisers Johannes VIII. Palaeologos)
1459, Fresko.
Palazzo Medici-Ricardi,
Florenz.

Für die Darstellung des Kaisers Johannes VIII. Palaeologos als einen der Heiligen Drei Könige läßt sich Gozzoli durch eine im Jahre 1438 von Pisano angefertigte Münze inspirieren. Doch er ersetzt den traditionellen und plumpen byzantinischen Hut durch eine Krone, die auf einem runden, mit Pfauenfedern verzierten Käppchen ruht, und läßt das Gesicht jünger erscheinen.

Tür für das Baptisterium in Anspruch genommen ist, um eine Goldschmiedelehre zu beginnen. Mit seinem ersten Meister arbeitet er am Dom zu Orvieto und hilft beim Dekor der Kapelle von Nikolaus V. im Vatikan. Fasziniert von der Spiritualität Fra Angelicos, von dem er die Feinheit der Farben übernimmt, schwelgt er in wundervollen Ausdrucksformen, die allerdings dem Betrachter sehr nahe sind, da sie in eine zeitgenössische Atmosphäre mit zahlreichen vertrauten Details übertragen werden. Sein meisterliches Können bei der *Almosenspende* in der Kapelle des Vatikans zeugt von seiner Beherrschung der Pespektive. In den Fresken des *Franziskuszyklus* in Montefalco läßt er seinem erzählerischen Talent freien Lauf. Sein Ruf als Verzierungskünstler ist so gut, daß er Aufträge für Viterbo und San Gimignano erhält. Für die Künstler seiner Zeit stellt sich Gozzoli nicht als großer Meister dar, doch Vasari, erstaunt durch die Menge seiner Werke, behauptet, „so übertraf er nichtsdestoweniger alle seine Zeitgenossen durch seinen Schaffenseifer, weswegen ihm denn auch unter der Vielzahl seiner Werke einige gute gelangen!"

Das Ansehen von Gonzoli erreicht seinen Höhepunkt nach der Verzierung der Privatkapelle im Palazzo Medici in Florenz, ein Auftrag des Piero de Medici, der diesem Künstler hierfür den Vorzug vor Paolo Uccello, Filippo Lippi und auch Domenico Veneziano gibt.

Vielleicht zeigte sich Gozzoli gegenüber den Anforderungen seines Mäzens verbindlicher, als es um die Erteilung des Auftrags ging, was aus ihrem Briefwechsel hervorgeht. So fertigt er ein Freskenwerk mit der *Geburt Christi* und insbesondere dem Gemälde *Der Zug der Heiligen drei Könige*, der sich durch eine märchenhafte Landschaft zieht, die an den Garten Eden erinnert. Die von Gozzoli gemalte Szene wird schließlich zum Triumph der Medici, sichtbar durch die Überführung des Unionskonzils der Kirchen von Ferrara nach Florenz. Die drei Könige sind von Kaiser Johannes Palaeologos, dem Patriarchen von Konstantinopel und Lorenzo de Medici dargestellt. Fürsten und mit der Familie befreundete Humanisten und verbündete Staatsmänner bilden ein prächtiges Gefolge, und die Pagen in ihren Kostümen wie auch die Pferde in ihrem Geschirr tragen stolz das Wappen der Medici. Im Rahmen einer paradiesischen Landschaft, die die Züge der Toskana trägt, setzt Benozzo Gozzoli die Biblische Geschichte in eine zeitgenössische Episode des Quattrocento um und unterstreicht so die Macht des Herrscherhauses. In dieser Huldigung macht Gozzoli Gebrauch von den Reizen einer höfischen Kunst, die für das bürgerliche Patriziat bestimmt ist. Die Fresken schmücken die Wände wie Teppiche. Die Landschaften bedecken das gesamte Werk, und ihre Wirkung ist durch

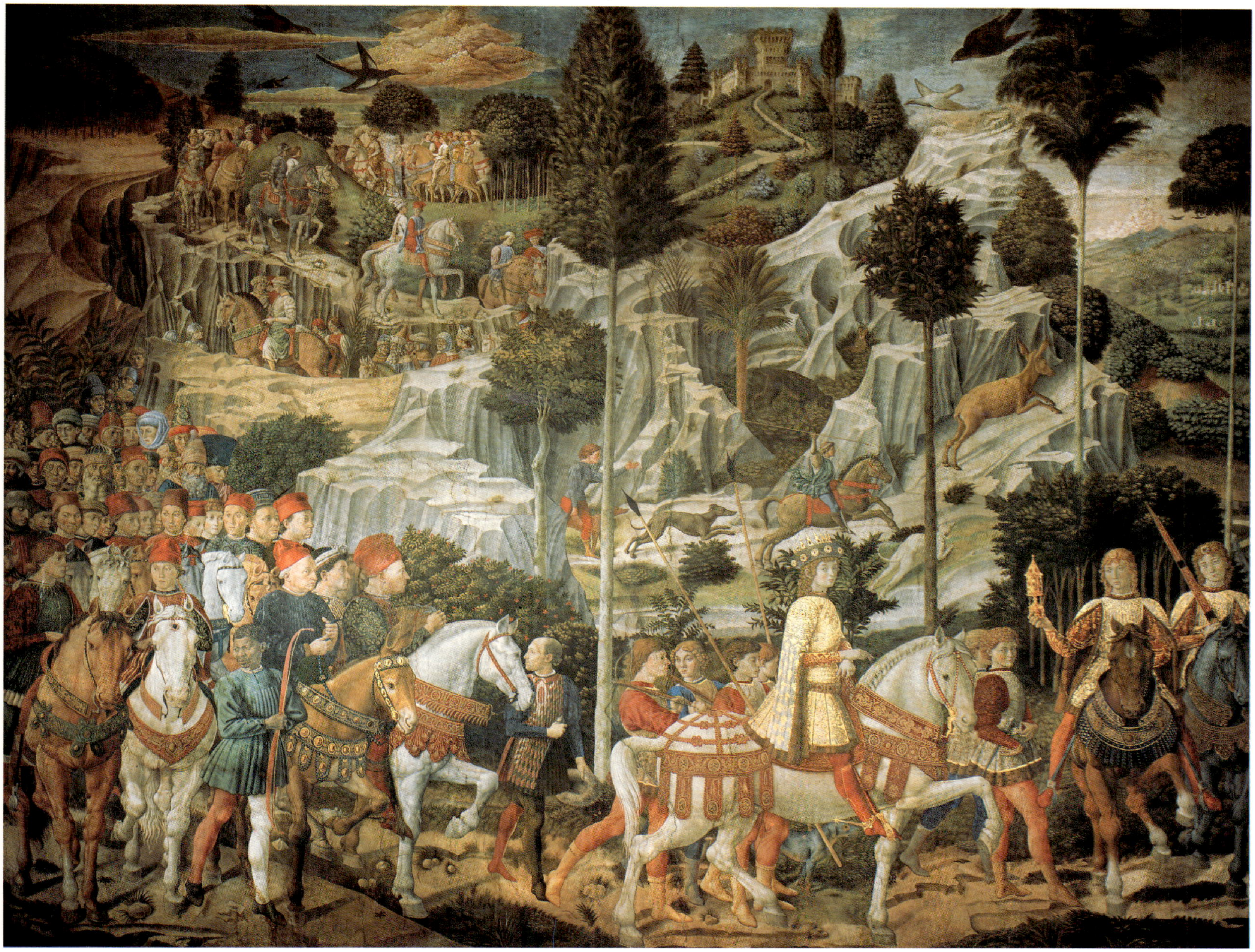

BENOZZO GOZZOLI
Der Zug der Heiligen Drei Könige
(Ausschnitt: rechte Seite)

Lorenzo il Magnifico ist mit elf oder zwölf Jahren der jüngste der Heiligen Drei Könige. Er führt einen Gefolgszug an, in dem Cosimo de Medici, Piero il Gottoso und sein Bruder Giuliano zu sehen sind.

BENOZZO GOZZOLI
Der Zug der Heiligen Drei Könige
(Ausschnitt: Lorenzo il Magnifico auf seinem Pferd)

Wache Augen beleben ein Gesicht mit kantigem Unterkiefer, der bereits Macht und Wille zum Ausdruck bringt, und schmalen Lippen.

zahlreiche reizvolle Motive, glänzendes Gold oder erlesene Farben verstärkt. Wie in den Fresken von San Gimignano oder denen im Camposanto von Pisa bringt der Maler seine gesamten Kenntnisse aus dem Bereich der Kunst zum Ausdruck und setzt alle Mittel ein, über die er mit einer zwar leichten, aber nicht weniger eleganten Erfindungsgabe voller Frische verfügt. Mit ihm überleben die Miniaturmalereien, die zu Beginn des 15. Jahrhunderts bezauberten...

Die Stilrichtungen, die in der vorangegangenen Florentiner Malereigeneration aufgetaucht waren, finden sich hier nuancierter wieder. Der Maler der Jahre 1460–1470 kann gleichermaßen Kolorist und Zeichner sein. Dies trifft auf Alesso Baldovinetti zu, der von seinem Meister Domenico Veneziano die Kunst der heiteren Kompositionen und der von Licht hervorgehobenen Farben übernimmt und Uccello sowie Castagno das Gespür für Raum und klare Linien verdankt. Das Dekor der Kapelle des Kardinals von Portugal in San Miniato entsteht 1466–1473 aus dieser Verbindung. Als Baldovinetti die *Verkündigung* malt, hellt er das Gesicht von Maria in der Art von Domenico Veneziano auf. Aber er orientiert sich an Castagno, um *Die Propheten* und *Die Evangelisten* zu behandeln, wobei er die Abgrenzung der Silhouetten und die Ausdrucksstärke der Gesichter unterstreicht.

Seiner heiteren Farbgebung begegnet man in dem Gemälde *Madonna* von 1450. Doch in diesem Werk und im Gemälde *Geburt Christi* des Klosters Santissima Annunziata zeigt er der florentinischen Malerei auch einen neuen Weg auf. Bei ihm sowie bei Antonio del Pollaiuolo wird die Landschaft auf natürliche Weise miteinbezogen. Vasari erzählt, daß er „sehr gerne Landschaften behandelte und sie vor Ort naturgetreu malte". Die Weite des Arnotals, die sich nach niederländischem Vorbild hinter Maria erstreckt, ist Ergebnis einer direkten und minutiösen Studie, die Pollaiuolo seinerseits in seinem Bemühen um die Übereinstimmung zwischen Gestalt und Landschaft bis zum äußersten treibt.

Das Interesse, das diese neue Generation von Malern für die Erzähltradition und die niederländische Darstellungsweise hegt, kommt bei Domenico Ghirlandaio (1449–1494) am schönsten zum Ausdruck. In seinen frühen Werken steht er Verrocchio nahe, der ebenfalls mit Baldovinetti gearbeitet hat. Daneben integriert er später die seinem Meister so teure Lichtwirkung in eine sanftere Konzeption religiöser Darstellungen. In leicht eklektischer Weise entdeckt er im Entstehen des Triptychons des Portinari-Altars von Hugo van der Goes im Jahre 1482 die Quelle für eine neue Orientierung hin zum Realismus. Gerne greift er auf architektonische Elemente zurück, um seine umfangreichen, ausgewogenen Kompositio-

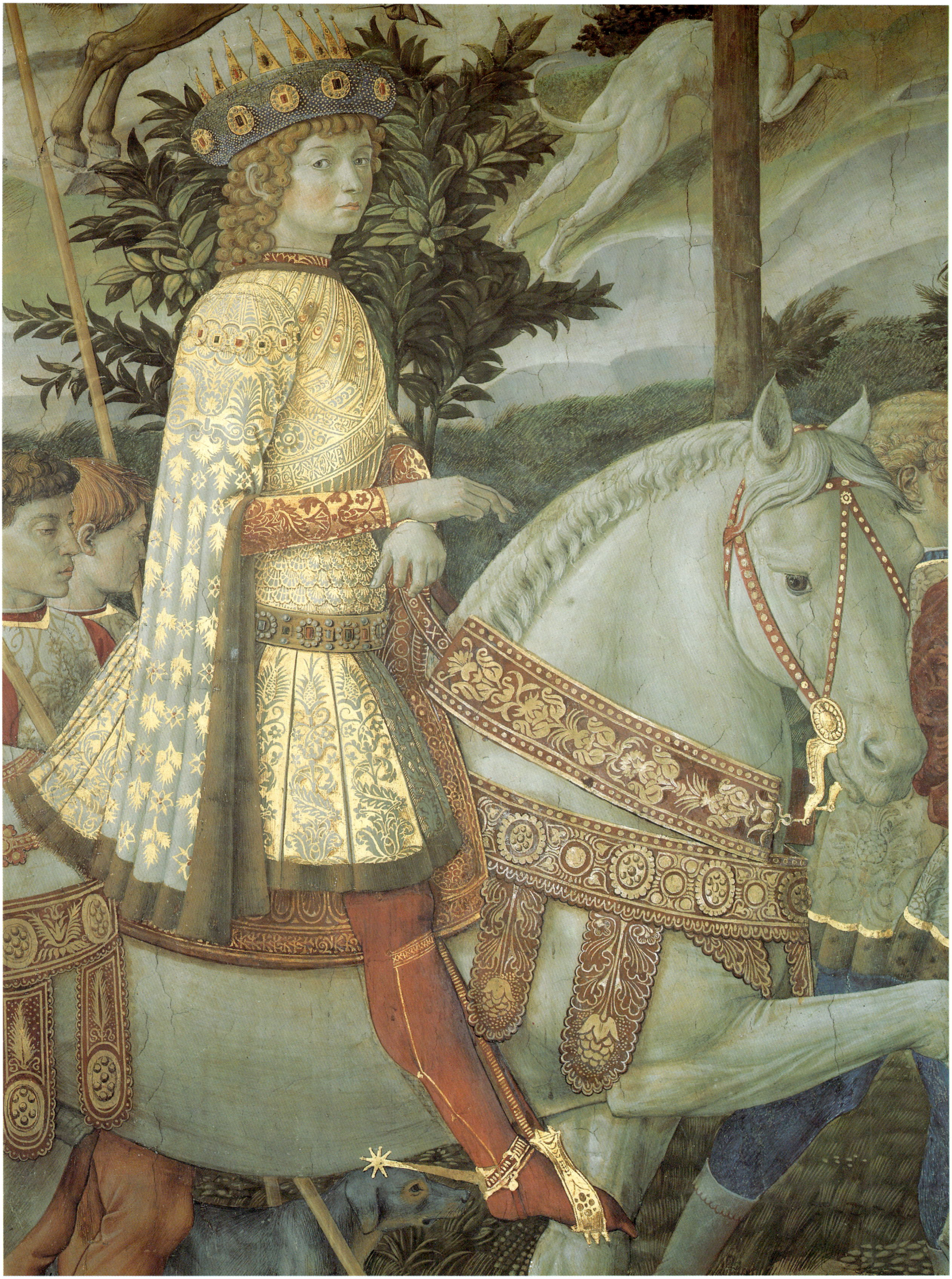

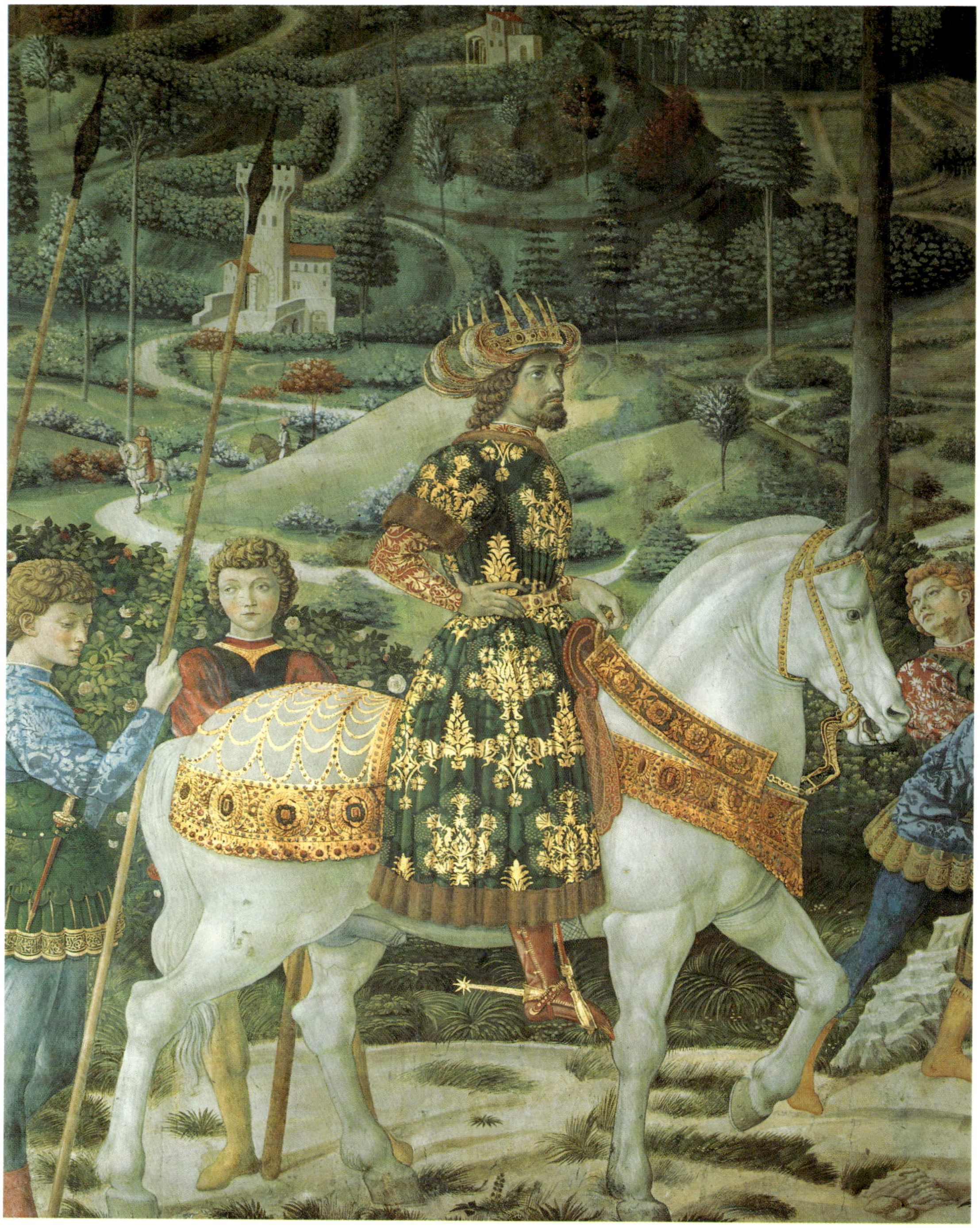

Benozzo Gozzoli
Der Zug der Heiligen Drei Könige
(Ausschnitt: Kaiser Johannes VIII. Palaeologos auf seinem Pferd)

Folgeseite

Benozzo Gozzoli
Zug der Heiligen Drei Könige
(Ausschnitt: die Pagen)

Hinter den Königen in Prachtgewändern auf ihren Pferden ist das Fußvolk mit engen Oberschenkelhosen ebenso elegant.

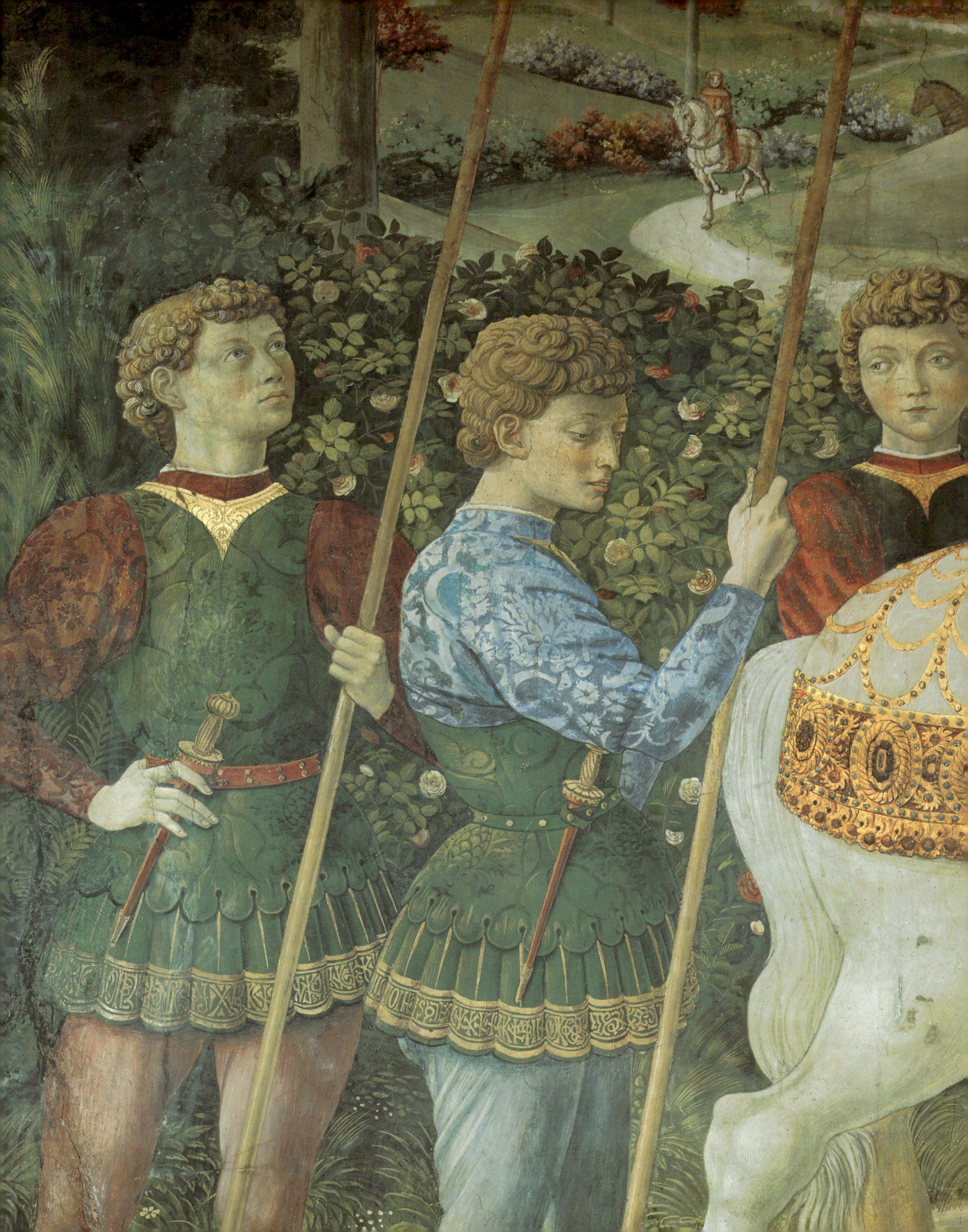

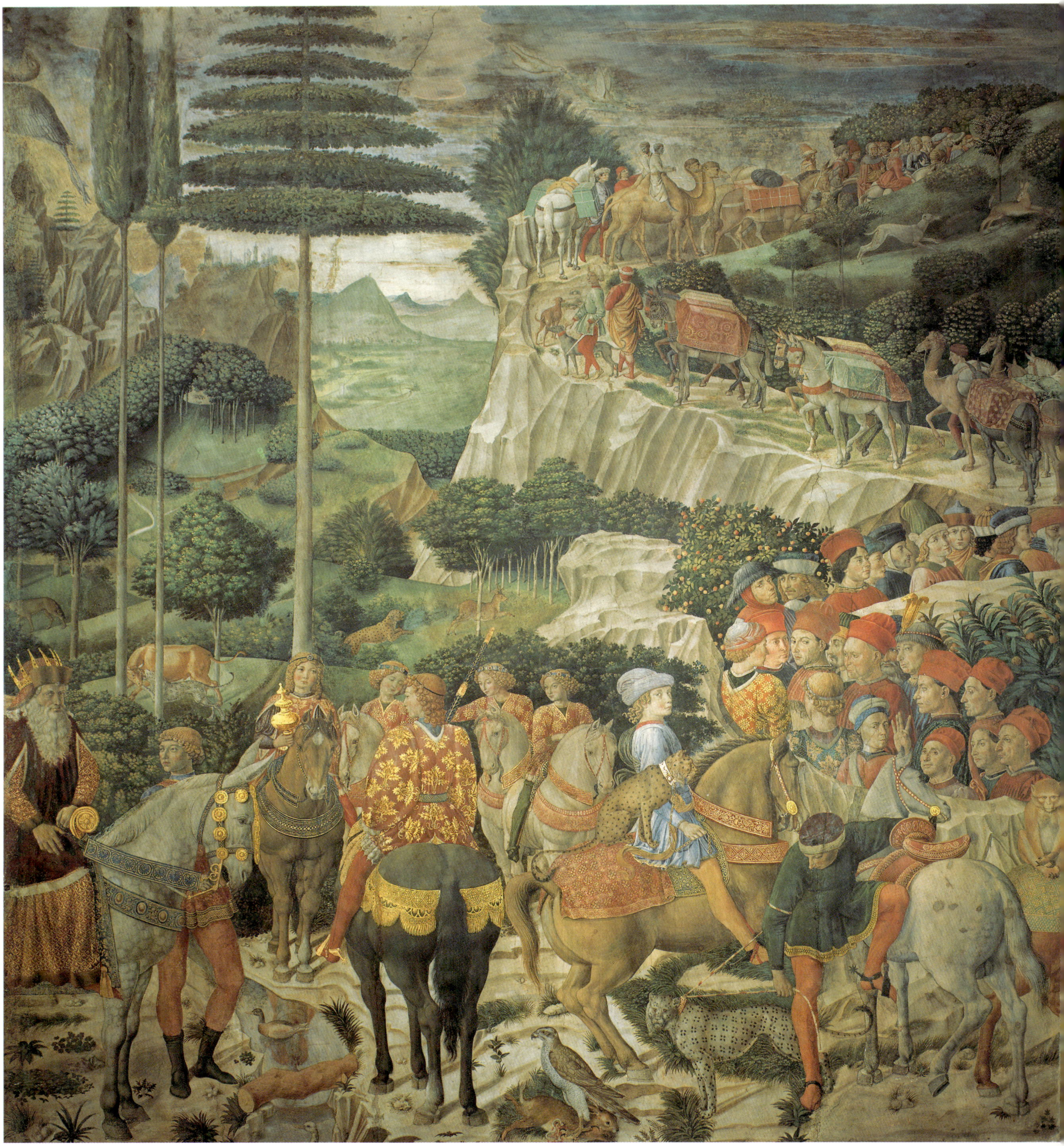

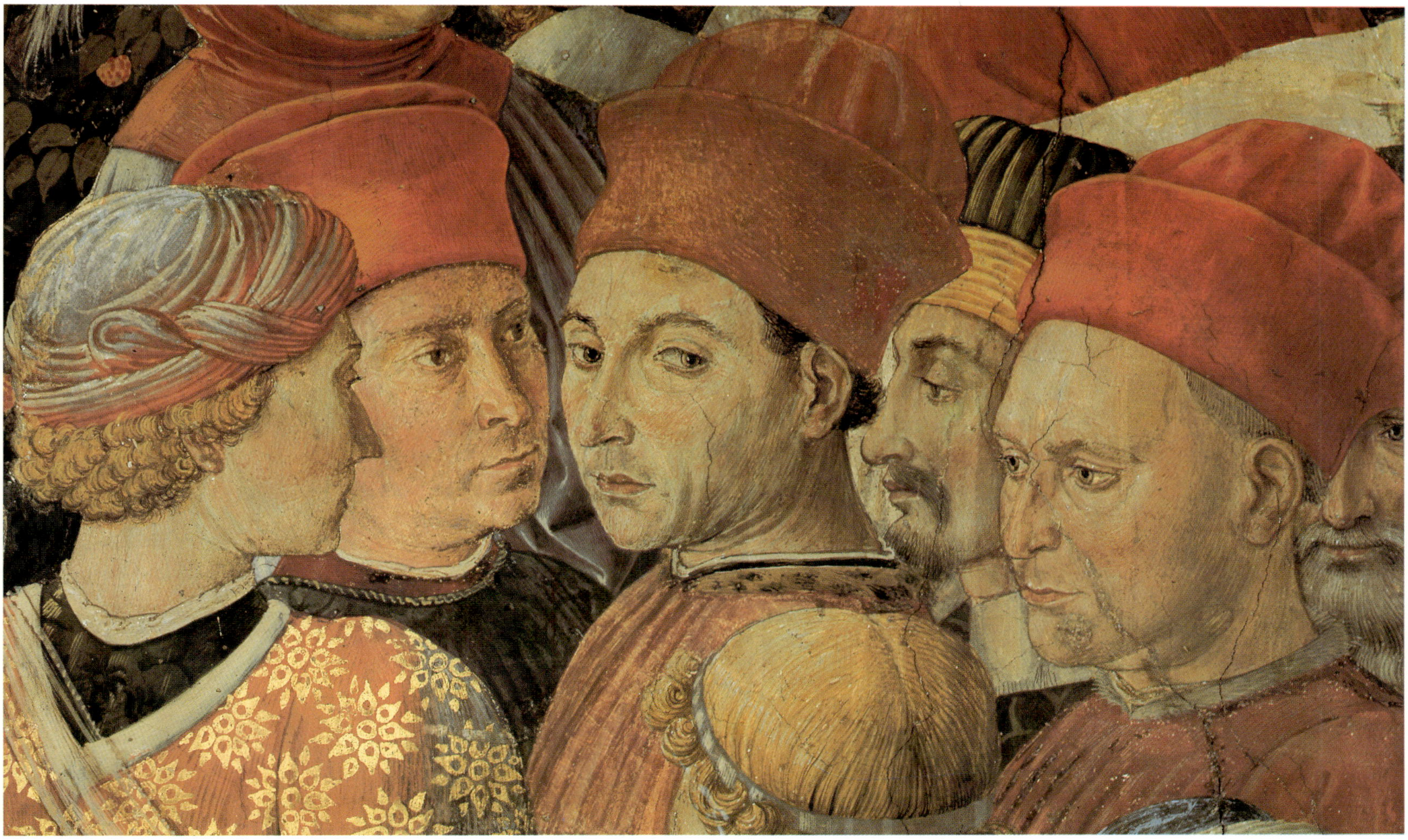

Benozzo Gozzoli
Der Zug der Heiligen Drei Könige (Ausschnitt)

Die meisten Personen sind nach Vorbildern gemalt. Gozzoli stellt ihre charakteristischen Züge genau dar.

Vorangegangene Seite

Benozzo Gozzoli
Der Zug der Heiligen Drei Könige
(Ausschnitt: Joseph, der Patriarch von Konstantinopel)

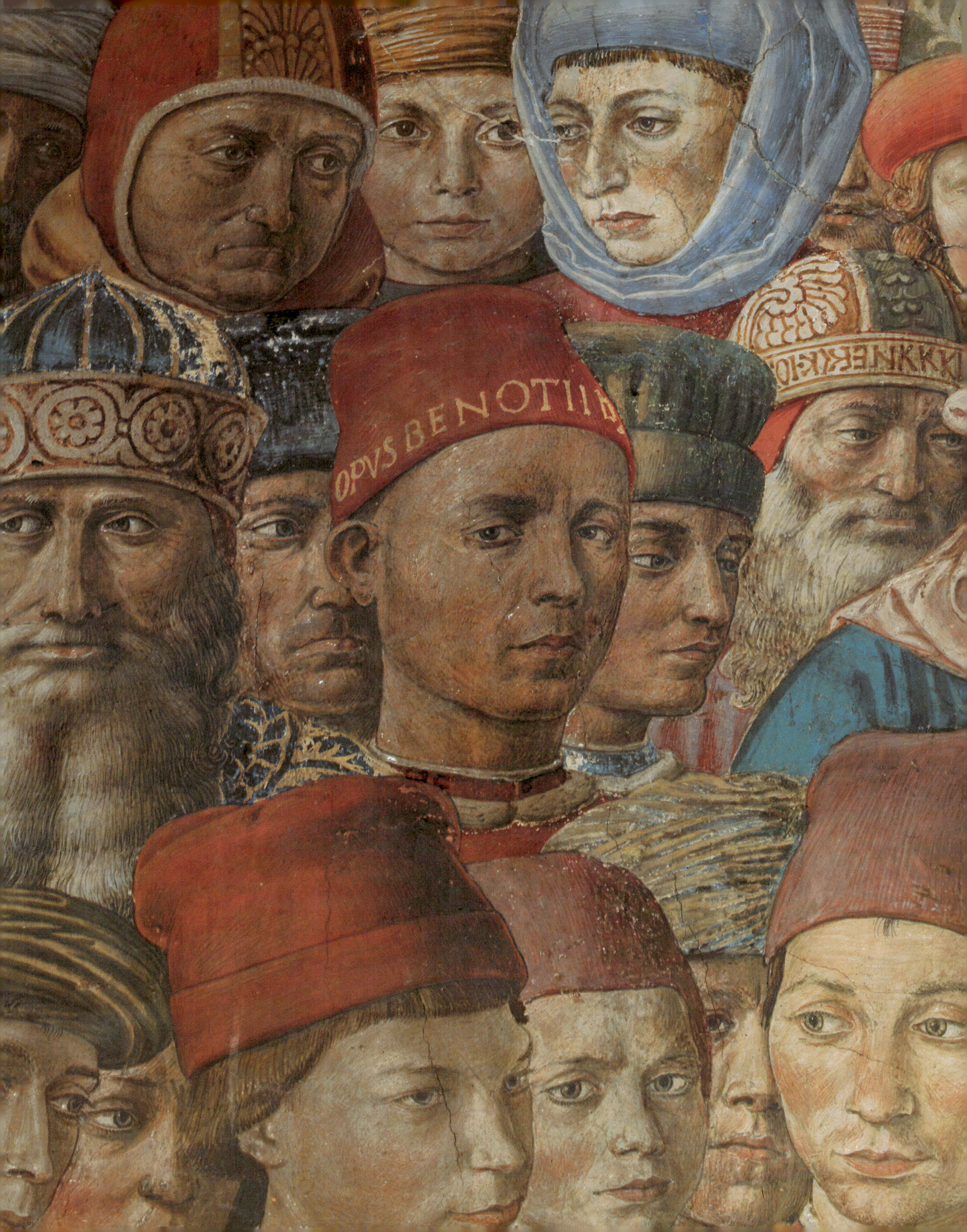
OPVS BENOTII

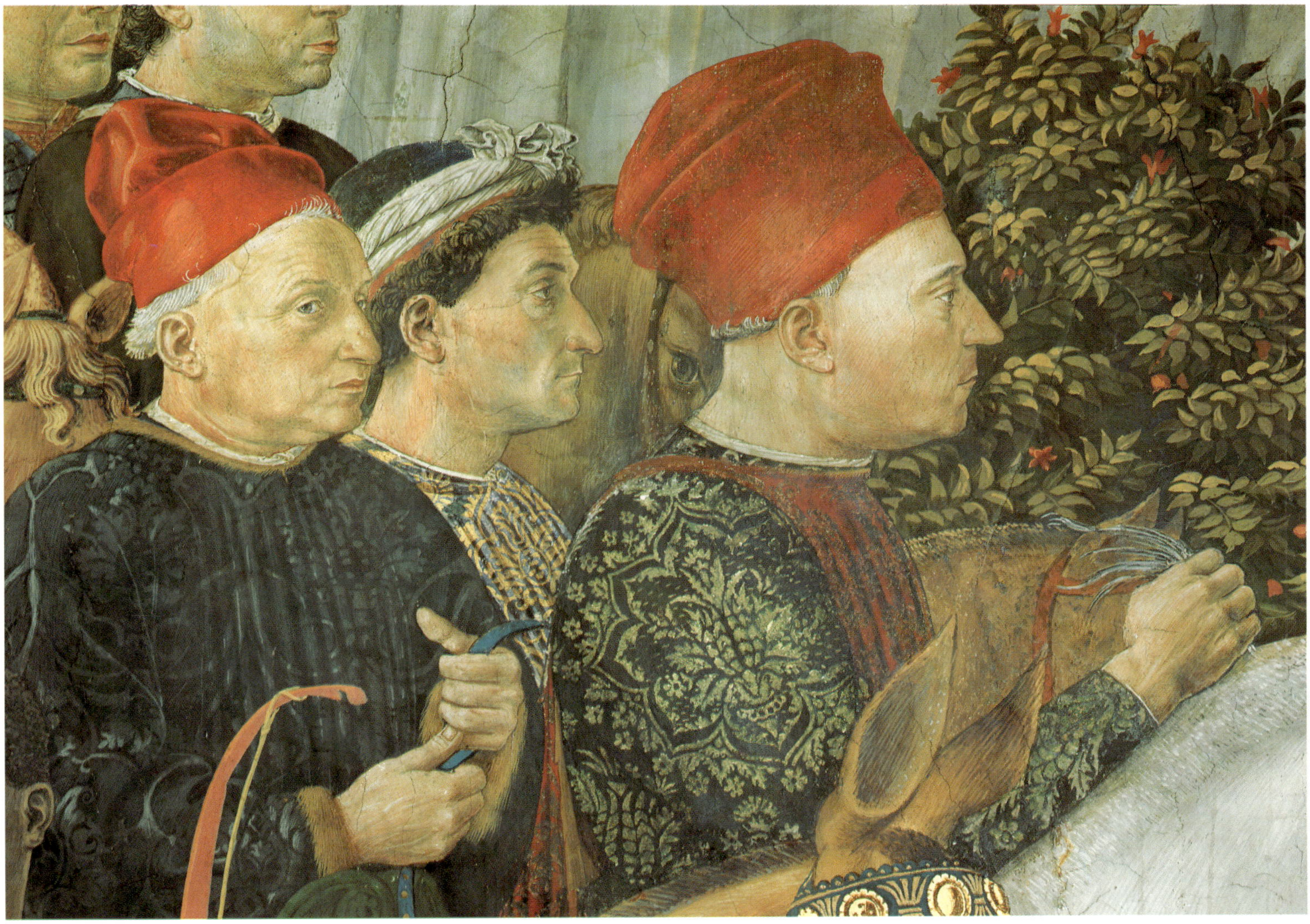

BENOZZO GOZZOLI
Der Zug der Heiligen Drei Könige (Ausschnitt)

Der Maler versuchte, hinter den Medici so viele Gesichter wie möglich darzustellen, ohne sich dabei um den für die Körper erforderlichen Raum zu kümmern. Nur wenige Gestalten haben mehr Platz.

Linke Seite

Der Zug der Heiligen Drei Könige
(Ausschnitt: Selbstbildnis von Benozzo Gozzoli in der Mitte der Gruppe, erkennbar an der Inschrift auf der Kopfbedeckung.)

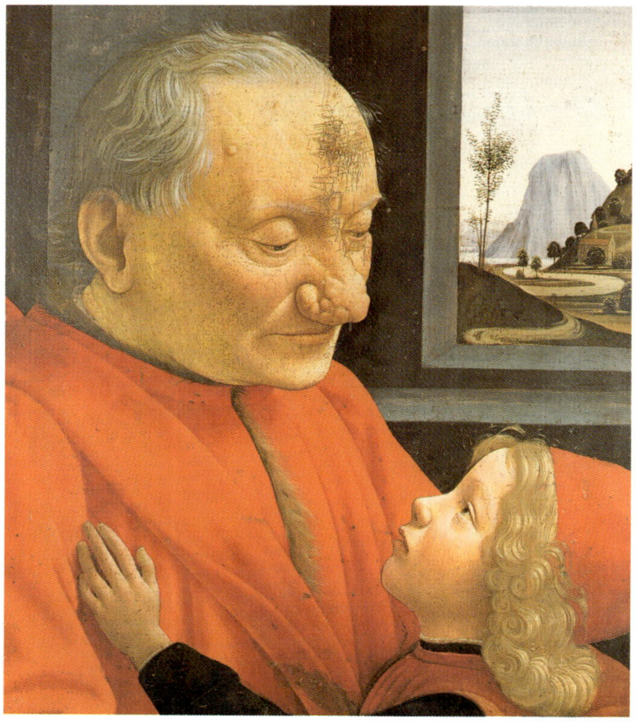

Domenico Ghirlandaio
Großvater und Enkel
1488, Öl auf Leinwand,
63 x 46 cm.
Musée du Louvre, Paris.

Im letzten Viertel des 15. Jahrhunderts bekundet Ghirlandaio, wie zahlreiche andere Maler seiner Generation, ein gesteigertes Interesse an der Art der niederländischen Malerei.

Folgeseite

Benozzo Gozzoli
Der Zug der Heiligen Drei Könige
(Ausschnitt: Landschaft und Festung)

Mit einer Landschaft, die sich bis zum Bildrand erstreckt, erscheint das Fresko wie ein Wandteppich aus dieser Zeit. Es verheißt das Aufkommen einer neuen höfischen Kunst für das Patriziat.

nen an den Wänden zu entwickeln. Um 1485 bis 1490 wendet er in Santa Maria Novella in den Episoden der *Szenen aus dem Leben Johannes des Täufers* dieses Verfahren am gelungensten an. Ghirlandaio setzt die Szenen vor Arkadenbögen und Apsiskonstruktionen, in Innenräume, deren Perspektive von einem Wechselspiel zwischen Geisa und Kassettendecken gekennzeichnet ist, oder schließlich inmitten von Landschaften, die von an die Antike erinnernden Bauwerken, von Campanilen oder, einfacher, von Mauern unterteilt werden. Die Treppen und Arkaden, die Kolonnaden und Portiken stellen die Vollendung der Architektur von Brunelleschi dar und sind in den Verträgen, die er mit seinen Auftraggebern schließt, vorgegeben. 1485 übernimmt er so die Aufgabe, in die Fresken von Santa Maria Novella im Auftrag der Familie Tornabuoni „Gestalten, Häuser, Schlösser, Städte, Berge, Vögel und Tiere aller Art" einzuarbeiten. Mittlerweile Meister in der Kunst des Fresko, fügt Domenico Ghirlandaio nach der Art von Gozzoli in die Szenen der Biblischen Geschichte Personen ein, deren Bildnisse er meisterlich malt. So erfreut er seine Mäzene. Die Auftragslage für seine Werkstatt, in der sich Michelangelo 1488 ausbilden läßt, ist ausgezeichnet. Sein einwandfreier Stil zeugt von einer eleganten Vornehmheit und einer gewissen Losgelöstheit. Ghirlandaio führt scheinbar weit voneinander entfernte Jahrhunderte zusammen: die Renaissance und das Biblische Zeitalter. Im Gemälde *Heimsuchung* mit dem Bildnis von Florenz und Rom vereint er ebenfalls Antike und Christentum.

In *Verkündigung an Zacharias*, wo Ghirlandaio zu den Tornabuoni, Marsilio Ficino und seinen Schülern die Gestalten der Humanisten Poliziano und Cristoforo Landino hinzugesellt, entdeckt man eine Inschrift mit dem Lobpreis auf Florenz, die übersetzt lautet: „Im Jahre 1490, als die schönste aller Städte – ausgezeichnet durch Macht, Siege, Künste und Bauwerke – Reichtum, Gesundheit und Frieden genoß."

Florenz gilt damals unter dem Einfluß von Lorenzo il Magnifico (Medici) als Hauptstadt des Abendlandes. Zu dieser Zeit vollendet Ghirlandaio die Fresken, die das Patriziat in Begeisterung versetzen und die Gesandten verzaubern; uns überliefern sie heute das Bild einer prächtigen Kultur. Angesichts der Fresken von Gozzoli schreibt Rainer Maria Rilke ohne zu zögern: „Wie denn überhaupt das Festliche diesen Tagen so trefflich gelang. Man sieht es diesen Menschen an, wie sie sich inmitten von Prunk und Freude so recht heimisch fühlen, wie sie Gewand und Geschmeid ohne weichliche Eitelkeit wie etwas Selbstverständliches tragen, wie ein Symbol jener hellen Herrlichkeit, die sie immer mehr und immer mutiger in sich selbst entdeckten."

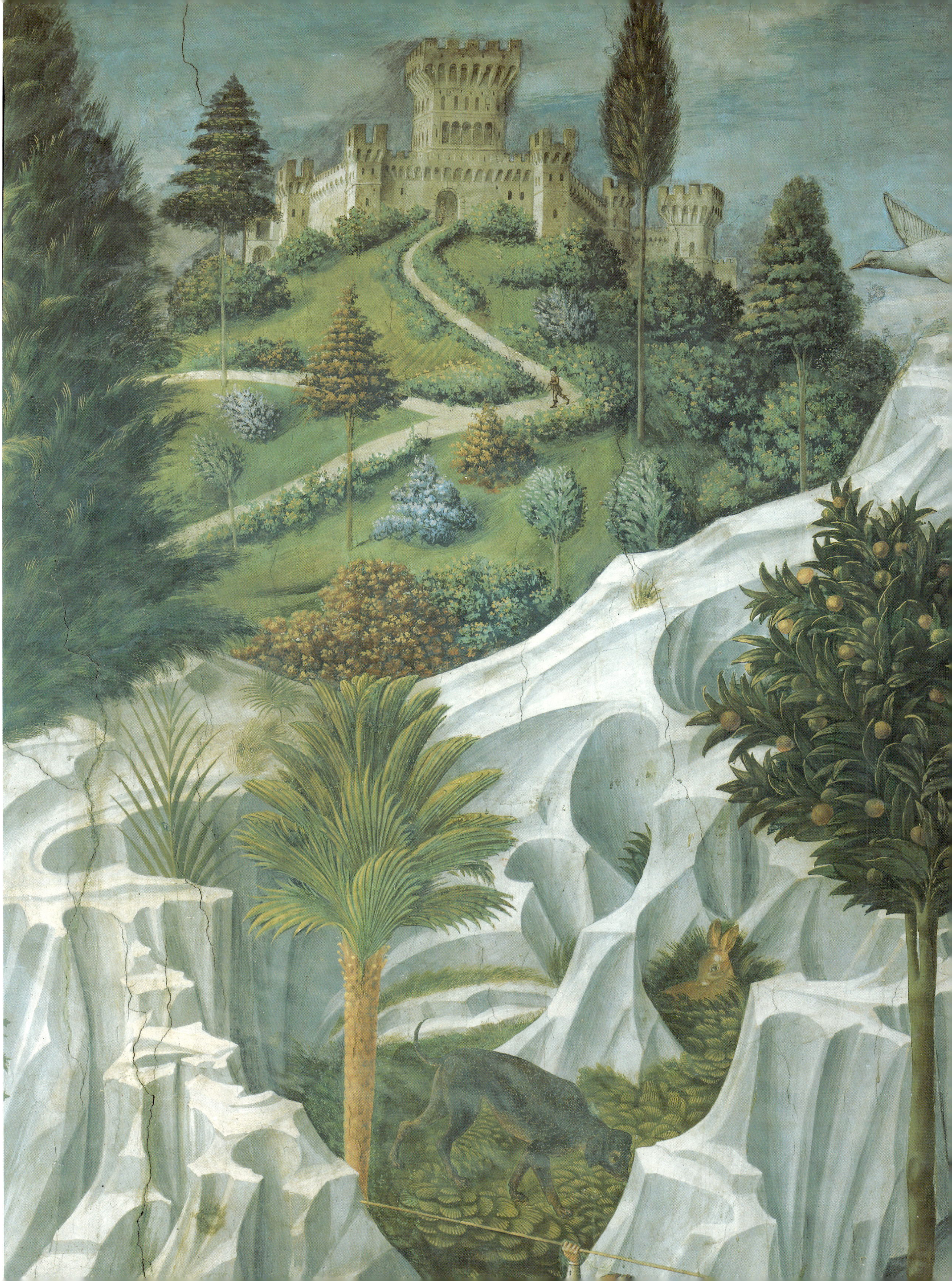

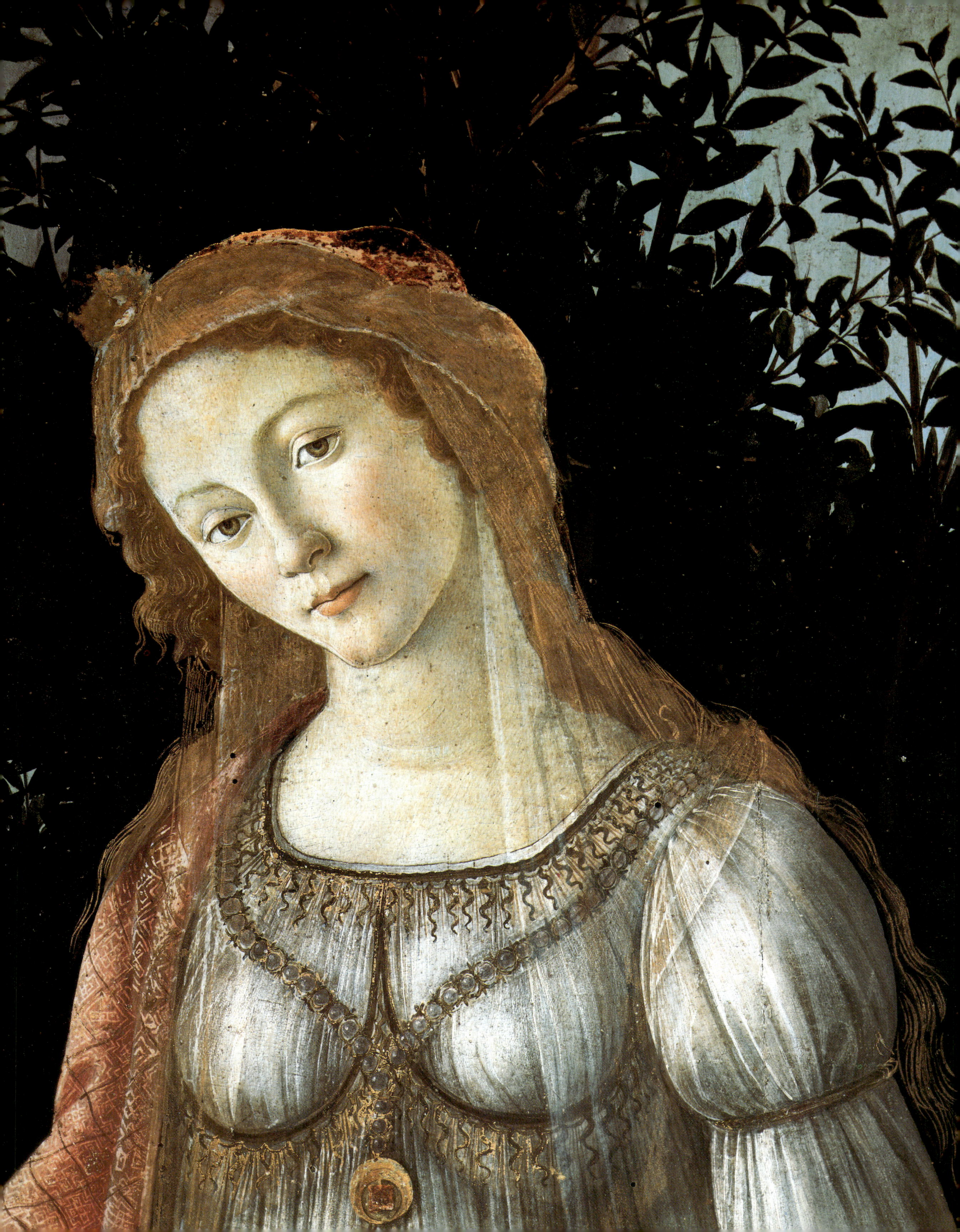

Malerei und Dichtung

Die Werke von Paolo Uccello, Piero della Francesca oder der Erzähler zeigen in ihrer Vielfalt und Einzigartigkeit die Fülle der neuen Wege, die die Maler des Quattrocento gerne beschreiten. In den Jahrzehnten um die Mitte des 15. Jh. findet die Vielfalt der Stilrichtungen ihresgleichen nur noch in der Entfaltung neuer Talente. Zwar läßt sich die große Richtung von den Theorien der Malerei mit ihren Grundsätzen, Regeln und Gesetzen leiten, doch jeder Künstler beweist eigene Originalität. Das 1436 von Alberti in seinem berühmtenTraktat dargelegte Programm führte die Maler zur Raumaufteilung. Zeichner wie Uccello und Castagno haben sich mit der geometrischen Systematisierung und besonders mit der perspektivischen Darstellung beschäftigt. Filippo Lippi seinerseits bringt sein Gespür für Farben ein, um die Felder im Raum anzuordnen, was Ende des Quattrocento im Werk von Sandro Botticelli zu voller Entfaltung gelangt.

SANDRO BOTTICELLI
Der Frühling
(Auschnitt: Venus)
1477–1488, Tempera auf Holz,
203 x 314 cm
Galleria degli Uffizi, Florenz.

Filippo Lippi und die Entstehung des Lyrismus

Wie Fra Angelico trägt Filippo Lippi (1406–1469) die Mönchskutte. Während Angelico einer persönlichen Berufung zu folgen schien, wird Lippi von seinem Vater zu den Karmelitern von Florenz geschickt. Bei seinem Gelübde ist er nicht einmal fünfzehn Jahre alt, doch bereits

SANDRO BOTTICELLI
Der Frühling
(Auschnitt)

Sorgfältig auf die Flora der Toskana bedacht, übersät Botticelli die Wiese mit Blumen, auf der sich die Szene wie auf einem Gobelin abspielt.

zehn Jahre später verläßt er das Kloster, legt aber die Mönchskutte nicht ab. Er arbeitet zunächst in Padua und wendet sich erst 1437 wieder gen Florenz. Mit seiner Rückkehr entfernt er sich dem Kloster immer mehr. Er zieht das Leben eines weltlichen Mönchs dem strengen Ordensleben vor und betreibt eine Malerwerkstatt. Sein bereits bedeutender Ruf als Künstler bringt ihm große Sympathien ein; sein wenig mönchischer Lebenswandel dagegen führt zu Konflikten mit der weltlichen und religiösen Obrigkeit. Dennoch wird er zum Kaplan des Klosters Santa Margherita in Prato bestellt, aus dem er die Nonne Lucrezia Buti entführt, die vielleicht eines seiner Modelle war! Aus dieser Verbindung geht im Jahre 1457 Filippino hervor, der alsbald die Ästhetik von Sandro Botticelli noch übertrifft und einer der großen Maler des späten Quattrocento wird. 1461 gibt der Papst dem Gesuch von Cosimo de Medici statt, Lucrezia und Filippo von ihrem Gelübde zu entbinden und ihre Heirat zu genehmigen.

Dieses turbulente Leben hinderte den Künstler nicht daran, sein Talent in den Dienst der Malerei zu stellen. Wer ist sein erster Meister, als sich die Pforten des Klosters hinter ihm schließen? Welchen Unterricht hat er genossen? Darüber schweigt die Geschichte. Vermutlich lernt er von Lorenzo Monaco, doch in seinem eigenen Kloster in der Brancacci-Kapelle, wo Masaccio arbeitet, erhält er bereits 1426 den entscheidenden Anstoß. Die frühen Werke von Lippi – *Die Bestätigung der Ordensregeln* (1432, Santa Maria del Carmine) oder *Madonna dell' Umilità* (1434, Castello Sforzesco, Mailand) zeigen sein Bemühen um den Realismus durch die Vereinfachung der Formen und eine etwas naive Stämmigkeit.

Beeinflußt von Fra Angelico versucht Filippo Lippi jedoch um 1437, seine Kunst etwas auszuschmükken und ihr mehr Zartheit zu verleihen. Das Gemälde *Madonna di Tarquinia* läßt Zeichen dieser neuen Ausrichtung erkennen. Fasziniert von den Koloristen findet er originelle Lösungen für die Probleme, die sich ihm stellen. Die Plastizität der Formen – ein Erbe von Masaccio – wird durch die Begegnung mit Angelico etwas zurückgenommen. Lippi behauptet seinen eigenen Stil durch einen neuen Umgang mit dem Licht, das seine gemalten Szenen erleuchtet. In der *Krönung Mariä* (1441–1447) für die Kirche San Ambrogio in Florenz verteilt er in einem nicht durchgängigen Raum viele Gegenstände und kräftige Gestalten. Doch die Feinheit im Detail, die breite Palette und die sorgfältig ausgearbeiteten Nuancen, die die Komposition sinnlich auflösen, tauchen die Szene in eine große Sanftheit. Filippo Lippi vereint die Schwingungen des Lichts mit der Melodie der Linien. Sein Bemühen um den Rhythmus der Linien und sein Talent als Kolorist äußern sich in eleganten Sil-

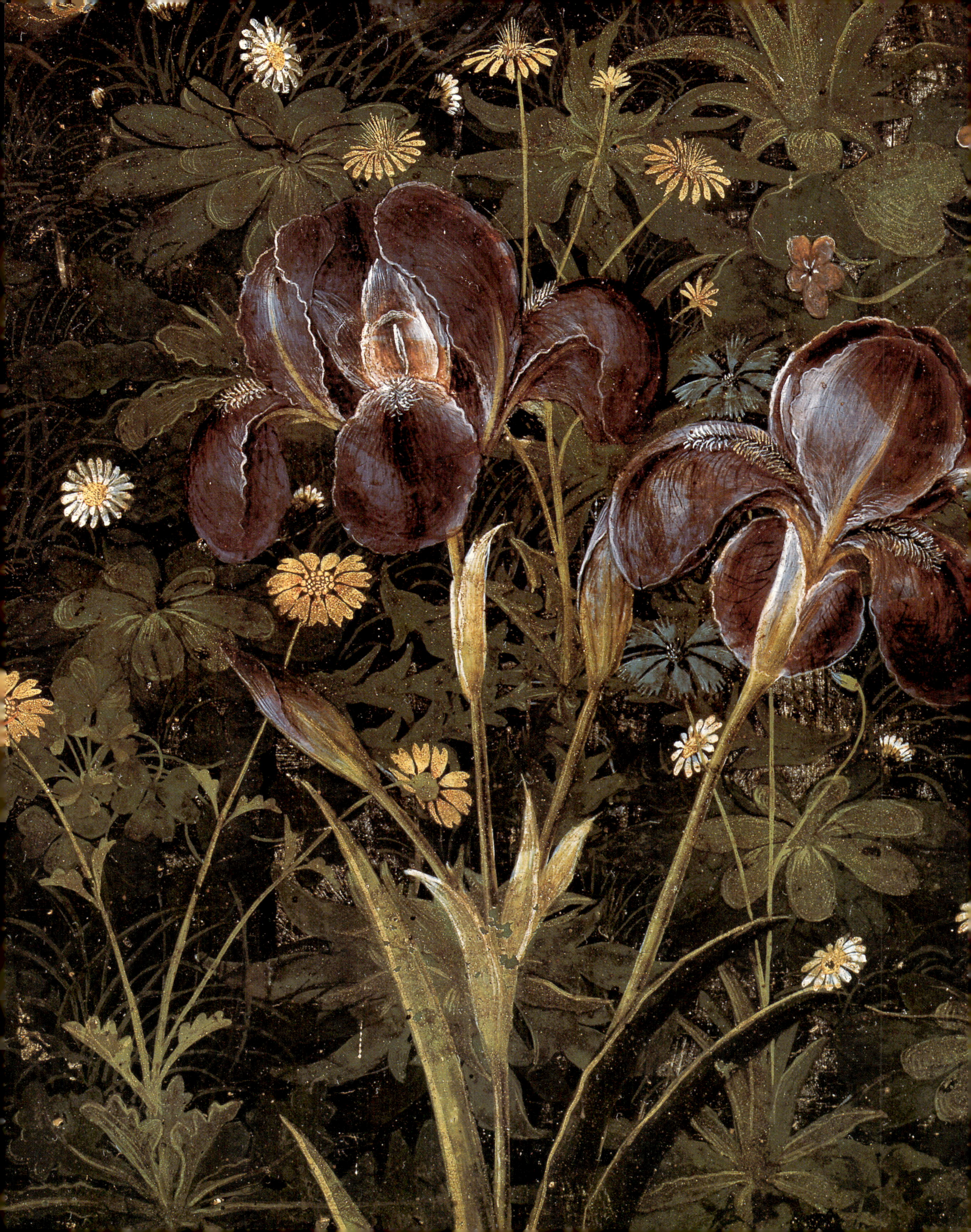

houetten und raffinierter Farbigkeit, die seinen Werken wie der *Verkündigung* (1450), *Anbetung der Könige im Wald* (1458–1460) und mehr noch *Madonna mit Kind und zwei Engeln* eine poetische Atmosphäre erlesener Schönheit verleihen.

Mit der Entwicklung der Harmonie von Linien und Farben enfernt sich Lippi endgültig von den kräftigen Gestalten und Konstruktionen eines Masaccio. Der libertinistische Ordensbruder behandelt weiterhin in seinen Fresken und Retabeln ausschließlich religiöse Themen. Seine persönliche Sprache kennt zahlreiche Spielarten. Die strukturalen Formen von Brunelleschi tauchen in der *Verkündigung* wieder auf, doch er mildert sie durch die Farbigkeit und die Haltung der Gestalten. Im Gemälde *Anbetung der Könige im Wald* mischt er Erzählung und Phantasie, um etwas Märchenhaftes zu schaffen, aber in den Fresken, die er zwischen 1456 und 1466 im Dom zu Prato ausführt, verzichtet er auf den realen Raum, indem er bei der Ausschmückung des Freskos *Johannes der Täufer in der Wüste* diese phantastische Atmosphäre und die diaphane Helligkeit wiederholt. Nur bei der *Totenmesse des Heiligen Stefanus* im selben Dom bezieht er sich in seiner rationalen räumlichen Anordnung und der Erhabenheit der Figuren – wie eine letzte Huldigung – auf die Kunst von Masaccio an den Wänden der Brancacci-Kapelle.

SANDRO BOTTICELLI
Der Frühling
(Auschnitt: Merkur)

Bei Filippo Lippi nähren die Anmut der Silhouetten, die Heiterkeit der Gestalten, der Zauber der Körperhaltung und die verhaltene Fülle der Farben einen Lyrismus, den sein Sohn Filippino und auch Botticelli in der zweiten Hälfte des Quattrocento fortführen. Sein Zeitgenosse Landino stimmt sein Loblied an: „Er malte mit Liebreiz und Zierde; er war außergewöhnlich geschickt und ein Meister der Komposition und der Vielfalt, der Farben, des Reliefs und auch der Verzierungen." Unter seinen Schülern befindet sich ein junger Mann, der vor 1500 der größte Florentiner Maler der letzten Jahre dieses „Goldenen Jahrhunderts" werden sollte, wie sich Vasari mit Bewunderung erinnert, als er die Biographie von Botticelli schreibt.

Botticelli in der Goldschmiedeschule

Alessandro di Mariano di Vanni Filipepi wird 1445 in Florenz geboren, genau zu der Zeit, als die neuen kirchlichen und weltlichen Bauwerke die Stadt verschönern und die großen Maler in Geschick und Klugheit wetteifern. Unter Michelozzo wächst der Palazzo Medici im Auftrag des Cosimo in die Höhe, und der talentierte Architekt leitet zur selben Zeit den Wiederaufbau des Klosters San Marco, wo Fra Angelico Kunst und Glauben in den Dienst des Bauwerks

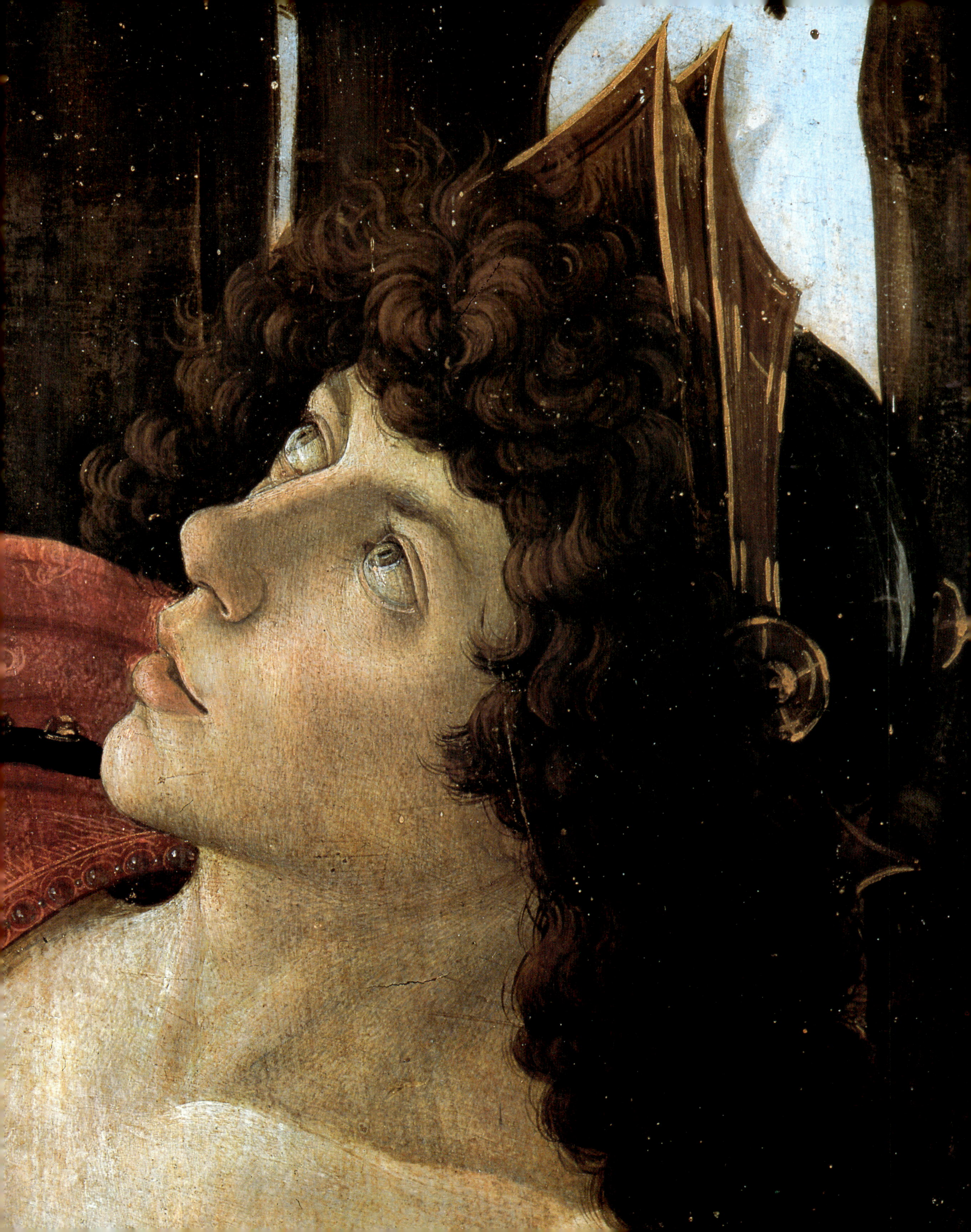

stellt. Der Beginn der Bautätigkeit für Santo Spirito unter Brunelleschi ein Jahr vor dessen Tod gilt als die letzte Meisterleistung dieses Mannes, dessen Gesamtwerk allen Malern der Renaissance Vorbild ist. Besonders rege sind die Zeichner wie Andrea del Castagno, der an den Fresken Sant' Apollonia arbeitet, sowie Paolo Uccello, der bereits mit Perspektive und optischer Täuschung spielt, um die Szenen aus dem Leben Noahs im Chiostro Verde von Santa Maria Novella auszuführen.

Das Umfeld, in dem Alessandro die ersten Jahre seines Lebens verbringt, scheint weit von dem der Meister, die die Gunst der Medici genießen, und dem der vom Patriziat ausgebildeten Schüler entfernt. Sein Vater ist nur ein bescheidener Gerber aus dem Florentiner Viertel Ognissanti, bekannt für seine Häute und Stoffe, die den Ruhm von Florenz bis Nordeuropa tragen. Doch diese geschäftige Welt des rechten Arnoufers unterhält enge Beziehungen zu den Handwerkern, da Bau und Verzierung der Kirchen oder Paläste sie auf denselben Baustellen zusammenführt.

Vasari erzählt, daß Botticelli „mit großer Leichtigkeit lernte, sich jedoch weigerte, sich mit Schreiben, Lesen und Rechnen zu befassen". Da er sich der Schule widersetzt, wird der junge Alessandro von seinem Vater zu einem Goldschmied in die Lehre gegeben. Aus dieser Lehrzeit behält Botticelli vielleicht die Vorliebe für das Ziselieren und das Gespür für den scharfen Zug, der seine Malerei auszeichnet. In dieser Zeit beschließt er, Maler zu werden; um 1464 tritt er in die Werkstatt von Filippo Lippi ein, wo er bis 1467 lernt. Von nun an nennt er sich Sandro Botticelli. Die Werke, die er hier schafft, lassen sich durch keinerlei Unterlagen belegen, doch die Sinnlichkeit von Filippo Lippi zeigt sich deutlich in den ersten *Madonnen*, die dieser Werkstatt zugeschrieben werden. Dazu scheint er von der Schule des Verrocchio beeinflußt und für die Arbeiten von Pollaiuolo empfänglich. Die Maler und Bildhauer erfahren nun durch ihre betriebsamen Werkstätten eine nie dagewesene Bekanntheit. Die Händlerzunft hatte Piero del Pollaiuolo mit der Ausführung einer Reihe von sieben Gemälden für ihren Beratungssaal beauftragt; er mußte jedoch unter dem Druck von Tomaso Solderini, dem Vertrauten der Medici, im Jahre 1470 den Auftrag für die *Allegorie der Fortezza* an Botticelli abtreten. In diesem Jahr also richtet der junge Künstler, von den Medici unterstützt und protegiert, seine Werkstatt im Haus seiner Familie im Borgo Ognissanti ein, wo sie dem Lärm und den Erschütterungen der Webstühle in der Nachbarschaft ausgesetzt ist. 1472 zählt er zu den Mitgliedern der Gilde von San Luca, und seine Zusammenarbeit mit Filippino Lippi ist bereits spürbar. Sein Ruhm geht über Florenz hinaus und erreicht Pisa, wo man beabsich-

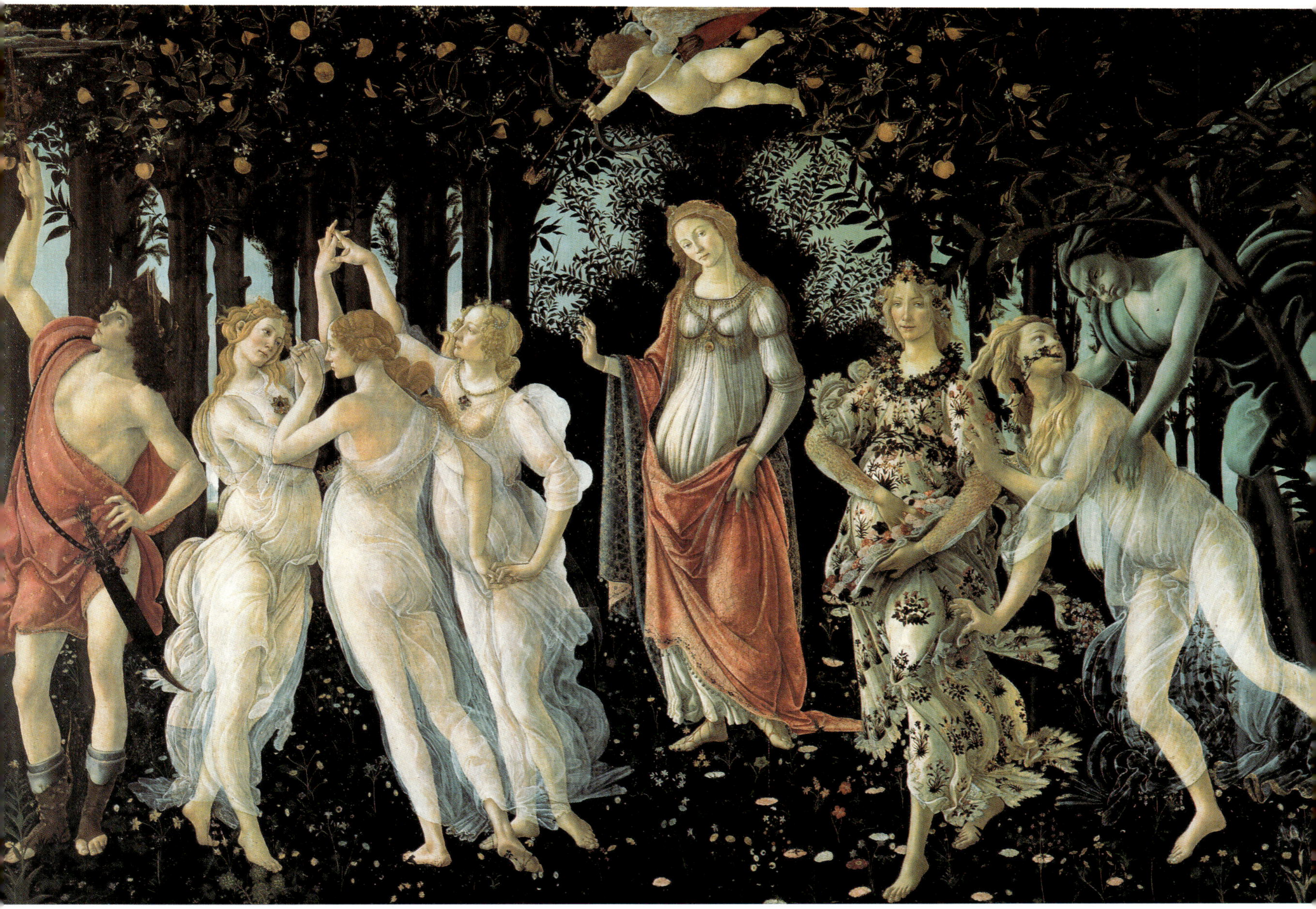

Sandro Botticelli
Der Frühling
1477–1488, Tempera auf Holz,
203 x 314 cm.
Galleria degli Uffizi, Florenz.

Von links nach rechts: Merkur, der die Wolken vertreibt, die Drei Grazien, die von Cupido beherrschte Venus, der Frühling und die von Zephir verfolgte Flora.

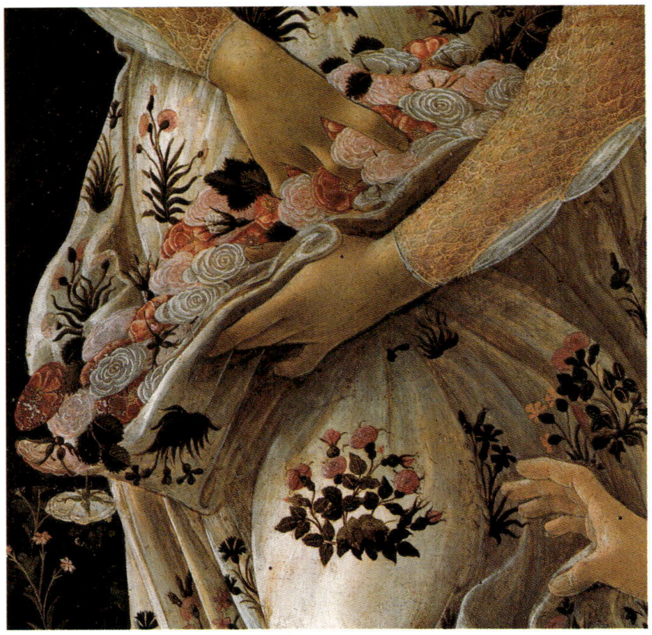

SANDRO BOTTICELLI
Der Frühling
(Ausschnitt: das Gewand des Frühlings)

Nächste Seite

SANDRO BOTTICELLI
Der Frühling
(Ausschnitt: das Schreiten des Frühlings)

tigt, ihn mit einem Fresko im Camposanto zu beauftragen... Doch dieses Projekt wird nicht verwirklicht, und Botticelli kehrt nach Florenz zurück, um sich der dort eingehenden Auftragsflut anzunehmen. Auf Ersuchen des Bankiers Zanobi del Lama führt er 1475 die *Anbetung der Könige* aus, eines seiner Meisterwerke, das für Santa Maria Novella bestimmt ist.

Als Florenz den umstürzlerischen Parteien und der Konfrontation der rivalisierenden großen Familien ausgeliefert ist, festigen sich die Bande Botticellis mit den Medici; nun zählt er zum Kreis der Vertrauten und Günstlinge. Bei der Verschwörung der Pazzi, bei der Giuliano de Medici 1478 ermordet wird, kommt ihm die Aufgabe zu, die Bildnisse der an den Fenstern des Palazzo Vecchio erhängten Verschwörer zu malen. Sein Talent ist nun voll ausgereift, und er führt in der gleichen Zeit wohl für Lorenzo di Pierfrancesco, einen Cousin von Lorenzo, die erste seiner großen mythologischen Kompositionen aus: *Der Frühling*.

Papst Sixtus IV., der die größten Maler seiner Zeit um sich scharte, um die neue Sixtinische Kapelle zu verzieren, ruft ihn nach Rom. Zusammen mit Perugino, Cosimo Rosselli, Domenico Ghirlandaio und später Luca Signorelli wird er mit einem ikonographischen Programm beauftragt, das eine Parallele zwischen dem Leben Christi und dem von Moses zieht. 1481 wird er mit drei Fresken betraut, den Episoden *Jugend des Moses*, *Bestrafung der Leviter*, *Die Versuchung Christi* und *Heilung des Aussätzigen*. Die großzügige Entlohnung zeigt die Bewunderung des Papstes. Sein Aufenthalt in Rom beeinflußt seinen Stil nicht, bringt ihm jedoch den Ruf eines Freskenmalers ein.

Seine Rückkehr nach Florenz fällt mit der Abreise Leonardo da Vincis nach Mailand zusammen. Botticelli, als einer der besten Maler seiner Zeit bezeichnet, besitzt eine Werkstatt, die immer mehr Schüler anzieht und wo man vor allem *Madonnen* und Heiligenbilder anfertigt, um der Nachfrage der Kunden zu entsprechen, sowie Truhen und Portraits. Während die Brüder Pollaiuolo in Rom sind und Verrocchio in Venedig am *Standbild von Colleoni* arbeitet, können nur wenige Florentiner Maler mit ihm wetteifern, doch Botticelli und seine drei Gehilfen wirken mit Humor, erlauben sich bei Ausführung und Signatur der Gemälde immer mehr Späße oder gehen beim Verkauf pfiffig vor.

Doch es ist auch die Zeit der großen mythologischen Kompositionen. Botticelli trifft die Stimmung des *Frühling* erneut in den Allegorien, die er um 1480 in der Villa Lemmi darstellt. Nach *Mars* und *Venus* (1483) malt er im selben Jahr *Pallas und der Zentaur*, danach *Geburt der Venus* (1484), ohne jedoch auf die Retabeln zu verzichten. Die Dar-

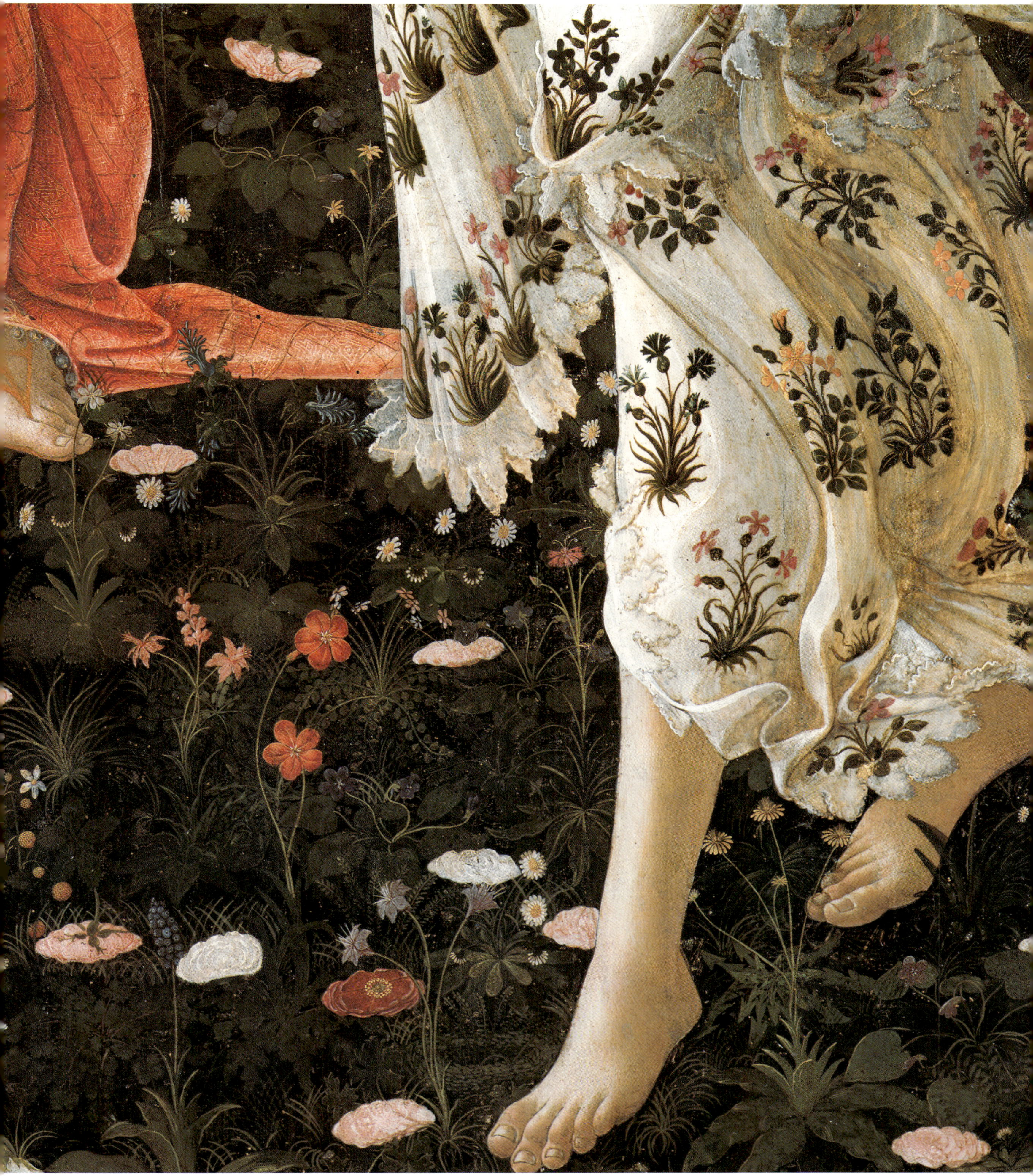

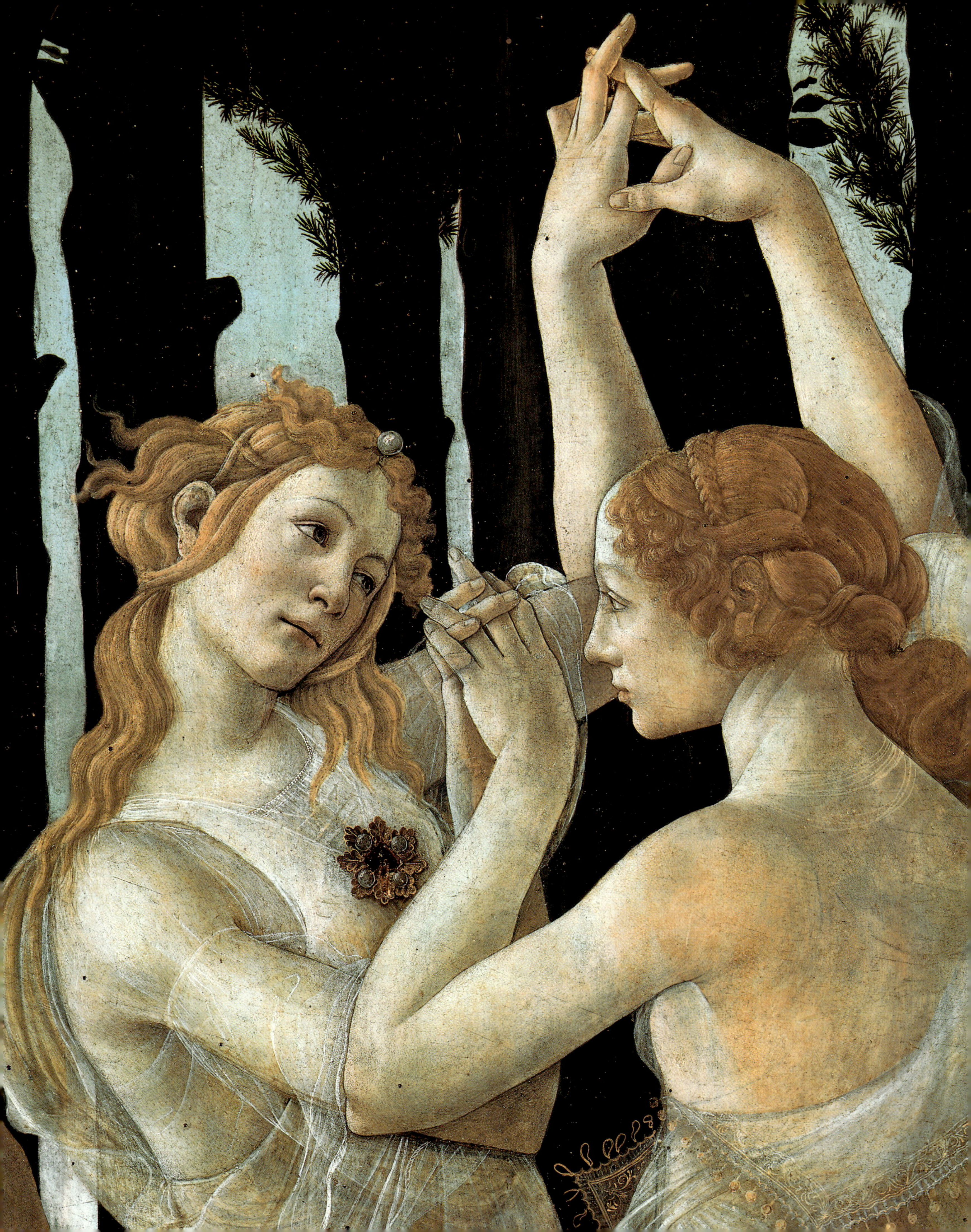

stellung neuplatonischer Themen hält ihn nicht von der Rückkehr zur religiösen Malerei ab, zumal sich die Stimmung in Florenz durch Savonarola, dem Prior von San Marco, wandelt. Dessen flammende Predigten, in denen er laut gegen Korruption wettert und in apokalyptischen Vorhersagen die unmittelbare Zerstörung der Stadt verkündet, haben eine religiöse und moralische Reform in Florenz zum Ziel. Vermutlich vertreiben die durch die Predigten des dafür hingerichteten Mönchs entstandenen Unruhen und die Flucht der Medici im Jahre 1494 die reine Poesie von Botticelli, an deren Stelle die Ängste des nun sich selbst überlassenen Künstlers treten... Als er Savonarola und seine Beschützer verloren hat, durchläuft er eine mystische Krise, in der sich die Visionen der von Schmerz gefolterten *Pietà* in *Die Grablegung* (1495) und die Vision der *Allegorie der Kreuzigung* (1500–1505) aufdrängen.

Die ihn quälende Zerrissenheit zeigt sich auch in seiner nachlassenden Schaffenskraft. Von 1503 bis 1505 kann er nicht seinen Beitrag an die Compagnia di San Luca entrichten. Die Aufträge versiegen, und wenn er noch in dem Ausschuß sitzt, der über einen Aufstellungsort des *David* von Michelangelo entscheidet, so handelt es sich hierbei um ein Ehrenamt. Ausgeschlossen von den großen künstlerischen Strömungen eines Florenz, das endgültig den Vorstellungen und Werken eines Leonardo da Vinci – im Jahre 1500 zurückgekehrt – oder eines Michelangelo ergeben ist, und einem sehr viel archaischeren Aufbau als die neuen Ansätze der beiden großen Meister verhaftet, stirbt der einst berühmteste Maler der Stadt 1510 in fast völliger Vergessenheit.

Ein Meister der Farbe und Linienführung

Durch seinen Stil verschreibt sich Botticelli gänzlich dem Erbe von Filippo Lippi, indem er das Prinzip der fest umrissenen Kontur, der Helligkeit des Körpers und der Lebhaftigkeit der Farben beibehält. Dieses Können macht ihn zu einem hervorragenden Portraitmaler. Vergleicht man die *Madonnen* des Meisters mit den ersten *Marien* des Schülers, verblüffen die Ähnlichkeiten in der Komposition, den harmonischen und vor Licht bebenden Gestalten sowie die gemeinsame Heiterkeit. Die Werke von Lippi und Botticelli sind das genaue Gegenteil zur strengen Plastik von Masaccio. Weit entfernt von der historischen Welt der Brancacci-Kapelle und dem religiösen Universum von Fra Angelico widmet Botticelli seine Aufmerksamkeit der Natürlichkeit des Menschen, der Weichheit, die bereits die Gestalten von Lippi erhellt, und er unterstreicht gerne das Gefühl. Den feinen Silhouetten, die sein Meister zeichnet, verleiht er allerdings fast tänzerisches Aussehen. Aus-

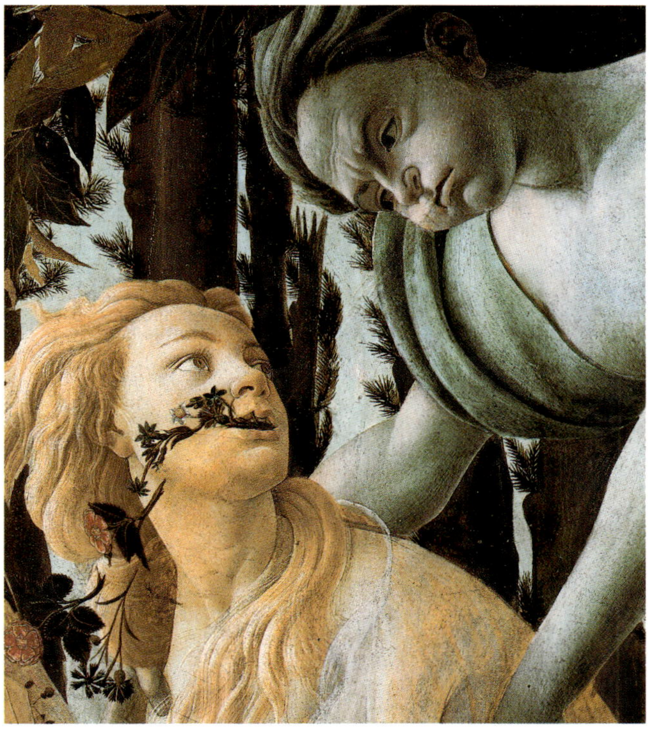

Sandro Botticelli
Der Frühling
(Auschnitt: Flora wird von Zephir verfolgt)

Vorherige Seite

Sandro Botticelli
Der Frühling
(Auschnitt: die Grazien der Venus)

Nächste Seite

SANDRO BOTTICELLI
Pallas und der Zentaur
1482–1483, 207 x 148 cm.
Galleria degli Uffizi, Florenz.

Die Gestalt der Göttin weist eine rhythmische Bewegung auf, analog zu der Bewegung der Drei Grazien aus dem Frühling. Doch hier fixiert Botticelli das Bild der Gottheit, indem er es – anders als im Frühling – trotz der Immaterialität des Gewandes stärker im Raum abhebt.

druck und Gestik versetzen die religiösen Szenen in eine poetische Welt. Das Antlitz der *Marien*, das in seiner Schönheit mit dem der Frauen verschmilzt, trägt stets Züge von Melancholie. Botticelli erkennt die Antike nicht als Autorität an. Er betrachtet sie als einen unerreichbaren Kontinent der Perfektion, sie ist für ihn ein rein ideeller Wert, ein Mythos, mit dem Geschichte und Gestalten aus der Bibel vermischt werden. So erwachen Apollo und Orpheus in Christus zu neuem Leben, und Diana oder Venus verbergen sich hinter den Gesichtzügen der Jungfrau. Selbst als sich der Einfluß von Verrocchio und Pollaiuolo – wie in der Bestimmtheit des Schnitts des Gesichtes der *Fortezza* – zeigt, behält die Gestalt ihren träumerischen Ausdruck und ihre lässige Haltung. Die Linie, die bei Antonio und Piero Pollaiuolo den Naturalismus unterstreicht, wird bei Botticelli leichter und erlangt eine neue dichterische Freiheit, die bereits in seinen *Madonnen* spürbar ist.

Darüber hinaus kennzeichnet das Werk Botticellis einen deutlichen Bruch der Einheit von Kunst und Wissen, die von den ersten großen Malern der Renaissance bekräftigt und von Piero della Francesca zu ihrem Höhepunkt geführt wurde. Es wird inmitten einer Krise der großen gegenständlichen Systeme, einer Krise der Auffassung von Raum und Perspektive geschaffen. Botticelli erkennt die Perspektive nicht als das Gesetz der Komposition an. Er vermeidet es, gegen sie zu verstoßen, doch macht er sie nicht zu einem Grundelement seiner räumlichen Gestaltung. Sie scheint vielmehr seine Gestalten und Gegenstände zu isolieren und vom Raum zu entfernen. In *Geburt der Venus* treten Wellen und Küste zurück, um die Gestalt leichter in ihrer Nacktheit und ihrer wundervollen Einsamkeit emportauchen zu lassen, während die blühende Wiese im *Frühling* keine wirkliche Tiefe mehr besitzt. Der Raum im Werk Botticellis ist mehr ein Bild, ein Symbol des Wirklichen, anstatt seine reale Darstellung zu sein. Für den Maler ist das Bild reine Abstraktion, und gerade darin liegt seine Schönheit. Die Linie selbst folgt einem nicht vorhersehbaren Verlauf: sie steigt rasch an und fällt wieder ab, verbindet und trennt sich, scheint zu brechen, bevor sie sich erneut fängt. Die krassen Brüche in den Linien machen jegliche Vorstellung von Bewegung zunichte und tragen dazu bei, die physische Existenz des Bildes aufzuheben.

Der Künstler zeigt sich stets um die Einheit des Bildes auf Kosten der Komposition bemüht. In einem Gemälde wie der *Anbetung der Könige* (1475) sind die altrömisch inspirierten gebrochenen Bögen auf bloßes Beiwerk reduziert. Die Landschaft ist praktisch verschwunden. Nur der Pfau auf der Mauer erinnert an den Orient. Die Szene, die in der Gestalt der Heiligen Drei Könige Cosimo de Medici und

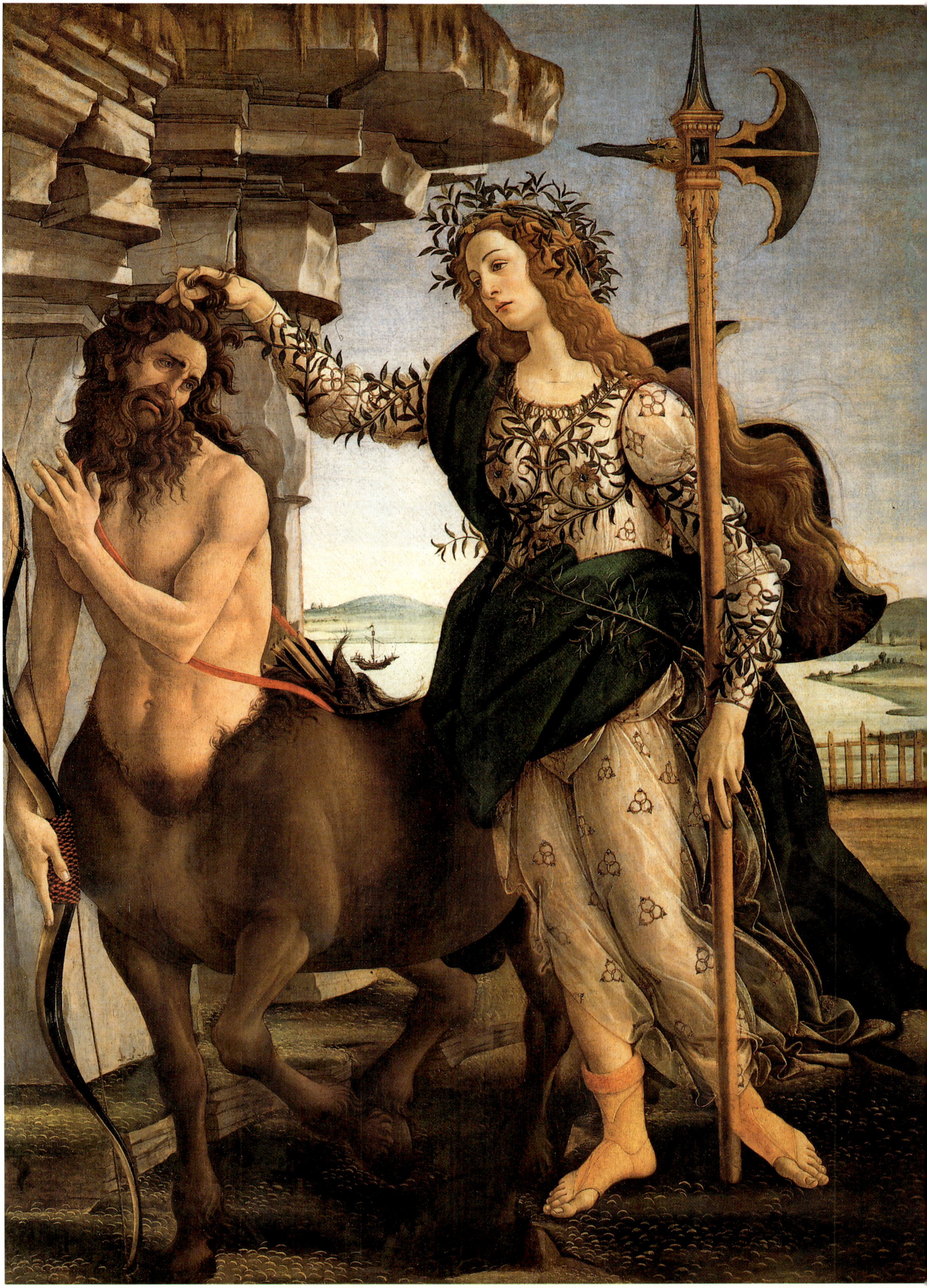

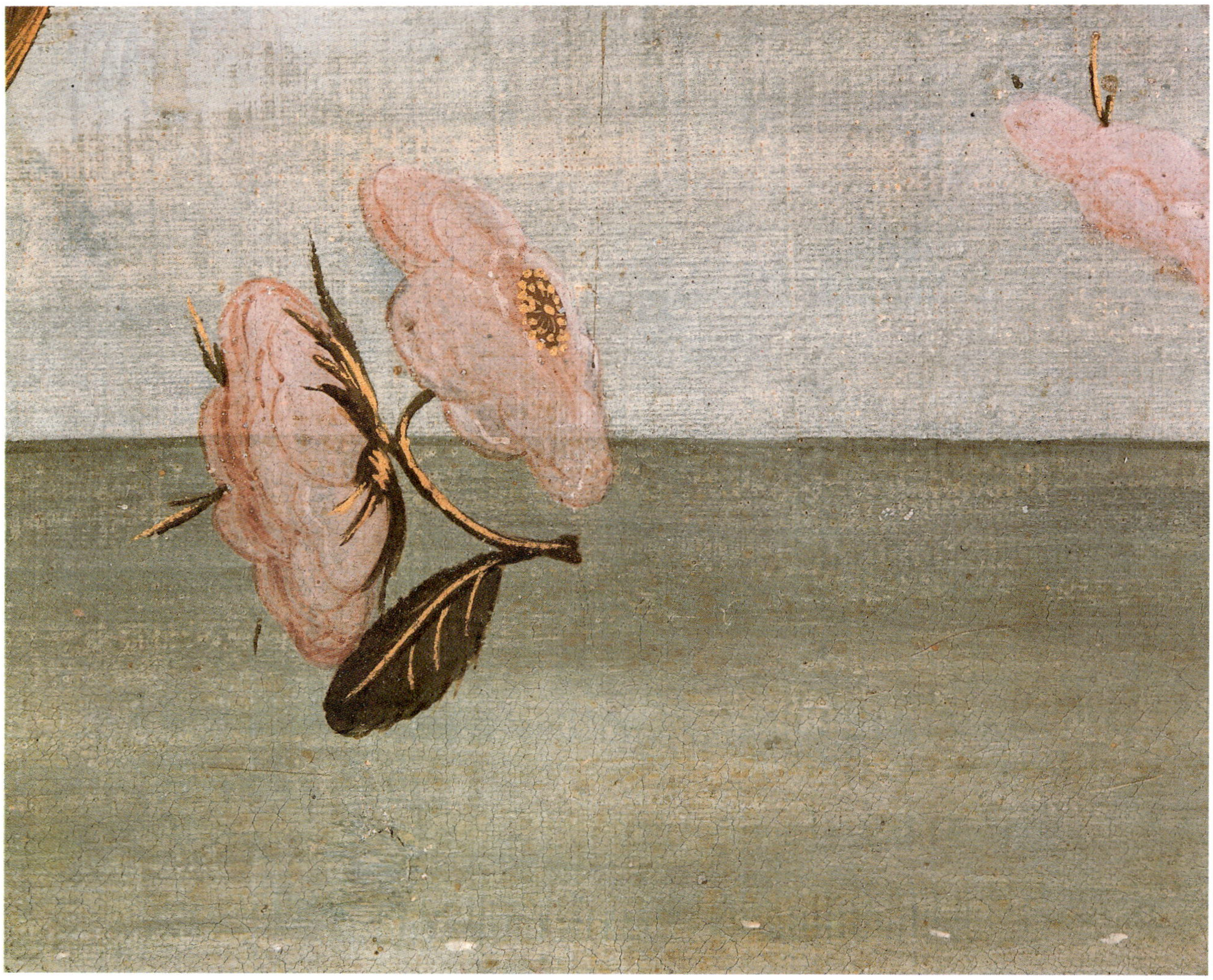

Sandro Botticelli
Geburt der Venus
(Ausschnitte)

Geschickt durch Doppelstriche dargestellt, wandelt die schematische Wellenbewegung das Meer, das den Hintergrund für die Geburt der Venus bildet, vor dem sich mit großer Feinheit einige vom Wind herangetragene Blüten abzeichnen, in ein reines Symbol um.

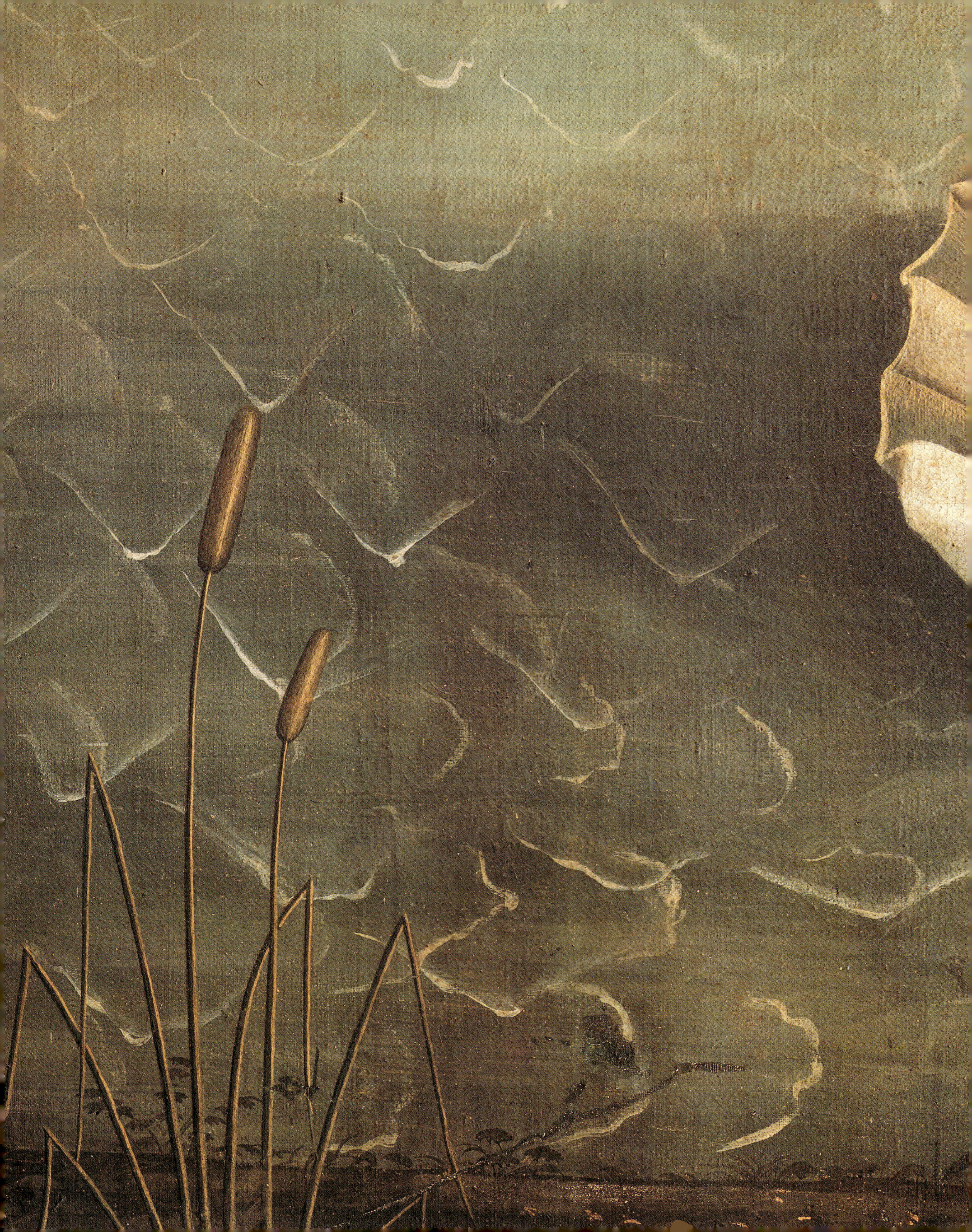

Persönlichkeiten des Hofes zu Füßen der Jungfrau und des Jesuskindes darstellt, ist rein theatralisch. Ruinen, Felsen und Vordach unterstreichen die Kraft der Natur, die Erhabenheit der Armut und die Wiedergeburt der Kultur. Jedes Element des Dekors besitzt somit symbolische Bedeutung.

Mit den vier Gemälden der *Anbetung der Könige*, 1470–147, wo die Stimmung einer weltlichen Zusammenkunft an die Stelle des heiligen Ereignisses tritt, setzt Botticelli die von Lorenzo Monaco begründete florentinische Tradition fort. Wenn das Thema der Erscheinung des Herrn die Gunst der Großbürger von Florenz genießt, dann deshalb, weil es mehr als jedes andere von der himmlischen Gnade für diejenigen zeugt, die – in ehrfürchtiger Frömmigkeit der Mächtigen für den in Armut geborenen Herrn – einen Teil ihres Vermögens in den Dienst der Kirche und ihres Ruhms stellen. Botticelli verwandelt die Anbetung der Könige in eine Huldigung der Medici und ihrer Vertrauten, die in Prachtgewändern vor einem ärmlichen Vordach stehen, das die Höhle schützt. Die gesamte Darstellung ist fiktiv.

Auch die Farbe trägt zu dieser Wirkung bei. Sie erstrahlt hell, bevor sie verblaßt und sich auf dem Gemälde ohne den geringsten Schimmer verteilt. Als Verkörperung des goldenen Sonnenlichtes kann sie in goldene Korpuskel zerfallen. Das Bild ist letztendlich undefinierbar, da es stets aus Überlagerungen und Zusammensetzungen besteht: Wer könnte mit Bestimmtheit sagen, ob die diaphanen Schleier der Drei Grazien des *Frühling* diese kleiden oder entblößen sollen? Definieren diese durchsichtigen Stoffe die Bewegung der Gestalten oder geht der Tanz zuerst vom Körper aus? Werden diese zarten Gewänder vom Winde oder durch die tänzerische Bewegung aufgebauscht? Eigentlich scheinen die Grazien des *Frühling* in Luft gehüllt... Flora in ihrem Gewand ist gleichermaßen Frau und Göttin wie Garten. Diademe und Colliers – ob aus Gold oder Blüten – scheinen in Wert und Metamorphose austauschbar. Die Bilder scheinen sich stets von der Wirklichkeit zu lösen und werden, ihrer physischen Substanz beraubt, reine Schönheit: losgelöst von Zeit und Raum.

Rechte Seite

SANDRO BOTTICELLI
Geburt der Venus
(Ausschnitt: die Göttin)

Mit ihren Spiralen und der wallenden Bewegung entspricht die Haartracht der Venus den Regeln von Leon Battista Alberti.

Die großen mythologischen Kompositionen

Botticelli behandelt gerne allegorische Themen, die bei der intellektuellen Elite des Hofes der Medici so beliebt sind. Er fügt sich zumeist Albertis Theorie des Bildes, doch er bemüht sich vor allem, diese Grundsätze mit einer humanistischen Kultur in Einklang zu bringen, die zum Ende des Quattrocento mehr die Poesie des Wortes und weniger das moralische Beispiel, die erbauliche Szene oder den Verweis auf

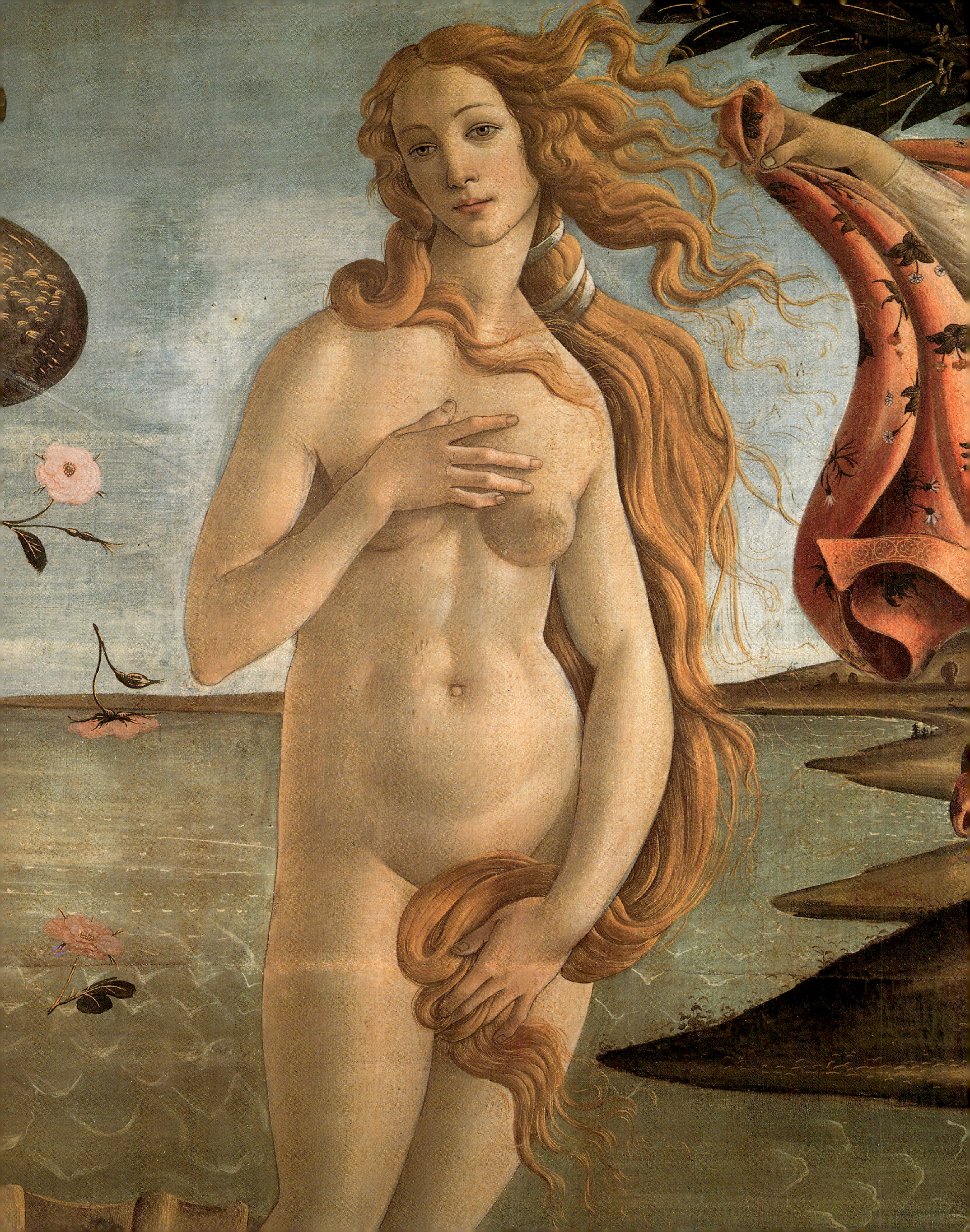

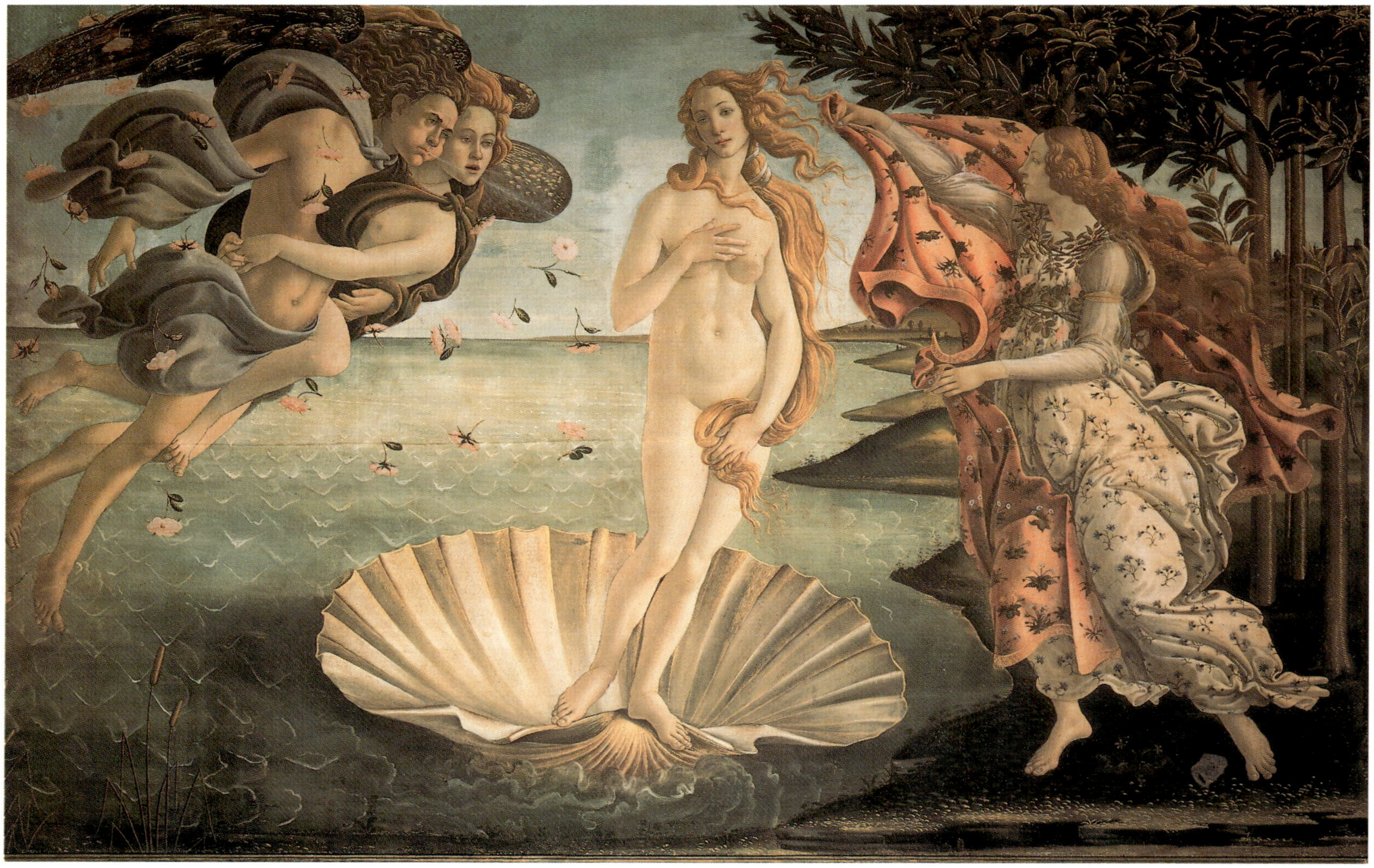

SANDRO BOTTICELLI
Geburt der Venus
1484, Tempera auf Leinwand,
172 x 278 cm.
Galleria degli Uffizi, Florenz.

Mit Pallas und der Zentaur *sowie dem* Frühling *ist die* Geburt der Venus *die dritte große mythologische Komposition des Malers. Er entwickelt sich hier hin zur Schmucklosigkeit und folgt den* Stanzen *von Poliziano, die das Leben und das Kunstwerk verherrlichen.*

Rechte Seite

SANDRO BOTTICELLI
Geburt der Venus
(Ausschnitt)

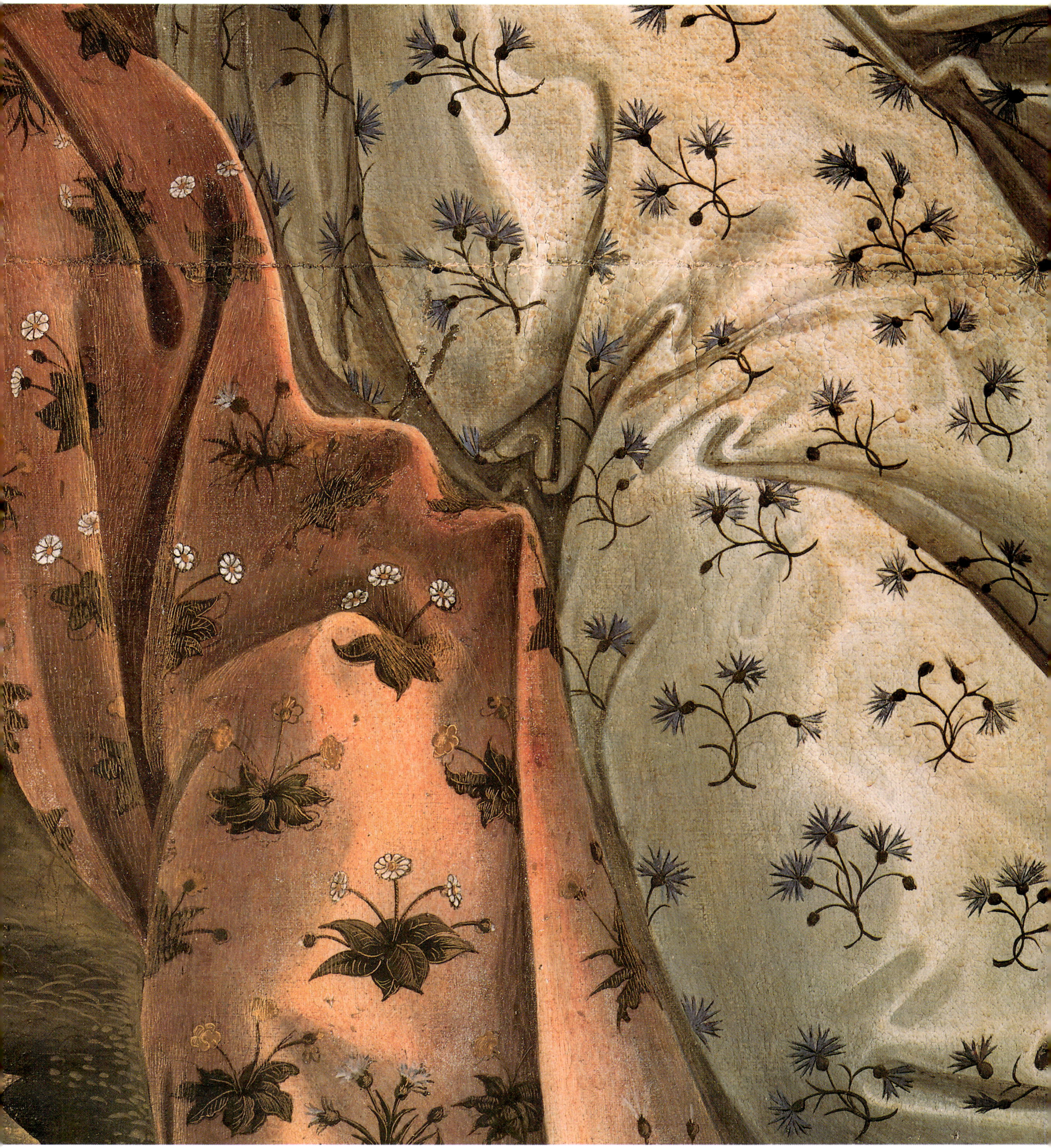

die Geschichte sucht. Für Botticelli ist die Malerei mit der Poesie verwandt. Die unzähligen Bilder sind vielseitig, mehrdeutig und reich an allegorischen Anspielungen, Verwandlungen und Rätseln. Die Hauptfigur des *Frühling* hat ihren Ursprung in der Jungfrau der *Verkündigung* von Baldovinetti. Das heilige Bild wird profan, wenn nicht gar allegorisch. Seine großen Werke für die Medici entstehen aus dieser Sicht der Kunst und der Einheit von Malerei und Poesie.

Bei der Ausführung des *Frühling* läßt Botticelli die Herrschaft der Venus aus den Texten von Poliziano entstehen, in denen von „einem Reich, voller Anmut" die Rede ist; „wo Zephir lasziv hinter Flora herschwebt, wo das Grün zur Blüte kommt". Er malt einen Traumgarten, in dem sich die zahllosen Blumen der Wiesen der Toskana wie ein mittelalterlicher Teppich entfalten, während die Bewegungen und Gesten eine rituelle Choreographie andeuten. Die Anmut der Körper und die Schönheit der üppigen Vegetation, der Verlauf der Linien und die farbliche Harmonie fallen sofort ins Auge. Trotz des Lichts bleiben die Gestalten in leichtem Dämmerlicht. Die Figuren selbst unterstreichen diesen Eindruck des sich Verlierens, da sie kaum den Boden berühren, diesen Rasenteppich ohne Tiefe. Botticelli zeigt somit denen, die mit dem Neuplatonismus vertraut sind, die Gestalt der Venus, Sinnbild der Liebe, als Herrscherin der Welt zwischen Merkur, der die Wolken vertreibt, dem Tanz der Drei Grazien, dem Frühling, der die Blumen sät, und Flora, die von Zephir verfolgt wird. Die Komposition hat keinen Bezug mehr zum Wissen, sie verweist auf die Poesie. Weiter entfernt als die anderen, steht das Hauptbild zwischen Gruppen, die regelrechte Stanzen bilden und der Melodie eines herrlichen Gedichtes folgen. Selbst die Baumstämme, die sich gegen den Himmel abzeichnen, haben in ihrer Parallelität an diesem Rhythmus teil. Sie weichen allein, damit sich Venus klar vor einem Boskett abzeichnen kann, das eine Aureole bildet. Botticelli vermittelt sowohl das Bild einer Menschheit, die mit der Natur verschmilzt, als auch das einer Natur, die zur Menschheit wird.

In *Geburt der Venus*, der zweiten großen Komposition für die Medici, wird der Stil des Künstlers schmuckloser. Er nimmt weniger Gestalten, um das Sinnbild zu vereinfachen. Er macht daraus eine Hymne an die Frau, die an die Stelle der Jungfrau tritt. Botticelli folgt den *Stanzen* von Poliziano, die den Triumph des Lebens besingen und das Kunstwerk verherrlichen. Wie Pallas bezaubert Venus durch ihre grazile Gestalt und ihr wallendes blondes Haar. Der Künstler illustriert die Regeln, die Alberti vier Jahrzehnte zuvor aufgestellt hat: „Gern seh' ich Haar [...], das in Spiralen fällt, und Knoten bildet, und im Wind sich wogt, den Flammen gleich

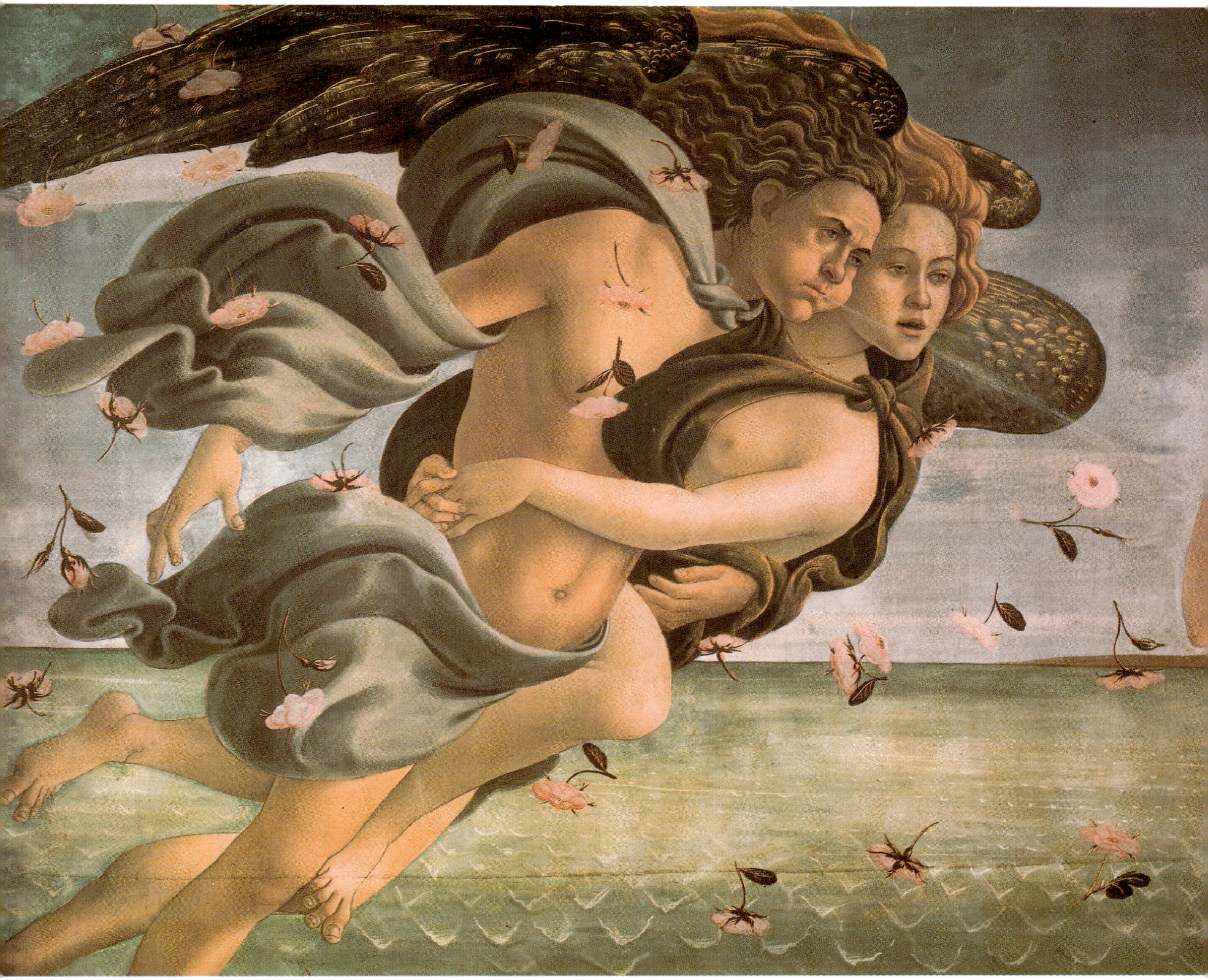

Sandro Botticelli
Geburt der Venus
(Ausschnitt)

Unter einem Rosenregen treiben zwei Gottheiten des Windes Venus ans Ufer, wo eine Nymphe, die auf sie wartet, sich bereithält, um sie mit einem purpurnen Mantel zu bedecken.

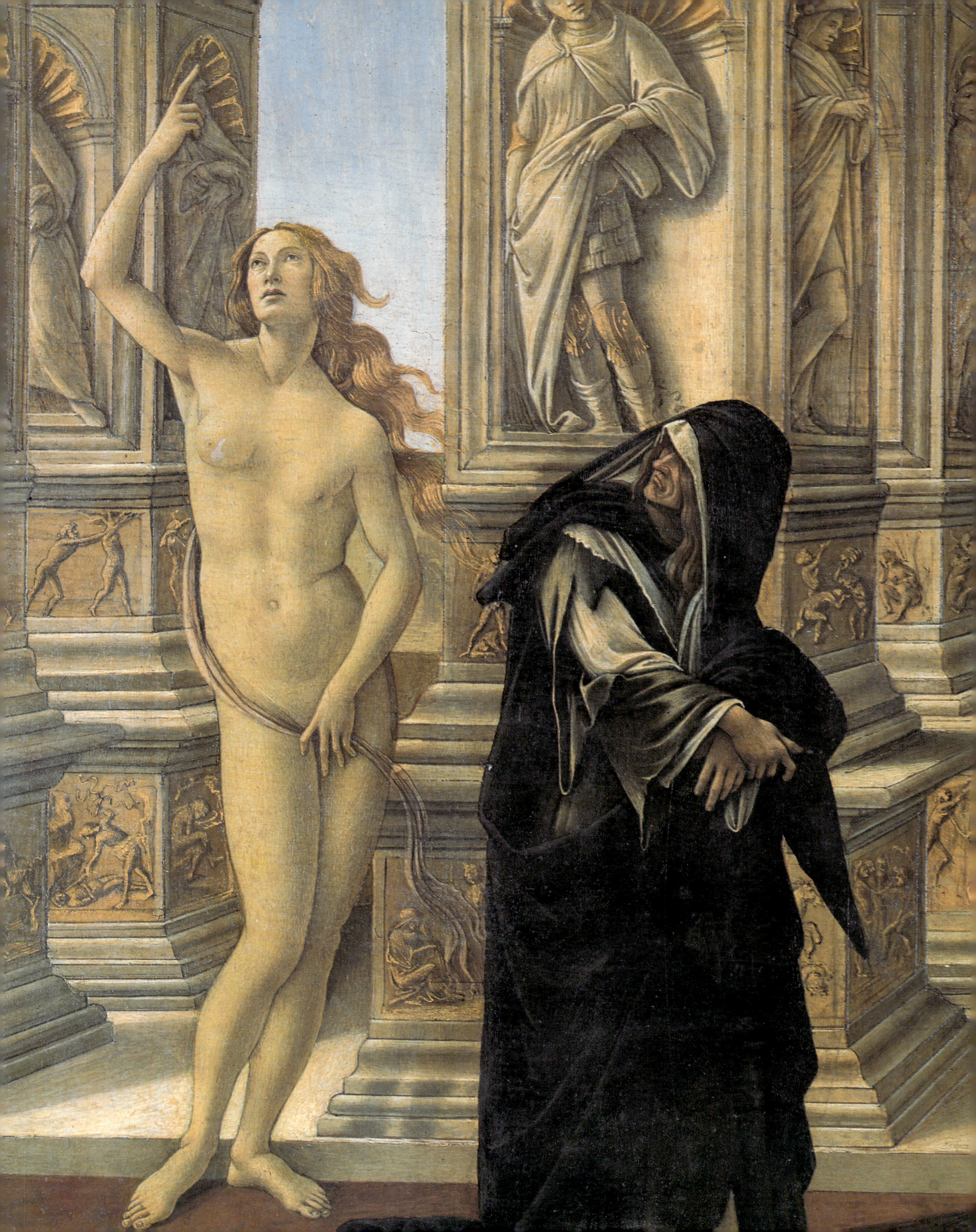

bald sich wie Schlangen windet, emporsteigt und sich dann verliert." Doch während Pallas noch eine gewisse Substanz durch Schleier und Mantel besitzt, scheint Venus trotz ihrer Nacktheit fast transparent. Jedes Element des Gemäldes wird immateriell. Die Doppelstriche, die die Bewegung der Wellen wiedergeben, machen das Meer zum reinen Symbol...

Nach der Verzierung der Sixtinischen Kapelle kennzeichnet die *Geburt der Venus* eine Rückkehr zum Neuplatonismus der Medici. Botticelli hat die Inspiration des *Frühling* in den allegorischen Szenen der Villa Lemmi wiedergefunden. Doch niemals sollte der Neuplatonismus weiter geführt werden. Er malt einen jungen Mann, der in den Kreis der *Artes liberales* eingeführt wird, und eine junge Frau, die die Gaben von Venus und den Drei Grazien erhält, und hüllt die Szenen in eine ungewöhnlich poetische Aura. Die feine Harmonie der klaren Farben und die Stimmung voller Anmut scheinen ohne Beziehung zu Raum und Licht.

In seinen Fresken schafft der Maler ein Bild, das es vom Fühlbaren trennt. Rainer Maria Rilke schreibt: „ So gehen diese Wesen durch die Welt, ohne daran zu rühren, mit den stummen Sternen in sich, von denen sie keinem erzählen können."

Auch wenn die Empörung Savonarolas gegen die neuplatonischen Themen bei Botticelli eine tatsächliche Abkehr von den großen mythologischen Kompositionen und eine Hinwendung zu religiösen und sogar frommen Werken bewirken, so kehrt der Maler doch 1495 ein letztes Mal zu den literarischen Themen zurück, als er einen Text von Lukian aus der Antike über eine Darstellung der Verleumdung des Apelles umsetzt. In *Die Verleumdung* zeigt er auf meisterliche Weise die Breite seiner humanistischen Bildung und seine wissenschaftliche Vorstellung von der Malerei. In vollkommener Kenntnis der Texte konstruiert er kunstgerecht die Perspektive und die Darstellung. Jede Bewegung des Körpers ist sorgfältig geplant; die Zeichnung ist sehr klar. Mit seinen Zierstreifen und Kassetten, den Statuen und den allegorischen Flachreliefs bildet der architektonische Hintergrund ein Dekor feierlicher Ruhe. Davor sind die Personen von einer dramatischen Heftigkeit durchdrungen. An drei Stellen von einer dunklen Gestalt durchbrochen, setzt sich die Bewegung jedesmal mit stärkerer Gewalt und in einem sich wiederholenden Rhythmus fort. Die harten Farben und die konventionelle Darstellung des Lichts verstärken die Abstraktheit der Szene.

Die Dynamik dieses ernsten und tragischen Werkes verblaßt in den letzten Kompositionen von Botticelli. Er gibt die in der Renaissance geschätzte Perspektive auf und kehrt endgültig zu einem mittelalterlichen Archaismus

Linke Seite

SANDRO BOTTICELLI
Die Verleumdung
(Ausschnitt)

In seiner Annäherung an die Sprache von Savonarola wendet sich Sandro Botticelli in den letzten Jahren des 15. Jahrhunderts einer ernsten und spirituellen Malerei zu. Mit der Wahl des Themas der Verleumdung des Apelles möchte er die Schönheit der Wahrheit gegenüber dem Schrecken der Lüge und der Unsicherheit des menschlichen Urteils darstellen.

zurück, den er in der *Mystische Geburt Christi* (um 1500) bis zum äußersten treibt. Die Signatur, begleitet von einem griechischen Text, schildert die Atmosphäre, die ihn umgibt: „Dieses Gemälde wurde von mir, Sandro, Ende des Jahres 1500 während der Unruhen in Italien gemalt, in der Mitte der Zeit nach der Zeit gemäß Kapitel 11 von Johannes im zweiten Schmerz der Apokalypse, als Satan dreieinhalb Jahre auf der Erde wütete." Seine letzten Werke führen sein religiöses Denken zu einer exaltierten Spiritualität. Wie Fra Angelico in den Fresken von San Marco nimmt Botticelli die großen Themen der Biblischen Geschichte und die lehrreichen Visionen wieder auf. Doch da, wo die Szenen von Fra Angelico einer religiösen Sicherheit entstammen, sind die Szenen von Botticelli von tragischen und beängstigenden Spannungen durchzogen, die ihren Ursprung im Glauben selbst haben.

Filippino Lippi und die Verherrlichung der Bewegung

Seinem Werk entstammen die bezaubernden Frauengestalten, die Filippino Lippi (1457–1504) malt. Wie sein Lehrer Botticelli befreit er sich von den Zwängen der Zentralperspektive, um seinen Gestalten die Größe zu geben, die ihrem Rang entspricht, doch beim Kult um die Linie und bei der Kunst des Striches, oft nervös und ruckartig, geht er weiter als Botticelli. Als er 1484 beauftragt wird, die unvollendeten Fresken von Masolino und Masaccio in der Brancacci-Kapelle fertigzustellen, versucht er, seinen Stil an den der beiden großen Maler anzupassen. Doch bereits in dieser Zeit übertrifft er Botticelli an Feinheit und Ästhetik; in den beiden *Tondi* der *Verkündigung* betont er die bewegten Falten der Gewänder oder die Fülle der verzierenden Gegenstände. Seine Gestalten bewahren die Unschuld der seinem Meister so wichtigen *Marien*, doch die Üppigkeit des Dekors und die reichen Verzierungen sind nur ihm eigen. In Rom, in der Caraffa-Kapelle (1489–1490) oder in den *Szenen aus dem Leben des Evangelisten Johannes* und *Szenen aus dem Leben des Hl. Philippus* in der Cappella Strozzi von Santa Maria Novella (1498–1502) läßt er seinem persönlichen Schwung freien Lauf, der gleichermaßen auf ein Gespür für die Geschichte, Faszination für die Spuren der Antike und die von Vasari erwähnten „bizarren Verzierungen" sowie auf eine Verhärtung der Zeichnung schließen läßt. Mit Filippino Lippi werden die großen Kraftlinien des Florentiner Quattrocento unwiederbringlich durchbrochen...

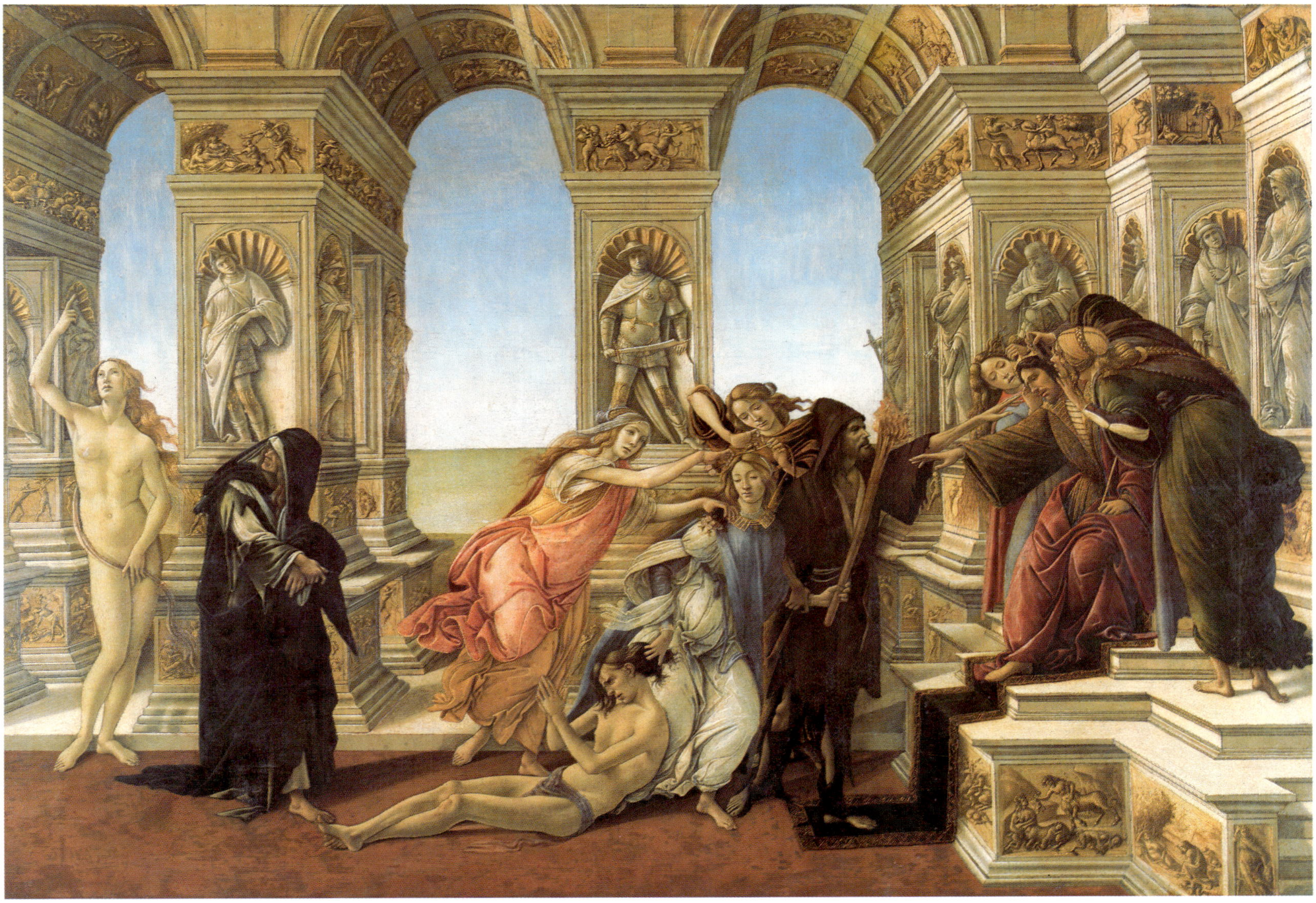

SANDRO BOTTICELLI
Die Verleumdung
1495, Tempera auf Holz,
62 x 91 cm.
Galleria degli Uffizi, Florenz.

Als ein Wunder der Antike besitzt das Dekor der Verleumdung *eine feierliche Ruhe. Botticelli stellt minutiös den architektonischen Hintergrund mit allegorischen und moralischen Statuen, Flachreliefs, Zierstreifen und Kassetten dar, die sich dem Blick des Betrachters bieten. Vor diesem Dekor, das zur Vernunft aufruft und deren Grenzen zeigt, versetzt Botticelli die Akteure des Dramas in eine Bewegung, die an drei Stellen unterbrochen wird (jeweils durch eine dunkle Gestalt gekennzeichnet). Posen und Gesten der Gestalten sind sehr klar gezeichnet.*

SANDRO BOTTICELLI
Die Verleumdung
(Ausschnitt)

Von den Füßen des an den Haaren herbeigezogenen Opfers ausgehend endet die heftige Bewegung vor dem Thron des schlecht beratenen Richters, bevor sie über den ausgestreckten Arm wieder zu ihrem Ausgangspunkt zurückkehrt.

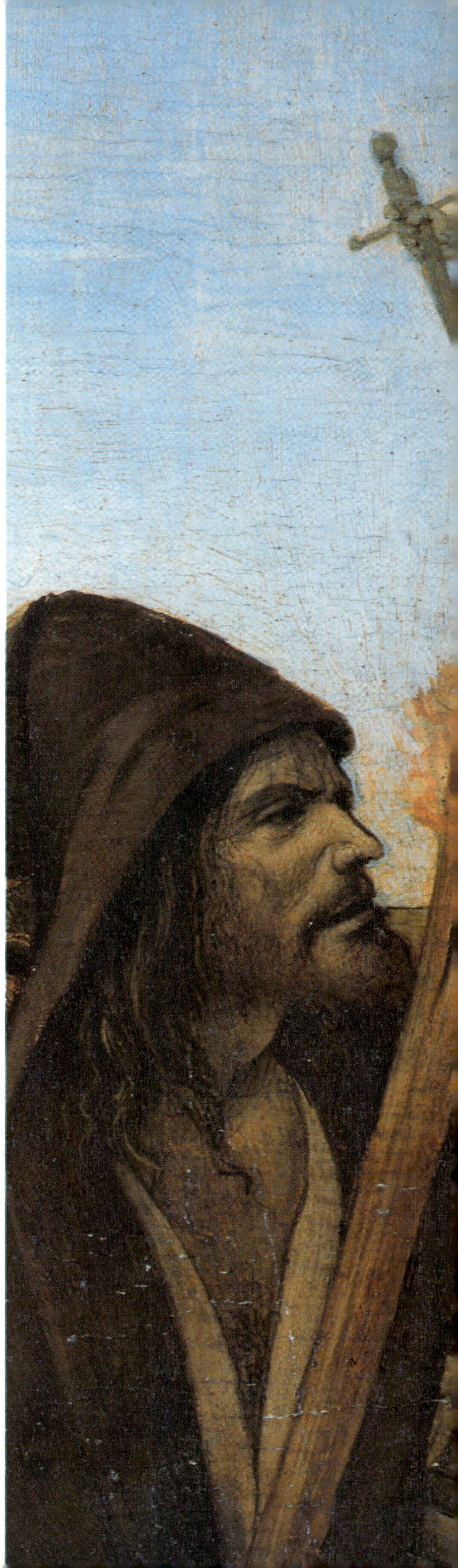

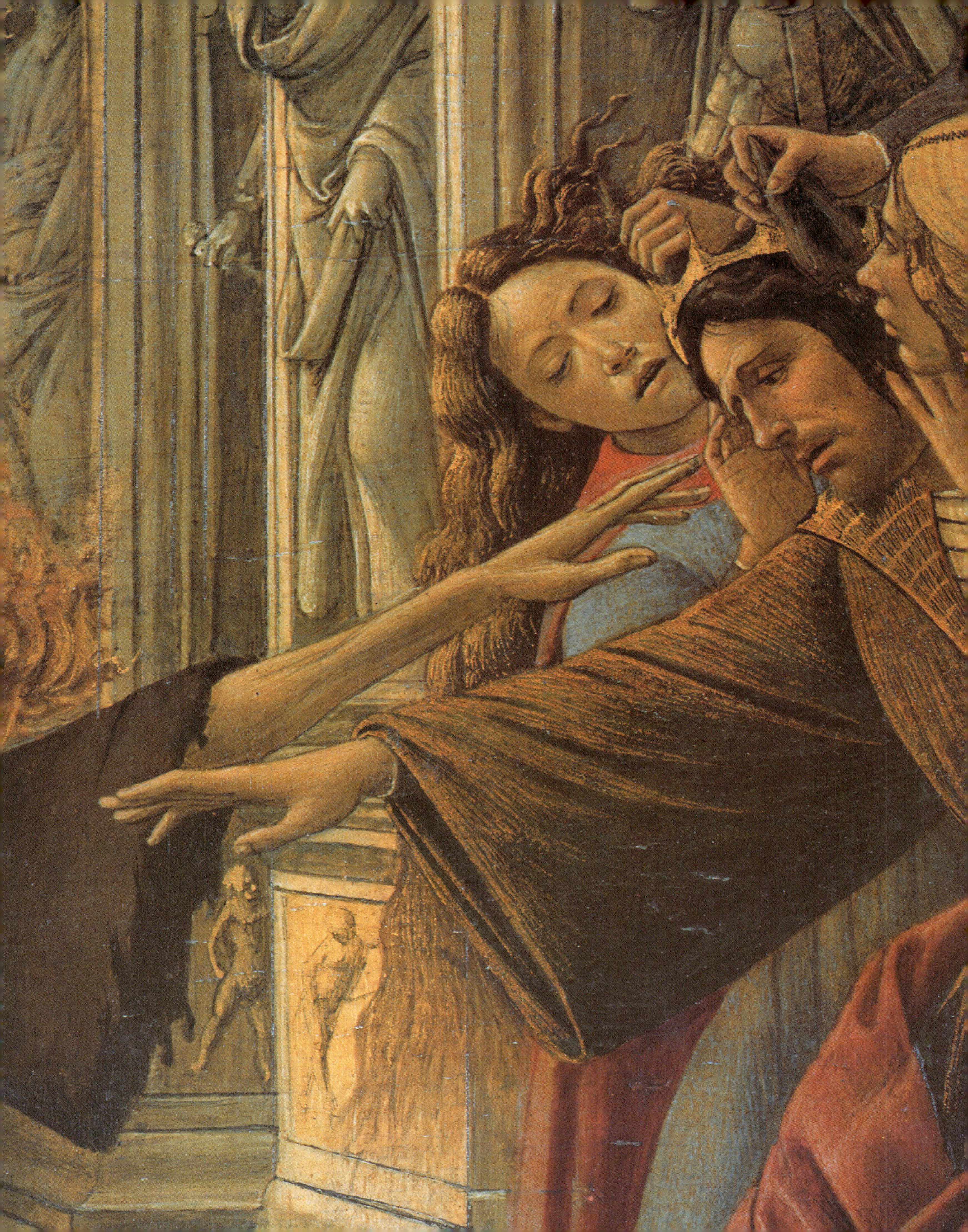

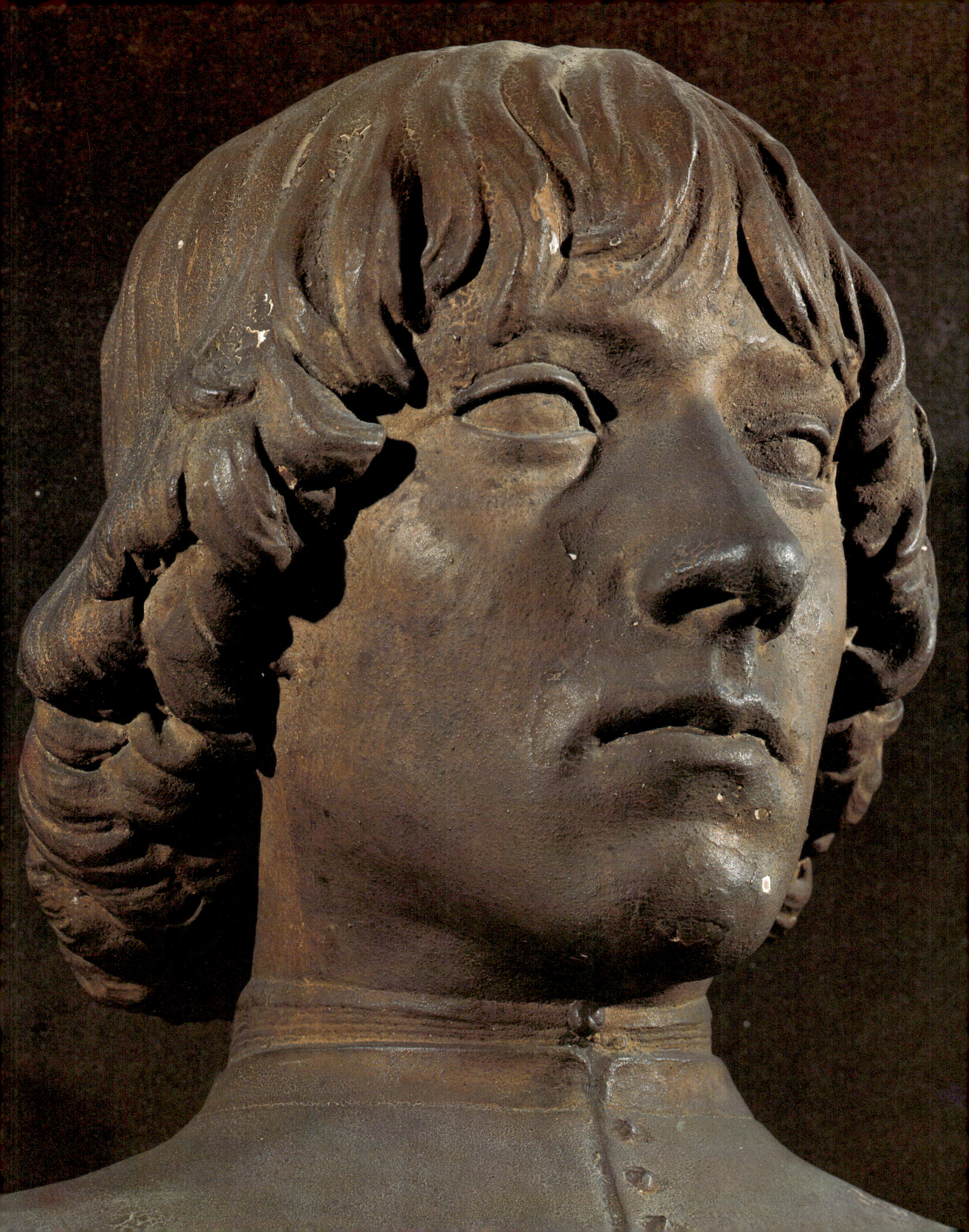

Das Atelier von Verrocchio

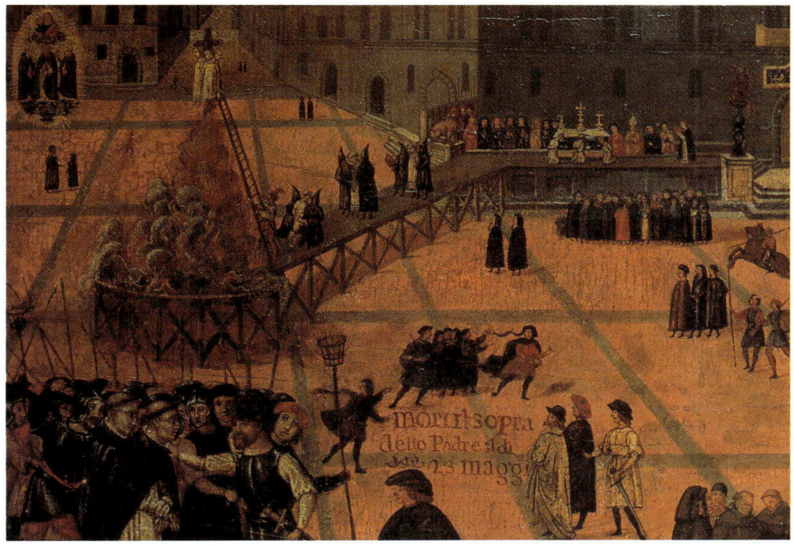

Unbekannter Maler
Die Hinrichtung des Girolamo Savonarola

Ende des 15. Jahrhunderts kennzeichnet Savonarolas Hinrichtung einen entscheidenden Abschnitt der künstlerischen und intellektuellen Entwicklung in Florenz.

Vorherige Seite

Atelier von Andrea del Verrocchio
Büste des Piero de Medici
Um 1470 (?), Terrakotta, 54 cm.
Museo Nazionale (Bargello), Florenz.

Zwischen 1465 und 1480 beherrschen zwei große Werkstätten die künstlerische Tätigkeit in Florenz. Die eine gehört Piero und Antonio Pollaiuolo, deren Werke oft verschmelzen. Der Maler, Bildhauer, Goldschmied und Graveur Antonio fertigt für die Medici und die großen Florentiner Familien Portraits, Medaillen und Statuen, für die Kirchen Fresken und Kartons für Stickereien sowie Gräber für die Päpste. Geprägt von Donatello und Castagno geben seine Werke den Ausdruck der Muskelkraft und die Bewegung wieder. Er arbeitet an der Genauigkeit der Gestaltung, versucht die Qual der Körper darzustellen und verwendet gerne unruhige Motive. Dagegen scheinen seine Gemälde von der niederländischen Malerei beeinflußt, und er schafft im Hintergrund seiner Kompositionen Landschaften, die sich in weiten Horizonten verlieren. Um 1489 gilt er nach Lorenzo de Medici als der „größte Meister der Stadt und, nach Meinung der aufgeklärten Köpfe, als der vermutlich Beste aller Zeiten".

Die zweite Werkstatt gehört Verrocchio (1435–1488). Andrea di Cione hat seinen Beinamen nach dem Brauch dieser Zeit von seinem ersten Meister, dem Goldschmied Giuliano Verrocchio. Zunächst arbeitet er bei Donatello und wird bald zum ständigen Bildhauer der Medici. Für sie führt er 1472 das *Grabmal von Piero und Giovanni de Medici*, einen Sarkophag aus Bronze und Porphyr, aus, und nimmt die

Andrea del Verrocchio
David
(Gesamtansicht und Detail)
Um 1476, Bronze, 125 cm.
Museo Nazionale (Bargello),
Florenz.

In seiner eleganten Kleidung bildet der David *von Verrocchio einen Gegensatz zur Sinnlichkeit des* David *von Donatello, der nackt und verwundbar ist. Einen langen Dolch fest in der rechten Hand, die linke Hand ostentativ auf die Hüfte gestützt, steht er über Goliaths Haupt und läßt den Betrachter an seinem Triumph teilhaben.*

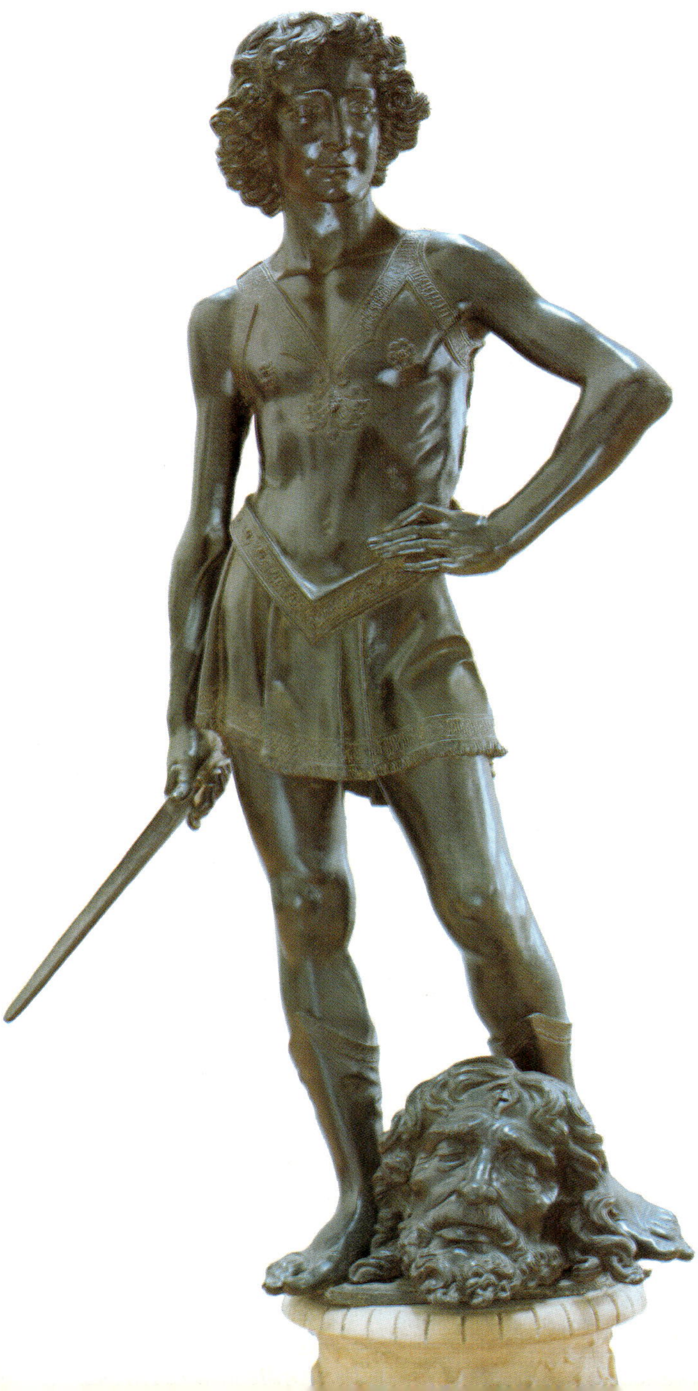

Motive wieder auf, die Donatello berühmt gemacht haben, als er 1476 den *David* aus Bronze und drei Jahre später den *Putto mit Delphin* ausführt, der heute auf dem Brunnen des Palazzo Vecchio steht.

Die Stimmung in Florenz in den siebziger Jahren des 15. Jh. leitet eine Wende in der Florentiner Kultur ein. Mit der Herrschaft des Lorenzo de Medici und dem Erfolg der Accademia Careggi feiert man dort mit dem Platonismus den Ruhm des Künstlers und die Hoffnung auf ein neues goldenes Zeitalter.

Das Atelier von Verrocchio ist Teil dieser poetischen und naturalistischen Stimmung, in der alle Künste vor allem von der Bildhauerei beeinflußt werden. Gegenüber der unruhigen Kraft der Brüder Pollaiuolo oder dem Stil der Bildhauer, die Desiderio da Settignano folgen, bevorzugt Verrocchio die träumerische Ausgewogenheit seines *David*, die Rückkehr zur Verzierung, um im Denkmal der Medici Feierlichkeit zu erzeugen, oder auch die Feinheit, um gegen 1470 *Die Auferstehung* in bemalter Terrakotta darzustellen. Die Werke für die Kirche zeigen ein ähnliches Vorgehen, das große Kompositionen wie *Christus und der ungläubige Thomas* für Or San Michele oder *Die Enthauptung des Hl. Johannes des Täufers* für den Altar des Baptisteriums zu bestimmen scheint.

Hinsichtlich der Bildhauerei ist der Ruf seines Ateliers über Florenz hinausgedrungen. Es nimmt an der Ausführung des *Kenotaph des Kardinals Forteguerri* in Pistoia teil, und Verrocchio gewinnt vor allem den Wettbewerb um das *Reiterdenkmal des Bartolomeo Colleoni*, das erst 1496 von Alessandro Leopardi vollendet und eingeweiht wird und auf dem alles in Bewegung dargestellt ist. Mit dem Weggehen von Verrocchio und den Brüdern Pollaiuolo verläßt auch die Bildhauerkunst Florenz und zieht nach Rom, nachdem sie allen Stilrichtungen des ausklingenden 15. Jh. ausgesetzt war.

Werk und Einfluß von Verrocchio lassen sich jedoch nicht in der Bildhauerei allein zusammenfassen. Seine Werkstatt, die zwei große Maler des späten 15. Jh., Lorenzo di Credi und Leonardo da Vinci, hervorbringt, wirkt sich auf die gesamte italienische Kunst aus. Um 1470 bis 1480 malt Verrocchio die *Taufe Christi*, wo Leonardo da Vinci erstmals die beiden Engel einführt, die sich durch ihre Gestaltung von den Konturen Christi und Johannes des Täufers abheben. Hier übertrifft der Schüler bereits den Meister, indem er gekonnt die Gestalt in den Raum eingliedert und die Ferne, voller Träume, erfindet. Während Lorenzo di Credi sich nicht von den überholten Methoden des Quattrocento löst und sich weiterhin um das Endliche, sanfte Farben und gefällige Formen

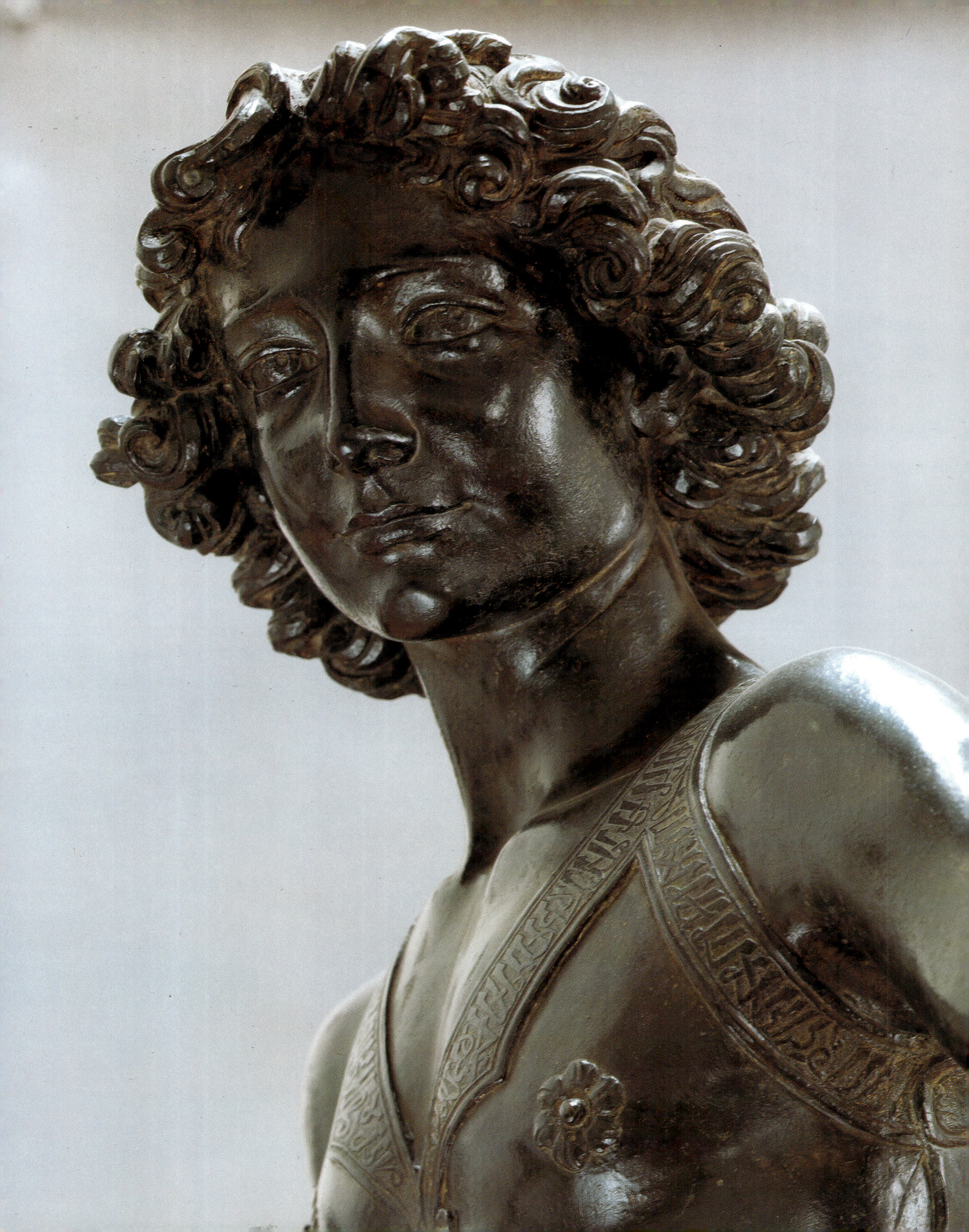

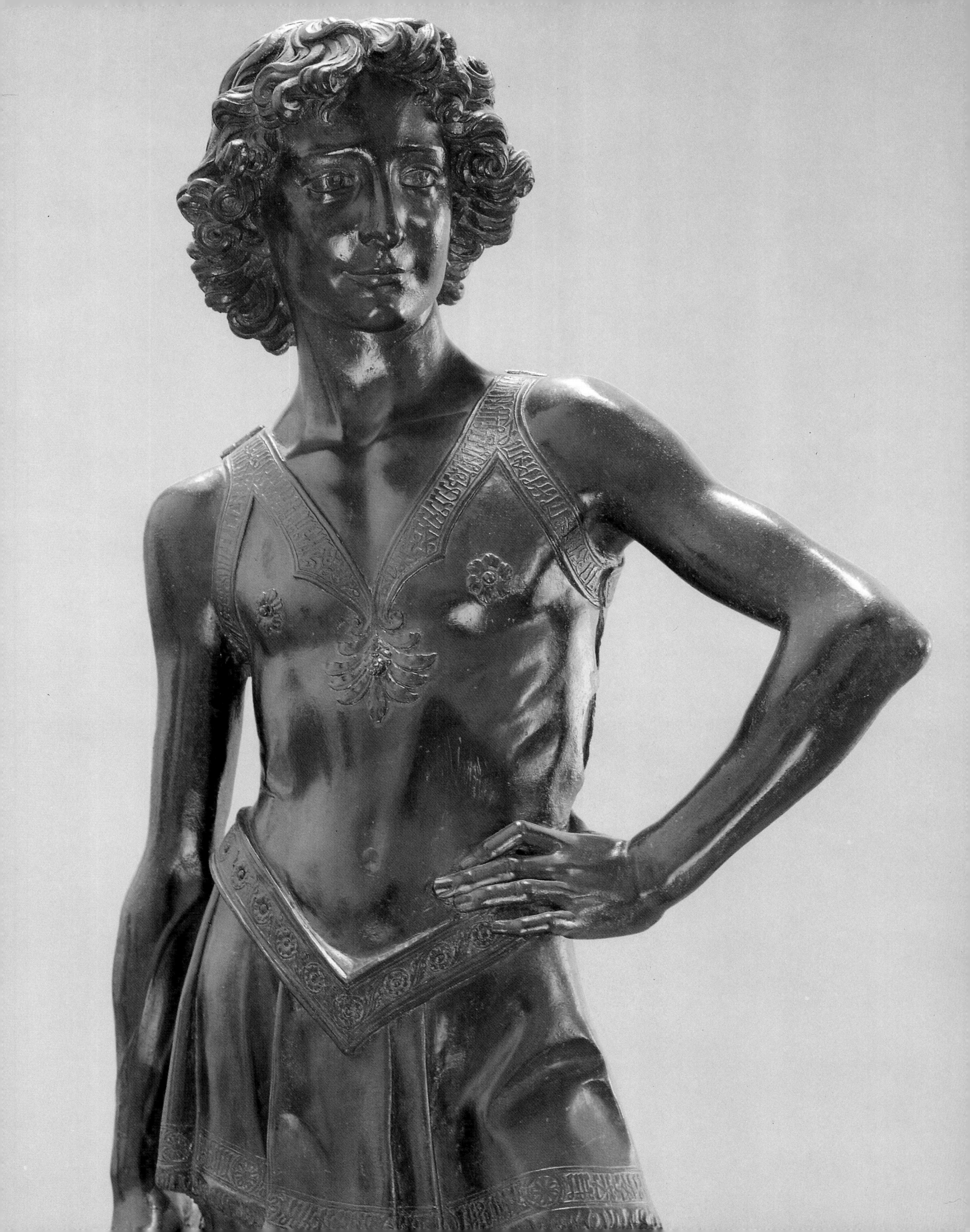

ANDREA DEL VERROCCHIO
David
(Details)

Der David *von Verrocchio läßt sich aus jedem Blickwinkel betrachten und besitzt nicht die anatomische Komplexität oder den psychologischen Gehalt der Figur von Donatello.*

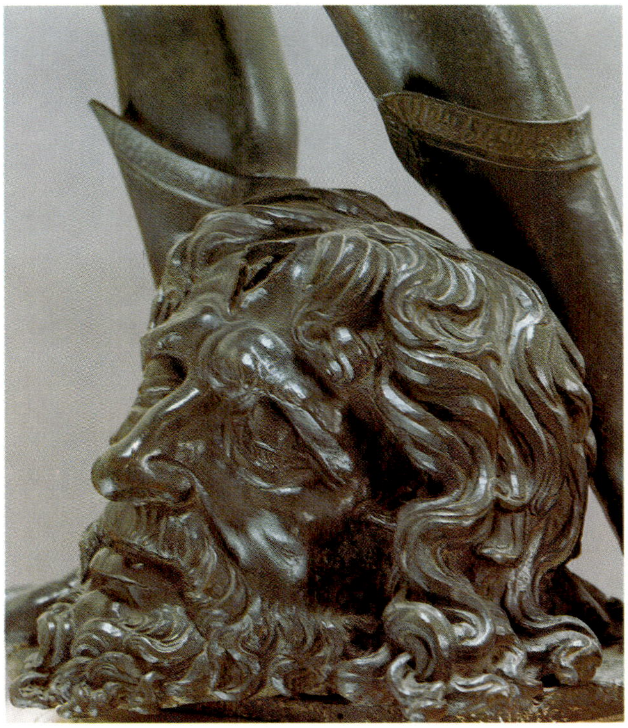

bemüht, sammelt Leonardo da Vinci durch seine Mitarbeit in der *Bottega* viele Erfahrungen durch eine vielseitige Ausbildung. 1481 erhält er seinen ersten Auftrag – das einzige große Gemälde, das aus seiner Florentiner Zeit erhalten ist – die *Anbetung der Könige* für die Mönche von San Donato in Scopeto. Seine Kombination der Formen und der starken Hell-Dunkel-Wirkung zeigt hier eine eindrucksvolle Kraft. Einem Ruf an den lombardischen Hof folgend, verläßt Leonardo da Vinci in diesem Jahr Florenz und läßt sich in Mailand nieder. Sein Fortgehen bedeutet einen Umschwung für die Geschichte der italienischen Kunst.

Die Kunst, die im Quattrocento vom Mäzenatentum der Medici und des Patriziats getragen wird und damit Florenz zur Wiege der Renaissance macht, sieht sich Ende des 15. Jh. einer neuen Situation gegenüber. Auf die Heiterkeit in den Werken folgt eine tiefe Krise in der Politik und im religiösen Denken. Sie führt 1494 zur Vertreibung der Medici. Der Schwerpunkt der Kultur verlagert sich von Florenz nach Rom, das durch Julius II. wieder zur „Hauptstadt der Welt" wird; doch Städte wie Mailand und Venedig sind die wichtigen Schmelztiegel, aus denen ein neuer Stil hervorgeht. Dieser verdankt vieles Männern wie Michelangelo oder Leonardo, die in Florenz gelernt haben, deren Kunstform aber nicht dem 15. Jh. zuzurechnen ist.

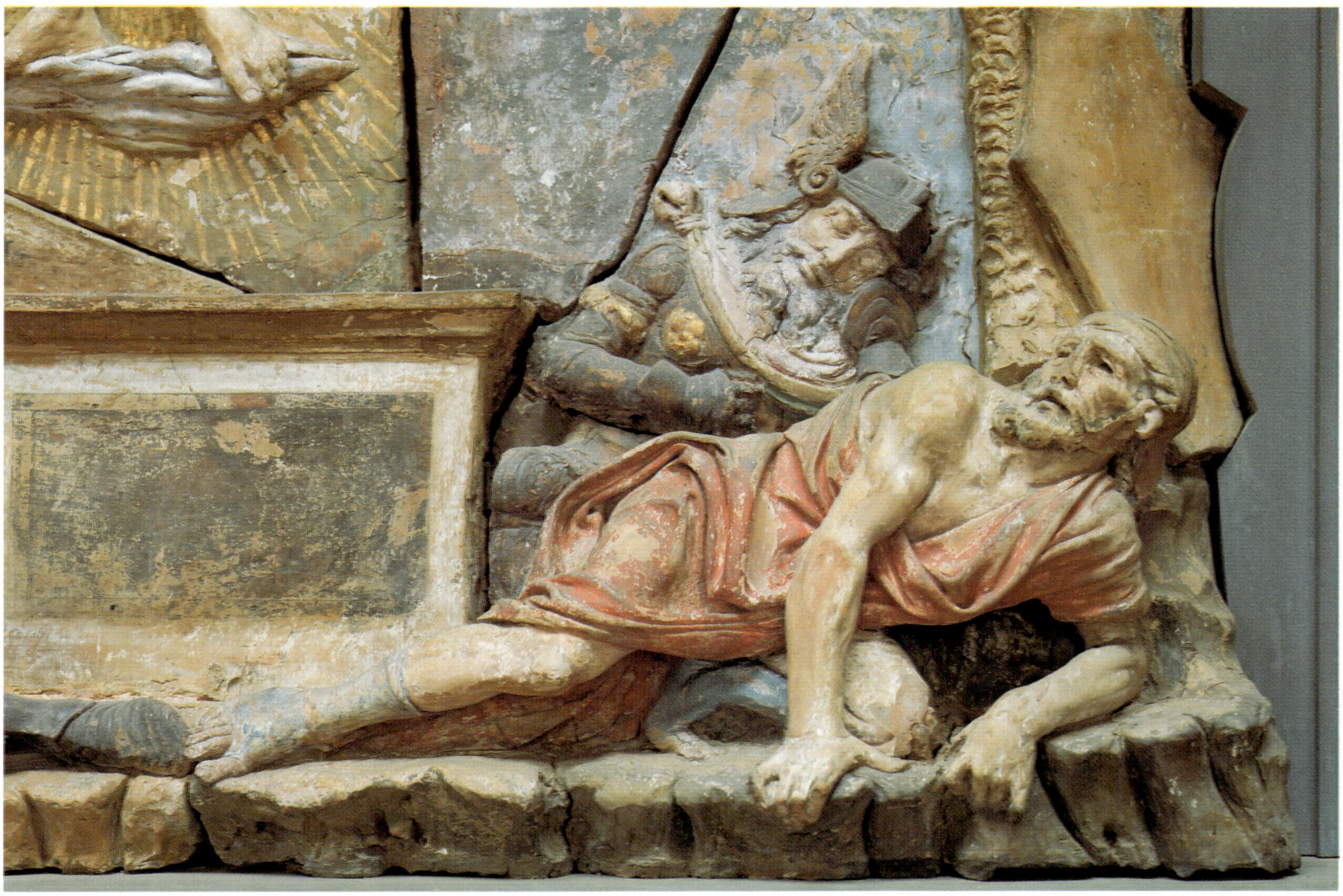

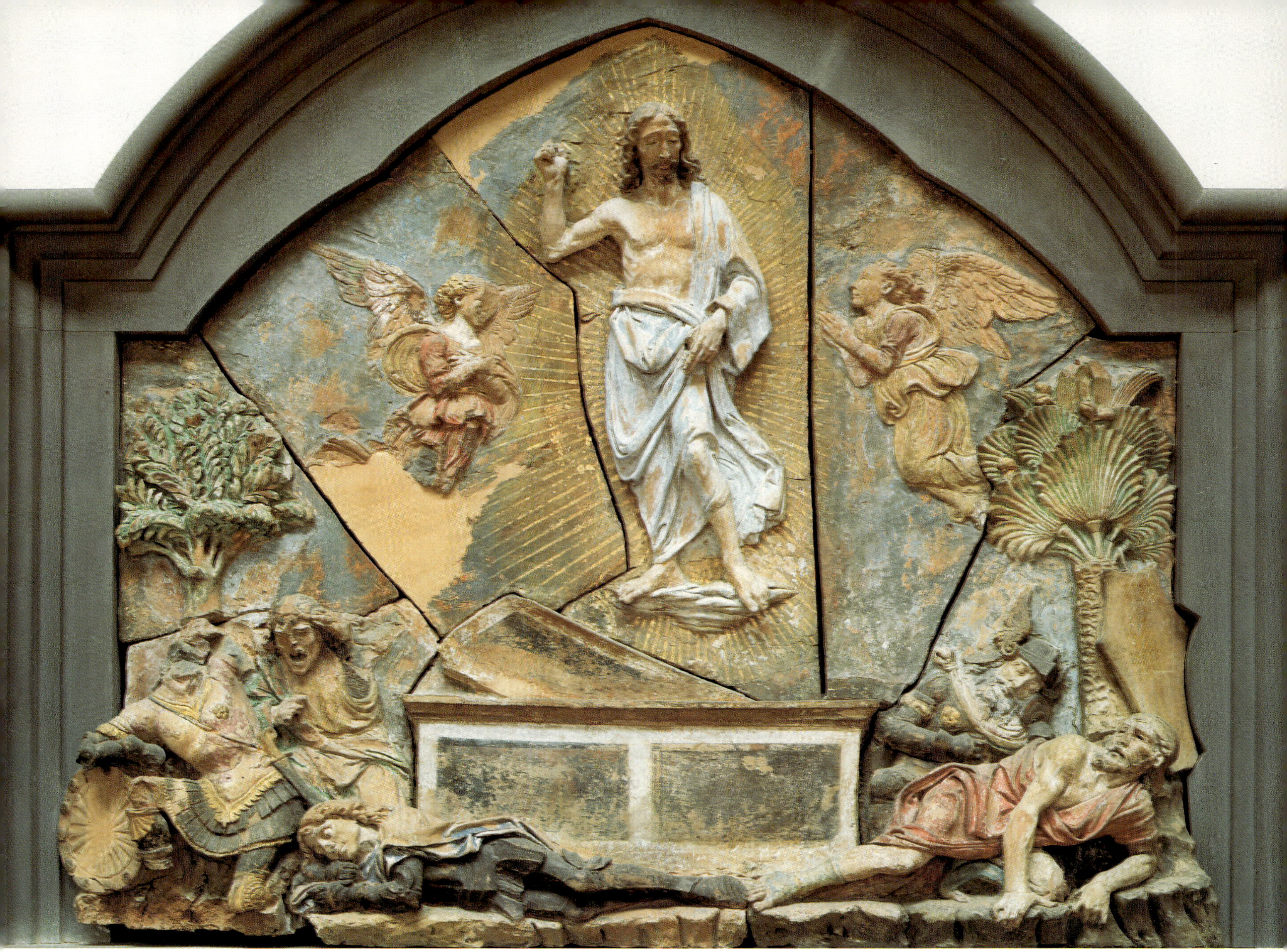

Andrea del Verrocchio
Auferstehung Christi
Um 1470, bemalte Terrakotta.
Museo Nazionale (Bargello), Florenz.

Bei der Anordnung und der Ausgestaltung der Engelsfiguren, der Gestaltung und der Form der Landschaften scheint sich Verrocchio an der Auferstehung *von Luca della Robbia im Tympanon der Sakristeitür von Santa Maria del Fiore orientiert zu haben. Doch bei Verrocchio ist die realistische Ausdruckskraft ergreifend.*

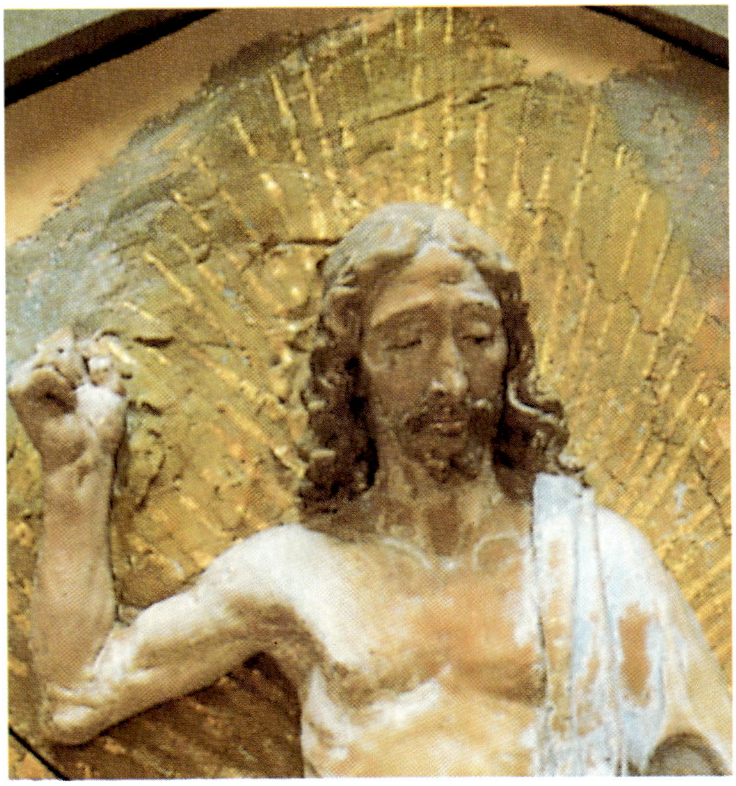

Andrea del Verrocchio
Die Auferstehung
(Ausschnitt: Christus)

Rechte Seite

Andrea del Verrocchio
Die Auferstehung
(Ausschnitt)

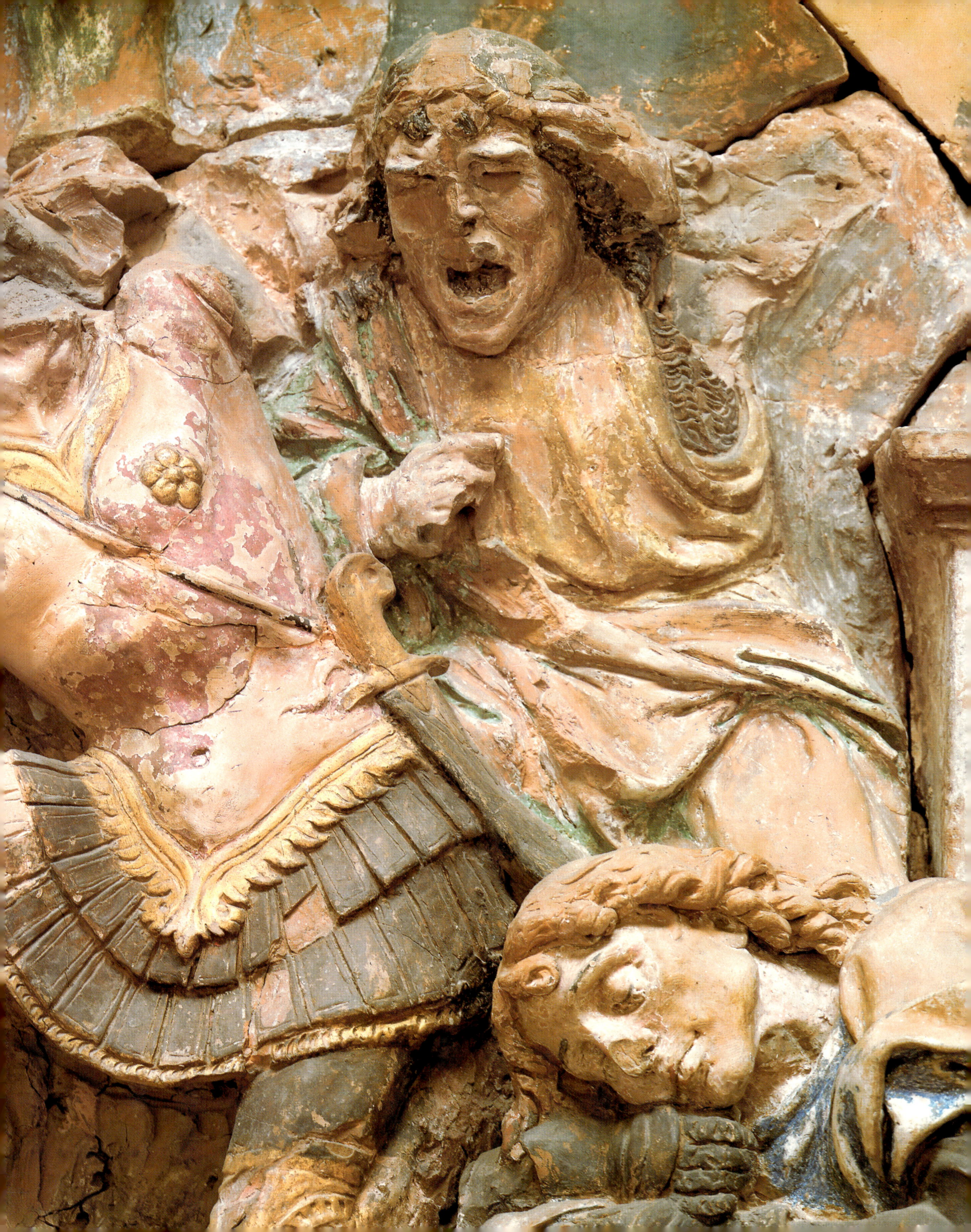

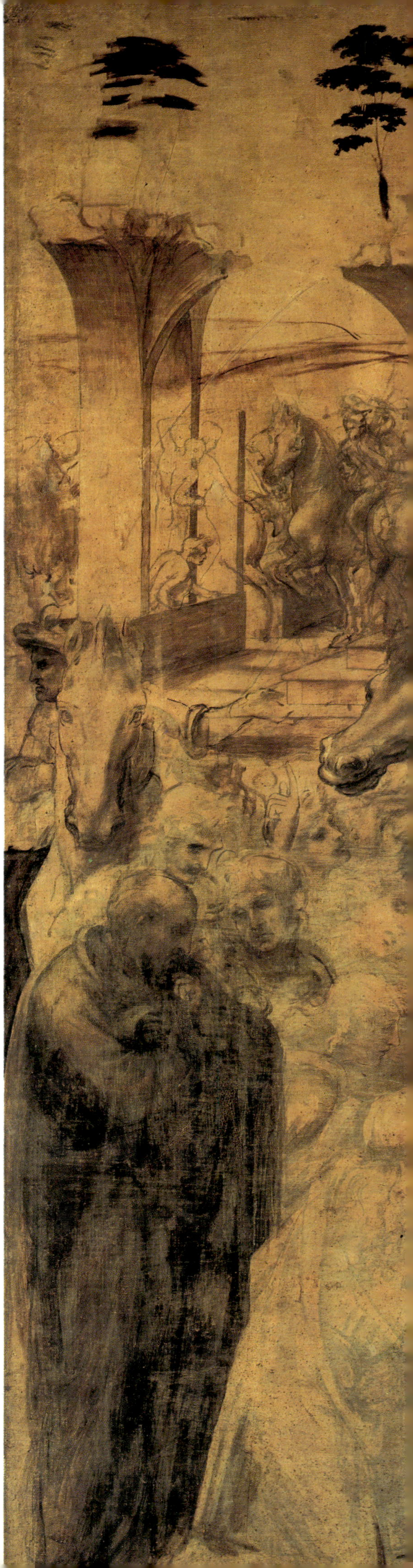

LEONARDO DA VINCI
Anbetung der Könige
Holz, 246 x 243 cm.
Galleria degli Uffizi, Florenz.

Kurz bevor Leonardo da Vinci Florenz verläßt und nach Mailand geht, fertigt er im Atelier von Verrocchio eine Anbetung der Könige *an, die er nicht vollendet. Es handelt sich hier um ein Jugendwerk, das gleichzeitig einen Bruch in der Geschichte der Malerei des Quattrocento darstellt. Leonardo führt in dieser Komposition die Staffelung des Raumes ein: in den Vordergrund um die Jungfrau setzt er lediglich Gestalten, und er unterstreicht bereits die figurative Bedeutung der Hintergründe.*

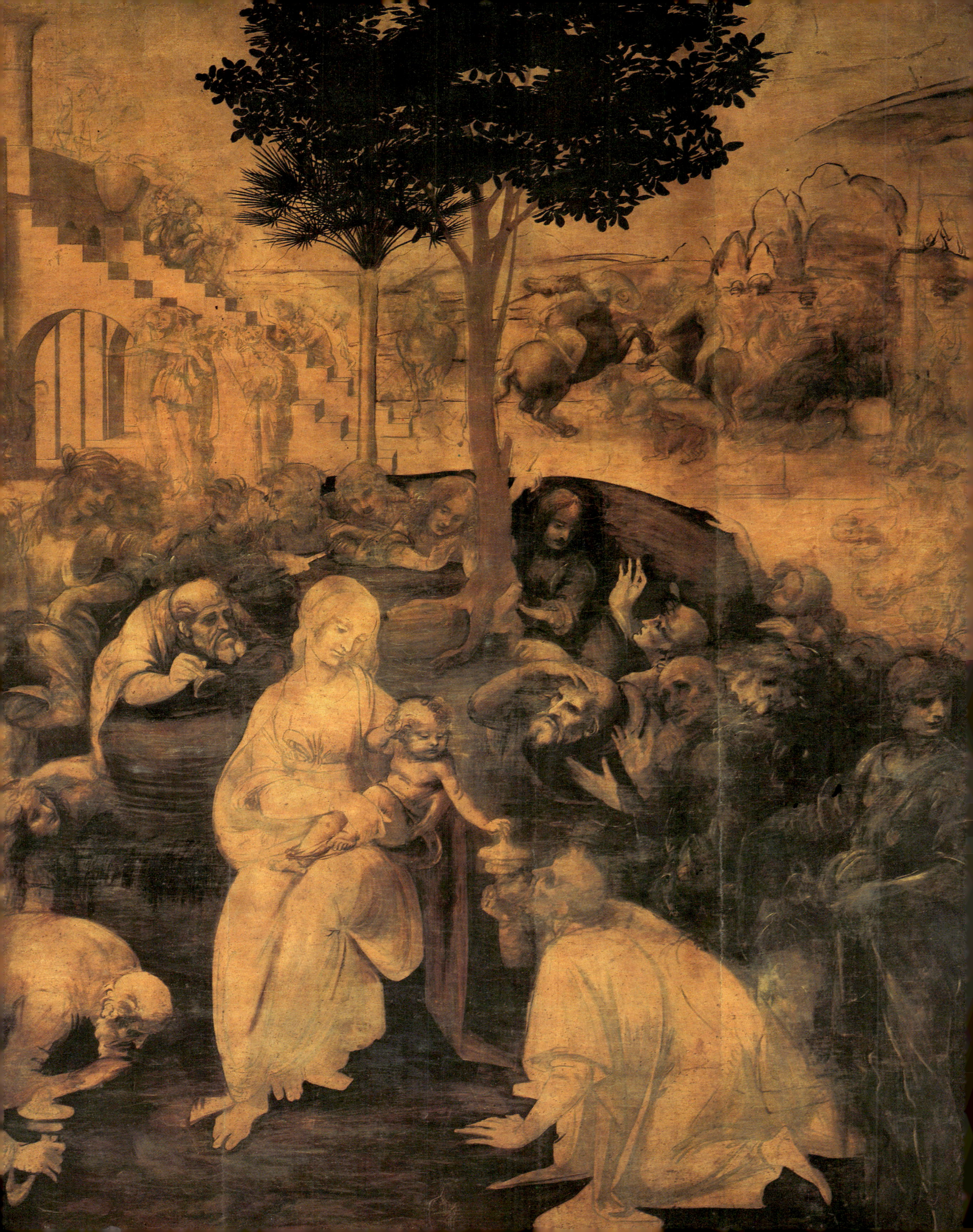

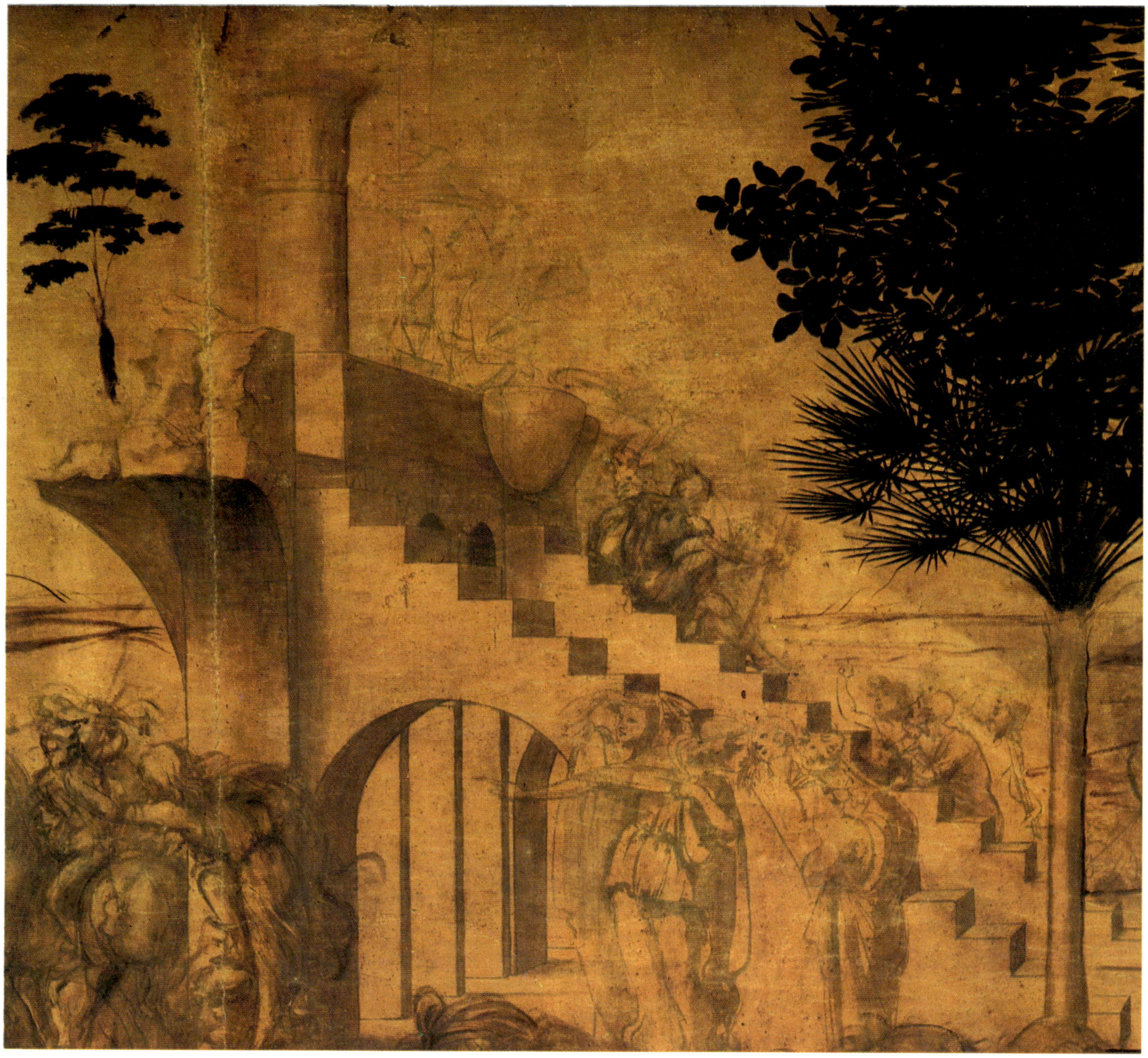

LEONARDO DA VINCI
Anbetung der Könige
(Ausschnitt: die Treppe)

Leonardo hat Elemente in seine Komposition integriert, die bei den Malern des Quattrocento auftauchen, wie die Palme von Gozzoli oder von Verrocchio, den Orangenbaum des Piero della Francesca oder auch die Treppe, die man bei Lippi und Botticelli findet. Aber er verleiht diesem Element einen neuen Wert: der Mensch kehrt sich von den wilden Pferderennen ab und wendet sich einem anderen Leben zu.

Rechte Seite

LEONARDO DA VINCI
Anbetung der Könige
(Ausschnitt: die Jungfrau)

Die Hauptfigur des Bildes, die Jungfrau mit Kind, hat die Welt verändert.

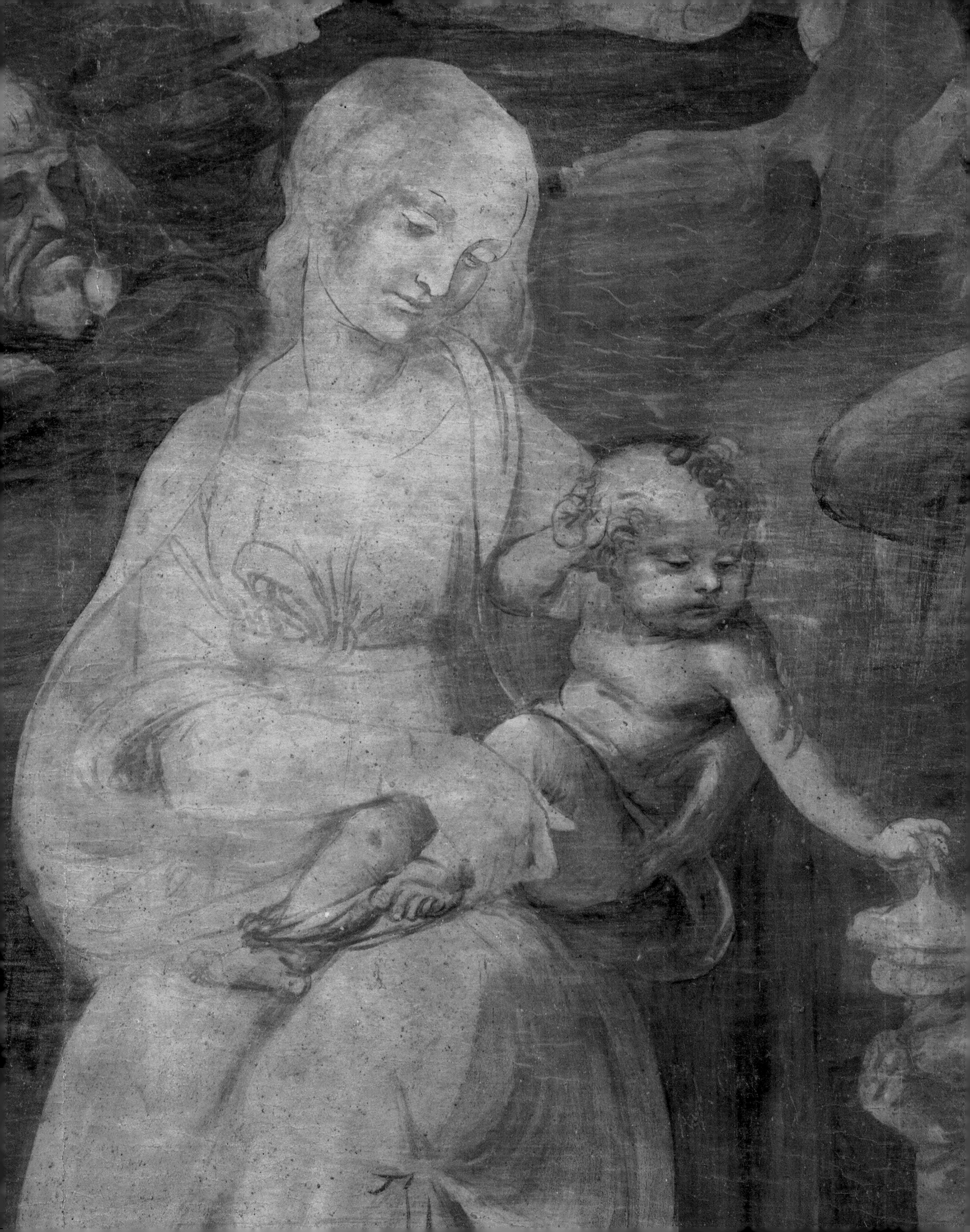

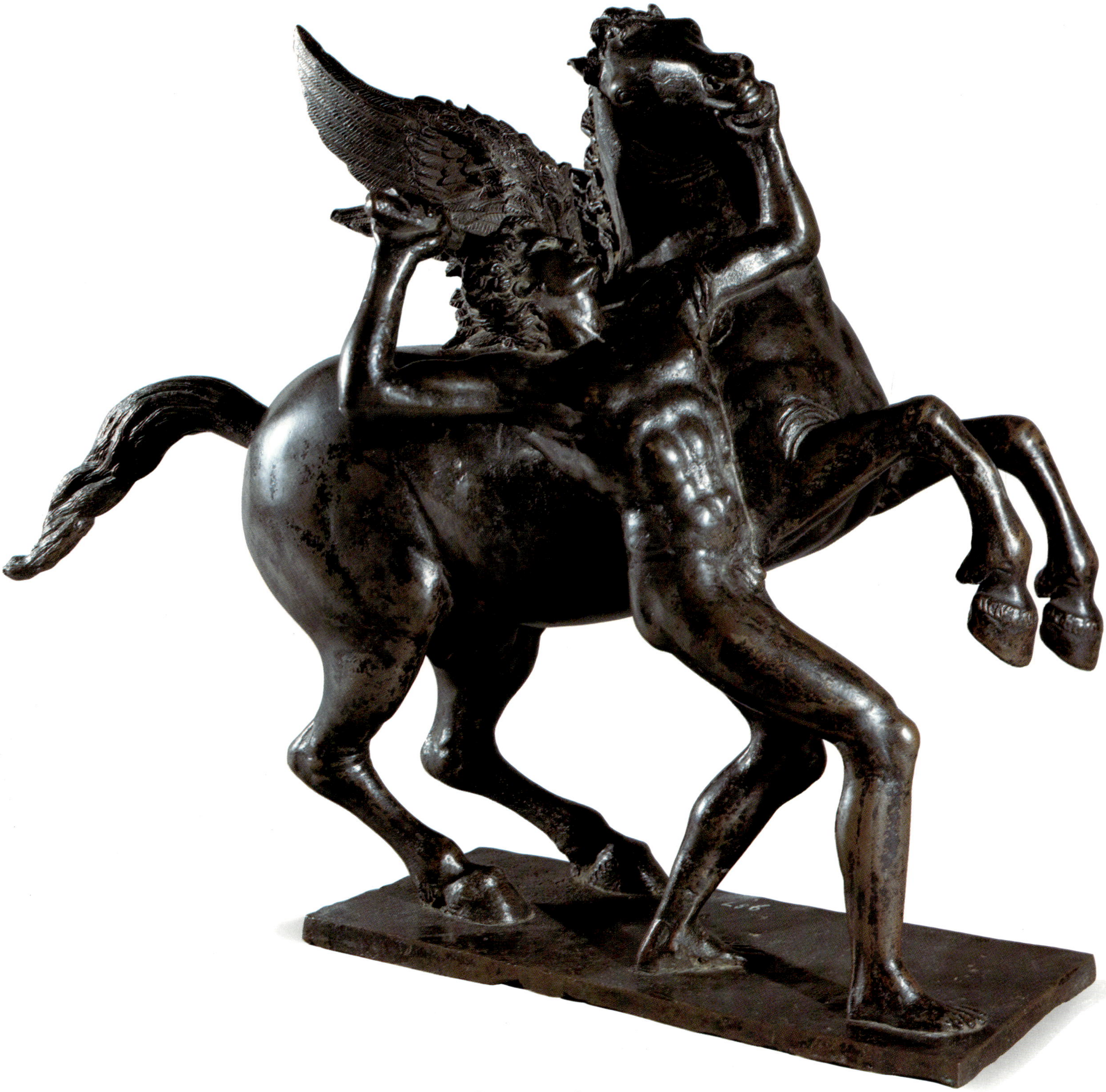

Bertoldo di Giovanni
Bellerophon
Bronze, 32,5 cm.
Kunsthistorisches Museum,
Wien.

Florenz und sein Einfluß im 15. Jahrhundert

AREZZO
Luca della Robbia (Atelier)
Piero della Francesca
Giuliano da Maiano

BOLOGNA
Michelangelo Buonarroti
Andrea Sansovino

CORTONA
Fra Angelico

GENOVA (GENUA)
Andrea Sansovino

LORETTO
Andrea Sansovino
Giuliano da Maiano
Giuliano da Sangallo

MANTOVA (MANTUA)
Leon Battista Alberti

MILANO (MAILAND)
Leonardo da Vinci
Filarete
Michelozzo di Bartolomeo

NAPOLI (NEAPEL)
Giuliano da Maiano

ORVIETO
Fra Angelico

PADOVA (PADUA)
Donatello
Paolo Uccello
Fra Filippo Lippi

PAVIA
Filarete

PISA
Benozzo Gozzoli
Fra Bartolomeo

RIMINI
Leon Battista Alberti
Agostino di Duccio

ROMA (ROM)
Masolino da Panicale
Filarete
Bernardo Rosselino
Leon Battista Alberti
Donatello
Filippino Lippi
Antonio da Sangallo
Antonio Pollaiuolo
Piero Pollaiuolo
Fra Angelico
Sandro Botticelli
Domenico Ghirlandaio
Cosimo Roselli
Michelangelo Buonarroti

SIENA
Donatello
Lorenzo Ghiberti
Giuliano da Maiano

URBINO
Paolo Uccello
Luca della Robbia
Piero della Francesca

VENEZIA (VENEDIG)
Gentile da Fabriano
Paolo Uccello
Andrea del Castagno
Verrochio

Es sind lediglich die wichtigsten Städte aufgeführt, in denen die Künstler gewirkt haben, die im 15. Jahrhundert geboren wurden. *PRATO* und *PISTOIA* werden als Künstlerviertel von Florenz betrachtet.

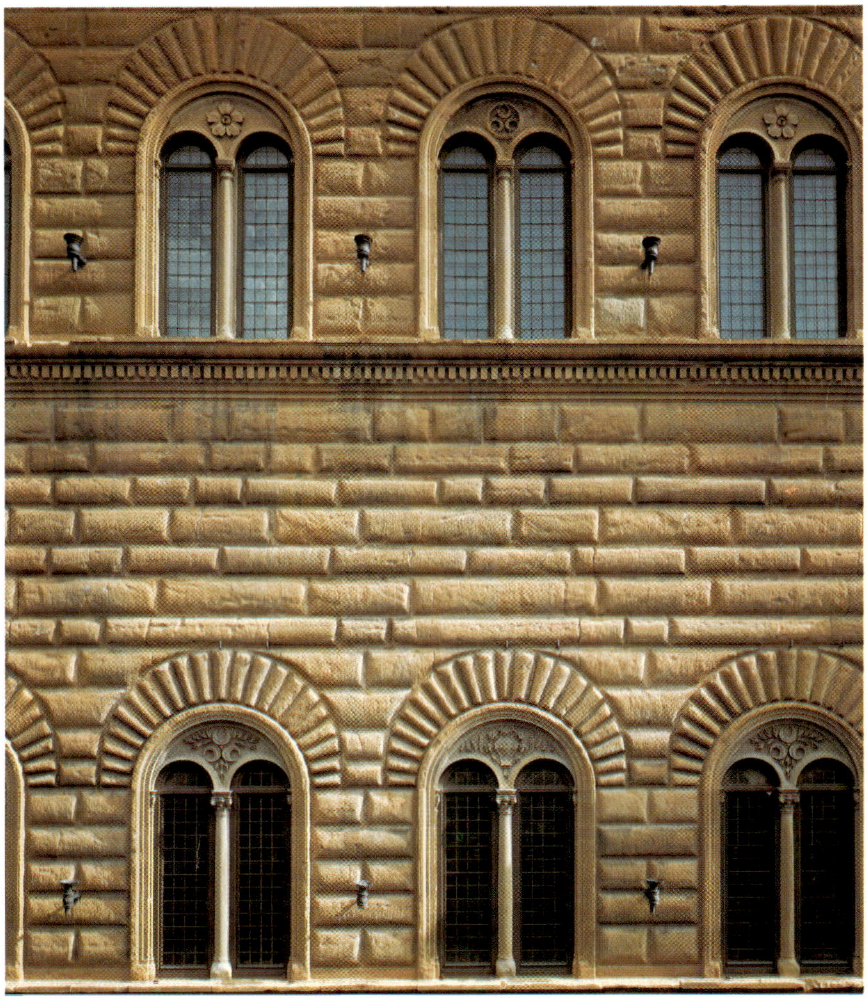

GIULIANO DA MAIANO
Palazzo Strozzi
(Fassade)
1489, Florenz.

Bibliographie

ALBERTI (L.B.), *De re aedificatoria,* Florentiae 1485.

ALBERTI (L.B.), *Zehn Bücher über die Baukunst,* Wien-Leipzig 1912.

ALBERTI (L.B.), *De la statue et de la peinture,* Paris 1868.

ALBERTI (L.B.), *Della pittura,* kritische Ausgabe von Luigi Mallé, Florenz 1950.

ARGAN (G.C.), *The Architecture of Brunelleschi and the Origins of Perspective Theory in the Fifteenth Century,* Journal of Warburg and Courtauld Institutes IX, London 1946.

ARGAN (G.C.), *Botticelli,* Genf 1989.

AVERY (C.), *Florentine Renaissance Sculpture,* London 1970.

BALDINI (U.) und CASAZZA (O.), *La chapelle Brancacci,* Paris 1991.

BATTISTI (E.), *Piero della Francesca,* Mailand 1971.

BAXANDALL (M.), *A Dialogue on Art from the Court of Leonello d'Este,* Journal of the Warburg and Courtauld Institutes, 26, London 1963.

BAXANDALL (M.), *Painting and Experience in Fifteenth Century in Italy,* Oxford 1974.

BAXANDALL (M.), *L'œil du Quattrocento. L'usage de la peinture dans l'Italie de la Renaissance,* Paris 1985.

BAZIN (G.), *Fra Angelico,* Paris-London-New York 1949.

BEC (C.), *Les marchands écrivains,* Paris-Den Haag 1967.

BERENSON (B.), *The Italian Pictures of the Renaissance – Florentine School,* London 1963.
BERENSON (B.), *The Drawings of the Florentine Painters,* Chicago 1970.
BERTI (L.), *Catalogo del Museo Nazionale del Bargello,* Florenz 1972.
BERTI (L.) und FOGGI (R.), *Masaccio,* Florenz 1989.
BORSI (F.), *Alberti. Opera completa,* Mailand 1975.
BURCKHARDT (J.), *La civilisation de la Renaissance en Italie,* Paris 1958.
CASAZZA (O.), *Masaccio e la Capella Brancacci,* Florenz 1990.
CHAMBERS (D.), *Patrons and artists in the Italian Renaissance,* London 1970.
CHASTEL (A.), *Le Grand Atelier,* 1460–1500, Paris 1965.
CHASTEL (A.), *L'art italien,* Paris 1982.
CHASTEL (A.), *Mythe et crise de la Renaissance,* Genf 1989.
CLARK (K.), *Piero della Francesca. Complete edition,* London 1969.
DAMISCH (H.) und TONGIORGI TOMASI (L.), *Paolo Uccello,* Paris 1986.
DEGENHART (B.) und SCHMITT (A.), *Gentile da Fabriano in Rom und die Anfänge des Antikenstudiums,* in Münchener Jahrbuch der bildenden Kunst, 11, 1960.
FILARETE (A.), *Treatise on Architecture,* Übersetzung von John Spencer, New Haven 1965.
FOCILLON (H.), DE VECCHI (P.) und LEONELLI (M.C.), *Piero della Francesca,* Paris 1990.
FRANCASTEL (P.), *La figure et le lieu. L'ordre visuel du Quattrocento,* Paris 1977.
FRANCASTEL (P.), *Peinture et société. Naissance et destruction d'un espace plastique, de la Renaissance au cubisme,* Paris 1977.
FREMANTLE (R.), *Florentine Paintings in the Uffizi,* Florenz 1971.
GADEL (J.), *Leon Battista Alberti,* Chicago-London 1989.
GINSBURG (C.), *Enquête sur Piero della Francesca,* Paris 1983.
GRASSI (L.), *Donatello,* Paris 1969.
HALE (J.), *Italian Renaissance Painting,* London 1927.
HEYDENREICH (L.), *Éclosion de la Renaissance,* 1400–1460, Paris 1972. (Für die deutsche Übersetzung: HEYDENREICH (L.), *Italienische Renaissance. Anfänge und Entfaltung in der Zeit von 1400 bis 1460,* München 1972)
JANSON (H.), *The Sculpture of Donatello,* kritischer Katalog, Princeton 1957.
LEONARDO DA VINCI, *Traité de la peinture,* Paris 1964.
LERNER-LEHMKUHL (H.), *Zur Struktur und Geschichte des florentinischen Kunstmarktes im 15. Jahrhundert,* Wattenscheid 1936.
LONGHI (R.), *Piero della Francesca,* Florenz 1964.

LUNARDI (R.), *Arte e Storia in Santa Maria Novella,* Florenz 1983.
MANDEL, *L'opera completa del Botticelli,* Mailand 1967.
MARCUCCI (L.), *Gallerie Nazionali di Firenze. I dipinti toscani del secolo XIV,* Rom 1965.
MEISS (M.), *The Great Age of Fresco, Discoveries, Recoveries and Survivals,* London 1970.
MORANTE (E.) und BALDINI (U.), *Angelico,* Mailand 1970.
ORLANDI (S.), *Beato Angelico,* Florenz 1964.
PIERO DELLA FRANCESCA, *De prospectiva pingendi* (1480 ?), Florenz 1942.
POPE-HENNESSY (J.), *La peinture siennoise du Quattrocento,* Paris 1947.
POPE-HENNESSY (J.), *Angelico,* London 1952.
POPE-HENNESSY (J.), *Paolo Uccello. Complete edition,* London 1969.
PROCACCI (U.), BALDINI (U.) und BERTI (L.), *Fresques de Florence* (Katalog), Paris 1970.
RAGGHIANTI, *Filippo Brunelleschi,* Florenz 1977.
SALMI (M.), *Fra Angelico,* Paris 1973.
SEYMOUR (C.), *Sculpture in Italy, 1400 to 1500,* Harmondsworth 1966.
SINDONA (E.), *Introduzione alla poetica di Paolo Uccello. Relazioni tra prospettiva e pensiero teorico,* in l'Arte, 1972.
STEINBERG (R.M), *Fra Girolamo Savonarola. Florentine Art and Renaissance Bibliography,* Athens, Ohio, 1977.
VENTURI (L.), *Piero della Francesca,* Genf 1954.

Die Zitate von Rainer Maria Rilke sind entnommen aus dem Journal Florentin, herausgegeben in *Journaux de Jeunesse*, Seuil, Paris 1989. (Die Zitate in der Übersetzung wurden entnommen aus dem Florenzer Tagebuch, herausgegeben in der Bibliothek Suhrkamp, Lizenzausgabe mit freundlicher Genehmigung des Insel Verlags Frankfurt am Main, 1942.)

Verzeichnis der wichtigsten angeführten italienischen Künstler

Printed in Italy by La Zincografica Fiorentina